UN CONTE DE DEUX ROYAUMES

Une théologie biblique du royaume

Heather Kendall

230, rue Lupien
Trois-Rivières (Québec)
G8T 6W4 Canada

Édition originale en anglais sous le titre :
A Tale of Two Kingdoms
Copyright © 2006 par Heather Kendall
Publiée par Guardian Books
Belleville, Ontario, Canada

Cette édition est publiée avec l'accord de Heather Kendall.
Tous droits réservés.

Pour l'édition française, traduite et publiée avec permission :
© 2016 Publications Chrétiennes, Inc.
230, rue Lupien, Trois-Rivières (Québec)
G8T 6W4 – Canada
Site Web : www.publicationschretiennes.com

Traduction : Élaine Cossette
Correction : Louise Denniss
Mise en page: Éclosion Créative (Laury Grimard)
Couverture : Éclosion Créative (Laury Grimard)

Tous droits réservés.

ISBN: 978-2-924110-80-5

Dépôt légal – 1er trimestre 2016
Bibliothèque et Archives nationales du Québec
Bibliothèque et Archives Canada

« Éditions Impact » est une marque déposée
de Publications Chrétiennes, Inc.

À moins d'indications contraires, toutes les citations bibliques sont tirées de la Bible à la Colombe (Segond révisée, 1978) de l'Alliance biblique française. Avec permission.

Veuillez aviser www.accesscopyright.ca si vous devez copier du texte qui ne servira pas à des fins d'évaluation.

À ma famille.
Ce livre n'aurait jamais vu le jour sans votre aide et votre soutien.

Table des matières

Préface	9
Introduction	11

Première partie : en attendant la descendance promise

1	Le commencement de la guerre	15
2	Le développement du royaume de Satan	27
3	Les Pères fondateurs de la foi	39
4	La formation de la nation d'Israël	59
5	Le roi David	85
6	Israël : Le royaume du Nord	111
7	Juda : Le royaume du Sud	139
8	La chute de Juda	177
9	La captivité	195
10	Une seconde chance pour Israël	231
11	Les années de silence	253

Deuxième partie : en réponse à la descendance promise

1	La naissance de la descendance promise	281
2	Le ministère de Jésus	289
3	L'Église primitive	327

4 Les lettres aux églises	351
5 Les Pères apostoliques	393
Appendice	407
Bibliographie	415
Notes	419

Les cartes
Compilées par Debra Kendall

Figure 1	Le monde au temps des Pères fondateurs	40
Figure 2	Le monde au temps de Moïse	60
Figure 3	L'Empire de David et Salomon	86
Figure 4	Sion, la cité de David	90
Figure 5	Le monde au temps de Jésus, la descendance promise	282

Préface

Plusieurs chrétiens ont grandement profité de l'enseignement donné dans leurs églises et à l'école du dimanche, et ils possèdent une connaissance adéquate des personnages et des principaux sujets abordés dans la Bible. Cependant, un survol de la révélation progressive de Dieu peut contribuer à une meilleure compréhension des Saintes Écritures. Par leur nature même, les Écritures nous présentent d'abord des vérités sous forme embryonnaire, puis ces vérités trouvent leur plein accomplissement en la personne et l'œuvre de Christ.

Après des années de recherches minutieuses, l'auteure expose le déroulement de l'histoire biblique en suivant les traces du conflit existant entre le royaume de Christ et celui de Satan. Dans l'Apocalypse, le triomphe final ne fait aucun doute. Les cartes, les diagrammes et la documentation proposée fournissent des outils complémentaires et nous incitent à poursuivre nos recherches. Nous croyons que le livre de Heather Kendall s'avérera une bénédiction pour plusieurs.

−Dr G. A. Adams
Ancien directeur
Toronto Baptist Seminary
and Bible College

Introduction

Pour quelle raison le peuple de Dieu ne parvient-il pas à s'entendre sur un si grand nombre de questions ? Au début de notre mariage, mon mari Barry et moi avons quitté le sud de l'Ontario pour nous établir à Sudbury. Je proviens d'une famille de quatre générations de croyants. Mon grand-père et mon arrière-grand-père comptaient parmi les leaders influents des Assemblées de Frères à Toronto. À ma grande surprise, le prédicateur à Sudbury s'est mis à critiquer certains enseignements des Frères. Mon grand-père et le pasteur J. R. Boyd croyaient tous les deux que Jésus avait payé la dette de leurs péchés à la croix. Le pasteur Boyd a été l'instrument qui m'a incitée à approfondir les Écritures de façon personnelle. J'avais soif de mieux connaître Dieu et ses vérités.

De nombreuses personnes sont en quête de vérité. Les chercheurs mènent des expériences dans le but que d'autres reproduisent leurs travaux et confirment leur hypothèse de départ. Les philosophes, à la manière de Descartes et Hume dans le passé, réfléchissent à la nature de la vérité. Les historiens, tels des détectives, tentent de discerner la réalité de la fiction. Les gens religieux s'accrochent obstinément à leurs croyances particulières et affirment qu'ils détiennent la vérité. Il paraît évident, dès lors, que certaines de ces convictions sont erronées. Lorsque deux individus ne s'entendent pas, l'un d'eux a forcément tort et peut-être même sont-ils tous les deux dans l'erreur. À cause de cela, plusieurs nient la réalité d'une vérité objective. La vérité devient plutôt subjective. Pourtant, Jésus a déclaré à ses disciples : « Moi, je suis le chemin, la vérité et la vie. Nul ne vient au Père que par moi » (Jean 14.6). Le Dieu de la Bible affirme qu'il est la vérité. Par conséquent, ce qu'il dit est toujours vrai. Mais comment savoir que Dieu dit la vérité ? Comment savoir si le monde spirituel existe même véritablement ?

Nous, les êtres humains, pouvons uniquement percevoir le monde physique qui nous entoure. Le monde spirituel est invisible à nos yeux.

C'est la raison pour laquelle Dieu prouve qu'il est digne de confiance à l'aide de moyens physiques. Par exemple, il a déclaré : « Qu'il y ait des astres dans l'étendue céleste, pour séparer le jour et la nuit; que ce soient des signes pour marquer les temps, les jours et les années » (Genèse 1.14). Depuis le commencement, tous ont pu observer la cohérence évidente avec laquelle le monde physique fonctionne. Nous avons l'assurance que la terre continuera à tourner jusqu'à la fin des temps, comme elle le fait aujourd'hui. En outre, plusieurs promesses faites par Dieu dans les Écritures se sont accomplies dans l'histoire. Par conséquent, nous pouvons être certains que Dieu garde toujours ses promesses et dit toujours la vérité, particulièrement lorsqu'il décrit les réalités spirituelles. Le psalmiste a écrit : « Ta promesse est entièrement éprouvée, et ton serviteur l'aime » (Psaume 119.140). Sa vérité est une perle de grand prix, d'une valeur inestimable, et elle mérite que nous consacrions tous nos efforts à la rechercher.

La Bible compte soixante-six livres écrits sur une période d'environ 1500 ans. Comment des auteurs aussi variés, ayant écrit au cours d'un si long laps de temps, peuvent-ils parvenir à transmettre un message unifié? D'ailleurs, la Bible renferme-t-elle une vérité centrale? Avant de chercher la réponse dans les Écritures, chacun de nous devrait admettre qu'il approuve certaines idées reçues, et devrait accepter de les rejeter si elles se révèlent inexactes. Ce faisant, vous découvrirez que le dessein de Dieu pour l'humanité ne change pas. Il veut que tous connaissent et reçoivent l'extraordinaire don de son salut. Avant la création, le Seigneur savait déjà que nous allions nous rebeller contre son autorité. Malgré tout, il a élaboré un plan étonnant dans le but de satisfaire sa justice tout en démontrant son amour envers le monde. Ce plan permettait aux croyants de rétablir leur communion perdue avec leur Créateur. Satan et les anges déchus travaillent sans relâche à déjouer le plan de salut conçu par Dieu et les gens l'acceptent ou le refusent.

De quelle manière les premiers croyants juifs ont-ils réagi lorsqu'ils ont constaté que le plan de Dieu incluait également les non-juifs? Êtes-vous prêt à effectuer un voyage dans le temps? Si oui, vous découvrirez que Dieu a accompli son dessein de salut à travers Jésus, la descendance promise. Il n'existe aucun autre moyen de saisir pleinement l'unité des Écritures. Suivez-moi! Il est temps de se mettre en route.

Première partie

En attendant la descendance promise

[1]

Le commencement de la guerre

1. Le Dieu Créateur

Le fait d'écrire m'aide à me souvenir de ce que j'ai appris. Pendant que je vivais à Sudbury, j'ai décidé de consigner par écrit ce que j'apprenais sur Dieu dans sa Parole. Étant donné que je suis une apprenante visuelle, j'assimile et je personnalise mieux les vérités en les écrivant. En revanche, le Seigneur n'a aucunement besoin de créer quoi que ce soit. La création est plutôt une expression de sa nature même.

Il y a longtemps, Dieu a créé une armée innombrable d'anges immortels. Ce sont des êtres spirituels formés pour servir et adorer Dieu. Sachant qu'il créerait aussi les êtres humains, Dieu a donné aux anges la fonction « d'esprits à [son] service, envoyés pour exercer un ministère en faveur de ceux qui doivent hériter du salut » (Hébreux 1.14). Il est étonnant que les anges, qui exercent pourtant un ministère envers nous, soient beaucoup plus puissants que nous. Ils possèdent, en effet, la capacité de passer du monde spirituel au monde physique et de revêtir une forme humaine. Lorsque le Seigneur Dieu a achevé la création des cieux et de la terre et de tout ce qui s'y trouve, les réalités visibles et invisibles, il « vit alors tout ce qu'il avait fait, et voici : c'était très bon » (Genèse 1.31). Cette déclaration incluait également Satan.

2. Le dessein de Dieu pour la création

Le Seigneur a créé les êtres humains en leur donnant la faculté de choisir ou non de l'aimer et de lui obéir. Il savait que tous désobéiraient et pécheraient, c'est pourquoi le Dieu trinitaire a élaboré le plan du salut dans le but de satisfaire sa justice. Il ne voulait pas renoncer à son amour et à sa relation avec les êtres humains. Au moment fixé, Dieu le Père a

> Puisque Dieu le Fils est devenu l'agneau sacrificiel offert pour payer le prix du péché, la miséricorde et la justice se sont unies à la croix.

envoyé son Fils Jésus afin de libérer les croyants de l'esclavage du péché et de les rétablir dans leur communion avec lui. « Il nous a sauvés – non parce que nous aurions fait des œuvres de justice, mais en vertu de sa propre miséricorde » (Tite 3.5). Jésus est « l'Agneau immolé dès la fondation du monde » (Apocalypse 13.8). Puisque Dieu le Fils est devenu l'agneau sacrificiel offert pour payer le prix du péché, la miséricorde et la justice se sont unies à la croix. Quel plan inouï! Existe-t-il quelque chose d'aussi remarquable? Nous étions des pécheurs rebelles, mais par la grâce de Dieu seule, nous sommes maintenant déclarés irréprochables à ses yeux. Remplis d'admiration, nous devrions nous exclamer à l'instar de Job : « Je reconnais que tout est possible pour toi et que rien ne peut s'opposer à tes projets » (Job 42.2, [version Segond]).

> Car Dieu a tant aimé le monde qu'il a donné son Fils unique, afin que quiconque croit en lui ne périsse pas, mais qu'il ait la vie éternelle. (Jean 3.16)

La Bible raconte l'histoire de l'amour de Dieu pour le monde. De la Genèse à l'Apocalypse, nous pouvons suivre le déroulement de son plan de salut. À de nombreuses reprises, Dieu a prouvé qu'il dit toujours la vérité en accomplissant ses promesses. Pour cette raison, Jean 3.16 constitue un excellent verset thème. Dieu vous aime et il ne veut pas que vous périssiez à cause de votre désobéissance envers lui. Jésus, son Fils unique, a payé la punition encourue par les pécheurs. Si vous croyez que Jésus a subi le châtiment que vous méritez, vous avez la vie éternelle. J'espère qu'à la fin de ce voyage à travers la Bible, vous estimerez encore davantage le don du salut de Dieu. Il constitue la perle de grand prix.

3. Une rébellion au ciel

Il m'est arrivé de me demander si c'est moi qui promenais ma chienne ou si c'est elle qui me promenait. Lorsqu'elle entendait le cliquetis de la laisse, elle se mettait à sauter d'enthousiasme. Dès que j'étais parvenue à glisser le collier autour de son cou, elle courait dehors. Comme un cheval rongeant son frein, elle acceptait à contrecœur de s'assoir au bord du trottoir avant de traverser la rue. Puis, elle repartait à la course en me traînant littéralement derrière elle. Ma chienne insistait pour obtenir ce qu'elle voulait. Les choses ont dû se passer ainsi pour Satan.

> Tu mettais le sceau à la perfection, tu étais plein de sagesse, parfait en beauté, tu étais en Éden, le jardin de Dieu… Tu étais un chérubin protecteur, aux ailes déployées; je t'avais placé et tu étais sur la sainte montagne de Dieu; tu te promenais au milieu des pierres ardentes. Tu as été intègre dans tes voies, depuis le jour où tu fus créé jusqu'à celui où l'injustice a été trouvée chez toi… Je t'exclus de la montagne de Dieu et je te fais disparaître, chérubin protecteur, du milieu des pierres ardentes. Ton cœur est devenu arrogant à cause de ta beauté, tu as corrompu ta sagesse par ta splendeur; je te jette par terre. (Ézéchiel 28.12-17)

Ce passage est d'abord une complainte sur la chute du roi de Tyr. Il est intéressant de noter, toutefois, qu'Ézéchiel compare le roi à un chérubin protecteur qui habitait la sainte montagne de Dieu. Il s'agit du ciel, là même où Dieu est adoré. Cette créature angélique avait été créée pour être belle, sage et intègre. Mais après un certain temps, son cœur est devenu orgueilleux en raison de sa beauté, et sa capacité à réfléchir avec sagesse en a été affectée (Ézéchiel 28.17). Les pensées orgueilleuses présentes dans le cœur du roi de Tyr reflétaient le même état d'esprit que celui du chérubin protecteur parce que tous les deux se disaient : « Je suis dieu, je suis assis sur le siège des dieux… » (Ézéchiel 28.2). Ce chérubin protecteur se trouvait également dans le jardin d'Éden, l'endroit même où un serpent a persuadé Ève de désobéir à Dieu. Selon l'apôtre Jean, le serpent ancien est appelé Satan (Apocalypse 12.9). Ainsi, Satan est l'ange parfait en beauté qui, le premier, a méprisé l'autorité de Dieu.

Le livre du prophète Ésaïe relate une situation analogue. Le Seigneur compare le roi de Babylone à une créature angélique qui est tombée du ciel sur la terre : « Quoi donc! Tu es tombé du ciel, astre brillant, fils de l'aurore! Tu es abattu à terre » (Ésaïe 14.12). Le péché de Satan a pris naissance dans ses pensées. Il a décidé : « Je monterai au ciel, j'élèverai mon trône au-dessus des étoiles de Dieu, je siégerai sur la montagne de la Rencontre des dieux. Je monterai sur le sommet des nues, je serai semblable au Très-Haut » (Ésaïe 14.13-14). Satan croyait qu'il méritait de monter sur le trône de Dieu en raison de sa grande beauté. Le cœur de cette créature est devenu tellement orgueilleux qu'il a désiré recevoir la gloire, l'honneur et l'adoration réservés exclusivement au Créateur.

Le péché de Satan s'est répandu comme une traînée de poudre dans les lieux célestes. Un tiers des anges ont suivi Satan dans sa désobéissance (Apocalypse 12.4). « Les anges qui n'ont pas gardé la dignité de leur rang, mais qui ont quitté leur propre demeure, il les a gardés dans les chaînes

> La justice et la bienveillance constituent des fondements d'égale importance pour un souverain.

perpétuelles au fond des ténèbres en attendant le grand jour du jugement » (Jude 1.6). De même, l'apôtre Pierre explique : « … Dieu n'a pas épargné les anges qui avaient péché, mais les a livrés et précipités dans des abîmes de ténèbres où ils sont retenus en vue du jugement » (2 Pierre 2.4). Le chérubin protecteur et ses anges sont maintenant connus sous le nom de Satan et ses démons. Le jugement est inévitable. En ce moment même, ils attendent le jour du jugement, car Dieu punira ces anges déchus pour leur désobéissance.

4. Le trône de Dieu en proie aux attaques

> La justice et le droit sont la base de ton trône. La bienveillance et la vérité se tiennent devant ta face. (Psaume 89.15)
>
> La bienveillance et la vérité protègent le roi, il soutient son trône par la bienveillance. (Proverbes 20.28)

Satan désirait avant tout s'emparer du trône de Dieu pour régner à sa place. Pour parvenir à ses fins, il devait démontrer que le Seigneur ne méritait pas de régner parce qu'il ne pouvait être à la fois juste et bienveillant. Tout comme un roi terrestre est maintenu sur le trône en faisant régner l'ordre dans le pays, Dieu doit affermir son autorité en punissant le mal. Un roi doit également être aimé et témoigner de l'amour afin de s'assurer que personne ne tente de lui usurper le pouvoir. La justice et la bienveillance constituent des fondements d'égale importance pour un souverain. F. C. Jennings a fait la remarque suivante :

> La justice d'une part, et la miséricorde d'autre part, ne doivent jamais faire défaut à Dieu pour le maintien et l'intégrité de son trône. Par conséquent, nous comprenons pour quelle raison Satan tente systématiquement de traîner ses victimes devant le trône, comme des criminels. S'il n'existe aucun moyen de leur témoigner de la miséricorde – je m'exprime avec beaucoup de déférence – le trône de Dieu n'a aucune importance à ses yeux. S'il est impuissant pour sauver ceux qu'il aime et désire bénir, à quoi lui sert son trône ? Son autorité est déficiente – il ne possède pas la puissance d'accomplir sa volonté et il n'est plus le Dieu suprême. Cependant, est-il juste de pardonner à des criminels reconnus coupables ? Les fondements n'en sont-ils pas ébranlés ? S'il ne peut pardonner, où est la miséricorde ? S'il pardonne, où est la justice ? Satan a continuellement recours à cette stratégie pour soulever le dilemme, un dilemme digne d'être soumis même à Dieu. Il n'existe en apparence aucune issue, car quelle que soit la conclusion, le trône – dont il était le protecteur – est renversé, et puisqu'il désire être lui-même comme Dieu, pourquoi ne pas utiliser cette subversion pour prendre les commandes[1] ?

5. La tentation d'Adam et Ève

Le dessein de salut conçu par Dieu s'est développé au fil du temps. Satan, enflé d'orgueil, a été chassé du ciel et envoyé sur la bonne terre créée par Dieu. Il observait chaque matin et chaque soir le Seigneur discuter et rire avec Adam et Ève. Il était témoin de la communion bénie entre ces deux êtres qui entretenaient une parfaite harmonie émotionnelle et spirituelle. Ils étaient plus que des serviteurs du Seigneur Dieu, ils étaient ses amis. Comme Satan détestait cet homme et cette femme! Il désirait détruire la tendre amitié qui les unissait à Dieu. Durant mon enfance, ma famille a souvent déménagé. Mon père était ingénieur en mécanique et il se qualifiait lui-même de sans-abri industriel. Je ne voulais pas me séparer de mes amis et il m'a fallu beaucoup de temps pour me faire de véritables amis.

Un jour, en marchant ensemble au milieu du jardin, Adam et Ève sont passés près de l'arbre interdit, l'arbre de la connaissance du bien et du mal. Satan, sous la forme d'un serpent, n'était pas loin et il a vu Ève fixer du regard ces fruits délicieux.

> Il dit à la femme : Dieu a-t-il réellement dit : Vous ne mangerez pas de tous les arbres du jardin? La femme dit au serpent : Nous mangeons du fruit des arbres du jardin. Mais quant au fruit de l'arbre qui est au milieu du jardin, Dieu a dit : Vous n'en mangerez pas et vous n'y toucherez pas, sinon vous mourrez. Alors le serpent dit à la femme : Vous ne mourrez pas du tout! Mais Dieu sait que, le jour où vous en mangerez, vos yeux s'ouvriront, et que vous serez comme des dieux qui connaissent le bien et le mal. (Genèse 3.1-5)

Il a séduit l'esprit d'Ève afin qu'elle souhaite devenir comme Dieu. Pourquoi ne chercherait-elle pas à usurper l'autorité de celui qui est le Créateur de toutes choses? Satan lui-même avait convoité le trône de Dieu. « Il a insufflé en elle l'état d'esprit même qui habitait déjà en lui, a expliqué Jennings, minant ainsi sa conviction que Dieu l'aimait et prenait soin d'elle... Dans sa façon d'influencer les hommes, il déclare en réalité : 'ayez en vous la pensée qui était en moi. Moi, une créature, j'ai estimé comme une proie à arracher d'être égal avec Dieu'[2] ».

1 - LE COMMENCEMENT DE LA GUERRE

Après réflexion, Ève a cueilli du fruit, elle en a mangé, puis elle s'est tournée vers Adam et lui en a tendu un morceau afin qu'il en mange aussi. Et c'est ce qu'il a fait. Adam et Ève avaient pris position, et ils ont été les premières victimes humaines de la guerre entre Satan et le Seigneur Dieu. Satan croyait sans doute que son plan avait réussi. Le Seigneur avait donné à Adam et Ève une seule règle, un unique test d'obéissance, et ils avaient échoué. Le jugement était inévitable. Dieu n'avait-il pas lié Satan et ses démons par des chaînes de ténèbres éternelles à la suite de leur désobéissance? Ils n'obtiendraient jamais le pardon. Il est vrai que Satan et ses démons peuvent parcourir le ciel et la terre, mais ils n'en demeurent pas moins condamnés pour l'éternité. Si le Seigneur ignorait la transgression d'Adam et Ève et montrait de la miséricorde en leur pardonnant, les désirs de Satan seraient exaucés – Dieu devrait alors renoncer à son trône.

> Si Dieu avait puni l'humanité entière lorsqu'elle a péché, il n'aurait jamais témoigné de miséricorde à qui que ce soit.

Les projets de Satan se sont retournés contre lui. Le Seigneur avait déjà élaboré le plan de notre salut, avant même la création du monde. Par conséquent, une question nous vient à l'esprit : « Pour quelle raison Dieu traite-t-il différemment les anges et les êtres humains? » Quoique Dieu aime certes les anges, Satan et ses démons subissent une condamnation éternelle. Dieu a dû les punir parce que sa sainteté ne peut tolérer leur rébellion. Dans leur cas, la justice et la miséricorde sont incompatibles. Leur désobéissance envers Dieu est irréversible et impardonnable. La question se pose donc de nouveau : « Pourquoi? » La réponse semble reposer sur deux faits. D'abord, les anges sont des esprits créés sur une base individuelle afin d'exercer un ministère ou servir. Au contraire, Adam et Ève ont été créés à l'image de Dieu et ont reçu l'ordre de se multiplier. De plus, Dieu désire traiter les êtres humains comme des membres de sa famille et non comme des serviteurs.

Si Dieu avait puni l'humanité entière lorsqu'elle a péché, il n'aurait jamais témoigné de miséricorde à qui que ce soit. Puisqu'il est impossible que le

Seigneur trahisse sa nature, il doit faire preuve de miséricorde. Comment Dieu pouvait-il punir tous ceux qu'il aimait ? Sachant que la désobéissance entraînait une punition, Satan croyait qu'il avait posé à Dieu un problème insoluble. Si Dieu ne punissait pas le péché de l'être humain, il n'était pas juste. S'il ne pardonnait pas le péché, il n'aimait pas. D'une manière ou d'une autre, Satan se voyait déjà sur le trône. R. Milligan a imaginé les sentiments que devaient probablement éprouver les anges :

> Lorsque l'homme a péché et désobéi, les créatures les plus intelligentes de l'univers ont possiblement jugé sa cause sans espoir, à l'image de la leur, car elles connaissaient les faits. Elles savaient que Dieu est juste et impartial, qu'il exerce son autorité et continuera à l'exercer. Ainsi, au moment où l'homme a transgressé la loi en Éden, il est probable que tous les anges, bons et mauvais, ont estimé qu'il était perdu pour toujours[3].

6. Le paradis perdu

Toute action entraîne des conséquences, bonnes ou mauvaises. Lorsque j'étais enfant, j'ai touché à l'élément brûlant de la cuisinière électrique et je me suis brûlée. Dès qu'Adam et Ève ont mangé le fruit défendu, ils en ont subi les conséquences spirituelles et physiques. Après les avoir créés, Dieu les a bénis et leur a dit : « Soyez féconds, multipliez-vous, remplissez la terre et soumettez-la. Dominez sur les poissons de la mer, sur les oiseaux du ciel et sur tout animal qui rampe sur la terre » (Genèse 1.28).

> Dieu avait déjà formé un plan de salut.
> Il n'a pas été pris au dépourvu, se demandant comment réagir.

Par cette déclaration, Adam et Ève sont devenus roi et reine de toute créature vivante. Même après avoir été chassés du jardin d'Éden, ils ont continué à exercer l'autorité sur leur possession. Cependant, Dieu avait permis à Satan d'étendre son emprise sur la création qui s'était rebellée contre lui. Lorsqu'Adam et Ève ont désobéi, ils ont rejeté l'autorité de

1 - LE COMMENCEMENT DE LA GUERRE

Dieu et ont choisi de quitter son royaume. Puisqu'ils devaient faire partie du royaume de Dieu ou du royaume de Satan, Adam et Ève ont entraîné le monde entier dans le royaume de Satan, sans s'en rendre compte. Ce dernier est devenu le roi spirituel de la terre. Jean a déclaré que le monde entier est au pouvoir de Satan (1 Jean 5.19). C'est pourquoi Satan a pu déclarer devant Jésus que le pouvoir sur le monde lui avait été remis (Luc 4.6).

> Je mettrai inimitié entre toi et la femme, entre ta descendance et sa descendance; celle-ci t'écrasera la tête, et tu lui écraseras le talon. (Genèse 3.15)

Combien de fois Adam et Ève ont dû évoquer le beau jardin où ils n'habiteraient plus jamais. Comme ils ont dû réfléchir aux dernières paroles que Dieu avait prononcées, juste avant qu'il les chasse du jardin. Dieu a pris des mesures immédiates devant leur rébellion. Il a parlé avec calme et fermeté au serpent d'abord, puis à Adam et Ève. Il a affirmé au serpent que la descendance de la femme lui écraserait la tête et qu'il lui blesserait le talon. La descendance promise aurait la victoire sur Satan. Dieu avait déjà formé un plan de salut. Il n'a pas été pris au dépourvu, se demandant comment réagir. À partir de ce moment, deux types d'individus se sont côtoyés – ceux qui croient que Dieu pourvoira à leur salut et ceux qui ne se considèrent pas comme des pécheurs ayant besoin d'un Sauveur. Par conséquent, le peuple de Dieu et celui de Satan vivront perpétuellement en désaccord.

Adam s'est probablement interrogé : « Que signifie 'la descendance de la femme'? De quelle manière cette descendance écrasera-t-elle la tête du serpent? Comment le serpent blessera-t-il le talon de la descendance? » Je me demande à quel point Adam et Ève ont éprouvé de la tristesse lorsqu'ils se sont rendu compte des conséquences de leur désobéissance.

Après quelque temps, Ève s'est mise à prendre du poids. Puis un jour, elle s'est allongée, souffrant de douleurs insupportables. Bientôt, elle a tenu un bébé dans ses bras. Elle l'a regardé et l'a appelé Caïn. Elle s'est exclamée : « J'ai mis au monde un homme avec l'aide de l'Éternel » (Genèse 4.1).

« Cet enfant forme-t-il une descendance ? S'agit-il de la descendance qui écrasera le serpent ? Que signifie 'écraser le serpent' ? » se sont probablement demandé Adam et Ève. « Cela signifie-t-il que nous pouvons de nouveau être les amis de Dieu ? »

S'ils ont vu en Caïn la descendance promise, leurs espoirs ont été réduits à néant plusieurs années plus tard.

7. Caïn et Abel

Caïn et son frère Abel travaillaient dur pour faire vivre leur famille. Caïn est devenu cultivateur et Abel, berger. Un jour, ils ont présenté une offrande au Seigneur. Caïn a apporté des fruits de sa récolte, tandis qu'Abel a sacrifié les premiers-nés de son bétail. Caïn s'est irrité contre Dieu parce que le Seigneur avait reçu favorablement l'offrande d'Abel, mais non la sienne. Dieu s'est alors adressé à Caïn : « Pourquoi es-tu irrité, et pourquoi ton visage est-il abattu ? Si tu agis bien tu relèveras la tête, mais si tu n'agis pas bien, le péché est tapi à ta porte, et ses désirs se portent vers toi ; mais toi, domine sur lui » (Genèse 4.6-7).

Quelle était la différence entre Caïn et Abel ? Durant leur enfance, ils avaient sûrement entendu parler du jardin d'Éden. Ils savaient de quelle manière Adam et Ève avaient péché, trompés par le serpent. Ils étaient au courant que Dieu avait versé le sang d'un animal pour couvrir la nudité de leurs parents puis, qu'il les avait chassés hors du jardin. Les deux garçons connaissaient la promesse concernant celui qui allait venir et écraser la tête du serpent. Dans le Nouveau Testament, il est dit que le Seigneur a reconnu la foi d'Abel et l'a déclaré juste (Hébreux 11.4). Pour ce faire, il a fallu qu'Abel croie que quelqu'un possédant la puissance de rétablir sa relation avec Dieu viendrait un jour. En revanche, Caïn a attiré son frère dans les champs, il l'a attaqué et l'a tué. Contrairement à Adam et Ève qui se sont cachés de Dieu parmi les arbres du jardin lorsqu'ils ont péché, Caïn s'est comporté comme si rien d'anormal n'était arrivé. Il faisait peu de cas de Dieu.

Le Seigneur lui a demandé : « Où est ton frère Abel ? »

« Je ne sais pas, a répondu Caïn, suis-je le gardien de mon frère, moi ? » (Genèse 4.9).

1 - LE COMMENCEMENT DE LA GUERRE

Le Saint-Esprit enseigne que dans l'Église primitive, certains individus manifestaient une attitude de cœur semblable à celle de Caïn : « Eux, au contraire, ils parlent de manière injurieuse de ce qu'ils ignorent, et ce qu'ils savent par instinct, comme des animaux sans raison, ne sert qu'à les corrompre. Malheur à eux! Car ils ont suivi la voie de Caïn » (Jude 1.10-11).

Lorsque Dieu a sondé les cœurs de Caïn et d'Abel, il a discerné deux types de personnes opposées. En Caïn, il a reconnu un homme irrespectueux, parlant contre le Seigneur et désirant agir à sa guise. En Abel, il a vu un homme qui regrettait ses péchés et aspirait à rétablir sa relation avec son Créateur. Contrairement à Abel, Caïn n'a pas fait confiance à Dieu. Le premier homme à être tué sur la terre était un croyant qui est mort martyr. Depuis ce jour, il y a déjà longtemps, le sang d'Abel crie du sol jusqu'à Dieu. Il continuera à réclamer vengeance jusqu'au jour du jugement, au moment où tous passeront en jugement.

> Il existe deux groupes de personnes pratiquement depuis le commencement, les croyants et les non-croyants, ceux qui obéissent au Seigneur et ceux qui ne lui obéissent pas.

Il existe deux groupes de personnes pratiquement depuis le commencement, les croyants et les non-croyants, ceux qui obéissent au Seigneur et ceux qui ne lui obéissent pas. Abel appartenait au royaume de Dieu et Caïn appartenait au royaume de Satan. Dieu a déclaré qu'Abel était juste parce qu'il a offert un agneau en sacrifice. Abel est assuré d'avoir la vie éternelle avec le Seigneur au jour du jugement. En revanche, Caïn était égoïste et il a rejeté la vérité. Il recevra toute l'intensité de la colère du Dieu Tout-Puissant. Plusieurs milliers d'années se sont écoulées depuis que la première famille a vécu sur cette terre, mais nous sommes confrontés au même choix qu'elle. Croyez-vous que Dieu dit la vérité? Lui obéirez-vous avec amour? Avant même la création du monde, Dieu avait conçu le plan du salut. Si vous acceptez son plan, vous appartenez au royaume de Dieu. Sinon, vous appartenez au royaume de Satan. Les limites sont tracées. De quel côté vous rangerez-vous ?

Pistes de réflexion

1. Dieu a créé Satan pour qu'il soit bon.
2. Personne ne peut faire obstacle aux plans de Dieu.
3. L'entêtement à vouloir agir à sa guise équivaut à une rébellion contre Dieu.
4. Dieu a décrété que la descendance promise aurait la victoire sur Satan.
5. Abel a été le premier martyr dans le royaume de Dieu.

[2]

Le développement du royaume de Satan

1. L'apostasie de la génération d'Hénoc

Hénoc est né 622 ans après la création d'Adam et il a vécu 365 ans (Genèse 5). Dès le commencement, Satan a tenté par tous les moyens de nuire au dessein de salut conçu par Dieu.

De nos jours, des millions de croyants vivent dans plusieurs pays du monde. Pourtant, nous nous sentons souvent seuls et isolés dans notre milieu de travail, n'est-ce pas? Je parle par expérience. Pour sa part, Hénoc a vécu une situation beaucoup plus difficile que la nôtre. Il ne restait possiblement que lui et quelques autres croyants sur toute la terre à son époque. Ils étaient des lumières, brillant dans les ténèbres, comme vous et moi.

> Voici que le Seigneur est venu avec ses saintes myriades pour exercer le jugement contre tous et pour faire rendre compte à tous les impies de tous les actes d'impiété qu'ils ont commis, et de toutes les paroles dures qu'ont proférées contre lui les pécheurs impies. (Jude 1.14-15)

Hénoc vivait entouré d'individus qui se plaignaient et critiquaient les autres. Ces gens égoïstes et vantards usaient également de flatteries, mais seulement dans le but de parvenir à leurs fins. Hénoc marchait avec Dieu et il se sentait contraint de dénoncer la méchanceté ambiante. Il a donc averti sa génération qu'un jugement était imminent. Il était impossible qu'un Dieu juste puisse laisser le péché impuni pour toujours.

La répétition du mot *impie* dans les versets ci-dessus souligne le fait qu'il existe deux types d'individus, les pieux et les impies. À son époque, Jude a dû affronter des plaignards et des critiqueurs, des hommes impies qui prétendaient être croyants. Ces fauteurs de troubles présents dans l'Église primitive avaient besoin d'entendre le même message que les auditeurs du temps d'Hénoc, puisque Dieu désirait qu'ils se repentent de leur péché. Le Seigneur reviendra un jour afin de punir le mal. Dieu montre son amour envers nous en nous prévenant du désastre imminent, car il veut que nous nous détournions de nos mauvaises voies.

2. La violence de la génération de Noé

> En effet, les perfections invisibles de Dieu, sa puissance éternelle et sa divinité, se voient fort bien depuis la création du monde, quand on les considère dans ses ouvrages. (Romains 1.20)

Personne ne peut dire qu'il est impossible de savoir si Dieu existe, car la création révèle la puissance et la divinité du Dieu invisible. Au temps de Noé, les gens savaient que Dieu existait, mais ils ne tenaient pas compte de lui et refusaient malgré tout de lui rendre grâce pour les bonnes choses qu'il leur donnait. Si les impies du temps d'Hénoc étaient ingrats et parlaient avec dureté contre le Seigneur, quelque 900 ans plus tard, ils s'étaient enfoncés davantage dans la méchanceté. Bien entendu, les hommes étaient plus nombreux. Chaque année, le royaume de Satan prenait encore plus d'expansion.

Puis, le Seigneur a déclaré : « Mon Esprit ne restera pas toujours dans l'homme, car celui-ci n'est que chair, et ses jours seront de 120 ans » (Genèse 6.3). Dans sa bienveillance, Dieu a accordé 120 ans aux hommes pour se détourner de leur péché avant que n'arrive le jugement. Comme Matthew Henry l'a souligné : « La justice déclarait : *Retranche-les*, mais la miséricorde a intercédé : *Maître, laisse-les encore cette année*. Jusqu'à ce moment, la miséricorde a triomphé afin qu'un sursis soit obtenu… mais un sursis ne constitue pas un pardon. Dieu supportera pendant longtemps, mais il ne supportera pas toujours[4]. »

« L'Éternel regretta d'avoir fait l'homme sur la terre et son cœur fut affligé » (Genèse 6.6). Dans son affliction, le Seigneur a remarqué Noé, un homme juste qui marchait avec Dieu. Il a confié à Noé qu'il détruirait tous les êtres vivants sur la terre en raison de leur violence (Genèse 6.13). Une telle décision aurait plu à Satan. La justice aurait alors eu prépondérance sur la miséricorde et Satan aurait occupé le trône de Dieu.

> À cet instant, Dieu rendait son jugement sur cette génération incrédule, tandis que l'arche offrait un refuge à ceux qui s'y étaient abrités.

Puis, Dieu a demandé à Noé de construire une arche sur la terre sèche. Il s'agissait, en réalité, d'une énorme barge, assez grande pour contenir huit personnes et deux animaux de chaque espèce (sept dans le cas des animaux purs). Noé a complété la construction de l'arche au terme de plusieurs années. Au cours de cette période, Noé a eu de multiples occasions de prêcher aux gens de sa génération. Il les a prévenus que Dieu avait décidé de détruire la terre par un déluge – même si le sens de ce mot restait mystérieux. Ils n'ont pas tenu compte de l'avertissement, mais se sont plutôt moqués de Noé. La vie a poursuivi son cours, comme d'habitude. Les gens n'ont pas cru que leur monde serait ou pouvait être détruit par les eaux d'un déluge.

3. Le jugement du péché et le nouveau commencement

Pendant le déluge, Dieu a continué à préserver la lignée de la descendance promise.

Le sursis a pris fin. Les gens ont regardé les animaux entrer dans l'arche les uns à la suite des autres. Lorsque Noé et sa famille sont entrés à leur tour, n'importe qui aurait pu les suivre, mais personne ne l'a fait. « Puis l'Éternel ferma la porte sur lui » (Genèse 7.16). À ce moment, la distinction entre les croyants et les non-croyants était claire. Noé est resté enfermé dans l'arche pendant sept jours sans que rien ne se passe. Imaginez les rires sarcastiques des gens du dehors!

Puis, elle est arrivée. La pluie s'est mise à tomber. À cet instant, Dieu rendait son jugement sur cette génération incrédule, tandis que l'arche offrait un refuge à ceux qui s'y étaient abrités. « Le déluge dura sur la terre pendant quarante jours. Les eaux montèrent et emportèrent l'arche, qui fut soulevée au-dessus de la terre… Tout ce qui se mouvait sur la terre expira, tant les oiseaux que le bétail et les animaux, tout ce qui pullulait sur la terre, et tous les êtres humains » (Genèse 7.17, 21).

Quel beau jour pour Noé, sa femme, ses trois fils, leurs femmes et tous les animaux lorsque la terre s'est finalement asséchée et qu'ils ont pu quitter l'arche! Noé a témoigné sa reconnaissance à Dieu en construisant un autel et en y sacrifiant des animaux et des oiseaux purs. Le Seigneur a senti une odeur agréable et il a dit en son cœur : « Je ne maudirai plus le sol, à cause de l'homme, parce que le cœur de l'homme est disposé au mal dès sa jeunesse; et je ne frapperai plus tout ce qui est vivant, comme je l'ai fait. Tant que la terre subsistera, les semailles et la moisson, le froid et la chaleur, l'été et l'hiver, le jour et la nuit ne cesseront pas » (Genèse 8.21, 22). En signe de cette promesse, Dieu a placé un arc-en-ciel dans les nuages. Puis, il a ordonné à Noé et à ses fils : « Soyez féconds, multipliez-vous et remplissez la terre » (Genèse 9.1).

> La descendance promise qui écraserait la tête du serpent serait issue de Noé, mais trois problèmes graves subsistaient – le monde, la chair et le Diable.

À l'âge de 601 ans, Noé se voyait offrir une occasion unique. Lui et sa famille pouvaient bâtir un monde nouveau pour eux-mêmes. Il s'agissait d'une deuxième chance pour l'humanité. La descendance promise qui écraserait la tête du serpent serait issue de Noé, mais trois problèmes graves subsistaient – le monde, la chair et le Diable. Ces huit rescapés possédaient le pouvoir de s'influencer l'un l'autre pour accomplir le bien ou le mal. Les croyants sont appelés à être le sel de la terre (Matthieu 5.13), à s'encourager mutuellement à faire le bien. En raison du péché d'Adam, chacun d'eux possède une tendance naturelle à pécher. Quoique Noé ait marché avec Dieu et soit considéré comme juste aux yeux du Seigneur, il continuait à lutter contre sa nature pécheresse. Plusieurs siècles plus tard, Paul gémissait de la même manière : « Car je le sais : ce qui est bon n'habite pas en moi, c'est-à-dire dans ma chair. Car je suis à même de vouloir, mais non pas d'accomplir le bien » (Romains 7.18). Enfin, Satan et ses démons étaient aussi impatients qu'ils le sont aujourd'hui d'inspirer des pensées rebelles dans le cœur et l'esprit de Noé et sa famille. Paul a averti les croyants : « Ne donnez pas accès au diable » (Éphésiens 4.27). En raison de la nature humaine pécheresse, associée à l'influence des individus et des anges déchus, le nouveau monde établi par Noé était voué à l'échec. Les circonstances semblaient tourner à l'avantage de Satan et de son royaume, mais le Seigneur avait un plan pour nous sauver. La descendance promise allait venir au moment et à l'endroit propices.

4. Les difficultés du nouveau monde

Beaucoup de travail attendait Noé et sa famille pour assurer leur survie. Les années ont passé et Sem, Cham et Japhet ont donné naissance à des enfants. Étant agriculteur, Noé a décidé de planter une vigne et au temps de la récolte des raisins, il a fait du vin. Un soir, après s'être enivré, il s'est dénudé dans sa tente. En passant devant la tente de son père, Cham a regardé à l'intérieur et il a vu son père couché, ivre et sans vêtement. Il s'est empressé de le raconter à ses frères Sem et Japhet qui ont pris un manteau, l'ont jeté sur leurs épaules et, marchant à reculons dans la tente, ils ont couvert la nudité de leur père. Sem et Japhet ont pris soin de ne pas regarder Noé dans cet état. Quand Noé s'est réveillé, il a appris ce qui s'était passé et il s'est écrié : « Maudit soit Canaan! » Puis : « Béni soit l'Éternel, Dieu de Sem! » (Genèse 9.25-26).

Certains se demandent peut-être pour quelle raison Noé a maudit Canaan. Après tout, Noé a péché en s'enivrant. De même, Cham est celui qui a vu son père nu et ivre, couché dans sa tente. Pourquoi Noé n'a-t-il pas maudit son propre fils Cham? « Il ne s'agit pas de ce que l'homme considère; l'homme regarde à ce qui frappe les yeux, mais l'Éternel regarde au cœur » (1 Samuel 16.7). Dans le Nouveau Testament, Dieu révèle ce qu'il a vu dans le cœur de Noé : « C'est par la foi que Noé, divinement averti de ce qu'on ne voyait pas encore et saisi d'une pieuse crainte, construisit une arche pour sauver sa famille; c'est par elle qu'il condamna le monde et devint héritier de la justice qui s'obtient par la foi »

(Hébreux 11.7). « Or la foi, c'est l'assurance des choses qu'on espère, la démonstration de celles qu'on ne voit pas » (Hébreux 11.1). Noé a cru que Dieu existait et qu'il « récompense ceux qui le cherchent » (Hébreux 11.6). Par conséquent, Dieu a déclaré que Noé était juste et faisait partie de son royaume à cause de l'attitude juste de son cœur. Noé n'a pas perdu son salut bien qu'il ait péché. Aucun de nous ne sera entièrement libéré du péché avant d'être au ciel.

> Aucun de nous ne sera entièrement libéré du péché avant d'être au ciel.

Il est également intéressant de noter la manière d'agir de Cham. Il n'a pas cherché de vêtement pour couvrir la nudité de son père. Il a préféré tout raconter à ses frères afin qu'ils puissent regarder à leur tour. Il voulait que d'autres voient l'état de péché et de faiblesse de son père. Riez-vous intérieurement lorsqu'une bonne personne pèche? Prenez garde au péché de Cham. En examinant le cœur de Canaan, le fils de Cham, le Seigneur a probablement constaté qu'il approuvait la conduite de son père, tandis que les trois autres fils de Cham la désapprouvaient. Par conséquent, le Seigneur a maudit Canaan parce qu'il a suivi les traces de son père. Canaan est devenu l'esclave des esclaves et le mot *Canaan* est synonyme de péché.

Plusieurs années plus tard, au moment fixé par le Seigneur pour l'entrée des enfants d'Israël dans la terre promise, ce pays où coulent le lait et le miel, il les a avertis qu'ils devaient chasser du pays sept nations plus puissantes qu'eux et l'une d'elles s'appelait Canaan. De peur qu'Israël ne s'enfle d'orgueil, Dieu a ajouté : « Lorsque l'Éternel, ton Dieu, les repoussera devant toi, ne dis pas en ton cœur : C'est à cause de ma justice que l'Éternel me fait entrer en possession de ce pays. Car c'est à cause de la méchanceté de ces nations que l'Éternel les déposséde devant toi » (Deutéronome 9.4).

5. Les débuts de l'idolâtrie

Lorsque nous avons déménagé de Sudbury à North Bay, Barry et moi avons vendu une petite maison de plain-pied et avons acheté une grande maison de deux étages. Nous voulions certes offrir plus d'espace à nos trois enfants en pleine croissance, mais surtout, nous souhaitions vivement acquérir cette maison. Bien entendu, le simple fait de la posséder ne suffisait pas, il fallait également la rénover. Cette attitude peut aisément se transformer en idolâtrie si nous n'y portons pas attention. Je suis persuadée que Dieu se réjouit lorsque nous prenons soin des biens qu'il nous donne. Cependant, des problèmes surgissent si ces choses deviennent plus importantes que lui. Les idées, les gens ou les choses peuvent occuper trop de place dans nos pensées, au point où Dieu ne compte plus. C'est ainsi que naît l'idolâtrie.

La tendance humaine à s'écarter de l'adoration du seul vrai Dieu a vraisemblablement commencé par la vénération des ancêtres, la croyance que les ancêtres décédés exercent un pouvoir d'influence sur nous en vue du bien ou du mal. Le culte du soleil, de la lune et d'autres corps célestes est également apparu au début de l'histoire du monde. Puisque nous ne possédons aucun document écrit à ce sujet, il est impossible de savoir quel culte est apparu en premier. Milligan a expliqué ainsi le développement de l'idolâtrie :

> Sanchoniathon, le plus vieil historien phénicien, a affirmé que *Chryson* (identifié à Noé) a été le premier mortel à être déifié et après sa mort, plusieurs membres de sa famille ont été élevés au rang de dieux et associés aux corps célestes. Dans la tradition hindouiste, les *Richis* ont été protégés dans l'arche et après leur mort, ils sont devenus les âmes des sept étoiles de la Grande Ourse, tandis que les âmes de leurs femmes ont été transférées aux Pléiades de la même manière. Les Égyptiens d'autrefois croyaient qu'*Hélios*, leur premier roi, avait été transporté vers le soleil. Ainsi, en peu de temps, l'idée s'est répandue voulant que toutes les étoiles et les planètes soient des êtres vivants pouvant recevoir notre adoration. D'autres objets de vénération se sont rapidement ajoutés à ces divinités fraîchement créées et bientôt, tout ce qui bougeait dans la nature a été divinisé[5]. »

6. La tour de Babel

La population mondiale s'est accrue progressivement et les êtres humains se sont dispersés partout sur la terre. À ce moment, tous parlaient la même langue. Certains ont découvert une vaste vallée située entre le Tigre et l'Euphrate et ils l'ont nommée Chinéar, ce qui signifie « deux fleuves[6] ». Nimrod, fils de Kouch et petit-fils de Cham, est devenu un célèbre et puissant chasseur dont le royaume se situait en Babylonie. Il a d'abord établi quatre villes dans le sud de la vallée, et l'une d'elles s'appelait Babel. Puis, remontant vers le nord, il a construit quatre autres villes, dont Ninive (Genèse 10.8-12). Cette expansion territoriale s'est produite vers l'an 2300 avant Jésus-Christ[7]. Bientôt, les Assyriens sont devenus une menace pour leurs voisins, car ils ont rapidement « démontré un génie militaire hors du commun[8] ».

Nimrod a probablement été à l'origine de la construction de la tour de Babel. Un jour, des hommes ont déclaré : « Allons! Bâtissons-nous une ville et une tour dont le sommet touche au ciel, et faisons-nous un nom afin que nous ne soyons pas disséminés à la surface de toute la terre » (Genèse 11.4). Ils préféraient devenir célèbres et autosuffisants en demeurant à un seul endroit plutôt que d'obéir à l'ordre donné par Dieu à Noé, à savoir remplir la terre (Genèse 9.1). Ils n'avaient pas besoin de Dieu et ne voulaient pas de lui. Cette attitude vous rappelle-t-elle quelque chose? Satan avait insufflé à Ève l'idée qu'elle pouvait devenir comme Dieu et il inspirait maintenant le même désir dans le cœur de ces hommes.

> Satan avait insufflé à Ève l'idée qu'elle pouvait devenir comme Dieu et il inspirait maintenant le même désir dans le cœur de ces hommes.

Comme ils habitaient entre deux fleuves, une plaine inondable dépourvue de rochers, ces hommes ont fabriqué leurs propres briques. Le goudron leur a servi de mortier pour imperméabiliser les fondations de la ville et de la tour. En les observant pendant qu'ils travaillaient, l'Éternel a déclaré : « Voilà un seul peuple! Ils parlent tous un même langage, et voilà ce qu'ils ont entrepris de faire! Maintenant il n'y aurait plus d'obstacle à ce qu'ils auraient décidé de faire. Allons descendons, et là confondons leur langage, afin qu'ils n'entendent plus le langage les uns des autres » (Genèse 11.6-7).

Désormais incapables de communiquer entre eux, ces hommes n'ont pu mener leurs plans à terme. « L'Éternel les dissémina loin de là sur toute la surface de la terre; et ils cessèrent de bâtir la ville » (Genèse 11.8). E. J. Young a commenté cet événement ainsi : « À partir de ce moment, des nations indépendantes, des royaumes indépendants et des religions indépendantes ont vu le jour, étant plutôt nuisibles les uns pour les autres[9]. » À cause de cette situation, personne n'a remis en question le lien unissant la religion et l'État. Cette réalité a été acceptée de tous. Plusieurs années plus tard, cette réalité a protégé la nation d'Israël. Dieu a pu lui enseigner sa vérité sans craindre qu'elle ne soit corrompue par de fausses religions.

7. Le faux besoin des sacrifices païens

Dès qu'Adam et Ève ont désobéi et péché, ils ont couvert leur nudité avec des feuilles de figuier et se sont cachés de Dieu. Le Seigneur leur a expliqué les conséquences de leurs actions, puis il a tué un animal afin de les revêtir d'habits de peau[10]. Adam et Ève ont été témoins des effets d'une mort physique. Du sang a été versé à cause de leur péché. Un innocent est mort pour des coupables.

Abel a été le premier à présenter un sacrifice sanglant à Dieu dans les Écritures. Le Seigneur a accepté son offrande, car il savait qu'Abel manifestait une attitude de cœur juste. Cependant, lorsque les descendants spirituels de Caïn ont ajouté à leurs cultes les sacrifices sanglants, ils n'ont pas tenu compte du fait qu'ils étaient pécheurs et avaient besoin d'un Sauveur. Au contraire, ils ont agi comme si Dieu éprouvait le besoin inné de recevoir de tels sacrifices. Ils n'avaient qu'un pas à franchir pour parvenir ensuite à cette manière de penser : « Je t'ai donné ce dont tu avais besoin. Tu dois maintenant me donner ce que je veux. » En revanche, Aristide, un défenseur de la foi auprès de l'empereur Hadrien en 125-126 apr. J.-C., a écrit expressément à ce dernier que Dieu n'a aucunement besoin de sacrifices :

> Pourtant, même les écrivains et les philosophes parmi eux ont faussement prétendu que les dieux sont, par leur nature même, faits en l'honneur du Dieu Tout-Puissant. Et ils ont tort de vouloir les comparer à Dieu, car aucun homme n'a jamais vu Dieu et ne sait à quoi il ressemble. De plus, ils se trompent lorsqu'ils affirment que la divinité peut faire preuve de faiblesse, ou que Dieu reçoit des sacrifices et a besoin d'holocaustes, de libations et d'immolations humaines, ainsi que de temples. Dieu n'éprouve aucun besoin et rien de tout cela ne lui est nécessaire. Il est évident que les hommes se trompent en imaginant de telles choses[11].

Dieu enseigne, cependant, que ceux qui offrent des sacrifices aux idoles sacrifient en réalité aux démons. Moïse en a été affligé : « Ils excitent sa jalousie par des dieux étrangers. Ils l'irritent par d'horribles pratiques; ils sacrifient à des démons qui ne sont pas Dieu, à des dieux qu'ils ne connaissent pas, nouveaux, venus depuis peu » (Deutéronome 32.16, 17). Dieu n'enseigne pas, en revanche, que les démons ont besoin de sacrifices pour survivre. Origène, un théologien du IIIe siècle apr. J.-C. a écrit à tort que les démons « ont besoin, pour se nourrir, d'émanations parmi lesquelles ils recherchent de préférence l'odeur du sang des victimes et les vapeurs de l'encens…[12] » Les démons existaient avant que les êtres humains entreprennent de leur offrir des sacrifices, et ils existent encore aujourd'hui sans l'offrande de sacrifices.

8. Le jugement de Dieu sur l'idolâtrie

> Ceux qui façonnent des statues ne sont tous que néant, et leurs plus belles œuvres ne servent à rien; ils sont leurs témoins, elles n'ont ni la vue, ni la connaissance, aussi seront-ils honteux. Qui est-ce qui façonne un dieu ou fond une statue, pour n'en retirer aucune utilité? Voici que tous ses compagnons seront honteux; les ciseleurs eux-mêmes ne sont que des humains… Le forgeron, comme pour une hache, travaille avec le charbon et il façonne l'idole à coups de marteau; il la travaille d'un bras vigoureux… Le charpentier étend le cordeau, il la dessine à la craie, il la fabrique au ciseau, il la dessine au compas et il lui donne la forme d'un homme, l'apparence d'un être humain pour qu'elle habite dans une maison. Il se coupe des cèdres, il prend des rouvres et des chênes et fait un choix parmi les arbres de la forêt; il plante des pins, et la pluie les fait croître. Ces arbres

servent à l'homme pour brûler, il en prend et il se chauffe. Il y met aussi le feu pour cuire du pain, et il en fabrique également un dieu. Il se prosterne, il en fait une statue devant laquelle il fait des révérences. Il brûle au feu la moitié de son bois, avec cette moitié il va pouvoir manger de la viande, il cuit un rôti et se rassasie; il se chauffe aussi et dit : Ah! Je me chauffe, je vois la flamme! Et avec le reste il fait un dieu, sa statue, il fait des révérences devant elle, il se prosterne, il l'invoque et s'écrie : Délivre-moi! Car tu es mon dieu! (Ésaïe 44.9-17)

Dès le commencement, Satan s'est réjoui d'accueillir de nouveaux adeptes dans son royaume, ceux qui refusaient d'adorer Dieu le Créateur ou de lui obéir avec amour. Avant la venue de Jésus, le royaume de Satan a connu une expansion rapide, tandis que le royaume de Dieu semblait presque inexistant. Cependant, Dieu mettait tranquillement son plan à exécution.

Pistes de réflexion

1. Nous ne pouvons être à la fois autosuffisants et dépendants de Dieu, car ces deux notions s'opposent l'une l'autre.

2. Céder à la tentation conduit au péché. Ce péché rend ensuite l'individu plus susceptible de céder à une autre tentation. À la longue, celui qui cède continuellement à la tentation ne parvient plus à discerner les réalités spirituelles.

3. Dieu n'a nul besoin de sacrifices sanglants pour survivre.

4. Un sacrifice offert à une idole équivaut à offrir un sacrifice à un démon.

5. Dans l'Ancien Testament, on comptait plus d'adeptes dans le royaume de Satan que de disciples dans le royaume de Dieu.

[3]

Les Pères fondateurs de la foi

1. L'appel d'Abram

Abram : de 1951 av. J.-C. à 1776 av. J.-C. (Genèse 25.7). 1876 av. J.-C. (Vous trouverez l'explication de la datation dans l'appendice.)

Tout compte fait, notre déménagement à Sudbury ne représentait pas une distance importante si on la compare au chemin que d'autres ont parcouru. Par exemple, notre fils Stephen et sa femme Megan ont véritablement suivi les traces des pionniers. Ils ont chargé leurs effets personnels dans un camion loué et ils sont partis du Maine vers la Californie. De même, Abram a quitté Our en Chaldée et il s'est installé à Harân, une ville de Paddam-Aram. Son père âgé, Térah, avait envisagé de conduire sa famille jusqu'au pays de Canaan (Genèse 11.31), mais il est mort à Harân, environ à mi-chemin de sa destination finale. Abram lui-même avait entendu l'appel provenant de l'Éternel, lui demandant de quitter Our pour se rendre dans un pays étranger (Actes 7.3). Ainsi, après la mort de son père et à l'âge de soixante-quinze ans, Abram a de nouveau obéi à Dieu. Il a quitté Harân et s'est mis en route vers Canaan, pays situé à l'ouest du fleuve Jourdain. Sa femme Saraï, son neveu Lot et ses serviteurs l'accompagnaient.

Dieu a fait cette promesse à Abram : « Je ferai de toi une grande nation et je te bénirai; je rendrai ton nom grand. Deviens donc une source de bénédiction. Je bénirai ceux qui te béniront, je maudirai celui qui te maudira. Toutes les familles de la terre seront bénies en toi » (Genèse 12.2-3).

Figure 1 : Le monde au temps des Pères fondateurs

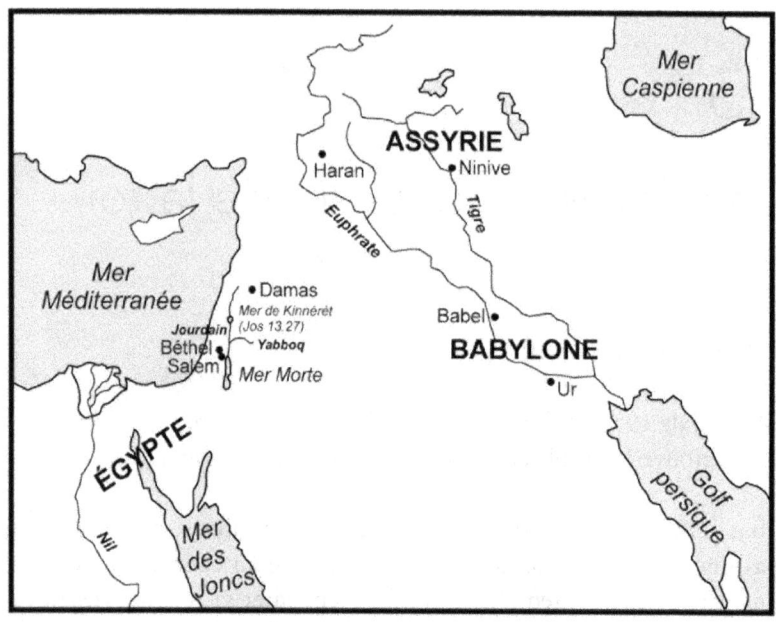

Imaginez les sentiments d'Abram ! Dieu n'avait jamais donné de telles promesses de bénédiction à qui que ce soit d'autre ! Abram s'attendait probablement à ce que son fils soit la descendance promise.

En contemplant dans la création les œuvres du Créateur Tout-Puissant, Abram a obéi à l'Éternel et a quitté sa patrie, premièrement celle d'Our, puis celle d'Harân. Les peuples vivant dans ces villes adoraient la lune[13]. En partant d'Harân, Abram ne délaissait pas simplement un lieu physique, mais le culte de la lune. En voyageant d'Our jusqu'à Canaan, il a accompli une chose unique pour son temps. Son Dieu l'accompagnait. Satan avait berné les nations en leur faisant croire que les dieux résidaient dans la nature environnante. Par conséquent, en habitant une ville ou parmi un peuple donné, il allait de soi que le résident serve les dieux de l'endroit. En quittant ce lieu, l'individu cessait d'être sous l'autorité de ces dieux locaux. En revanche, Abram a obéi à Dieu et il est parti pour un long

3 - LES PÈRES FONDATEURS DE LA FOI

voyage sans même savoir où il se rendait. Il a suivi l'Éternel par la foi et est devenu ami de Dieu (2 Chroniques 20.7, [version Segond]).

À son arrivée en Canaan, Abram a reçu cette promesse de l'Éternel : « Je donnerai ce pays à ta descendance » (Genèse 12.7). En réponse à cette promesse, Abram a bâti un autel pour adorer Dieu.

[
Satan avait berné les nations
en leur faisant croire que les dieux
résidaient dans la nature environnante.
]

2. Melchisédek

L'Éternel a béni Abram et Lot dans le pays de Canaan en multipliant leurs troupeaux. Après quelque temps, ils ont décidé de se séparer et Lot a choisi de dresser ses tentes en direction de Sodome. Toutefois, une guerre a éclaté et Lot a été capturé. Un homme est parvenu à s'échapper et il est venu en informer Abram. Ce dernier a immédiatement recruté 318 de ses serviteurs nés dans sa maison et entraînés pour le combat et ils ont poursuivi l'ennemi. Abram a mené l'attaque de nuit en divisant stratégiquement ses hommes et il a été vainqueur. Il a ensuite délivré Lot et le peuple qui avaient été faits prisonniers et a également repris possession de tous les biens volés (Genèse 14).

En retournant chez lui après le combat, Abram a rencontré Melchisédek, roi de Salem et sacrificateur du Dieu Très-Haut. *Melchisédek* signifie « roi de justice » et *Salem* signifie « paix » (Hébreux 7.2). Salem est le plus vieux nom connu de Jérusalem. Après avoir offert du pain et du vin à Abram, Melchisédek l'a béni en ces termes : « Béni soit Abram par le Dieu Très-Haut, Maître du ciel et de la terre! Béni soit le Dieu Très-Haut qui a livré les adversaires entre tes mains! » (Genèse 14.19-20). Selon la loi de Moïse, un roi israélite n'était pas autorisé à exercer la fonction de sacrificateur. Plusieurs années plus tard, le roi Ozias a tenté de brûler des parfums pour l'Éternel dans le temple et Dieu l'a puni en le

41

frappant d'une lèpre incurable (2 Chroniques 26.16-21). Celui seul qui est la descendance promise possède le droit d'assumer ces deux fonctions simultanément. Cependant, au temps d'Abram, il arrivait souvent que les rois remplissent ces deux rôles. Ainsi, le fait que Melchisédek soit un roi-sacrificateur n'avait rien d'inhabituel.

Rempli de reconnaissance, Abram lui a donné le dixième de son butin. Il a reconnu l'autorité de Melchisédek en lui rendant ainsi hommage. Les chapitres 5 et 7 de l'Épître aux Hébreux nous enseignent que Jésus est venu pour être un sacrificateur selon l'ordre de Melchisédek. Le sacerdoce de Melchisédek préfigurait en réalité celui de Jésus : « Il est sans père, sans mère, sans généalogie; il n'a ni commencement de jours, ni fin de vie. Et, rendu semblable au Fils de Dieu, il demeure sacrificateur à perpétuité » (Hébreux 7.3). Melchisédek est semblable au Fils de Dieu parce que le début et la fin de sa vie ne sont consignés nulle part. De même, nous ignorons à quel moment leur sacerdoce a officiellement commencé ou pris fin. Jésus est devenu sacrificateur à la manière de Melchisédek « non par la loi d'une ordonnance charnelle, mais par la puissance d'une vie impérissable » (Hébreux 7.16). David l'a expliqué ainsi : « L'Éternel l'a juré et ne le regrettera pas : Tu es sacrificateur pour toujours, à la manière de Melchisédek » (Psaume 110.4). **Jésus est à la fois Roi et Sacrificateur.** Il désire être votre Roi-Sacrificateur.

3. L'alliance de Dieu avec Abram

En route vers Sudbury, Barry et moi avons décidé que le moment était venu de fonder notre famille. Debra naissait seize mois plus tard. Un intervalle de deux ans et demi entre les enfants nous semblait idéal. Cependant, Stephen est né trois ans et demi après Debra et Philip, trois ans et demi après Stephen. Le fait de prier pour nos trois enfants a accru notre dépendance et notre foi en Dieu. L'attente semblait interminable. Abram et Saraï, toutefois, étaient vraiment perplexes. Plusieurs années auparavant, à Our, l'Éternel avait promis à Abram qu'il deviendrait le père d'une grande nation. Dieu avait même ajouté que tous les peuples de la terre seraient bénis en lui. Au cours des siècles, des individus avaient attendu la venue de la descendance promise, source de bénédiction pour les nations. Abram s'est probablement demandé : « Est-il possible que je sois le père du Sauveur promis? » Pourtant, le temps passait et Saraï demeurait stérile. Abram a donc dit à Dieu que son héritier serait son serviteur Éliézer de Damas.

Dieu a répondu : « ... celui qui sortira de tes entrailles [...] sera ton héritier » (Genèse 15.4). Puis, Dieu l'a conduit dehors et lui a demandé de compter le nombre des étoiles, s'il en était capable. L'Éternel lui a donné cette promesse : « Telle sera ta descendance » (Genèse 15.5).

Dès qu'Abram a cru, Dieu le lui a compté comme justice et l'a considéré comme délivré de la condamnation du péché. Devenu enfant de Dieu, Abram appartenait désormais au royaume de Dieu. Même s'il ne portait pas le nom de chrétien, il était assuré de son salut en raison de la mort et de la résurrection de Jésus. Eusèbe, le premier historien de l'Église, l'a expliqué ainsi : « Si quelqu'un affirmait que, d'Abraham à Adam, ceux qui ont été déclarés justes étaient chrétiens de fait, mais sans en posséder le nom, il ne serait pas dans l'erreur[14] ». Il a ainsi précisé sa pensée :

> Ils ne pratiquaient pas la circoncision du corps, nous non plus. Ils n'observaient pas le sabbat, nous non plus. Ils ne se privaient pas de certains aliments et n'observaient pas les autres signes distinctifs donnés comme symboles par Moïse à leur postérité. De même, les chrétiens d'aujourd'hui ne se conforment pas à ces ordonnances. Cependant, ils connaissaient comme nous le véritable Christ de Dieu, car comme nous l'avons déjà démontré, il s'est manifesté à Abraham, il a transmis sa révélation à Isaac, il a discuté avec Jacob, il s'est entretenu avec Moïse et les prophètes venus par la suite...

> Par conséquent, il s'avère absolument nécessaire de tenir compte de cette religion qui a été récemment prêchée à toutes les nations par l'enseignement de Christ, la première et la plus ancienne de toutes les religions, celle qui a été révélée à des hommes divinement choisis à l'époque d'Abraham. Si on nous objecte que la loi de la circoncision a été donnée à Abraham beaucoup plus tard, nous répliquons qu'il a toutefois reçu le témoignage qu'il était juste par la foi avant la circoncision, comme l'atteste la Parole de Dieu : « Abram crut en l'Éternel qui le lui compta comme justice » (Genèse 15.6) [Romains 4.3][15].

Ensuite, Dieu a demandé à Abram de lui apporter une génisse, une chèvre, un bélier, une tourterelle et une colombe. Abram a coupé les animaux en deux, à l'exception des oiseaux, et il a mis chaque moitié l'une vis-à-vis de l'autre. À la nuit tombée, pendant qu'Abram dormait, « une fournaise fumante et des flammes passèrent entre les animaux partagés » (Genèse 15.17). C'est ainsi que Dieu a fait alliance avec Abram, alliance scellée par le sang des animaux. Il a promis à Abram que ses descendants hériteraient du pays de Canaan.

Le temps passait. Abram et Saraï n'avaient toujours pas d'enfant et Saraï savait qu'ils ne rajeunissaient pas. Elle a donc persuadé Abram de se conformer à la coutume de l'époque et de prendre pour femme Agar, sa servante. Abram a écouté la voix de sa femme et Agar a conçu un enfant (Genèse 16.4). À l'âge de quatre-vingt-six ans, Abram est devenu le père d'Ismaël (Genèse 16.16). Sa décision de prendre les choses en main pour aider Dieu à lui donner un héritier a entraîné des conséquences désastreuses pour sa famille au fil des ans. Ainsi, Abram a dû attendre treize ans de plus pour que l'Éternel lui renouvelle sa promesse.

4. L'alliance perpétuelle – 1852 av. J.-C.

> Pour moi, voici mon alliance avec toi : Tu deviendras le père d'une foule de nations. On ne t'appellera plus du nom d'Abram, mais ton nom sera Abraham, car je te rends père d'une foule de nations. Je te rendrai extrêmement fécond, je ferai naître de toi des nations, et des rois sortiront de toi. J'établirai mon alliance avec toi et ta descendance après toi, dans toutes leurs générations; ce sera une alliance perpétuelle, en vertu de laquelle je serai ton Dieu et celui de tes descendants après toi. Je te donnerai, et à tes descendants après toi, le pays dans lequel tu viens d'immigrer, tout le pays de Canaan, en possession perpétuelle, et je serai leur Dieu […] Pour ce qui est de ta femme Saraï, tu ne l'appelleras plus Saraï; mais son nom sera Sara. Je la bénirai et je te donnerai d'elle aussi un fils; je la bénirai et elle donnera naissance à des nations; les rois de plusieurs peuples sortiront d'elle. (Genèse 17.4-8, 15-16)

Lorsqu'Abram a atteint l'âge de quatre-vingt-dix-neuf ans, l'Éternel a conclu avec lui une alliance perpétuelle. En signe de cette alliance, l'Éternel a dit à Abram qu'il devait être circoncis, lui et tous les hommes de sa maison âgés de huit jours et plus. « Un mâle incirconcis, qui n'aura pas subi la circoncision dans sa chair, sera retranché du milieu de son peuple; il aura rompu mon alliance » (Genèse 17.14). Abram, renommé

3 - LES PÈRES FONDATEURS DE LA FOI

Abraham par Dieu, a d'emblée démontré sa foi en se faisant circoncire, lui et tous les hommes de sa maison. Les promesses associées à l'alliance perpétuelle sont de deux natures, soit spirituelles et physiques. Paul a écrit ceci concernant les promesses spirituelles de Dieu :

> Frères, je parle à la manière des hommes : quand un testament est établi en bonne forme, bien que fait par un homme, personne ne l'abolit ou n'y fait d'adjonction. Or les promesses ont été faites à Abraham et à sa descendance. Il n'est pas dit : et aux descendances, comme s'il s'agissait de plusieurs, mais comme à une seule : et à ta descendance[16], c'est-à-dire à Christ. (Galates 3.15-16)

L'alliance entre Abraham et Christ ne pourra jamais être rompue ou changée. Peu importe ce que le monde pense du Seigneur ou la manière dont il se comporte. La descendance promise viendra. Dieu accomplira son plan. Paul l'a expliqué ainsi :

> Donc, c'est par la foi, pour qu'il s'agisse d'une grâce, afin que la promesse soit assurée à toute la descendance, non seulement à celle qui a la loi, mais aussi à celle qui a la foi d'Abraham notre père à tous, selon ce qu'il est écrit : Je t'ai établi père d'un grand nombre de nations. Il est notre père à tous devant Dieu en qui il a cru. (Romains 4.16-17)

Dieu a promis de répandre les bénédictions de cette alliance perpétuelle sur ceux qui placent leur foi en lui. En recevant le don de son salut, ils deviendront les enfants d'Abraham au sens spirituel du terme, quelle que soit leur race. Ils prouveront la réalité de leur foi en obéissant aux commandements de Dieu avec un cœur aimant et bien disposé.

> Abraham, son fils Isaac et son petit-fils Jacob aimaient Dieu et s'intéressaient davantage aux réalités spirituelles qu'à la réalisation de leurs rêves terrestres.

Un conte de deux royaumes

Le Nouveau Testament nous donne un aperçu de la manière dont Abraham envisageait les choses. Bien qu'il ait vécu dans une tente, étranger dans un pays inconnu, « ... il attendait la cité qui a de solides fondations, celle dont Dieu est l'architecte et le constructeur » (Hébreux 11.10). Abraham, son fils Isaac et son petit-fils Jacob aimaient Dieu et s'intéressaient davantage aux réalités spirituelles qu'à la réalisation de leurs rêves terrestres. « Mais en réalité ils [aspiraient] à une patrie meilleure, c'est-à-dire céleste. C'est pourquoi Dieu n'a pas honte d'être appelé leur Dieu; car il leur a préparé une cité » (Hébreux 11.16). Philip Mauro l'a expliqué ainsi :

> Nous tirons deux enseignements clairs de ces versets. *D'abord*, « les promesses » ont exercé une influence déterminante sur les individus à qui elles ont d'abord été données... *ensuite*, la nature de ces promesses était telle qu'elles ont *complètement détourné leurs pensées des réalités terrestres*... En effet, ces promesses ont eu pour résultat de leur faire considérer « la Terre promise » elle-même comme un pays étranger. Car bien que le pays de Canaan ait été effectivement promis à la descendance naturelle d'Abraham, cette promesse n'a jamais constitué « l'espérance d'Israël ». L'espérance de l'Évangile prêché par Dieu à Abraham lui a fait dire, à lui et à ceux qui étaient « héritiers avec lui de la même promesse » qu'ils « étaient étrangers et résidents temporaires *sur la terre*[17] ».

Concernant les promesses physiques, Dieu avait dit à Abraham que les limites de la Terre promise s'étendraient du fleuve d'Égypte jusqu'au grand fleuve, l'Euphrate (Genèse 15.18). Juste avant sa mort, Josué a déclaré à la nation d'Israël : « Vous reconnaissez de tout votre cœur et de toute votre âme qu'aucune de toutes les bonnes paroles prononcées sur vous par l'Éternel, votre Dieu, n'est restée sans effet, toutes se sont accomplies pour vous, aucune n'est restée sans effet » (Josué 23.14). À la suite des combats menés par David, Israël a véritablement conquis la Terre promise. Les Israélites possédaient tout le territoire s'étendant du Chior d'Égypte jusqu'à Hamath au nord (1 Chroniques 13.5). David a même pris le contrôle de la région située le long de l'Euphrate (2 Samuel 8.3-11).

L'histoire nous apprend que la nation d'Israël a souvent oscillé entre l'obéissance et la désobéissance. Juste avant de faire entrer son peuple dans la Terre promise, Dieu lui a expliqué la nécessité d'obéir afin de continuer à recevoir les bénédictions physiques (Deutéronome 27-30). En raison de leur étroitesse d'esprit, certains ne s'intéressaient qu'au pays promis par Dieu. Ils ne se sont pas souciés des conséquences de la désobéissance. Ils se sont imaginé que l'Éternel promettait d'être le dieu tribal d'Israël pour toujours. Nous retrouvons un exemple de cette attitude dans le livre de 2 Esdras. Écrit d'abord vers 70[18] apr. J.-C., il a été achevé dans sa forme actuelle vers 120[19] apr. J.-C.

Je dis tout cela devant toi, Seigneur, parce que tu as dit : C'est à cause de vous que j'ai créé le monde. Les autres nations qui descendent d'Adam sont comme rien; elles ressemblent à la salive, ou aux gouttes d'eau d'un seau, elles et leurs joies. Et maintenant, voici que ces mêmes nations qui sont comme rien nous dominent et nous foulent aux pieds. Et nous, ton peuple à qui tu disais : Vous êtes mon premier-né, mon fils unique que j'aime; nous avons passé entre leurs mains. Si tu as créé le monde pour nous, pourquoi ne le possédons-nous pas en héritage? (2 Esdras 6.55-59)

> La nation d'Israël dans sa forme actuelle témoigne de la puissance et de l'amour de Dieu, elle ne constitue pas l'accomplissement de cette alliance.

Cette manière de penser représente le cœur du sionisme, la croyance selon laquelle les Juifs possèdent le droit fondamental de s'établir en Palestine en tant que nation, qu'ils obéissent ou non au Seigneur. Les Israélites de notre époque considèrent que le pays promis par Dieu à Abraham leur appartient de droit. En réalité, il s'agit d'un privilège. Dieu a châtié son peuple pendant 1900 ans parce qu'il avait rejeté Jésus comme Messie et Sauveur. Puis, dans sa grâce, Dieu leur a permis de retourner dans la Terre promise, bien qu'ils n'aient toujours pas reconnu son Fils. La nation d'Israël dans sa forme actuelle témoigne de la puissance et de l'amour de Dieu, elle ne constitue pas l'accomplissement de cette alliance.

5. La naissance d'Isaac – 1851 av. J.-C.

Rien ne se compare à la joie de tenir un nouveau-né dans ses bras. C'est un don de Dieu. Il n'est pas étonnant qu'Abraham et Sara aient été resplendissants de bonheur après avoir attendu si longtemps! Riant intérieurement, Abraham s'était demandé : « Naîtrait-il un fils à un homme de 100 ans? Et Sara, âgée de 90 ans, accoucherait-elle? » (Genèse 17.17).

Abraham avait exprimé le désir que l'Éternel bénisse Ismaël et Dieu avait répondu en ces termes : « Certainement, ta femme Sara va te donner un fils; et tu l'appelleras Isaac. J'établirai mon alliance comme une alliance perpétuelle avec lui et sa descendance après lui » (Genèse 17.19).

Peu de temps après, Abraham se trouvait assis à l'entrée de sa tente pendant la chaleur du jour. Levant les yeux, il a aperçu trois hommes qui se tenaient devant lui, l'un d'eux étant l'Éternel lui-même. Abraham s'est empressé de leur préparer un repas et il est resté près d'eux, sous un arbre, pendant qu'ils mangeaient. Puis, l'Éternel a confirmé à Abraham que Sara aurait un fils l'année suivante, environ à cette même date. Cachée à l'entrée de la tente, Sara a entendu la conversation. Elle savait qu'elle était trop âgée pour porter un enfant. Elle a ri en elle-même en se disant : « Maintenant que je suis usée, aurais-je encore des désirs? Mon Seigneur aussi est vieux » (Genèse 18.12).

Abraham et Sara avaient attendu de nombreuses années la naissance de l'enfant promis. Ils savaient tous les deux que le « corps [d'Abraham était] presque mourant, puisqu'il avait près de cent ans, et le sein maternel de Sara déjà atteint par la mort » (Romains 4.19). Ces évidences n'ont fait que fortifier leur foi en la puissance de Dieu qui accomplit « ce qu'il a promis » (Romains 4.21). Le jour de la naissance d'Isaac est finalement arrivé. À l'âge de huit jours, Abraham l'a circoncis et Sara a loué Dieu avec joie : « Et Sara dit : Dieu m'a donné lieu de rire; quiconque l'entendra rira avec moi. » (Genèse 21.6, [version Darby]).

3 - LES PÈRES FONDATEURS DE LA FOI

6. L'épreuve d'Abraham et Isaac

Les parents qui ont vu mourir un de leurs enfants ont éprouvé une souffrance semblable à celle d'Abraham lorsque Dieu lui a demandé de sacrifier son fils. L'Éternel est apparu à Abraham alors qu'Isaac était probablement adolescent et il lui a dit : « Prends donc ton fils, ton unique, celui que tu aimes, Isaac; va-t-en dans le pays de Moriya et là, offre-le en holocauste sur l'une des montagnes que je t'indiquerai » (Genèse 22.2).

Satan devait être fou de joie! Si Abraham tuait le fils de la promesse, Dieu ne pourrait plus envoyer la descendance promise. Par conséquent, rien n'empêcherait Satan d'accéder au trône.

> Puisque la descendance promise serait issue d'Isaac, Abraham savait que son fils ne pouvait pas demeurer dans la mort.

Abraham n'a pas perdu de temps. Il a fendu du bois et sellé son âne. Il s'est mis en route vers le mont Moriya, accompagné de deux serviteurs et de son fils Isaac. Ils ont marché pendant deux jours puis, le troisième jour, Abraham a aperçu de loin la montagne. Il a dit à ses serviteurs : « Vous, restez ici avec l'âne; le jeune homme et moi nous irons là-haut pour adorer, puis nous reviendrons auprès de vous » (Genèse 22.5).

Imaginez ce que devait ressentir Abraham! Il avait attendu longtemps la naissance de son fils et Isaac était véritablement le fils de la promesse. Sara et lui l'avaient protégé et élevé avec amour jusqu'à ce jour. Son Sauveur viendrait à travers la descendance d'Isaac. Pour quelle raison l'Éternel lui ordonnait-il de sacrifier son fils? Il savait pourtant qu'il devait obéir. Abraham se rappelait qu'en acceptant de suivre Dieu dans un pays étranger, il avait été béni. Il était affligé en pensant aux tensions causées par la naissance d'Ismaël. « Il comptait que Dieu est puissant, même pour faire ressusciter d'entre les morts. C'est pourquoi son fils lui fut rendu » (Hébreux 11.19). Puisque la descendance promise serait issue d'Isaac, Abraham savait que son fils ne pouvait pas demeurer dans la mort.

Ils ont donc entrepris l'ascension de la montagne. Isaac transportait le bois pour le sacrifice, tandis qu'Abraham tenait le couteau et le feu. Voyant que son père n'apportait pas d'animal, Isaac lui a posé cette question : « Voici le feu et le bois; mais où est l'agneau pour l'holocauste? » (Genèse 22.7).

Abraham a répondu : « Mon fils, Dieu va se pourvoir lui-même de l'agneau pour l'holocauste » (Genèse 22.8).

La réponse de son père a satisfait le jeune homme et ils ont poursuivi leur progression vers le sommet de la montagne. Après avoir construit l'autel et disposé le bois dessus, Abraham a lié son fils et l'a mis sur l'autel sans que ce dernier n'émette la moindre protestation. Au moment où Abraham s'apprêtait à tuer son fils avec le couteau, il a entendu une voix qui l'appelait :

Abraham! Abraham!

Il répondit : Me voici!

L'ange [de l'Éternel] dit : N'étends pas ta main sur le jeune homme et ne lui fais rien; car j'ai reconnu maintenant que tu crains Dieu et que tu ne m'as pas refusé ton fils, ton unique. (Genèse 22.10-12)

Levant les yeux, Abraham a aperçu un bélier retenu par les cornes dans les branches d'un buisson. Il a détaché Isaac, il a placé le bélier à sa place sur l'autel et l'a offert en sacrifice. Rempli de reconnaissance, Abraham a nommé cet endroit mémorable « sur la montagne de l'Éternel, il sera pourvu » (Genèse 22.14).

Ensuite, l'ange de l'Éternel a affirmé à Abraham que ses descendants seraient aussi nombreux que les étoiles du ciel et le sable au bord de la mer parce qu'il avait accepté de donner Isaac par obéissance à Dieu. Ceux qui vivent aujourd'hui après la croix voient dans cet événement une belle image de Dieu le Père qui a donné Jésus, son Fils unique, afin qu'il meure à notre place. Quant à Abraham, il était reconnaissant, car il n'a pas eu à renoncer au fils qu'il aimait et la lignée de la descendance promise a été préservée.

7. La naissance de Jacob et d'Esaü
– 1791 av. J.-C. (Genèse 25.20, 26)

Isaac savait assurément qu'il était le fils de la promesse et que le Sauveur serait issu de sa descendance. Contrairement à son père, il a attendu patiemment la naissance de son fils et n'a pas tenté de prendre la situation en main. Isaac et sa femme Rébecca ont espéré la venue d'un enfant pendant vingt ans. Lorsqu'elle est finalement devenue enceinte, Rébecca sentait une telle agitation en elle qu'elle en a demandé à Dieu la raison. Il a répondu : « Deux nations sont dans ton ventre. Deux peuples se sépareront au sortir de tes entrailles; un de ces peuples sera plus fort que l'autre, et le plus grand sera assujetti au plus petit» (Genèse 25.23).

Rébecca a dû éprouver une grande joie en annonçant à son mari ce que l'Éternel lui avait révélé! Non seulement portait-elle des jumeaux, mais la lignée de la promesse passerait par le deuxième enfant. Le moment venu, elle a donné naissance à deux garçons. Les parents ont appelé le premier Esaü parce que son corps était couvert de poils roux et le second Jacob, parce qu'il tenait le talon de son frère. En dépit de ce qu'ils connaissaient de la volonté de Dieu, Isaac et Rébecca avaient chacun un fils préféré. Isaac aimait Esaü, le chasseur et Rébecca préférait Jacob, le berger. À cause de cela, cette famille a beaucoup souffert.

8. La lutte de Jacob avec Dieu

Au petit matin, Jacob a marché en boitant jusqu'au gué de Yabboq, un torrent coulant en direction du fleuve Jourdain. Le soir précédent, il avait fait passer sa famille de l'autre côté du torrent. Il était resté seul sur la rive nord du fleuve et avait lutté toute la nuit avec un homme. Au lever du soleil, l'homme l'a frappé à la hanche et l'articulation de sa hanche s'est disloquée.

L'homme dit : Laisse-moi partir, car l'aurore se lève. Jacob répondit : Je ne te laisserai point partir sans que tu me bénisses. L'homme lui dit : Quel est ton nom? Il répondit : Jacob. L'homme reprit : Jacob ne sera plus le nom qu'on te donnera, mais Israël; car tu as lutté avec Dieu et avec des hommes, et tu as été vainqueur. Jacob l'interrogea en disant : Je t'en prie, indique-moi ton nom. Il répondit : Pourquoi demandes-tu mon nom? Et il le bénit là. Jacob donna à cet endroit le nom de Péniel; car, dit-il, j'ai vu Dieu face à face, et mon âme a été préservée. (Genèse 32.27-31)

En boitant jusqu'au fleuve, Jacob pensait peut-être à sa vie passée, ainsi qu'aux derniers événements. Le nom qu'il portait et qui signifie « supplanter[20] » lui convenait parfaitement. Il se souvenait avec précision du jour où Esaü était rentré affamé à la maison! Dès qu'Esaü avait senti la bonne odeur du potage préparé par Jacob, il en avait demandé une portion. Au lieu de lui en donner, Jacob avait conclu avec lui un marché : « Vends-moi aujourd'hui ton droit d'aînesse ».

Esaü avait si faim et il se préoccupait si peu de son droit d'aînesse, qu'il s'était écrié : « Me voici sur le point de mourir, à quoi me sert ce droit d'aînesse? » Jacob avait alors répliqué : « Prête-moi d'abord serment » (Genèse 25.31-33).

En prêtant serment à Jacob, Esaü a vendu son droit d'aînesse en échange d'un morceau de pain et d'un plat de lentilles. Il a mangé et bu puis, il est reparti. Par ses actions, il a manifesté du mépris à l'égard de ce droit grâce auquel il aurait pu recevoir une double part de l'héritage d'Isaac (Deutéronome 21.17).

Plusieurs années plus tard, devenu vieux et presque aveugle, Isaac sentait approcher sa fin. Comme Esaü était son fils préféré, il voulait que ce soit lui qui reçoive la bénédiction de Dieu. Isaac devait pourtant savoir que Dieu désirait faire reposer sa bénédiction personnelle sur son plus jeune fils, Jacob. Il a donc demandé à Esaü d'aller à la chasse et de lui préparer un de ses plats favoris avec du gibier sauvage. Ensuite, il le bénirait. Pendant ce temps, Rébecca, qui avait entendu toute la conversation, était bien décidée à faire en sorte que Jacob hérite de la bénédiction.

Elle a immédiatement persuadé Jacob de se couvrir les mains et le cou d'une peau de chevreau afin de se faire passer pour Esaü. Jacob a revêtu les habits de son frère et il a apporté à Isaac un plat succulent, apprêté par sa mère. Isaac reconnaissait la voix de Jacob, mais les mains étaient celles d'Esaü.

Isaac a demandé : « C'est bien toi, mon fils Esaü? »

« Oui », a répondu Jacob (Genèse 27.24).

3 - LES PÈRES FONDATEURS DE LA FOI

Après avoir mangé, Isaac a béni Jacob. Peu de temps après, Esaü est revenu de la chasse et a porté à son père le plat qu'il lui avait préparé.

> Isaac fut saisi d'un grand trouble, d'un trouble extrême, et dit : Qui est donc celui qui a chassé du gibier et me l'a apporté ? J'ai mangé de tout avant que tu viennes, et je l'ai béni. Aussi sera-t-il béni. Lorsqu'Esaü entendit les paroles de son père, il poussa un grand cri, extrêmement amer, et dit à son père : Moi aussi, bénis-moi, mon père. Isaac répondit : Ton frère est venu avec ruse et il a pris ta bénédiction. Esaü dit : Est-ce parce qu'on lui a donné le nom de Jacob qu'il m'a supplanté deux fois? Il avait déjà pris mon droit d'aînesse, et maintenant il a pris ma bénédiction. (Genèse 27.33-36)

Jacob se rappelait sûrement qu'Esaü, rempli de colère, avait voulu le tuer et qu'il avait dû fuir chez des parents à Paddam-Aram afin de conserver la vie. Jacob repensait peut-être à la première nuit de sa fuite. Il avait fait un rêve dans lequel il voyait une échelle qui touchait au ciel et des anges qui y montaient et y descendaient. Au-dessus de l'échelle se tenait l'Éternel qui avait déclaré :

> Je suis l'Éternel, le Dieu d'Abraham, ton père, et le Dieu d'Isaac. La terre sur laquelle tu es couché, je te la donnerai à toi et à ta descendance. Ta descendance sera innombrable comme la poussière de la terre; tu t'étendras à l'ouest et à l'est, au nord et au sud. Toutes les familles de la terre seront bénies en toi et en ta descendance. Voici, je suis moi-même avec toi, je te garderai partout où tu iras et je te ramènerai dans ce territoire; car je ne t'abandonnerai pas, avant d'avoir accompli ce que je te dis. (Genèse 28.13-15)

En s'éveillant le lendemain matin, Jacob a versé de l'huile sur la pierre qui lui avait servi d'oreiller et il a nommé cet endroit Béthel, ce qui signifie « maison de Dieu » (Genèse 28.19). L'Éternel avait déclaré être le Dieu d'Abraham et d'Isaac. Toutes les bénédictions promises par Dieu à ces patriarches allaient se perpétuer par l'intermédiaire de Jacob. Cet homme menteur et tricheur appartenait à la lignée de la descendance promise. Dieu poursuivait son dessein de salut par l'intermédiaire de Jacob. Nous devrions y trouver un encouragement pour nous-mêmes, car nous sommes tous des pécheurs sauvés par la grâce de Dieu.

Jacob a répondu en disant : « Si Dieu est avec moi et me garde sur la route où je vais, s'il me donne du pain à manger et des habits pour me vêtir, et si je retourne en paix à la maison de mon père, alors l'Éternel sera mon Dieu. Cette pierre que j'ai érigée en stèle sera la maison de Dieu. Je te donnerai la dîme de tout ce que tu me donneras » (Genèse 28.20-22). Comme il était prétentieux de sa part d'essayer de conclure un marché avec Dieu! « Si tu fais ce que je te demande, alors je croirai et tu seras mon Dieu. »

> Cet homme menteur et tricheur appartenait à la lignée de la descendance promise.

Jacob savait que Dieu avait été avec lui et l'avait béni au cours de ses vingt années d'exil. Au moment de sa fuite, il ne possédait qu'un bâton de berger et les vêtements qu'il portait. Il s'apprêtait maintenant à traverser le fleuve pour retourner chez lui avec deux femmes, deux concubines, onze fils, des serviteurs et du bétail. Pourtant, il était terrorisé à l'idée de revoir Esaü, particulièrement lorsqu'il a appris que ce dernier venait à sa rencontre avec 400 hommes. Il a prié que Dieu le protège en l'appelant « Dieu de mon père Abraham, Dieu de mon père Isaac » (Genèse 32.10). Puis, il a envoyé ses serviteurs au-devant d'Esaü avec un présent constitué de plusieurs animaux. Il a décidé de diviser son groupe en deux, de sorte que si Esaü attaquait un des groupes, l'autre puisse s'enfuir. Quant à Jacob, il s'est placé derrière les deux groupes. Il est demeuré seul sur l'autre rive du fleuve, car il se souciait avant tout de sa sécurité personnelle.

L'Éternel avait témoigné de la compassion à Jacob et il l'avait béni, en dépit des mensonges et des tricheries. Au gué de Yabboq, l'Éternel a rappelé à Jacob les promesses qu'il lui avait données vingt ans auparavant. En réalité, Dieu lui a déclaré : « J'ai honoré ma partie du contrat, Jacob. Il est temps que tu te soumettes à moi et que tu reconnaisses de tout cœur que je suis *ton* Dieu et non pas simplement le Dieu de ton père et de ton grand-père. » Jacob a lutté avec Dieu et il a finalement supplié Dieu de lui pardonner et de le bénir. À partir de ce moment, il a été transformé. Dieu lui a donné un nouveau nom, Israël, qui signifie « il lutte avec Dieu »

(Genèse 32.28). Jacob est devenu le père du peuple d'Israël. De quelle manière a-t-il démontré qu'il avait changé ? Il a traversé le fleuve et est allé lui-même à la rencontre d'Esaü, laissant sa famille derrière lui, là où elle se trouvait en sécurité.

9. Les bénédictions prononcées par Jacob avant sa mort – 1644 av. J.-C. (Genèse 47.28)

Jacob, âgé de 147 ans, était sur le point de mourir. Il avait vécu les dix-sept dernières années de sa vie en Égypte avec le fils qu'il aimait, Joseph, qui lui-même avait été vendu sans pitié comme esclave par ses frères jaloux. Cependant, l'Éternel avait puissamment agi en faveur de Joseph afin qu'il gagne l'estime du Pharaon. Ainsi, il avait pu amasser suffisamment de réserve pour survivre aux sept années de famine annoncée. Ce faisant, Joseph avait non seulement sauvé un grand nombre de personnes de la famine, mais il avait également empêché que la lignée de la descendance promise ne s'éteigne.

Avant de mourir, Jacob a béni chacun de ses fils ainsi que ses deux petits-fils, Ephraïm et Manassé, les enfants de Joseph. Jacob a affirmé que l'Éternel avait été son berger tout au long de sa vie et l'Ange qui l'avait délivré de tout mal (Genèse 48.15-16). Son fils Juda a reçu une bénédiction spéciale de la part de Dieu :

> Juda, c'est toi que tes frères célèbreront. Ta main sera sur la nuque de tes ennemis. Les fils de ton père se prosterneront devant toi [...] Le bâton de commandement ne s'écartera pas de Juda, ni l'insigne du législateur d'entre ses pieds, jusqu'à ce que vienne le Chilo et que les peuples lui obéissent. (Genèse 49.8-10)

Dieu a fait trois promesses à Juda. La lignée des rois qui allait régner sur Israël serait issue de lui. Cette lignée demeurerait jusqu'à l'arrivée de celui à qui appartient le trône et ce roi à venir allait exercer son autorité sur toutes les nations. L'histoire nous apprend que David, issu de la tribu de Juda, a occupé le trône d'Israël. Jusqu'à la captivité, les descendants de David sont demeurés les seuls rois de Jérusalem. Puis, en raison du péché du peuple, Juda a été déporté par les

Babyloniens. À leur retour, Zorobabel, un descendant de David, est devenu gouverneur de la Judée sous l'autorité de l'Empire médo-perse. Ajoutons brièvement que lorsque la Judée est devenue autonome sous les Maccabées (142 à 63 av. J.-C.), le peuple a préféré ignorer cette prophétie et élever en autorité la tribu de Lévi[21]. Pourtant, Dieu a fait en sorte que la lignée de David se perpétue jusqu'à la naissance de Jésus. Matthieu a consigné par écrit l'accomplissement de cette prophétie : « Généalogie de Jésus-Christ, fils de David, fils d'Abraham » (Matthieu 1.1). Les hommes cités dans le passage de Matthieu 1.12-16 appartenaient à la lignée royale approuvée par Dieu. Joseph lui-même, l'époux de Marie, aurait dû être roi et Jésus, bien qu'il n'ait pas de lien biologique avec Joseph, était légalement son fils et ainsi, le prochain héritier du trône. En raison de la désobéissance du peuple, aucun de ces hommes n'a pu monter sur le trône de David. Jésus seul, la descendance promise, possède le droit d'accéder au trône. Après la mort et la résurrection de Jésus, « Dieu l'a souverainement élevé » (Philippiens 2.9). C'est pourquoi il enseignait avec autorité à ses disciples : « Allez, faites de toutes les nations des disciples… » (Matthieu 28.19). Cette idée était révolutionnaire. Le Seigneur s'attend à ce que des gens de toutes races obéissent à Jésus avec amour parce qu'il est le Roi de toutes les nations, pas seulement celui d'Israël.

Lorsque Dieu s'est révélé à Abraham et à sa famille, il a franchi une étape importante dans l'élaboration de son plan de salut. Leurs descendants deviendraient la future nation d'Israël. La descendance promise allait naître au sein d'une nation qui connaissait Dieu. En plus de préparer la naissance ultérieure de Jésus, Dieu a également œuvré dans les cœurs des Pères fondateurs eux-mêmes. Abraham, Isaac et Jacob ont appris par expérience que Dieu garde toujours ses promesses dans le monde physique. Par conséquent, ils ont cru qu'il disait la vérité au sujet des réalités spirituelles. Ils ont obéi à l'Éternel avec amour et ils ont cru qu'il allait tenir sa promesse et pourvoir à leur salut.

Pistes de réflexion

1. Abram a vécu dans une société qui ne connaissait pas le seul vrai Dieu.

2. En donnant notre dîme avec joie, nous honorons Dieu et reconnaissons qu'il pourvoit à tous nos besoins. C'est ce qu'a fait Abram.

3. Lorsque Dieu a déclaré qu'Abram était juste, ce dernier a été délivré de la culpabilité du péché, et il en va de même pour nous.

4. Quiconque croit en Dieu et lui obéit est un enfant spirituel d'Abraham.

5. Dieu prouve qu'il est digne de confiance en respectant sa promesse faite à Jacob. Plus de 600 ans après la mort de Jacob, David un descendant de Juda, est devenu roi. Puis, 1000 ans après David, Jésus un descendant de David, est né.

4

La formation de la nation d'Israël

1. La naissance de Moïse – 1526 av. J.-C.

118 ans après la mort de Jacob

Après avoir travaillé à la maison pendant vingt-sept ans, je ne possédais plus les qualifications requises pour exercer le métier de programmeuse informatique que je pratiquais avant de déménager à Sudbury. La vente me semblait le moyen le plus facile et le plus rapide de retourner sur le marché du travail. J'ai tôt fait d'apprendre qu'en étant disponible à n'importe quel moment de la semaine, j'obtenais plus d'heures de travail. En d'autres termes, ma vie ne m'appartenait plus. C'est un sentiment que les Israélites connaissaient bien. Le pharaon de l'époque avait oublié que Joseph avait sauvé les Égyptiens de la famine. Il a constaté que les Israélites formaient un peuple nombreux et en a éprouvé de la crainte. Il redoutait que les Israélites deviennent puissants au point de combattre contre l'Égypte, pour ensuite quitter le pays. Par conséquent, le pharaon les a soumis à l'esclavage et les a forcés à bâtir deux villes, Pitom et Ramsès. Pourtant, le nombre des Israélites ne cessait de croître en dépit de leur servitude. La crainte s'est donc emparée des Égyptiens de sorte qu'ils ont augmenté la charge de travail des Israélites.

Le pharaon a alors décidé : « J'ordonnerai aux sages-femmes des Hébreux de faire mourir tous les garçons à la naissance. » Cependant, les sages-femmes craignaient Dieu et elles ont refusé d'obéir à cet ordre. Voyant que la population israélite allait sans cesse en augmentant le pharaon, en désespoir de cause, a ordonné aux Égyptiens de jeter dans le Nil tout mâle né parmi les Hébreux (voir Exode 1.8-22).

Figure 2 : Le monde de Moïse

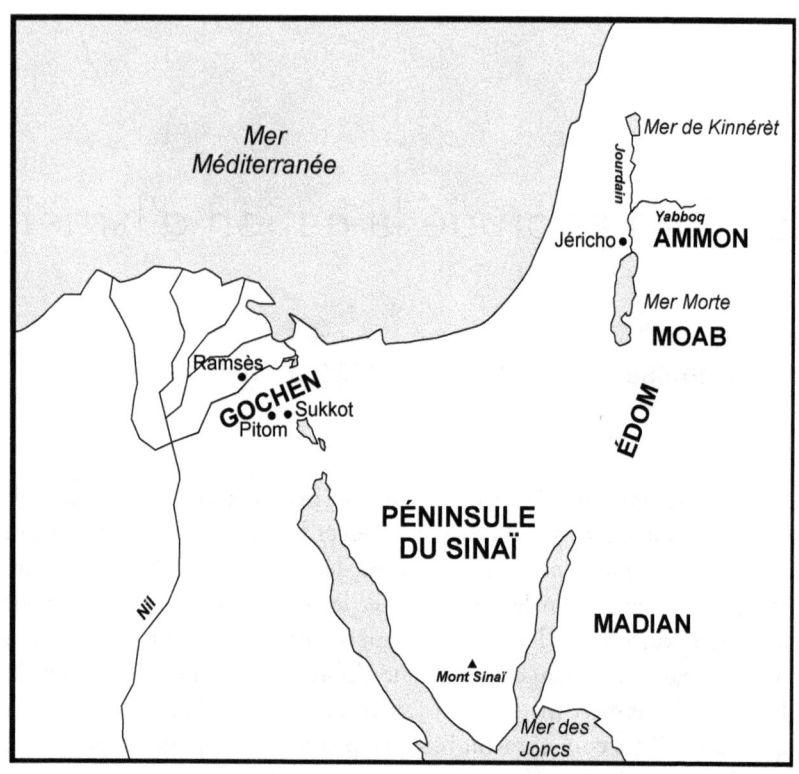

Satan était certainement ravi. « Veillez à ce qu'aucun garçon issu de la tribu de Juda ne survive », a-t-il pensé. Ainsi, l'ancêtre direct de la descendance promise devait mourir.

À cette époque, Amrâm un esclave de la tribu de Lévi, avait deux enfants, Aaron et Miryam. Sa femme Yokébed était enceinte. Par la foi, Yokébed et Amrâm ont dissimulé leur bébé pendant trois mois après sa naissance (Exode 2.1-2). Ils ont remarqué que Moïse était beau et n'ont pas craint l'édit du roi (Hébreux 11.23). Yokébed savait qu'elle ne pourrait pas garder le secret indéfiniment, c'est pourquoi elle a fabriqué un coffret de jonc enduit de bitume et de poix. Elle y a déposé l'enfant et a placé le coffret parmi les roseaux, sur le bord du Nil. Miryam surveillait de loin son frère afin de voir ce qui lui arriverait (Exode 2.3-4).

4 - LA FORMATION DE LA NATION D'ISRAËL

Plus tard, la fille du pharaon est descendue vers le Nil pour se baigner. Elle a trouvé l'enfant et en a eu pitié. Elle s'est exclamée : « C'est un des enfants des Hébreux! » (Exode 2.6).

S'approchant de la princesse, Miryam a osé lui demander : « Faut-il que j'aille t'appeler une nourrice parmi les femmes des Hébreux, afin d'allaiter cet enfant pour ton compte? » (Exode 2.7).

« Va! » lui a répondu la princesse (Exode 2.8).

Il est étonnant que la princesse ait payé un salaire à Yokébed pour allaiter son propre bébé. Dès que l'enfant a été sevré, Yokébed l'a amené vers la fille du pharaon et il est devenu son fils. La princesse l'a appelé Moïse, car dit-elle « je l'ai retiré des eaux » (Exode 2.10).

> En tentant de déjouer le plan de Dieu consistant à former la nation d'Israël, le pharaon a hérité d'un petit-fils hébreu.

En tentant de déjouer le plan de Dieu consistant à former la nation d'Israël, le pharaon a hérité d'un petit-fils hébreu. Il est évident qu'il n'en savait rien cependant, car comment un esclave hébreu aurait-il pu grandir à la cour du roi et recevoir la meilleure éducation du pays, sans l'intervention directe de Dieu?

> C'est par la foi que, devenu grand, Moïse refusa d'être appelé fils de la fille de Pharaon aimant mieux être maltraité avec le peuple de Dieu que d'avoir la jouissance éphémère du péché. Il estimait en effet que l'opprobre du Christ était une plus grande richesse que les trésors de l'Égypte; car il regardait plus loin, vers la récompense. C'est par la foi qu'il quitta l'Égypte sans craindre la fureur du roi; car il tint ferme, comme voyant celui qui est invisible. (Hébreux 11.24-27)

Moïse a ensuite passé quarante ans dans le désert avec Réouel, le sacrificateur de Madian (Exode 2.15-21). Réouel était un descendant de Qetoura, la troisième femme d'Abraham (Genèse 25.1-4). Il a appris à Moïse à connaître le seul vrai Dieu. Pendant quarante ans, Moïse a reçu une éducation fondée sur la culture égyptienne, puis au cours des quarante années suivantes, il a approfondi sa connaissance de Dieu. L'Éternel mettait peu à peu à exécution son plan de salut. Au moment propice, Dieu a appelé Moïse à être le libérateur de son peuple.

2. La Pâque – 1446 av. J.-C.

Le jour choisi par le Seigneur pour libérer les Israélites du pays d'Égypte est enfin arrivé. Dieu avait préparé Moïse à cette tâche depuis sa naissance. Il a même rendu Moïse et son frère Aaron capables d'accomplir des signes miraculeux, mais le pharaon a catégoriquement refusé de laisser partir les Israélites. Ils ont pourtant plaidé à plusieurs reprises en sa présence : « Ainsi parle l'Éternel, le Dieu des Hébreux : Laisse partir mon peuple, afin qu'il me serve » (Exode 9.1). Chaque fois que le pharaon refusait d'accéder à leur demande, Dieu envoyait une nouvelle plaie – de l'eau changée en sang, des grenouilles, des moustiques, des mouches venimeuses, la peste du bétail, des ulcères, de la grêle, des sauterelles et des ténèbres. Puis, le moment est venu où Dieu a informé Moïse qu'il enverrait une dernière plaie à l'Égypte puisque le pharaon s'entêtait à ne pas laisser partir le peuple (Exode 11.1).

Moïse a clairement expliqué aux Israélites la marche à suivre. Ils ont d'abord demandé des objets d'argent, des objets d'or et des vêtements aux Égyptiens qui se sont pliés de bonne grâce à leur demande. Dieu a déclaré que ce mois serait pour eux le premier mois du calendrier juif. Le dixième jour, chaque homme devait prendre un agneau ou un chevreau pour sa famille. Si une famille comptait trop peu de membres pour manger l'agneau entier en un repas, elle se joignait à une autre famille. L'animal choisi devait être un mâle sans défaut, âgé d'un an, et il devait être immolé le quatorzième jour du mois, entre les deux soirs. Les Israélites devaient ensuite appliquer de son sang sur le linteau et les deux poteaux de la porte de la maison où l'agneau serait mangé. L'agneau entier devait être rôti au feu et mangé avec des pains sans levain et des herbes amères. Les Israélites devaient manger avec leur ceinture à la taille, leurs sandales aux pieds et leur bâton à la main. « Vous le mangerez à la hâte. C'est la Pâque de l'Éternel » (Exode 12.11). Ils devaient brûler tout ce qui restait de l'animal et ne rien en laisser jusqu'au matin (Exode 12.10).

4 - LA FORMATION DE LA NATION D'ISRAËL

Lorsque les enfants étaient jeunes, je me sentais comme l'un de ces Israélites. Chaque année à Noël, nous partions du nord de l'Ontario pour rendre visite à nos familles à Toronto et à Détroit. Le jour précédant notre départ, je travaillais sans relâche à boucler les valises et à préparer un repas de fête. Le soir, nous célébrions la naissance de Jésus avec les enfants puis, le matin suivant, nous nous mettions en route.

Le jour convenu, chacun a suivi à la lettre les instructions de Dieu. Au milieu de la nuit, tous les premiers-nés d'Égypte qui n'étaient pas protégés par le sang appliqué sur les poteaux de la porte sont morts. Le pharaon a immédiatement donné cet ordre à Moïse et à Aaron : « Levez-vous, sortez du milieu de mon peuple, vous et les Israélites aussi. Allez, servez l'Éternel comme vous l'avez dit. Prenez aussi votre petit et votre gros bétail, comme vous l'avez dit; allez, et bénissez-moi aussi » (Exode 12.31-32).

Les Égyptiens étaient impatients de voir partir les Israélites et ils les pressaient de s'en aller, car autrement « ... nous [périrons] tous », répétaient-ils (Exode 12.33). Les Israélites ont ramassé leurs biens à la hâte, ainsi que les cadeaux reçus de la main des Égyptiens.

Dieu a demandé à Moïse : « Consacre-moi tout premier-né, tant des hommes que des bêtes, tout aîné chez les Israélites; il m'appartient » (Exode 13.2). Puis, Moïse a donné ces instructions au peuple :

> Et lorsque demain ton fils te demandera : Que signifie cela? Tu lui répondras : Par la puissance de sa main, l'Éternel nous a fait sortir de l'Égypte, de la maison de servitude; et, comme le Pharaon refusait avec dureté de nous laisser partir, l'Éternel fit mourir tous les premiers-nés dans le pays d'Égypte, depuis les premiers-nés des hommes jusqu'aux premiers-nés du bétail. Voilà pourquoi j'offre en sacrifice à l'Éternel tout aîné parmi les mâles, et je rachète tout premier-né de mes fils. (Exode 13.14-15)

La Pâque a clairement démontré aux Israélites la signification du mot *rédemption*, puisqu'ils en ont fait l'expérience. Tout comme ils ont par la suite enseigné à leurs enfants la signification de la Pâque, de même le Seigneur s'attend à ce que les croyants partagent leur foi avec leurs enfants. Les garçons premiers-nés ont compris que le sang de l'agneau sans tache les avait protégés de la mort. Le peuple entier savait qu'il avait été délivré de l'Égypte grâce au sang de l'agneau sacrifié. Par ce sang, les Israélites avaient obtenu la libération de leur esclavage. Aucun doute ne subsistait dans leur esprit sur le fait que du sang devait être versé pour payer le prix de leurs péchés. À la Pâque, Dieu a racheté Israël afin qu'il devienne le peuple qui lui appartient. Comme les Israélites, les croyants ont été rachetés à un grand prix, par le sang précieux de Jésus. Paul a déclaré : « Christ, notre Pâque, a été immolé » (1 Corinthiens 5.7). Pierre a écrit : « Vous savez en effet que ce n'est point par des choses périssables – argent ou or – que vous avez été rachetés de la vaine manière de vivre, héritée de vos pères, mais par le sang précieux de Christ, comme d'un agneau sans défaut et sans tache » (1 Pierre 1.18-19). Jésus est l'Agneau pascal par excellence. Sa mort ne délivre pas les croyants d'une servitude politique, mais de l'esclavage spirituel du péché.

> Jésus est l'Agneau pascal par excellence. Sa mort ne délivre pas les croyants d'une servitude politique, mais de l'esclavage spirituel du péché.

La Pâque constituait une étape cruciale dans le plan de Dieu. Il s'apprêtait à former une nation à qui il enseignerait des vérités importantes concernant les réalités spirituelles. Ce peuple apprendrait par expérience qui était Dieu et ce qu'il attendait d'eux. Dans le passé, seuls quelques individus avaient espéré la venue de la descendance promise qui rétablirait leur relation rompue avec Dieu. Désormais, un nombre plus grand de personnes attendrait la naissance du Sauveur. À cette époque, la religion et l'État étaient étroitement liés. Dieu a profité de cette manière de penser pour instruire son peuple et attirer plusieurs Israélites dans son royaume. Lorsque viendrait la descendance promise, son peuple serait prêt à recevoir son Sauveur.

3. La traversée de la mer Rouge – 1446 av. J.-C.

Peu après le départ des Israélites, le pharaon et ses serviteurs se sont dit : « Qu'avons-nous fait en laissant partir Israël, dont nous n'aurons plus les services ? » (Exode 14.5). Sans tarder, le pharaon a rassemblé ses chevaux, ses chars et ses équipages et ils se sont lancés à la poursuite des Israélites.

Pendant ce temps, l'Éternel guidait son peuple par une colonne de nuée le jour et une colonne de feu la nuit (Exode 13.21-22). Il les a d'abord conduits dans une direction pour s'en détourner par la suite. Dieu a agi ainsi afin de faire croire au pharaon que le peuple errait dans le désert, désorienté et sans but. Lorsque le pharaon et son armée les ont rattrapés, les Israélites qui campaient près de la mer se sont trouvés piégés. La colonne de nuée s'est alors déplacée de l'avant vers l'arrière du groupe, éclairant ainsi les Israélites durant toute la nuit, tandis que les Égyptiens sont demeurés dans le noir (Exode 14.19-20).

Ordonnant à Moïse d'étendre sa main sur la mer, « l'Éternel refoula la mer toute la nuit par un puissant vent d'est; il mit la mer à sec, et les eaux se fendirent. Les Israélites entrèrent au milieu de la mer à pied sec, et les eaux furent pour eux une muraille à leur droite et à leur gauche » (Exode 14.21-22). Après que la multitude du peuple ait achevé sa traversée de la mer en toute sécurité, Dieu a laissé les cavaliers et les chars égyptiens y entrer à leur tour. Mais les roues de leurs chars se sont détachées, entravant ainsi leur poursuite. Les Égyptiens se sont alors écriés : « Fuyons devant Israël, car l'Éternel combat pour eux contre les Égyptiens » (Exode 14.25).

> Le partage miraculeux des eaux de la mer constituait le salut des Israélites et le jugement des Égyptiens.

Le partage miraculeux des eaux de la mer constituait le salut des Israélites et le jugement des Égyptiens. Au matin, l'Éternel a demandé à Moïse d'étendre sa main sur la mer et les eaux ont couvert l'armée égyptienne en entier. Personne n'a pu s'échapper (Exode 14.26-28). « Ce jour-là,

Un conte de deux royaumes

l'Éternel sauva Israël de la main des Égyptiens; et Israël vit les Égyptiens morts sur le rivage de la mer. Israël vit par quelle main puissante l'Éternel avait agi contre les Égyptiens; le peuple craignit l'Éternel. Ils crurent en l'Éternel et en Moïse, son serviteur » (Exode 14.30-31).

Quelle victoire à célébrer! Enfin libres! Moïse a entonné un cantique donnant toute la louange et la gloire à Dieu, puis les femmes, sous la direction de Miryam, ont également chanté. La traversée de la mer Rouge a constitué le point culminant du jugement divin contre les faux dieux égyptiens. Moïse l'a exprimé ainsi dans son cantique : « Qui est comme toi parmi les dieux, ô Éternel? Qui est comme toi magnifique en sainteté, redoutable et digne de louanges, opérant des miracles? » (Exode 15.11).

Pour Moïse, Dieu était son Sauveur : « L'Éternel est ma force et l'objet de mes cantiques, il est devenu mon salut » (Exode 15.2).

Pour Moïse, Dieu était le Guerrier victorieux : « L'Éternel est un guerrier, l'Éternel est son nom [...] L'ennemi disait : je poursuivrai, j'atteindrai, je partagerai le butin, je m'en repaîtrai, je tirerai l'épée, ma main s'en emparera. Tu as soufflé de ton haleine; la mer les a couverts; ils se sont enfoncés comme du plomb, dans des eaux puissantes » (Exode 15.3, 9-10).

Pour Moïse, Dieu était le Roi de toute la terre : « Ta droite, ô Éternel! est magnifiée par sa vigueur; ta droite, ô Éternel! a écrasé l'ennemi. Par la grandeur de ta majesté, tu renverses ceux qui se dressent contre toi [...] Qui est comme toi magnifique en sainteté [...] L'Éternel régnera éternellement et à toujours » (Exode 15. 6-7, 11, 18).

Pour Moïse, l'Éternel était le Tout-Puissant, exerçant son autorité sur la nature : « Au souffle de tes narines, les eaux se sont amoncelées » (Exode 15.8) et dominant sur les nations : « Tu as étendu ta droite; la terre les a engloutis [...] Tous les habitants de Canaan défaillent, la terreur et la peur tomberont sur eux » (Exode 15.12, 15-16).

Dieu aime et témoigne de la compassion à ceux qui lui obéissent. Lorsque le destructeur a traversé l'Égypte, seuls les premiers-nés protégés par le sang ont été épargnés. En théorie, ce principe s'appliquait également aux

4 - LA FORMATION DE LA NATION D'ISRAËL

Égyptiens, mais ils n'ont pas obéi (Exode 12.23, 29). « Par ta bienveillance tu as conduit ce peuple que tu as racheté » (Exode 15.13).

Enfin, pour Moïse, Dieu a tenu ses promesses. « Tu les amèneras et tu les implanteras sur la montagne de ton héritage, au lieu que tu as préparé pour ta résidence, ô Éternel ! Au sanctuaire, Seigneur ! que tes mains ont établi » (Exode 15.17). Dieu a dit la vérité, il a gardé sa promesse faite à Abraham.

4. L'alliance du Sinaï - 1446 av. J.-C.

L'étape suivante dans le dessein de salut conçu par Dieu consistait à former la nation d'Israël

> Maintenant, si vous écoutez ma voix et si vous gardez mon alliance, vous m'appartiendrez en propre entre tous les peuples, car toute la terre est à moi. Quant à vous, vous serez pour moi un royaume de sacrificateurs et une nation sainte. (Exode 19.5-6)

Le troisième mois après leur sortie d'Égypte, les Israélites sont arrivés au mont Sinaï. Moïse a gravi la montagne afin de s'entretenir avec Dieu. Dieu a promis aux Israélites qu'ils lui appartiendraient personnellement, qu'ils seraient un royaume de sacrificateurs et une nation sainte. Ils devaient, cependant, respecter une condition, celle qui consiste à lui obéir parfaitement et à garder son Alliance. Dès que Moïse leur a transmis ce message de la part de Dieu, ils ont répondu sans hésiter : « Nous ferons tout ce que l'Éternel a dit » (Exode 19.8).

Ensuite, Dieu a informé Moïse qu'il viendrait à lui dans une épaisse nuée. En entendant Dieu discuter avec Moïse, le peuple saurait qu'il pouvait avoir une entière confiance dans les paroles de Moïse. Pendant deux jours, les Israélites ont lavé leurs vêtements et se sont sanctifiés. Puis, le troisième jour, l'Éternel est descendu sur la montagne au milieu d'une épaisse nuée. Les Israélites ont vu des éclairs, ils ont entendu le tonnerre et le son du cor retentissant avec force. Tout le peuple s'est mis à trembler à la vue de la montagne qui vibrait avec violence et à cause du cor qui sonnait de plus en plus fort. Moïse a conduit le peuple au pied de la montagne et il l'a prévenu de ne pas s'aventurer plus loin, car elle était sainte. Puis, Dieu a donné les Dix Commandements.

Les Israélites étaient terrorisés, au point où ils ne voulaient pas que Dieu s'adresse à eux directement. Ils ont supplié Moïse en ces termes : « Parle-nous toi-même, et nous écouterons; mais que Dieu ne nous parle pas, de peur que nous ne mourions » (Exode 20.19).

Le peuple s'est tenu à distance, alors que Moïse s'approchait de nouveau de l'épaisse nuée entourant la montagne où se trouvait Dieu. L'Éternel a déclaré à Moïse : « Tu parleras ainsi aux Israélites : Vous avez vu que je vous ai parlé du ciel. Vous ne ferez pas à côté de moi des dieux d'argent ni des dieux d'or; vous ne vous en ferez pas » (Exode 20.22-23).

Par la suite, Dieu a expliqué en détail les commandements auxquels les Israélites devaient obéir. Ces lois servaient de fondement à la nouvelle nation d'Israël. Après être descendu de la montagne, Moïse a transmis au peuple tout ce que Dieu lui avait communiqué et le peuple a répondu avec joie : « Nous exécuterons toutes les paroles que l'Éternel a dites » (Exode 24.3).

Moïse a écrit les commandements de Dieu dans le livre de l'Alliance. Le lendemain, il a bâti un autel et un monument formé de douze pierres – une pour chaque tribu. Il a lu le livre de l'Alliance au peuple et ce dernier s'est écrié : « Nous exécuterons tout ce que l'Éternel a dit et nous obéirons » (Exode 24.7).

Plusieurs années plus tard, Jésus a versé son sang et il est devenu le sacrifice de la Nouvelle Alliance. La Bible est divisée en deux parties, l'Ancien Testament et le Nouveau Testament, ce qui correspond à l'Ancienne et à la Nouvelle Alliance. Du sang devait également être versé, selon l'Ancienne Alliance :

> C'est pourquoi la première alliance elle-même n'a pas été inaugurée sans effusion de sang. En effet, Moïse, après avoir énoncé pour tout le peuple chaque commandement selon la loi, prit le sang des veaux et des boucs avec de l'eau, de la laine écarlate et de l'hysope, et aspergea le livre lui-même et tout le peuple, en disant : Ceci est le sang de l'alliance que Dieu a ordonnée pour vous. (Hébreux 9.18-20)

4 - LA FORMATION DE LA NATION D'ISRAËL

Selon l'Alliance conclue au Sinaï, Dieu a promis au peuple d'Israël qu'il lui appartiendrait en propre. Il l'a séparé du reste des nations et de leurs faux dieux dans le but d'entretenir avec lui une relation personnelle. Ce faisant, Dieu a franchi une étape importante de son plan de rédemption des péchés et de délivrance du royaume de Satan. Quelle que soit la conduite des Israélites, Dieu s'était engagé à envoyer la descendance promise au milieu de cette nation. S'ils désobéissaient, ils perdraient les bénédictions associées à l'Alliance, mais le Sauveur tant attendu, la descendance promise, naîtrait d'une famille et d'une nation qui serait la sienne. Par conséquent, un grand nombre d'Israélites et non plus seulement quelques individus attendaient la venue du Sauveur. Lorsque le ministère public du Sauveur a commencé, ces croyants se sont réjouis avec Dieu. Paul a écrit au sujet de l'héritage d'Israël : « …les Israélites, à qui appartiennent l'adoption, la gloire, les alliances, la loi, le culte, les promesses, les patriarches, et de qui est issu, selon la chair, le Christ, qui est au-dessus de toutes choses, Dieu béni éternellement. Amen! » (Romains 9.4-5).

> Quelle que soit la conduite des Israélites, Dieu s'était engagé à envoyer la descendance promise au milieu de cette nation.

Moïse a enseigné au peuple les Dix Commandements, puis Dieu lui a demandé de rappeler aux Israélites de ne pas se fabriquer de dieux d'argent ou d'or. Ensuite, l'Alliance a été ratifiée par le sacrifice de veaux et Dieu a ordonné à Moïse de remonter sur la montagne sans tarder. Il lui a alors remis deux tables de pierre sur lesquelles étaient inscrits les Dix Commandements. Pendant quarante jours et quarante nuits, Dieu a donné à Moïse des instructions concernant la construction du tabernacle, ce qu'il devait contenir, les vêtements des sacrificateurs et la manière de les consacrer pour l'accomplissement de leur service.

Pendant ce temps, le peuple resté au pied de la montagne s'impatientait parce que Moïse tardait à revenir. Ils ont insisté auprès d'Aaron pour qu'il leur fasse un dieu. Aaron leur a donc demandé d'enlever leurs boucles d'oreilles et de les lui apporter. Il a fondu l'or et lui a donné la forme d'un veau. Alors le peuple s'est exclamé : « Israël! Les voici tes dieux qui t'ont fait monter du pays d'Égypte » (Exode 32.4).

Moins de quarante jours après avoir promis et accepté avec joie d'obéir aux commandements de Dieu, les Israélites ont fait exactement ce que Dieu leur avait interdit de faire. Et comme si cela ne suffisait pas, ils ont attribué à un veau d'or la grande puissance que Dieu avait déployée pour eux contre les Égyptiens.

5. Le but de la loi

> En effet, ceux qui vivent selon la chair ont les tendances de la chair […] Avoir les tendances de la chair, c'est la mort […] Car les tendances de la chair sont ennemies de Dieu, parce que la chair ne se soumet pas à la loi de Dieu, elle en est même incapable. Or ceux qui sont sous l'emprise de la chair ne peuvent plaire à Dieu […] Si vous vivez selon la chair, vous allez mourir. (Romains 8.5-13)

Lorsqu'Adam et Ève ont désobéi au seul et unique commandement qu'ils avaient reçu, la mort est entrée dans le monde. Non seulement ont-ils souffert la mort physique, mais ils ont également connu la mort spirituelle. Nous subissons tous la même condamnation. Nous sommes enclins à pécher parce que nous avons hérité d'eux notre nature pécheresse. Étant membres du royaume de Satan, nous manifestons tous une attitude d'hostilité envers Dieu dès notre naissance.

> C'est pourquoi, de même que par un seul homme le péché est entré dans le monde, et par le péché la mort, et qu'ainsi la mort a passé sur tous les hommes, parce que tous ont péché… car, jusqu'à la promulgation de la loi, le péché était dans le monde. (Romains 5.12-13)

Chacun de nous est reconnu coupable devant le Seigneur pour deux raisons. D'abord, nous portons la culpabilité originelle d'Adam parce que nous avons hérité de sa nature pécheresse. De plus, nous sommes responsables des péchés que nous commettons. Puisque la mort constitue la punition pour le péché et que tous les êtres humains meurent, il est évident que le péché est présent dans le monde depuis le moment où Ève a mangé le fruit défendu. Cependant, comment un individu pouvait-il

4 - LA FORMATION DE LA NATION D'ISRAËL

savoir qu'il possédait une nature pécheresse avant que Dieu ait donné sa loi à Israël. Comment quelqu'un pouvait-il comprendre ce qu'était le péché? Au cours de cette période, la Création représentait le seul témoignage divin. Malheureusement, plusieurs se sont détournés du Dieu Créateur et ont préféré adorer sa Création. C'est pour cette raison que les païens ont été jugés pécheurs. La loi ne pouvait pas les condamner puisqu'ils ne la connaissaient pas.

> C'est par la loi que vient la connaissance du péché. (Romains 3.20)

> Cependant, tant que nous ne comprenons pas la nature du péché et à quel point nous sommes coupables de péché, comment pouvons-nous désirer ou comprendre notre besoin d'un Sauveur?

Lorsque je travaillais dans la vente au détail, une compagnie a pris le contrôle de l'exploitation de quelques succursales d'une autre compagnie. La nouvelle entreprise imposait de nouvelles règles de gestion auxquelles nous devions nous conformer. Le but de cette nouvelle façon de gérer les affaires visait bien entendu l'augmentation des ventes. Mais elle a également révélé l'attitude de cœur des employés. Certains sont devenus brusques, jaloux de leur territoire et cupides. D'autres ont menti. Une femme a franchi une ligne imaginaire qui nous séparait en me regardant droit dans les yeux afin de connaître ma réaction.

Puisque la loi nous permet de saisir la réalité du péché, Paul a écrit : « Que dirons-nous donc? La loi est-elle péché? Certes non! Mais je n'ai connu le péché que par la loi. Car je n'aurais pas connu la convoitise, si la loi n'avait dit : Tu ne convoiteras pas » (Romains 7.7).

En formant la nation d'Israël, elle-même soumise à l'autorité royale de Dieu, l'Éternel a révélé plus clairement au monde sa véritable nature. Toute nation doit se soumettre à des lois, autrement elle est en proie à l'anarchie. En donnant la loi à Israël, Dieu a voulu aussi mettre en contraste sa sainteté et l'état de péché du monde. Cet objectif lui importait plus que le simple maintien de la paix et de la stabilité dans le pays. Dès le commencement, Dieu a décidé d'envoyer son Fils, la descendance promise, notre Sauveur, afin de rétablir notre communion avec lui. Cependant, tant que nous ne comprenons pas la nature du péché et à quel point nous sommes coupables de péché, comment pouvons-nous désirer ou comprendre notre besoin d'un Sauveur ? Le rôle de la loi consiste à définir le péché et à rendre les gens conscients qu'ils sont pécheurs.

6. Le jour de l'expiation

Dieu n'a pas révélé aux enfants d'Israël leur état pécheur en les abandonnant ensuite sans espoir. Après tout, quiconque transgresse la loi doit être puni. Cependant, parce que Dieu les aimait et voulait leur éviter la punition, il a instruit Moïse concernant la mise en place d'un système sacrificiel complexe. L'Éternel a déclaré que celui qui péchait involontairement ou transgressait la loi de Dieu était coupable. Lorsque cette personne prenait conscience de son péché, elle offrait à Dieu un jeune taureau. Une fois le taureau tué, le sacrificateur trempait son doigt dans le sang qu'il appliquait sur les cornes de l'autel. Puis, il répandait le reste du sang sur le socle de l'autel des sacrifices et brûlait la graisse du taureau sur l'autel. Le reste de l'animal était brûlé hors du camp. « C'est ainsi que le sacrificateur fera pour cet homme l'expiation du péché qu'il a commis, et il lui sera pardonné » (Lévitique 4.35). Puisqu'ils répandaient le sang des animaux, jour après jour, chaque fois qu'ils péchaient, les Israélites n'oubliaient jamais que le péché entraîne la mort. Ils ont également appris que Dieu acceptait que des animaux subissent la punition qu'ils méritaient.

En plus des sacrifices quotidiens, Dieu a informé Moïse que le dixième jour du septième mois aurait lieu le jour des expiations. Cette journée était la plus importante de l'année, car le souverain sacrificateur avait exceptionnellement la permission d'entrer dans le Lieu très saint. Tout le peuple se réunissait pour cette assemblée sainte pendant que le souverain sacrificateur offrait à l'Éternel les sacrifices exigés. Personne ne travaillait ce jour-là. Aaron ne pouvait pas entrer comme bon lui semblait dans le Lieu très saint, car Dieu était présent dans la nuée recouvrant le propitiatoire. Cependant, en ce jour particulier, Aaron pouvait y pénétrer afin d'y remplir ses fonctions de souverain sacrificateur.

4 - LA FORMATION DE LA NATION D'ISRAËL

Tout d'abord, Aaron se lavait puis endossait les vêtements sacrés du souverain sacrificateur. Avant de faire l'expiation pour les péchés du peuple, Aaron devait s'occuper de ses propres péchés. Il offrait un taureau en sacrifice afin de faire « l'expiation pour lui et pour sa famille » (Lévitique 16.6). Il apportait ensuite au-delà du voile un brûle-parfum plein de charbons ardents pris sur l'autel et deux poignées de parfum odoriférant en poudre. Il déposait le brûle-parfum par terre et jetait le parfum sur les charbons brûlants. La pièce se remplissait immédiatement de fumée, de sorte qu'Aaron ne pouvait plus voir le propitiatoire et ainsi, il conservait la vie. Il allait ensuite chercher le sang du taureau. Il retournait dans le Lieu très saint et aspergeait le devant du propitiatoire avec son doigt. Il aspergeait également le sol devant le propitiatoire, sept fois, avec son doigt.

Aaron quittait le Lieu très saint et présentait deux boucs à l'Éternel devant l'entrée du tabernacle. Tout le peuple regardait attentivement pendant qu'Aaron tirait au sort afin de déterminer lequel des deux boucs serait offert en sacrifice à l'Éternel et lequel servirait de bouc émissaire ou de bouc d'expiation. Le bouc choisi pour l'Éternel était aussitôt sacrifié pour le péché. Aaron apportait de son sang dans le Lieu très saint et faisait l'aspersion de la même manière qu'avec le sang du taureau. Personne ne pouvait entrer dans le tabernacle aussi longtemps qu'Aaron n'en était pas sorti.

> Un des boucs subissait la punition qu'ils méritaient, l'autre emportait leur culpabilité au loin.

Lorsqu'Aaron avait terminé l'aspersion du sang du taureau et du bouc, d'abord sur le tabernacle puis sur l'autel, il retournait vers le bouc vivant. Il posait ses deux mains sur la tête du bouc et confessait « sur lui tous les péchés des Israélites; il les [mettait] sur la tête du bouc » (Lévitique 16.21). Un homme choisi spécialement pour cette tâche chassait l'animal dans le désert : « Le bouc emportera sur lui toutes leurs fautes dans une terre désolée; on chassera le bouc dans le désert » (Lévitique 16.22). Aaron

73

clôturait la cérémonie en récupérant le brûle-parfum resté dans le Lieu très saint.

Le jour annuel des expiations revêtait une grande importance dans la vie des Israélites. Chacun des gestes posés au cours de cette journée les invitait à réfléchir sur le fait que leurs péchés étaient pardonnés pendant une année à cause de la mort d'un substitut. « Vous serez purifiés de tous vos péchés devant l'Éternel » (Lévitique 16.30). Un des boucs subissait la punition qu'ils méritaient, l'autre emportait leur culpabilité au loin. Le premier représentait la justice de Dieu. Le péché doit être puni. Le second montrait la miséricorde du Seigneur. Le péché du croyant est pardonné. Jusqu'à maintenant, cette image est celle qui illustre le plus clairement le plan de Dieu pour notre salut. Après la mort et la résurrection de la descendance promise, Dieu n'a plus jamais exigé de paiement supplémentaire pour le péché. Jésus a payé le prix une fois pour toutes. À la croix, la justice et la miséricorde se sont unies.

7. Le caractère temporaire de l'Ancienne Alliance

> La loi, en effet, possède une ombre des biens à venir et non pas l'exacte représentation des réalités; c'est pourquoi elle ne peut jamais, par les sacrifices toujours identiques qu'on présente perpétuellement chaque année, amener à la perfection ceux qui s'approchent ainsi de Dieu. Sinon, n'aurait-on pas cessé d'en présenter, puisque ceux qui rendent ce culte auraient été purifiés une fois pour toutes et n'auraient plus eu aucune conscience de leurs péchés? (Hébreux 10.1-2)

Le péché nous sépare de Dieu et nous empêche d'être en communion avec lui. Le sang des taureaux et des boucs constituait en réalité une mesure temporaire. Les Israélites se sentaient encore coupables de leurs péchés. Cependant, certains se sont sincèrement repentis de leur rébellion contre Dieu et l'ont remercié d'y avoir apporté une solution, même si elle était temporaire. Ces individus aimaient l'Éternel en raison de sa miséricorde et de sa compassion à leur égard. Ils attendaient également avec confiance la réconciliation permanente offerte par la descendance promise. En établissant la Loi et le système sacrificiel, Dieu voulait démontrer son amour envers les Israélites de manière à ce qu'ils l'aiment en retour. Il a promis d'user de bienveillance envers ceux qui l'aiment et qui gardent ses commandements (Exode 20.6). Dieu prend plaisir à notre amour plus qu'à nos sacrifices.

Plusieurs années plus tard, Jésus se trouvait dans le temple et un enseignant de la loi lui a posé la question suivante :

> Quel est le premier de tous les commandements ?
>
> Jésus répondit : Voici le premier : Écoute Israël, le Seigneur, notre Dieu, le Seigneur est un, et tu aimeras le Seigneur, ton Dieu, de tout ton cœur, de toute ton âme, de toute ta pensée et de toute ta force. Voici le second : Tu aimeras ton prochain comme toi-même. Il n'y a pas d'autre commandement plus grand que ceux-là.
>
> Le scribe lui dit : Bien, maître, tu as dit avec vérité que Dieu est unique et qu'il n'y en a pas d'autre que lui, et que l'aimer de tout son cœur, de toute son intelligence et de toute sa force, ainsi qu'aimer son prochain comme soi-même, c'est plus que tous les holocaustes et tous les sacrifices. (Marc 12.28-33)

Dieu n'a pas été étonné qu'Aaron et les Israélites aient péché si rapidement après avoir accepté d'obéir aux Dix Commandements. Ils devaient, à l'instar de Noé, combattre le monde, la chair et le Diable. Les Israélites croyaient sincèrement être en mesure d'obéir à la loi en s'appuyant sur leur propre force. Dieu a conclu une alliance avec eux, car il voulait que le peuple démontre une attitude de cœur juste envers lui. Dieu désirait leur enseigner qui il était et de quelle manière il s'y prendrait pour assurer leur salut. Ils ont appris par leurs essais et leurs erreurs qu'ils ne pourraient jamais obéir parfaitement à la loi. Ils avaient besoin de quelqu'un qui les délivre de l'esclavage du péché. « Car [...] tous ont péché et sont privés de la gloire de Dieu » (Romains 3.23). Il est impossible de rétablir notre relation avec Dieu par nos propres efforts. L'Éternel considérait comme justes les individus qui croyaient que Dieu enverrait un substitut qui prendrait sur lui leur condamnation. D'autres n'ont pas accepté ce plan de salut. Rendez grâce à Dieu, car l'Ancienne Alliance était temporaire. Il a apporté une solution permanente par la mort et la résurrection de son Fils.

8. Le serpent de bronze – 1407 av. J.-C.

Pendant trente-neuf ans, les Israélites ont erré dans le désert, sous la conduite de Dieu. Ils ont suivi la colonne de nuée pendant le jour et la colonne de feu durant la nuit. Sans jamais faillir, Dieu leur a prouvé sa fidélité et son amour en pourvoyant à leurs besoins physiques. Par miracle, leurs vêtements et leurs chaussures ne se sont pas usés et ils n'ont jamais souffert de la faim. Pourtant, les Israélites ont de nouveau murmuré contre Dieu et contre Moïse, comme ils l'avaient fait au début, en quittant l'Égypte. Ils ont demandé : « Pourquoi nous avez-vous fait monter hors d'Égypte, pour que nous mourions dans le désert? Car il n'y a point de pain et il n'y a point d'eau, et nous sommes dégoûtés de ce pain méprisable » (Nombres 21.5).

> Le Seigneur les a sauvés par sa puissance, sans aucun effort de leur part.

En raison de leurs plaintes et de leur ingratitude, Dieu a envoyé des serpents brûlants contre le peuple. Plusieurs Israélites ont été mordus et sont morts. Ils ont donc supplié Moïse en ces termes : « Nous avons péché, car nous avons parlé contre l'Éternel et contre toi. Prie l'Éternel, afin qu'il éloigne de nous ces serpents » (Nombres 21.7).

Ne sommes-nous pas nombreux à faire preuve d'une attitude semblable? Comme il m'est arrivé souvent d'oublier de remercier Dieu pour les bonnes choses qu'il m'avait données! Moïse a donc prié et l'Éternel lui a répondu : « Fais-toi un serpent brûlant et place-le sur une perche; quiconque aura été mordu et le contemplera, conservera la vie » (Nombres 21.8).

Sans tarder, Moïse a fabriqué un serpent de bronze et l'a fixé à une perche. Quiconque avait été mordu et regardait le serpent avait la vie sauve. Ceux qui refusaient de le regarder mouraient. Pour conserver la vie, ils devaient croire que l'Éternel pouvait les guérir. Puis, ils devaient obéir à ses instructions et contempler le serpent de bronze. Rien en eux-mêmes ne leur permettait de recouvrer la santé. Le Seigneur les a sauvés par sa puissance, sans aucun effort de leur part. Quelle leçon pour ce peuple et pour nous! C'est de cette manière que Dieu allait accomplir son dessein de salut. En principe, si quelqu'un réussit à obéir parfaitement aux Dix Commandements, il gagne son salut – mais personne n'y parvient. Jésus a établi un parallèle entre lui et le serpent de bronze : « Et comme Moïse éleva le serpent dans le désert, il faut, de même, que le Fils de l'homme soit élevé, afin que quiconque croit en lui ait la vie éternelle » (Jean 3.14-15). Nous ne pouvons rien faire pour gagner notre salut. Contemplez le Christ crucifié et prenez conscience qu'il est celui qui a subi la punition pour vos péchés. C'est le seul moyen de savoir que vous avez la vie éternelle.

9. La duplicité de Balaam – 1407 av. J.-C.

Après avoir conquis le pays des Ammonites, les Israélites ont établi leur campement à l'est du Jourdain, vis-à-vis de Jéricho. Les Moabites craignaient les Israélites et ils ont appelé les anciens de Madian à leur secours : « Cette assemblée va brouter tout ce qui nous entoure, comme le bœuf broute la verdure de la campagne » (Nombres 22.4).

Conformément à la tradition de son époque, Balaq, le roi de Moab, a eu recours aux services d'un devin afin de maudire les Israélites. Il a envoyé des messagers auprès de Balaam qui vivait en bordure du fleuve Euphrate pour lui dire :

> Voici un peuple qui est sorti d'Égypte, qui couvre la surface de la terre et qui habite vis-à-vis de moi. Viens, je te prie, maudis-moi ce peuple, car il est plus puissant que moi; peut-être ainsi pourrai-je le battre et le chasserai-je du pays, car je sais que celui que tu bénis est béni, et que celui que tu maudis sera maudit. (Nombres 22.5-6)

Balaam a consulté Dieu pour obtenir son avis et l'Éternel lui a interdit de partir avec ces hommes et de maudire les Israélites, car ils étaient bénis. Puisque Balaam a refusé d'accompagner les princes moabites, Balaq a décidé d'envoyer vers lui d'autres princes plus puissants que les premiers. Ils ont dit à Balaam que Balaq le récompenserait généreusement et ferait tout ce qu'il voulait s'il venait avec eux et maudissait les Israélites. Balaam a répondu : « Quand Balaq me donnerait plein sa maison d'argent et d'or, je ne pourrais rien faire de petit ni de grand, contre l'ordre de l'Éternel,

Un conte de deux royaumes

mon Dieu » (Nombres 22.18). En dépit de ses airs pieux, Balaam était résolu à obtenir la récompense promise par Balaq.

Lorsque Balaam est enfin arrivé auprès de Balaq, ce dernier s'est plaint au devin :

> N'ai-je pas envoyé auprès de toi des gens pour t'appeler ? Pourquoi n'es-tu pas venu vers moi ? Ne puis-je donc pas te traiter avec honneur ?
>
> Balaam dit à Balaq : Maintenant que je suis venu vers toi, pourrai-je dire quoi que ce soit ? Je dirai la parole que Dieu mettra dans ma bouche. (Nombres 22.37-38)

Balaq a conduit Balaam à trois endroits différents. Chaque fois, Balaam a demandé à Balak de bâtir sept autels et ils ont sacrifié un taureau et un bélier sur chaque autel. Au premier endroit, Balaam a déclaré : « Comment vouerai-je à la malédiction celui que Dieu n'a pas maudit ? Comment répandrais-je ma fureur quand l'Éternel n'est pas en fureur ? » (Nombres 23.8). Au second endroit, Balaam a expliqué : « Voici que j'ai reçu l'ordre de bénir : Dieu a béni, je ne le révoquerai pas » (Nombres 23.20). Enfin, il a affirmé au sujet d'Israël : « Béni soit quiconque te bénira, et maudit soit quiconque te maudira » (Nombres 24.9).

> [Balaam donnait l'apparence d'un homme de Dieu loyal et bon parce qu'il répétait à Balaq les messages provenant de Dieu.]

Balaq était furieux contre Balaam. Il a frappé des mains et s'est écrié : « C'est pour vouer mes ennemis à la malédiction que je t'ai appelé, et voici que déjà par trois fois tu les as comblés de bénédictions. Fuis maintenant, va-t-en chez toi ! J'avais dit que je te rendrais des honneurs, mais l'Éternel t'empêche de les recevoir » (Nombres 24.10-11).

4 - LA FORMATION DE LA NATION D'ISRAËL

Balaam a répondu : « Quand Balaq me donnerait plein sa maison d'argent et d'or, je ne pourrai prendre aucune initiative ni en bien ni en mal contre l'ordre de l'Éternel » (Nombres 24.13).

Balaam donnait l'apparence d'un homme de Dieu loyal et bon parce qu'il répétait à Balaq les messages provenant de Dieu. Plusieurs années plus tard, Jude a dénoncé la présence d'hommes impies et hypocrites dans l'Église. Ils agissaient comme des chrétiens, mais n'appartenaient pas au Seigneur : « Malheur à eux! [...] c'est dans l'égarement de Balaam que, pour un salaire, ils se sont jetés... » (Jude 1.11). Il est évident que Balaam désirait l'argent que Balak lui promettait. Il devait trouver le moyen de l'obtenir, tout en bénissant Israël. Jean a expliqué à l'église de Pergame de quelle manière Balaam s'y était pris pour parvenir à ses fins. Dans cette église, il se trouvait des individus démontrant une disposition d'esprit semblable à celle de Balaam qui « enseignait à Balaq à faire en sorte que les fils d'Israël trouvent une occasion de chute en mangeant des viandes sacrifiées aux idoles et en se livrant à la débauche » (Apocalypse 2.14).

Balaam a prêché la vérité de Dieu en public, mais en privé il a donné ce conseil à Balaq : « Si tu veux que les Israélites tombent dans le péché et s'attirent des ennuis avec Dieu, dis à ton peuple de se lier d'amitié avec eux. Encouragez-les à adorer vos dieux et à se livrer à l'immoralité sexuelle. L'Éternel les punira et vous obtiendrez sans doute ce que vous souhaitez. » Quelle suggestion sournoise et hypocrite!

Balaq a écouté les conseils de Balaam. Peu de temps après, les femmes moabites se sont liées d'amitié avec les hommes d'Israël. Elles les ont séduits afin qu'ils se livrent à l'immoralité et adorent Baal (Nombres 25.1-3). Satan a dû se réjouir à la vue de l'idolâtrie d'Israël, car elle lui permettait d'atténuer l'impact du royaume de Dieu.

10. L'Ancienne Alliance expliquée – 1406 av. J.-C.

Vois, je mets aujourd'hui devant toi la vie et le bien, la mort et le mal. Car je te commande aujourd'hui d'aimer l'Éternel, ton Dieu, de marcher dans ses voies et d'observer ses commandements, ses prescriptions et ses ordonnances, afin que tu vives et que tu multiplies, et que l'Éternel, ton Dieu, te bénisse dans le pays où tu vas entrer pour en prendre possession. Mais si ton cœur se détourne, si tu n'obéis pas et si tu es poussé à te prosterner devant d'autres dieux et à leur rendre un culte, je vous annonce aujourd'hui que vous périrez, que vous ne prolongerez pas vos jours dans le territoire où tu vas entrer pour en prendre possession, après avoir passé le Jourdain [...] Choisis la vie, afin que tu vives, toi et ta descendance, pour aimer l'Éternel, ton Dieu, pour obéir à sa voix et pour t'attacher à lui; c'est lui qui est ta vie et qui prolongera tes jours, pour que tu habites le territoire que l'Éternel a juré de donner à tes pères, Abraham, Isaac et Jacob. (Deutéronome 30.15-20)

Les Israélites se préparaient enfin à traverser le Jourdain et à entrer dans la Terre promise. Ce faisant, ils devenaient une nation possédant leur propre pays, ce pays où Abraham, Isaac et Jacob avaient séjourné en étrangers très longtemps auparavant. Dieu mettait son plan à exécution. Pour être heureux et prospérer dans ce pays, ils devaient comprendre l'importance d'obéir à Dieu. Par conséquent, cette Alliance expliquait avec plus de précision celle qui avait été conclue au Sinaï. Quarante ans plus tôt, Dieu avait déclaré aux Israélites qu'ils étaient le peuple qui lui appartenait, mais ils devaient lui obéir et ne pas adorer d'autres dieux. La bénédiction dépendait de leur obéissance. Dieu leur expliquait maintenant de quelle manière leurs actions entraînaient des conséquences pour le bien ou pour le mal. Moïse les a exhortés ainsi : « Si tu obéis bien à la voix de l'Éternel, ton Dieu, en observant et en mettant en pratique tous ses commandements que je te prescris aujourd'hui, l'Éternel, ton Dieu, te donnera la supériorité sur toutes les nations de la terre. Voici toutes les bénédictions qui viendront sur toi et qui t'atteindront, lorsque tu obéiras à la voix de l'Éternel, ton Dieu... » (Deutéronome 28.1-2). Moïse a ensuite énuméré plusieurs bénédictions matérielles comme une famille nombreuse et la victoire sur leurs ennemis. Puis, il a ajouté : « L'Éternel t'établira pour être son peuple saint, comme il te l'a juré, lorsque tu observeras les commandements de l'Éternel, ton Dieu, et que tu marcheras dans ses voies » (Deutéronome 28.9).

Il leur a cependant donné un avertissement : « Mais si tu n'obéis pas à la voix de l'Éternel, ton Dieu, si tu n'observes pas et ne mets pas en pratique tous ses commandements et toutes ses prescriptions que je te donne aujourd'hui, voici toutes les malédictions qui viendront sur toi et qui t'atteindront... » (Deutéronome 28.15). La désobéissance aurait pour conséquences de mauvaises récoltes, un nombre restreint d'enfants, la

4 - LA FORMATION DE LA NATION D'ISRAËL

maladie, la sécheresse et la défaite devant leurs ennemis. Moïse a ensuite expliqué : « Toutes ces malédictions viendront sur toi, elles te poursuivront et t'atteindront jusqu'à ce que tu sois détruit, parce que tu n'auras pas obéi à la voix de l'Éternel, ton Dieu, pour observer ses commandements et ses prescriptions qu'il te donne » (Deutéronome 28.45). Puis, il a conclu : « Après avoir été aussi nombreux que les étoiles du ciel, vous ne resterez qu'un petit nombre, parce que tu n'auras pas obéi à la voix de l'Éternel, ton Dieu. De même que l'Éternel prenait plaisir à vous faire du bien et à vous multiplier, de même l'Éternel prendra plaisir à vous faire périr et à vous détruire » (Deutéronome 28.62-63).

> Certains ont probablement cru que la bénédiction de l'Éternel représentait une garantie inconditionnelle.

Certains ont probablement cru que la bénédiction de l'Éternel représentait une garantie inconditionnelle et que, même s'ils s'entêtaient à agir à leur guise, ils continueraient à la recevoir. Moïse s'y est opposé : « L'Éternel ne voudra pas lui pardonner. Mais alors la colère et la jalousie de l'Éternel s'allumeront contre cet homme... » (Deutéronome 29.19). Un précieux rayon d'espoir subsistait toutefois pour les rebelles, car Dieu prend plaisir à exercer la miséricorde. S'ils prenaient conscience de leurs péchés et revenaient à l'Éternel de tout leur cœur, il leur pardonnerait et les rétablirait dans la Terre promise. Ce retour constituait la récompense correspondant à leur repentance. Dieu n'a jamais promis aux Israélites qu'ils prendraient possession du pays sans condition. Israël pouvait compter sur la promesse de Dieu une fois que sa relation avec lui serait rétablie : « L'Éternel, ton Dieu, te fera revenir dans le pays que possédaient tes pères, et tu en prendras possession » (Deutéronome 30.5). Cette entente s'apparente à celle que Dieu a conclue avec Abraham, à la différence que Dieu a mis l'obéissance d'Abraham à l'épreuve par la circoncision[22].

Moïse les a également réconfortés par ces paroles : « L'Éternel, ton Dieu, circoncira ton cœur et le cœur de ta descendance, pour que tu aimes l'Éternel, ton Dieu, de tout ton cœur et de toute ton âme afin que tu

81

vives » (Deutéronome 30.6). Seul Dieu peut circoncire le cœur. Lui seul peut enlever du cœur de l'homme le désir de pécher et le remplacer par un amour pour lui. Dieu veut que nous possédions cette disposition intérieure. L'amour obéit de bon gré. L'obéissance sans amour se révèle être extérieure et superficielle et ressemble à celle de Balaam.

Dans les chapitres 28 à 30 du livre de Deutéronome, l'Éternel insiste sur le fait que l'obéissance est porteuse de bénédictions alors que la désobéissance mène à la destruction. Ces chapitres renferment deux questions importantes et implicites que Moïse désirait que les Israélites se posent. D'abord : « Est-ce que je crois que je peux plaire à Dieu en fixant mes propres règles sans que personne ne puisse me faire changer d'avis à ce sujet ? » Devant une telle attitude « [l]'Éternel ne voudra pas lui pardonner » (voir Deutéronome 29.19-21). Cette disposition intérieure menait l'individu à une destruction certaine. Ensuite : « Aimez-vous le Seigneur votre Dieu de tout votre cœur et de toute votre âme ? » Si telle était l'attitude de leur cœur, l'Éternel répondait alors : « Vous vivrez. Je vous bénirai et je ferai tomber toutes ces malédictions sur vos ennemis » (voir Deutéronome 30.6-10). Les Israélites se trouvaient donc devant le choix d'obéir ou de désobéir.

Le même choix s'offre à nous aujourd'hui. Préférez-vous mettre votre confiance dans la Parole de Dieu et lui obéir avec amour ou l'ignorer et suivre vos propres idées ? Ceux qui appartiennent au royaume de Dieu l'aiment et lui obéissent. Ils possèdent un esprit disposé à apprendre de lui et acceptent d'être repris. Au contraire, ceux qui se trouvent dans le royaume de Satan refusent d'obéir à Dieu avec amour ou d'admettre qu'il est le seul vrai Dieu.

Pistes de réflexion

1. Avant la naissance de Moïse, Dieu avait décidé de libérer les Israélites de leur esclavage en Égypte.

2. Dieu a démontré sa puissance souveraine sur tous les faux dieux de l'Égypte en envoyant les dix plaies et en délivrant son peuple.

3. Nous avons parfois l'impression d'être perdus et d'errer sans but comme les Israélites, mais le Seigneur a un plan pour nos vies, tout comme il en avait un pour eux.

4. Cherchons-nous à obéir à Dieu en comptant sur nos propres forces ? Nous n'y parviendrons pas plus que les Israélites qui chaque fois ont raté la cible.

5. Voulez-vous continuer d'agir à votre guise, tout en espérant que la bénédiction du Seigneur repose sur vous ? Dieu ne ment pas. Il ne peut pas fermer les yeux sur le péché.

[5]
Le roi David

1. Un homme selon le cœur de Dieu – 1010-970 av. J.-C.[1]

Mon fils Philip possède des talents artistiques. Il a suivi tous les cours techniques d'art dramatique et de théâtre offerts à l'école secondaire. Je n'ai jamais compris pour quelle raison il avait brusquement décidé d'imiter son frère et sa sœur et d'étudier les sciences. En douzième année, il a rempli son horaire de cours de mathématiques et de science. Il a ensuite obtenu un diplôme universitaire en psychologie, mais il a rapidement constaté qu'il avait commis une erreur. À l'instar de Philip, les Israélites ont également décidé d'imiter le comportement de leurs voisins.

L'Éternel régnait sur Israël depuis près de 400 ans, depuis le jour où il leur avait donné la loi au mont Sinaï. Après leur entrée dans la Terre promise, les Israélites ont souvent oscillé entre l'obéissance et la désobéissance. Dieu suscitait régulièrement des juges pour combattre leurs ennemis et exercer l'autorité sur eux. Enfin, en 1050 av. J.-C.[23], le peuple s'est plaint à Samuel : « Voici que tu es vieux et que tes fils ne marchent pas sur tes traces; maintenant, établis sur nous pour nous juger un roi comme en ont toutes les nations » (1 Samuel 8.5).

Samuel n'a pas vu cette requête d'un bon œil et il a prié l'Éternel qui lui a répondu : « Écoute la voix du peuple dans tout ce qu'il te dira; car ce n'est pas toi qu'ils rejettent, c'est moi qu'ils rejettent, pour que je ne règne plus sur eux. Ils agissent à ton égard comme ils ont toujours agi depuis que je les ai fait monter d'Égypte jusqu'à aujourd'hui; ils m'ont abandonné pour rendre un culte à d'autres dieux » (1 Samuel 8.7-8).

Un conte de deux royaumes

Figure 3 : L'empire de David et de Salomon

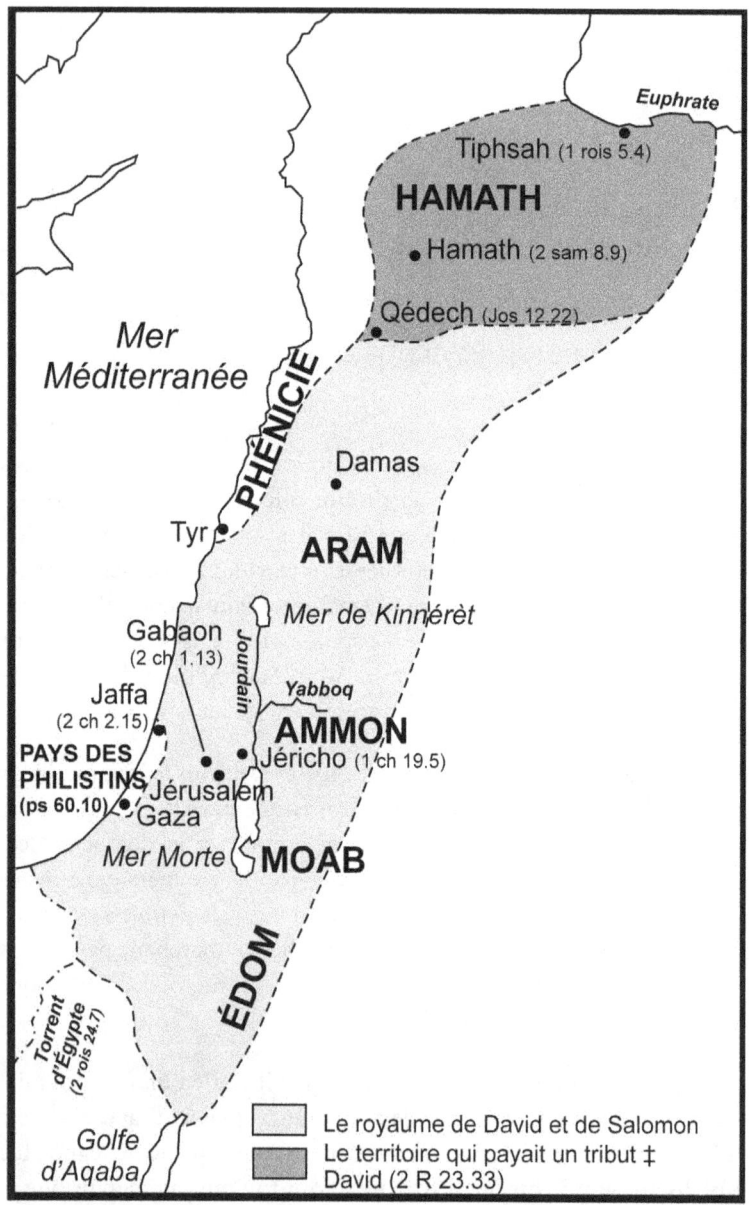

5 - LE ROI DAVID

Par conséquent, Dieu a ordonné à Samuel d'oindre Saül, le Benjaminite, roi d'Israël. Il a régné pendant quarante ans, puis l'Éternel a choisi David, de la tribu de Juda, pour régner. Dieu franchissait ainsi une nouvelle étape dans son dessein de salut, car David allait être le premier d'une longue lignée de rois issus de Juda. Les Israélites verraient enfin l'accomplissement de la prophétie faite par Dieu à Jacob[24]. Dieu dit toujours la vérité et il tient toujours ses promesses.

> J'ai trouvé David, fils d'Isaï, homme selon mon cœur, qui accomplira toutes mes volontés. (Actes 13.22)

Pour quelle raison David était-il un homme selon le cœur de Dieu? Il était certes loin d'être parfait et sans péché. Un soir, David se promenait sur le toit de sa maison au lieu d'accompagner son armée à la guerre. Il a remarqué une belle femme qui se baignait et il a envoyé des serviteurs la chercher. Bath-Chéba a couché avec lui, puis elle est retournée dans sa maison. Peu de temps après, elle a constaté qu'elle était enceinte. David a immédiatement ordonné à son mari de revenir du champ de bataille, prétextant vouloir un compte-rendu de la progression des combats. En réalité, David désirait qu'Urie couche avec sa femme. Ainsi, il ne se douterait pas que l'enfant n'était pas de lui.

Cependant, Urie a refusé : « L'arche ainsi qu'Israël et Juda habitent sous des huttes, mon seigneur Joab et les serviteurs campent en rase campagne, et moi j'entrerais dans ma maison pour manger et boire et pour coucher avec ma femme! Aussi vrai que tu es vivant toi-même, je ne ferai pas une chose pareille! » (2 Samuel 11.11).

> Dieu a pardonné à David, mais ce dernier a dû vivre avec les effets de son péché.

Son plan ayant échoué, David a écrit une lettre à son commandant Joab et a demandé à Urie de la lui porter. Il a ordonné à Joab de placer « Urie à la pointe du combat le plus violent et de [se retirer] en arrière de lui, afin qu'il soit frappé et qu'il meure » (2 Samuel 11.15). Puisqu'Urie ne s'était pas laissé prendre au jeu du roi qui désirait couvrir son propre péché, David l'a condamné à mourir.

Plus tard, lorsqu'il a été repris par le prophète Nathan, David a avoué : « J'ai péché contre l'Éternel » (2 Samuel 12.13).

David était un homme selon le cœur de Dieu parce qu'il a reconnu son péché et s'en est repenti. Les préceptes de Dieu importaient à ses yeux et il a accepté de subir les conséquences de ses actes. Dieu a pardonné à David, mais ce dernier a dû vivre avec les effets de son péché. L'enfant est mort. En s'approchant de Bath-Chéba, il a succombé à la tentation d'abuser de son pouvoir royal. Pourtant, David aimait Dieu et voulait lui obéir. Il était même prêt à risquer sa vie pour l'honneur de Dieu.

Lorsque David était un jeune garçon, les Philistins et les Israélites se sont rassemblés à Soko en Juda pour se faire la guerre. Seule une vallée séparait les deux armées. Pendant quarante jours, Goliath, un géant mesurant près de trois mètres, s'est présenté devant Israël matin et soir en criant :

> Pourquoi sortez-vous en ordre de bataille? Ne suis-je pas moi, le Philistin, et vous, n'êtes-vous pas les esclaves de Saül? Choisissez un homme qui descende contre moi. S'il peut se battre contre moi et qu'il me tue, nous serons vos esclaves; mais si je l'emporte sur lui et que je le tue, vous serez nos esclaves et vous nous servirez... Je lance en ce jour un défi aux troupes d'Israël! (1 Samuel 17.8-10)

Personne ne voulait relever le défi. La terreur s'était emparée de tous, incluant Saül. Pendant ce temps, David était parvenu au champ de bataille où il apportait des vivres à ses trois frères aînés. En entendant Goliath crier avec insolence et en voyant les Israélites fuir avec crainte devant le géant, il s'est demandé ce qui se passait. Il a voulu savoir : « Qui est donc ce Philistin, cet incirconcis pour lancer un défi aux troupes du Dieu vivant? » (1 Samuel 17.26).

Les paroles de David ont finalement été rapportées à Saül qui l'a envoyé chercher. David insistait pour aller combattre Goliath, mais Saül lui a répondu : « Tu ne peux pas marcher contre ce Philistin, car tu n'es qu'un jeune garçon, mais lui, il est un homme de guerre depuis sa jeunesse » (1 Samuel 17.33).

Cependant, David n'avait pas peur. Il a rétorqué : « C'est ainsi que ton serviteur a frappé le lion et l'ours, et il en sera du Philistin, de cet incirconcis, comme de l'un d'eux, car il a lancé un défi aux troupes du Dieu vivant » (1 Samuel 17.36). Sur ces propos, Saül a permis à David d'aller se battre.

Goliath s'est senti insulté de voir un jeune garçon s'approcher de lui avec un bâton, cinq pierres polies et une fronde. Il a dit à David : « Suis-je un chien, pour que tu viennes contre moi avec des bâtons ? » Puis, il a maudit David par ses dieux : « Viens vers moi, et je donnerai ta chair aux oiseaux du ciel et aux bêtes des champs » (1 Samuel 17.43-44).

David a répliqué :

> Aujourd'hui, l'Éternel te livrera entre mes mains, je te frapperai et je te couperai la tête ; aujourd'hui je donnerai les cadavres du camp des Philistins aux oiseaux du ciel et aux animaux de la terre, et toute la terre reconnaîtra qu'Israël a un Dieu. Toute cette assemblée reconnaîtra que ce n'est ni par l'épée ni par la lance que l'Éternel sauve. Car la bataille appartient à l'Éternel, et il vous livre entre nos mains. (1 Samuel 17.46-47)

David s'est alors mis à courir en direction de Goliath, il a pris une pierre de sa gibecière, l'a lancée avec sa fronde et a atteint le géant en plein front. Goliath est mort sur le coup. David était assuré de la victoire, car il combattait pour l'honneur de Dieu. En son cœur, il désirait que tous connaissent le Dieu d'Israël. Il savait que les autres dieux ne sont que de vaines illusions.

2. David s'empare de Yebous - 1003 av. J.-C.

Figure 4 : Sion, la cité de David

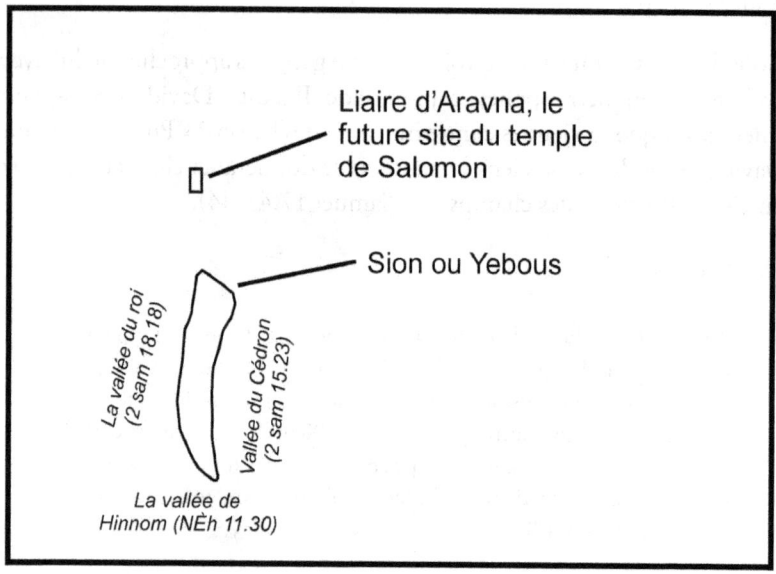

David a régné sur Juda pendant sept ans et six mois avant que les autres tribus d'Israël le couronnent roi à leur tour. Par la suite, il a décidé de déplacer sa capitale de Hébron à Jérusalem. Il a probablement choisi cet endroit pour des raisons de sécurité. De plus, cette ville se trouvait à peu près au centre de son territoire. Après la mort de Josué, des hommes de Juda avaient attaqué Jérusalem et s'en étaient emparés, mais les Benjaminites n'étaient pas parvenus à déloger les Yebousiens vivant à Yebous, la partie sud-est de la montagne de Jérusalem. En réalité, les Yebousiens se sentaient doublement en sécurité là où ils habitaient. D'abord, ils étaient entourés sur trois côtés de vallées profondes leur servant de forteresse naturelle. Ensuite, ils possédaient une source d'eau secrète qui leur permettrait de survivre en cas de siège.

C'est pourquoi ils ont nargué David : « Tu n'entreras pas ici, car même les aveugles et les boiteux te repousseront! Ce qui voulait dire : David n'entrera pas ici » (2 Samuel 5.6).

Entretemps, David avait déclaré aux Israélites que si l'un d'entre eux voulait battre les Yebousiens, il devrait « atteindre par le canal ces boiteux et ces aveugles qui sont les ennemis de David » (2 Samuel 5.8, [version Segond 21]). Il avait également donné cette promesse : « Quiconque battra en premier les Yebousiens sera chef et prince » (1 Chroniques 11.6). Joab a réussi l'exploit et David a gardé sa promesse.

Nous ignorons complètement comment David a appris l'existence de ce canal. Il prenait sa source dans un puits souterrain de la vallée et coulait jusqu'au centre de la ville. Il est également étonnant que Joab soit parvenu à l'escalader. Plusieurs se demandent si Aravna le Yebousien a aidé David et Joab, car il était ami du roi[25]. Plus tard, David a acheté d'Aravna son aire de battage afin d'y offrir un sacrifice à Dieu (2 Samuel 24.21-25). Le temple de Salomon a par la suite été construit à cet endroit. À partir de ce moment, Yebous a été appelé la cité de David, ou Sion. Une autre étape venait d'être franchie dans le dessein de salut conçu par Dieu. L'Éternel avait choisi le mont Sion comme lieu où il se révélerait davantage. C'est pourquoi nous trouvons plusieurs références à Sion dans les Psaumes et les prophètes. David a affirmé : « L'Éternel est grand, il est l'objet de toutes les louanges, dans la ville de notre Dieu, sur sa montagne sainte. Belle est la colline, réjouissance de toute la terre » (Psaume 48.2-3).

3. L'arche de l'Éternel

L'Éternel avait donné à Moïse des instructions précises sur la manière de construire le tabernacle et ce qu'il contenait. Il avait demandé à Moïse de fabriquer un coffre en bois d'acacia complètement recouvert d'or à l'intérieur et à l'extérieur. Un couvercle d'or pur, appelé le propitiatoire, était déposé sur le coffre. Aux extrémités du propitiatoire, deux chérubins d'or pur étendaient leurs ailes vers le haut. Ils se faisaient face et regardaient vers le bas. Dieu avait dit à Moïse : « Je te rencontrerai du haut du propitiatoire, entre les deux chérubins placés sur l'arche du Témoignage, je te parlerai afin de te donner tous mes ordres pour les Israélites » (Exode 25.22). Nul n'ignorait que Dieu « siège entre les chérubins » (Psaume 99.1).

Au temps du souverain sacrificateur Éli et de son jeune protégé Samuel, Israël était en guerre contre les Philistins. Voyant qu'ils perdaient la bataille, et sachant que l'Éternel était présent au-dessus de l'arche, les Israélites ont décidé de l'apporter dans leur camp. Ils espéraient que la présence de Dieu leur permettrait de vaincre l'ennemi. Cependant, les Philistins se sont plutôt emparés de l'arche, ils l'ont transportée dans le temple de Dagôn et l'ont placée à côté de leur dieu. Le lendemain matin, ils ont trouvé Dagôn face contre terre devant l'arche de l'Éternel. Sa tête et ses mains s'étaient brisées en tombant (1 Samuel 5.4). Partout où l'on transportait l'arche, les gens mouraient ou souffraient de tumeurs. Au bout de sept mois, au comble du désespoir, les Philistins ont retourné l'arche de l'Éternel en Israël avec des cadeaux. Elle s'est finalement retrouvée à Qiryath-Yearim, une ville de Juda. L'Éternel a prouvé sans l'ombre d'un doute que le faux dieu Dagôn ne possédait aucun pouvoir. Satan a dû en éprouver un grand déplaisir.

Plusieurs années plus tard, David a convoqué les chefs et les dirigeants d'Israël et leur a déclaré :

> Si vous le trouvez bon, et si cela vient de l'Éternel, notre Dieu, envoyons des messages de tous côtés vers nos frères qui restent sur toutes les terres d'Israël, et aussi vers les sacrificateurs et les Lévites aux abords de leurs villes, afin qu'ils se rassemblent auprès de nous. Nous ramènerons auprès de nous l'arche de notre Dieu, car nous ne sommes pas allés la chercher du temps de Saül. (1 Chroniques 13.2-3)

L'idée a été acceptée à l'unanimité. Ainsi, l'arche de l'alliance a entrepris le voyage de Qiryath-Yearim vers Sion. David et tout le peuple débordaient de joie! En chemin, les bœufs transportant l'arche ont glissé. Voulant se rendre utile, Ouzza a étendu la main pour l'empêcher de tomber, mais il est mort au moment même où il a touché le coffre sacré (1 Chroniques 13.9-10).

Saisi de colère et de crainte, David s'est écrié : « Comment ferais-je entrer chez moi l'arche de Dieu? » (1 Chroniques 13.12). Il a donc décidé de ne pas transporter l'arche jusqu'à Sion, mais de la conduire à la maison d'Obed-Édom de Gath où elle est demeurée pendant trois mois.

David a ensuite reçu ce rapport : « L'Éternel a béni la maison d'Obed-Édom et tout ce qui est à lui, à cause de l'arche de Dieu » (2 Samuel 6.12).

Encouragé par cette nouvelle, David a transféré avec joie l'arche de Dieu de la maison d'Obed-Édom jusqu'à Sion. Cette fois, il s'est appliqué à obéir soigneusement aux directives de l'Éternel concernant le transport de l'arche. David a ordonné : « L'arche de Dieu ne doit être portée que par des Lévites, car l'Éternel les a choisis pour porter l'arche de l'Éternel et pour en faire le service pour toujours » (1 Chroniques 15.2). Ces instructions avaient été données par Dieu à Moïse et David a compris qu'Ouzza était mort parce qu'elles n'avaient pas été suivies.

En prévision de l'arrivée de l'arche, David a dressé une tente pour elle (1 Chroniques 15.1). Il a choisi des chanteurs et des musiciens parmi les Lévites. Avec une grande joie, on a « amené l'arche de Dieu, on la mit au milieu de la tente que David avait dressée pour elle, et l'on offrit devant Dieu des holocaustes et des sacrifices de communion » (1 Chroniques 16.1). David a loué Dieu par un psaume. Il a ainsi offert un sacrifice de louange semblable aux nôtres.

4. Le culte de l'Éternel à Sion

Le Dieu Créateur a choisi pour demeure la montagne de Sion. Bien que « le Très-Haut n'habite pas dans ce qui est fait par la main de l'homme » (Actes 7.48), il a promis de rencontrer son peuple dans la tente dressée par David. Ainsi, David a placé « devant l'arche de l'Éternel ceux des Lévites dont le service était d'invoquer, de célébrer et de louer l'Éternel, le Dieu d'Israël » (1 Chroniques 16.4). Dans la tente dressée par David à Sion, l'Éternel recevait un culte similaire à celui qu'il reçoit aujourd'hui. Des requêtes, des prières de reconnaissance et d'adoration montaient vers lui. Le peuple chantait à l'Éternel et l'adorait en esprit et en vérité. Nous retrouvons dans la tente de David le prélude de l'adoration offerte par l'Église plus tard.

Jésus a déclaré : « ... les vrais adorateurs adoreront le Père en esprit et en vérité; car ce sont de tels adorateurs que le Père recherche. Dieu est Esprit, et il faut que ceux qui l'adorent, l'adorent en esprit et en vérité » (Jean 4.23-24).

David a passé beaucoup de temps seul avec Dieu au fil des années. Il savait comment adorer Dieu en esprit et en vérité. Une de ses prières se lit comme suit : « Seigneur! Ouvre mes lèvres, et ma bouche proclamera ta louange. Car tu ne prends pas plaisir au sacrifice, autrement, j'en donnerais; tu n'agrées pas d'holocauste. Les sacrifices agréables à Dieu, c'est un esprit brisé; un cœur brisé et contrit; ô Dieu, tu ne le dédaignes pas » (Psaume 51.17-19). Dieu désire que notre adoration émane d'une obéissance remplie d'amour. Il aime celui ou celle qui est affligé par son péché et demande pardon. Il ne prend pas plaisir aux sacrifices d'animaux.

> Nous retrouvons dans la tente de David le prélude de l'adoration offerte par l'Église plus tard.

À cette époque, le tabernacle se trouvait à Gabaon. Selon les instructions données par Dieu à Moïse, l'arche aurait dû être déposée dans le Lieu très saint. Seul le souverain sacrificateur pouvait y entrer une fois par année, le jour des expiations. Par conséquent, les Israélites ressentaient de manière tangible l'énorme gouffre les séparant de Dieu. Cette situation mettait en évidence leur état de péché et la sainteté de Dieu. En revanche, lorsque l'arche se trouvait dans la tente de David à Sion, les Israélites pouvaient communier directement avec Dieu en esprit et en vérité. Quelle image de l'Église néotestamentaire! Puisque Dieu a consenti à ce que David lui offre un tel culte, le terme *Sion* prend une connotation spirituelle. George Smith a fait la remarque suivante :

> Nous observons notamment que ce séjour de l'arche sur la montagne de Sion constitue le fondement de plusieurs références dans les Psaumes et les prophètes où il est écrit *Sion, demeure de l'Éternel*. Les termes « Sion » et « montagne de Sion » revêtent ainsi une signification nettement spirituelle… lorsque Dieu parle par ses prophètes des choses à venir dans le royaume de Christ, il ne dit jamais « je relèverai le temple de Salomon que j'ai détruit », mais « je relèverai la tente de David qui était tombée[26] ».

David communiait avec Dieu devant l'arche à Sion, mais il prenait également soin d'obéir à la loi. Dieu demandait que des sacrifices soient

5 - LE ROI DAVID

offerts sur l'autel devant le tabernacle à Gabaon. Le Sauveur promis n'étant pas encore venu, il convenait que les Israélites se rappellent chaque jour que sans effusion de sang, il n'y a pas de pardon des péchés.

5. L'Alliance avec David

L'Éternel t'annonce qu'il te fera une Maison. Quand tes jours seront accomplis et que tu seras couché avec tes pères, je maintiendrai ta descendance après toi, celui qui sera sorti de tes entrailles, et j'affermirai son règne. Ce sera lui qui bâtira une Maison à mon nom, et j'affermirai pour toujours son trône royal. Moi-même je serai pour lui un père, et lui, il sera pour moi un fils. S'il commet des fautes, je le corrigerai avec le bâton des hommes et avec les coups des humains; mais ma bienveillance ne se retirera pas de lui, comme je l'ai retirée de Saül, que j'ai écarté devant toi. Ta maison et ton règne seront pour toujours assurés devant toi, ton trône pour toujours affermi. (2 Samuel 7.11-16)

Après s'être établi à Sion et avoir conclu la paix avec ses ennemis, David a déclaré au prophète Nathan : « Vois donc! C'est moi qui habite dans la maison de cèdre, alors que l'arche de Dieu habite sous la toile de tente » (2 Samuel 7.2).

Le prophète a d'abord encouragé David à bâtir une demeure permanente à l'Éternel, jusqu'à ce que Dieu lui ait parlé. Dès lors, il a cessé de conseiller à David de mettre ses projets à exécution, mais il a recentré l'attention du roi sur le royaume éternel de la descendance promise. L'expression *quand tes jours seront accomplis et que tu seras couché avec tes pères* signifie que la descendance promise allait établir son royaume après la mort de David. Dieu serait son Père, et il serait le Fils du Très-Haut. De plus, la descendance promise allait miraculeusement être un descendant direct de David. Il allait bâtir « une Maison à mon nom ». En d'autres termes, la descendance promise allait bâtir un temple spirituel. Paul a expliqué aux croyants de Corinthe qu'ils étaient « le temple du Dieu vivant » (2 Corinthiens 6.16). Aujourd'hui, chaque église locale représente le temple spirituel de Dieu.

En outre, Nathan a annoncé à David qu'un de ses fils bâtirait une maison à Dieu. Plus tard, Dieu a révélé à David que Salomon construirait le temple à Jérusalem. En dépit du péché de son fils, le royaume ne lui serait pas retiré, ni à lui ni à ses descendants. L'Éternel a nommé ces promesses une alliance. David en a témoigné ainsi : « J'ai conclu une alliance avec mon élu; j'ai fait un serment à David, mon serviteur : J'affermirai ta descendance pour toujours et bâtirai ton trône de génération en génération » (Psaume 89.4-5).

> L'Éternel a fait serment à David, en vérité il n'y reviendra pas : C'est un de tes descendants que je mettrai sur ton trône. Si tes fils observent mon alliance et mes préceptes que je leur enseigne, leurs fils aussi pour toujours siégeront sur ton trône. Oui, l'Éternel a choisi Sion, il l'a désirée pour son habitation : C'est mon lieu de repos à toujours; j'y habiterai, car je l'ai désirée. (Psaume 132.11-14)

Dans ces versets, Dieu soutient que ses promesses trouveront un accomplissement d'une part, sur le plan spirituel et d'autre part, sur le plan physique. Rien ne changera la décision de Dieu de placer la descendance promise sur le trône de David. Quelle que soit la conduite de ses descendants, quelqu'un viendrait un jour pour bâtir une maison au nom de l'Éternel, monter sur le trône de David et établir un royaume éternel. En revanche, les fils de David devaient respecter une condition afin de continuer à recevoir la bénédiction. Ils devaient obéir à Dieu et garder l'alliance du Sinaï pour demeurer sur le trône.

> Rien ne changera la décision de Dieu de placer la descendance promise sur le trône de David.

De plus, le Seigneur a choisi Sion comme lieu de repos. Il a voulu y demeurer pour toujours, car à Sion, les Israélites se rassemblaient pour l'adorer en esprit et en vérité. Dieu s'est réjoui que David rapporte l'arche à Sion. Il y siégeait entre les chérubins. Dès le commencement, l'Éternel a désiré de tout cœur rétablir la relation brisée entre lui et les pécheurs. À Sion, Dieu a trouvé un peuple qui aspirait à l'aimer, à l'honorer et à l'adorer pour qui il est.

Dans son alliance avec David, Dieu s'est d'abord décrit comme un Père. Il a donné le nom de fils autant à Salomon qu'à la descendance promise. Imaginez les sentiments de David! Il devenait possible pour l'humanité déchue de retrouver une communion intime avec Dieu le Père au point que l'homme créé soit accepté dans sa famille et soit appelé son fils. David s'est exclamé : « Est-ce là la voie d'un être humain, Seigneur Éternel? » (2 Samuel 7.19).

6. Les dernières paroles de David – 970 av. J.-C.

Juste avant sa mort, David a exhorté son fils Salomon à marcher avec Dieu et à obéir à ses commandements. L'Éternel remplirait alors sa promesse à David : « Si tes fils prennent garde à leur voie, en marchant dans la vérité devant moi, de tout leur cœur et de toute leur âme, tu ne manqueras jamais d'un successeur sur le trône d'Israël » (1 Rois 2.4). Cette exhortation supposait que si les descendants de David n'observaient pas la loi de Dieu, ils perdraient le trône. David avait également compris qu'Israël était choisi de Dieu pour lui appartenir et préparer la venue de la descendance promise. Son Sauveur serait issu de sa lignée. Des bénédictions particulières, à la fois physiques et spirituelles, ont été données aux Israélites parce que la descendance promise était un Juif. Toutefois, en prononçant ses dernières paroles, David se souciait davantage des réalités spirituelles que des promesses physiques.

> L'Esprit de l'Éternel a parlé par moi, et sa parole est sur ma langue. Le Dieu d'Israël a parlé, le rocher d'Israël m'a dit : Celui qui domine sur les humains est juste, celui qui domine dans la crainte de Dieu est pareil à la lumière du matin quand le soleil se lève par un matin sans nuages; par son éclat et par la pluie la verdure sort de terre. N'en est-il pas ainsi de ma maison avec Dieu, puisqu'il a fait avec moi une alliance éternelle en tous points réglée et gardée? Ne fera-t-il pas germer tout mon salut et tout ce qui est agréable? Mais les vauriens sont tous comme le charbon que l'on rejette, et que l'on ne prend pas avec la main; l'homme qui les touche s'arme d'un fer ou du bois d'une lance; c'est par le feu qu'ils seront brûlés sur place. (2 Samuel 23.2-7)

Un seul règne sur nous avec justice parce qu'il n'a jamais péché. Un seul est semblable à la lumière du matin en raison de sa pureté. Son nom est

Jésus. Ces dernières paroles de David rappellent celles du Psaume 72, une prière de David pour Salomon, dans laquelle il a prophétisé au sujet de Jésus, le Roi :

> Il jugera ton peuple avec justice… On te craindra tant que subsistera le soleil, tant que paraîtra la lune, de génération en génération… Il descendra… comme des ondées qui arrosent la terre… Il dominera d'une mer à l'autre et du fleuve aux extrémités de la terre… Par lui on se bénira mutuellement, toutes les nations le diront heureux. (Psaume 72.2-17)

C'est lui qu'Abraham attendait, la descendance promise dans le jardin d'Éden, le Sauveur qui effacerait son péché et rétablirait sa relation avec Dieu. Quel plan prodigieux! Notre Sauveur est également notre Roi.

Peu de temps avant sa mort, David a d'abord anticipé la venue du Roi, puis il a tourné ses pensées vers son propre besoin de salut. « N'en est-il pas ainsi de ma maison avec Dieu? » (2 Samuel 23.5). En d'autres termes : « Ne suis-je pas prêt à mourir? Mes péchés ont été pardonnés et je suis réconcilié avec Dieu. » Plusieurs années auparavant, David avait demandé à Dieu de lui pardonner ses péchés :

> Éternel! Fais-moi connaître tes chemins, enseigne-moi tes voies. Fais-moi cheminer dans ta vérité, et instruis-moi; car tu es le Dieu de mon salut, en toi, j'espère tous les jours. Éternel! Souviens-toi de tes compassions et de ta bienveillance, car elles sont depuis toujours… C'est à cause de ton nom, Éternel! Que tu pardonneras ma faute, car elle est grave… Vois ma misère et ma peine, et pardonne tous mes péchés. (Psaume 25.4-18)

David possédait la ferme assurance que Dieu pourvoirait à son salut. Il a demandé : « Ne fera-t-il pas germer tout mon salut? » (2 Samuel 23.5).

David savait que l'Alliance éternelle que Dieu avait conclue avec lui était parfaitement réglée et gardée (2 Samuel 23.5). Elle constituait sa *bienveillance fidèle envers David*. Dieu invite chacun de nous à s'approprier ces promesses : « Tendez l'oreille et venez à moi, écoutez, et votre âme vivra; je conclurai avec vous une alliance éternelle, *celle* de la bienveillance fidèle envers David » (Ésaïe 55.3). Tout comme l'accomplissement de l'Alliance éternelle conclue avec Abraham était Christ (Galates 3.16), le

Roi promis dans l'Alliance éternelle avec David était également Christ. Le Saint-Esprit a confirmé que la résurrection de Jésus d'entre les morts représentait la réalisation de la bienveillance fidèle envers David : « Qu'il l'ait ressuscité [Jésus] d'entre les morts, de sorte qu'il ne retourne pas à la corruption, c'est ce qu'il avait dit : Je vous donnerai les choses saintes de David, celles qui sont dignes de foi. En conséquence, il dit ailleurs : tu ne laisseras pas ton Saint voir la corruption » (Actes 13.34-35). À cause de la mort et de la résurrection de Jésus, « le pardon des péchés vous est annoncé » (Actes 13.38). Tous ceux qui croient sont déclarés justes devant Dieu.

> David possédait la ferme assurance que Dieu pourvoirait à son salut.

Ésaïe a expliqué le moyen de s'approprier ces promesses : « Cherchez l'Éternel pendant qu'il se trouve; invoquez-le tandis qu'il est près. Que le méchant abandonne sa voie et l'homme de rien ses pensées; qu'il retourne à l'Éternel qui aura compassion de lui, à notre Dieu qui pardonne abondamment » (Ésaïe 55.6-7). David a témoigné du fait qu'il avait appliqué l'Alliance éternelle à sa propre vie : « Mon âme, bénis l'Éternel! Que tout en moi bénisse son saint nom! Mon âme, bénis l'Éternel et n'oublie aucun de ses bienfaits! C'est lui qui pardonne toutes tes fautes, qui guérit toutes tes maladies, qui rachète ta vie du gouffre, qui te couronne de bienveillance et de compassion » (Psaume 103.1-4).

Dans ses dernières paroles, David a rappelé le sort des méchants, de ceux qui n'acceptent pas le salut offert par le Roi qui revient. Il a déclaré qu'ils seront rejetés et brûlés sur place (2 Samuel 23.6-7). Dieu met de nouveau en évidence deux types d'individus, soit les croyants et les non-croyants, ceux qui reçoivent le salut offert par Dieu et ceux qui ne le reçoivent pas.

7. Le plan de Dieu tel qu'il est révélé dans les Psaumes

Les Psaumes forment le recueil des cantiques d'Israël. Ils ont été écrits dans le but d'exprimer les émotions et la compréhension que possédaient les auteurs au sujet de la personne de Dieu. De même, le présent ouvrage se veut une tentative de mettre par écrit ce que je comprends de Dieu, à cette différence qu'il n'a pas été approuvé par Dieu pour être inclus dans les Écritures. J'espère que mes paroles sont vraies et que je n'entre pas en contradiction avec les enseignements clairs de la Bible. Plusieurs psaumes ont été rédigés par David et révèlent des vérités importantes sur Jésus et le dessein de salut conçu par Dieu. David savait que la nation d'Israël jouait un rôle important dans le plan de Dieu. Lorsqu'il a pris connaissance de l'Alliance conclue avec lui par Dieu, sa première réaction a été de se demander :

> Y a-t-il une seule nation sur terre qui soit comme ton peuple d'Israël et que les dieux soient allés libérer pour en faire leur peuple et pour lui donner un nom ? Tu as fait pour lui de grandes choses, des choses redoutables en faveur de ton pays, en présence de ton peuple que tu as libéré de l'Égypte, de ses nations et de ses dieux, pour qu'il t'appartienne. Tu as affermi ton peuple d'Israël afin qu'il soit ton peuple pour toujours; et toi, Éternel, tu es devenu son Dieu. (2 Samuel 7.23-24)

L'Éternel avait délivré les Israélites de la main des Égyptiens. Il leur avait donné le pays de Canaan afin qu'ils s'y établissent. Il était devenu leur Dieu. Le Dieu de l'univers était-il uniquement le Dieu d'Israël? Était-il simplement un autre dieu tribal? Le Créateur avait-il placé Israël sur un piédestal, au-dessus des autres nations pour toujours, sans égard à leur manière d'agir envers lui? Était-ce effectivement les clauses de l'Alliance? David s'est peut-être souvent posé ces questions. Dans ses psaumes, il a révélé sa compréhension de la personne de Jésus, la manière dont Jésus accomplirait notre salut et la place d'Israël dans le plan de Dieu.

5 - LE ROI DAVID

7A. LE PSAUME 2

> Pourquoi les nations s'agitent-elles et les peuples ont-ils de vaines pensées? Les rois de la terre se dressent et les princes se liguent ensemble contre l'Éternel et contre son messie. (Psaume 2.1-2)

La langue hébraïque ne possède pas de mot unique pour désigner un roi qui a été oint. Les Israélites ont donc commencé à utiliser le mot Messie seulement après qu'ils aient appris l'araméen à Babylone[27]. David ne connaissait pas le terme Messie, mais il a écrit ce psaume pour parler de la descendance promise qui serait non seulement le Sauveur, mais également le Roi désigné par onction. Dieu se moque des vaines tentatives de rébellion des peuples contre lui et son Messie (Psaume 2.4). Il insiste : « C'est moi qui ai sacré mon roi sur Sion, ma montagne sainte! » (Psaume 2.6).

> [Le Dieu de l'univers était-il uniquement le Dieu d'Israël?]

L'Oint de l'Éternel est non seulement un Roi, mais il est également son Fils (Psaume 2.7). Par le prophète Nathan, David a appris qu'un jour, l'un de ses descendants deviendrait le Roi d'un royaume éternel. Dieu l'appellerait son Fils. Dieu le Père a déclaré à son Fils : « Demande-moi et je te donnerai les nations pour héritage, et pour possession les extrémités de la terre; tu les briseras avec un sceptre de fer. Comme le vase d'un potier, tu les mettras en pièces » (Psaume 2.8-9). En tant que Roi sur Sion, le Messie exerce son autorité sur toutes les nations. C'est la raison pour laquelle David a donné ce conseil aux chefs des nations : « Servez l'Éternel avec crainte, soyez dans l'allégresse, en tremblant... Heureux tous ceux qui se réfugient en lui! » (Psaume 2.11-12). Quiconque rejette l'Éternel sera détruit.

En écrivant ce psaume, David ne connaissait probablement pas le moment ou de quelle manière le Messie accéderait au trône. Il savait simplement que ce serait après sa mort (2 Samuel 7.12). Après la résurrection de Jésus, Dieu a affirmé que cette prophétie était accomplie en citant le

Un conte de deux royaumes

Psaume 2. Un soir, les Sadducéens ont jeté Pierre et Jean en prison parce qu'ils prêchaient la résurrection de Jésus d'entre les morts. Après avoir été relâchés, ils ont prié avec d'autres croyants au sujet du harcèlement dont ils étaient victimes. Les apôtres et les autres croyants ont adressé cette prière par le Saint-Esprit :

> C'est toi qui as dit par l'Esprit Saint, de la bouche de notre père, ton serviteur David : Pourquoi les nations se sont-elles agitées, et les peuples ont-ils eu de vaines pensées? Les rois de la terre se sont dressés et les chefs se sont ligués contre le Seigneur et contre son Oint. Car en vérité, contre ton saint serviteur Jésus, à qui tu as donné l'onction, Hérode et Ponce Pilate se sont ligués, dans cette ville, avec les nations et avec les peuples d'Israël… et maintenant, Seigneur, sois attentif à leurs menaces, et donne à tes serviteurs d'annoncer ta parole en toute assurance. (Actes 4.25-29)

Les membres du Conseil suprême juif, le sanhédrin, avaient tenté par tous les moyens de prendre Jésus en faute. Finalement, le Fils de Dieu a comparu devant une foule remplie de haine qui criait : « Qu'il soit crucifié! Qu'il soit crucifié! » (Matthieu 27.22-23). Des citoyens de plusieurs pays s'étaient rendus à Jérusalem pour la semaine de Pâques. Ils s'étaient mêlés à la foule des habitants de la Judée et de la Galilée. L'élite juive croyait probablement qu'en tuant Jésus, ils seraient débarrassés de lui. En réalité, ils ne faisaient qu'accomplir le plan éternel de Dieu, car la mort de son Fils constituait le seul moyen de satisfaire la justice divine. Jésus est la seule personne qui n'a jamais péché : « Celui qui n'a pas connu le péché, il l'a fait devenir péché pour nous » (2 Corinthiens 5.21).

Pierre et Jean en ont rendu témoignage : « [Ils ont fait] tout ce que ta main et ton conseil avaient déterminé d'avance » (Actes 4.28). Avant la création du monde, Dieu le Père, le Fils et le Saint-Esprit avaient décidé d'un commun accord que le Fils viendrait dans le monde pour sauver les pécheurs (1 Timothée 1.15). Jésus a prévenu ses disciples qu'il devait se rendre à Jérusalem et être mis à mort, mais qu'il allait revenir à la vie le troisième jour (Matthieu 16.21). L'hostilité manifestée contre le Fils n'a pas étonné Dieu. À la croix, Jésus a non seulement enduré de terribles souffrances physiques, mais il a également vécu l'angoisse spirituelle qui consiste à être complètement séparé de Dieu le Père. Pourtant, du milieu de sa douleur, Dieu pouvait rire (Psaume 2.4). L'humanité a réprimé très durement la personne du Messie. Ils l'ont tué, mais Jésus n'est pas demeuré dans la mort. Au contraire, le Roi a été intronisé à Sion (Psaume 2.6). Un jour de sabbat, Paul a prêché dans une synagogue d'Antioche de Pisidie : « Et nous, nous vous annonçons cette bonne nouvelle que la promesse faite à nos pères, Dieu l'a accomplie pour nous, leurs enfants, en ressuscitant Jésus, selon ce qui est écrit au Psaume deux : Tu es mon Fils, c'est moi qui t'ai engendré aujourd'hui » (Actes 13.32-33). Quelle bonne nouvelle! Jésus est revenu à la vie, il n'est pas mort. La résurrection de Jésus prouve qu'il est le Fils de Dieu et qu'il est l'accomplissement du Psaume 2. Qui aurait pu imaginer qu'un roi puisse entamer son règne en mourant sur une croix? Pourtant, si Dieu dit la vérité, Jésus exerce aujourd'hui son autorité sur toutes les nations du monde. Lors de son retour, l'évidence de son règne présent sera manifeste pour tous.

> Qui aurait pu imaginer qu'un roi puisse entamer son règne en mourant sur une croix?

L'apôtre Jean a déclaré : « De sa bouche sort une épée tranchante pour frapper les nations. Il les fera paître avec un sceptre de fer » (Apocalypse 19.15). L'auteur de l'épître aux Hébreux a affirmé : « Car la parole de Dieu est vivante et efficace, plus acérée qu'aucune épée à double tranchant; elle pénètre jusqu'à la division de l'âme et de l'esprit, des jointures et des moelles; elle est juge des sentiments et des pensées du cœur » (Hébreux 4.12). La Parole de Dieu, immuable et véritable, constitue la source de la puissance de Jésus. Elle est plus aiguisée qu'une épée à double tranchant. Par la Parole, il règne avec autorité sur toutes choses, incluant les anges bons et mauvais et les êtres humains de tous les temps. Il est notre Messie, choisi par Dieu avant la fondation du monde.

Bien que sa puissance soit réelle, elle n'est pas toujours visible à nos yeux. La nature humaine préfère se concentrer sur les effets produits par le royaume de Satan – le péché, la douleur et la souffrance qui nous entourent. Satan se réjouit lorsque les croyants détournent leur regard du Dieu tout-puissant et des vérités de la Bible. Il préfère que vous l'adoriez, lui, mais il se contentera que vous ajoutiez foi au mensonge plutôt qu'à la vérité. Il ne veut pas que vous aimiez Dieu. La foi s'avère absolument nécessaire pour mettre notre confiance en la toute-puissance de Jésus. Nous devons croire Dieu lorsqu'il déclare que Jésus le Roi a hérité des nations de la terre et qu'il possède le monde entier (Psaume 2.8).

7B. LE PSAUME 16

Je contemple l'Éternel constamment devant moi, quand il est à ma droite, je ne chancelle pas. Aussi mon cœur est dans la joie, mon esprit dans l'allégresse, même mon corps repose en sécurité. Car tu n'abandonneras pas mon âme au séjour des morts, tu ne permettras pas que ton bien-aimé voie le gouffre. Tu me feras connaître le sentier de la vie; il y a abondance de joies devant ta face, des délices éternelles à ta droite. (Psaume 16.8-11)

Le jour de la Pentecôte, Pierre a prêché à des Juifs craignant Dieu et provenant de toutes les nations de la terre. Il leur a rappelé le grand nombre de miracles que Dieu avait opérés par Jésus, puis il a ajouté : « Cet homme, livré selon le dessein arrêté et selon la prescience de Dieu, vous l'avez fait mourir en le clouant à la croix par la main des impies. Dieu l'a ressuscité, en le délivrant des liens de la mort, parce qu'il n'était pas possible qu'il soit retenu par elle » (Actes 2.23-24). Pierre a poursuivi en citant les versets 8 à 11 du Psaume 16 et il a expliqué que ce texte écrit par David exprimait une prophétie au sujet de Jésus. Pierre a rappelé aux Juifs que David était mort et enterré et qu'il se trouvait toujours dans la tombe. Ce fait revêtait une grande importance. En effet, David ne pouvait pas parler de lui-même dans le Psaume 16 puisque son corps était décomposé depuis longtemps. De plus, selon l'Alliance de Dieu avec David, le Messie ne pouvait pas occuper le trône de David avant la mort de ce dernier (2 Samuel 7.12). Dieu a révélé les pensées de David par la bouche de Pierre : « Comme il [David] était prophète et qu'il savait que Dieu lui avait juré par serment de faire asseoir un de ses descendants sur son trône, il [David] a prévu par ses paroles la résurrection du Christ qui, en effet, n'a pas été abandonné dans le séjour des morts et dont la chair n'a pas vu la corruption » (Actes 2.30-31).

En réalité, David savait que le Messie accèderait à son trône en ressuscitant des morts! Pierre a affirmé à ses auditeurs qu'ils étaient témoins de la résurrection. Il les a exhortés à croire la vérité révélée dans les paroles de

David. Lors de sa résurrection, Jésus a été « élevé à la droite de Dieu » (Actes 2.33). Dieu a-t-il dit la vérité ? Jésus est-il monté sur le trône de David à sa résurrection ? S'il en est autrement, alors Dieu est un menteur.

> Dieu a-t-il dit la vérité ? Jésus est-il monté sur le trône de David à sa résurrection ? S'il en est autrement, alors Dieu est un menteur.

7C. LE PSAUME 110

Oracle de l'Éternel à mon Seigneur : Assieds-toi à ma droite jusqu'à ce que je fasse de tes ennemis ton marchepied. (Psaume 110.1)

L'auteur de l'épître aux Hébreux a cité ce verset (Hébreux 1.13). Autrefois, Dieu a parlé par les prophètes, mais aujourd'hui, il parle par son Fils (voir Hébreux 1.1-2). « ... après avoir accompli la purification des péchés, il [Jésus] s'est assis à la droite de la majesté divine dans les lieux très-hauts » (Hébreux 1.3). L'Éternel a fait cette promesse au sujet du trône de Jésus : « Ton trône, Ô Dieu, est éternel et le sceptre de ton règne est un sceptre d'équité » (Hébreux 1.8). F. F. Bruce a apporté la précision suivante : « Le trône de David est maintenant intégré au trône céleste de gloire et de grâce[28]. » Matthew Henry a écrit ce qui suit à propos de Jésus :

III. Il a reçu l'honneur suprême et le pouvoir souverain absolu, au ciel et sur la terre. *Assieds-toi à ma droite.* La position assise marque le repos. Après son service et ses souffrances, il se repose de toute son œuvre. C'est une position d'autorité : il est assis pour prononcer les lois et le jugement. C'est une position de stabilité : il est assis pour régner éternellement. Le fait d'être assis à la droite de Dieu témoigne de sa dignité et de sa domination, de l'honneur et de la confiance que lui accorde le Père...

IV. Au moment fixé, ses ennemis lui serviront de marchepied... Christ lui-même a des ennemis qui combattent contre son royaume, ses sujets, son honneur et ses intérêts dans ce monde. Certains ne veulent pas qu'il règne sur eux, ils s'associent alors à Satan qui refuse catégoriquement son autorité royale... Il règnera jusqu'à ce que tout soit accompli, leur puissance et leur méchanceté ne troubleront en rien sa domination. Le fait qu'il soit assis à la droite de Dieu constitue pour lui la garantie qu'il posera un jour les pieds sur le cou de ses ennemis[29].

La déclaration de David selon laquelle le Messie était également son Seigneur revêt une grande importance, puisque Jésus a abordé ce sujet avec les Pharisiens. Trois des Évangiles rapportent cette conversation (Matthieu 22.41-46; Marc 12.35-37; Luc 20.41-44).

> Comme les Pharisiens étaient assemblés, Jésus leur posa cette question : Que pensez-vous du Christ? De qui est-il le fils?
>
> Ils lui répondirent : de David.
>
> Et Jésus leur dit : Comment donc David, animé par l'Esprit, l'appelle-t-il Seigneur, lorsqu'il dit : Le Seigneur a dit à mon Seigneur : Assieds-toi à ma droite, jusqu'à ce que je mette tes ennemis sous tes pieds? Si donc David l'appelle Seigneur, comment est-il son fils? Nul ne put lui répondre un mot. Et, depuis ce jour, personne n'osa plus lui poser de questions. (Matthieu 22.41-46)

Lorsque Jésus a demandé aux Pharisiens, les spécialistes de la loi, de qui le Christ était le fils, la réponse ne s'est pas fait attendre. Ils l'avaient apprise dans leur catéchisme : « Le fils de David ». Ils concevaient sans difficulté que le Messie[30] puisse être humain, mais Jésus savait qu'il s'agissait d'une demi-vérité. Jésus est certes parfaitement homme puisqu'il descend de David par sa mère Marie, mais il a voulu approfondir la question : « Comment donc David, animé par l'Esprit, appelle-t-il le Messie 'Seigneur'? » Matthieu a employé le même mot grec *kurios* pour désigner Dieu le Père et Dieu le Fils[31]. Jésus voulait que les Pharisiens prennent conscience que le Messie est également parfaitement Dieu. Il est le Fils de Dieu. Aucun des Pharisiens n'a répondu à sa question, soit parce qu'ils ne connaissaient pas la réponse, soit parce qu'ils ne croyaient pas que le Messie était Dieu, mais la foule présente l'écoutait avec plaisir (Marc 12.37).

Le jour de la Pentecôte, Pierre a cité le premier verset du Psaume 110 en affirmant qu'il était accompli : « Dieu a fait Seigneur et Christ ce Jésus que vous avez crucifié » (Actes 2.36). Quelle vérité inouïe! Non seulement Christ est-il le fils de David, mais il est également le Fils de Dieu. David ne parvenait probablement pas à s'expliquer ce mystère, car il semblait renfermer une contradiction. Par la foi, il a cru que Dieu réaliserait ce qui semblait impossible selon l'ordre normal des choses.

7D. LE PSAUME 22

La planification d'un voyage est emballante. Ma famille estime, cependant, que nos journées sont trop remplies. Quel que soit le temps qu'il fait, nous essayons de compléter notre liste d'activités. Un été, cette pratique s'est retournée contre moi. Nous avions décidé de poursuivre notre visite comme prévu, bien que je sois détrempée par la pluie. Nous avons eu raison! J'ai pu voir du yucca au parc national des Lacs-Waterton. Debout sous la pluie battante et sans grand enthousiasme, Barry et Debra m'ont montré la fleur blanche, tandis que je m'empressais de la prendre en photo.

> Non seulement Christ est-il le fils de David, mais il est également le Fils de Dieu.

Il nous est probablement tous arrivé de réfléchir à un événement à venir tout en cherchant à en imaginer le déroulement. Puisque Jésus est Dieu, il ne se demandait pas à quoi ressemblerait sa venue sur la terre. Il le savait (Jean 18.4). Pourtant, tout comme nous, il a réfléchi à l'avenir, et ce, pendant des milliers d'années. Ce psaume révèle le cœur du Sauveur lorsqu'il pensait à la souffrance qu'il allait endurer pour acquérir notre salut.

> Mon Dieu! Mon Dieu! Pourquoi m'as-tu abandonné? Mes paroles plaintives sont loin de me procurer le salut. (Psaume 22.2)

La souffrance émotionnelle causée par la séparation d'avec son Père a été beaucoup plus difficile à supporter pour Jésus que la douleur physique. C'est pourquoi il s'est écrié : « Mon Dieu, mon Dieu, pourquoi m'as-tu abandonné ? » (Matthieu 27.46). Le Sauveur savait que Dieu règne sur son trône et qu'il délivre ceux qui se confient en lui. Il a déclaré : « Pourtant tu es le Saint, tu sièges au milieu des louanges d'Israël. En toi se confiaient nos pères; ils se confiaient, et tu les délivrais. Ils criaient à toi et ils échappaient; ils se confiaient en toi et ils n'étaient pas dans la honte » (Psaume 22.4-6). Le Sauveur a été méprisé des hommes et haï du peuple. « Tous ceux qui me voient se moquent de moi » (Psaume 22.8).

> La souffrance émotionnelle causée par la séparation d'avec son Père a été beaucoup plus difficile à supporter pour Jésus que la douleur physique.

Ils le raillaient en disant : « Remets ton sort à l'Éternel ! L'Éternel le libèrera » (Psaume 22.9). Les chefs des prêtres et les Pharisiens se félicitaient et se moquaient de Jésus agonisant sur la croix : « Il a sauvé les autres et il ne peut se sauver lui-même ! Il est roi d'Israël, qu'il descende de la croix et nous croirons en lui. Il s'est confié en Dieu, que Dieu le délivre maintenant, s'il l'aime. Car il a dit : Je suis le Fils de Dieu » (Matthieu 27.42-43).

Le Sauveur a prophétisé en ces termes : « Car des chiens m'entourent, une bande de scélérats rôdent autour de moi, ils ont percé mes mains et mes pieds. Je compte tous mes os. Eux, ils observent, ils arrêtent leurs regards sur moi; ils se partagent mes vêtements, ils tirent au sort ma tunique » (Psaume 22.17-19). Les soldats romains ont amené Jésus à Golgotha, ce qui signifie « lieu du crâne » (Matthieu 27.33). Là, ils lui ont cloué les mains et les pieds à une croix (Jean 20.25). Après l'avoir crucifié, ils ont tiré au sort ses vêtements (Matthieu 27.35). Les Romains infligeaient la peine de mort par crucifixion. David ne connaissait pas ce type d'exécution, car les Israélites lapidaient les criminels. Il leur arrivait parfois de pendre un cadavre pour l'offrir en spectacle. Le Saint-Esprit a

5 - LE ROI DAVID

révélé à David la souffrance et la douleur qu'endurerait son Sauveur en subissant la punition de son péché.

Le Sauveur a poussé un cri de victoire : « Vous qui craignez l'Éternel, louez-le! Vous, toute la descendance de Jacob, glorifiez-le! Tremblez devant lui, vous, toute la descendance d'Israël! Car il n'a ni mépris ni dédain pour les peines du malheureux, et il ne lui cache pas sa face; mais il l'écoute quand il crie à lui » (Psaume 22.24-25). David savait que la louange et l'honneur appartenaient à l'Éternel. Dès que Dieu le Père accepterait le sacrifice de son Fils, la dette du péché serait payée. Dieu allait écouter l'appel à l'aide de son Fils. À cause de la mort et de la résurrection de Jésus « toutes les extrémités de la terre se souviendront de l'Éternel et se tourneront vers lui; toutes les familles des nations se prosterneront devant sa face. Car le règne est à l'Éternel, il domine sur les nations » (Psaume 22.28-29). Les Israélites occupent une place spéciale dans le cœur de Dieu, car ils ont proclamé son plan de salut aux perdus. Le reste du monde n'aurait jamais entendu parler de l'amour de Dieu sans la fidélité des premiers croyants juifs. Jésus est le Roi de toute la terre, mais il règne plus particulièrement sur les siens.

Le Sauveur a affirmé : « La postérité lui rendra un culte; on parlera du Seigneur à la génération future. On viendra annoncer sa justice au peuple qui naîtra, car l'Éternel a agi » (Psaume 22.31-32). L'Évangile a été proclamé sans relâche et avec puissance depuis la croix. Plusieurs ont cru que le sang de Jésus effaçait leurs péchés. Par la foi, David possédait la même assurance que nous concernant son salut, car il savait que Dieu ne l'abandonnerait pas. *L'Éternel a agi*. Le Sauveur a mis à exécution le plan élaboré par Dieu pour rétablir la communion entre lui et ceux qui mettent leur confiance en lui. Jean a écrit : « Après cela, Jésus, qui savait que déjà tout était achevé, dit afin que l'Écriture soit accomplie : J'ai soif » (Jean 19.28). On a approché de sa bouche une éponge imbibée de vinaigre et après avoir bu, Jésus s'est écrié : « Tout est accompli » (Jean 19.30). Puis, il a délibérément rendu l'esprit et il est mort.

David était un homme selon le cœur de Dieu. Par conséquent, l'Éternel lui a accordé la grâce de saisir la manière dont Jésus lui procurerait le salut. Il a éprouvé les souffrances de son Sauveur. David savait que ses péchés étaient pardonnés et qu'il pouvait entretenir une relation avec Dieu parce que le Père allait accepter le sacrifice de son Fils. Il a également compris que des individus du monde entier recevraient le salut de Dieu. En revanche, David n'arrivait pas à s'expliquer de quelle manière les nations entendraient parler de Jésus, car il vivait dans une société où l'État et la religion étaient unifiés.

Pistes de réflexion

1. Il arrive que le péché entraîne des conséquences physiques qui perdurent en dépit de la repentance et du pardon.

2. Dieu se réjouit lorsqu'un croyant se donne comme priorité de défendre et de respecter l'honneur de son nom.

3. David croyait que la descendance promise serait parfaitement Dieu et parfaitement homme.

4. David possédait la pleine assurance de son salut, à l'instar des croyants d'aujourd'hui.

5. Mille ans avant que l'événement ne se produise, David a cru que le Messie entamerait son règne en mourant.

[6]

Israël: Le royaume du Nord

1. La division d'Israël – 930 av. J.-C.[32]

J'ai souvent demandé aux membres de ma famille de me donner des idées de cadeaux qui leur plairaient. La même question m'a également été posée à plusieurs reprises. Nous savons tous que la réalisation de nos souhaits comporte des limites. Si un des enfants m'avait demandé une voiture pour plaisanter, j'aurais répliqué : « Que dirais-tu d'un modèle réduit? » En revanche, les ressources de Dieu sont infinies. Lorsque l'Éternel a demandé à Salomon ce qu'il désirait, la réponse du roi lui a plu. Au lieu de se concentrer sur ses besoins matériels, Salomon a demandé la sagesse pour gouverner et pour savoir distinguer le bien du mal. Dieu a exaucé de bon gré sa prière et il lui a promis en outre la richesse et la gloire. Salomon a régné pendant quarante ans sur tous les rois de l'Euphrate jusqu'à la frontière de l'Égypte. Les rois prenaient conseil auprès de lui et admiraient son immense richesse. Au cours de son règne, Israël a atteint son apogée politique. L'influence d'Israël n'a plus jamais été la même après Salomon.

Malheureusement, Salomon avait un grave problème. Il aimait les femmes étrangères. Il a épousé 700 femmes et a pris 300 concubines. Elles l'ont incité à servir Astarté, la divinité des Sidoniens, Molok, le dieu des Ammonites, et Kemoch, l'abomination de Moab. À deux reprises, Dieu a averti Salomon de ne plus adorer d'autres dieux, mais Salomon a refusé d'écouter. Dieu lui a finalement annoncé qu'il perdrait son royaume. Néanmoins, à cause de David et de Jérusalem, cette prophétie s'est accomplie pendant le règne du fils de Salomon et non pendant le sien. Son fils s'est donc retrouvé à la tête d'une seule des tribus d'Israël

Un conte de deux royaumes

(1 Rois 11.11-13). Dieu a puni Salomon, mais il a gardé sa promesse à Juda et à David[33]. Dieu dit toujours la vérité.

Un jour, un homme de la tribu d'Éphraïm nommé Jéroboam sortait de Jérusalem lorsqu'il a rencontré le prophète Ahiya de Silo. Ils se trouvaient seuls dans la campagne. Ahiya a pris le manteau neuf qu'il portait et l'a déchiré en douze morceaux en déclarant :

> Prends pour toi dix morceaux! Car ainsi parle l'Éternel, le Dieu d'Israël : Me voici! Je vais arracher le royaume de la main de Salomon et je te donnerai dix tribus. Mais il aura une tribu, à cause de mon serviteur David et à cause de Jérusalem, la ville que j'ai choisie parmi toutes les tribus d'Israël... Je te prendrai, et tu régneras sur tout ce que ton âme désirera, tu seras roi sur Israël. Si tu écoutes tout ce que je t'ordonnerai, si tu marches dans mes voies et si tu fais ce qui est droit à mes yeux, en observant mes prescriptions et mes commandements, comme l'a fait mon serviteur David, je serai avec toi, je te bâtirai une maison stable, comme j'en ai bâti une à David, et je te donnerai Israël. (1 Rois 11.31-38)

Après la mort de Salomon, son fils Roboam est devenu roi d'Israël. La lignée de Juda semblait solidement établie sur le trône d'Israël, même si David était bel et bien mort. Je me demande si les Israélites étaient nombreux à attendre la descendance promise, car les questions politiques et les soucis quotidiens occupaient une grande place dans l'esprit du peuple. Peu de temps après le couronnement de Roboam, Jéroboam et toute l'assemblée d'Israël se sont rendus vers lui pour se plaindre du dur labeur que leur avait imposé Salomon. Ils ont promis à Roboam que s'il allégeait leur tâche, ils le serviraient. Roboam, voulant s'accorder un temps de réflexion, leur a répondu : « Allez, et revenez vers moi dans trois jours » (1 Rois 12.5).

Immédiatement après leur départ, Roboam a consulté les anciens qui avaient conseillé son père. Ils lui ont affirmé : « Si aujourd'hui tu te fais le serviteur de ce peuple, si tu te mets à leur service, si tu leur réponds en parlant avec bonté, ils seront pour toujours tes serviteurs » (1 Rois 12.7).

Ce conseil a déplu à Roboam. Il s'est donc tourné vers ses amis qui lui ont donné cette réponse : « Tu parleras ainsi à ce peuple qui t'a tenu ce langage : Ton père a rendu notre joug pesant, et toi, allège-le-nous!

6 - ISRAËL: LE ROYAUME DU NORD

Tu leur parleras ainsi : Mon petit doigt est plus gros que les reins de mon père. Maintenant, mon père vous a imposé un joug pesant, et moi j'alourdirai encore votre joug; mon père vous a corrigés avec des fouets, et moi je vous corrigerai avec des scorpions » (1 Rois 12.10-11).

Le peuple est retourné en hâte auprès de Roboam pour connaître sa réponse. Le roi leur a parlé avec dureté : « Mon père a rendu votre joug pesant, et moi j'alourdirai encore votre joug; mon père vous a corrigés avec des fouets, et moi je vous corrigerai avec des scorpions » (1 Rois 12.14).

En entendant ces paroles cruelles, le peuple s'est exclamé : « Quelle part avons-nous avec David? Nous n'avons pas d'héritage avec le fils d'Isaï! À tes tentes, Israël! Maintenant, pourvois à ta maison, David!» (1 Rois 12.16).

> Dieu a laissé Roboam suivre les mauvais conseils de ses amis parce que Salomon avait refusé de mettre fin à son péché.

Dieu a laissé Roboam suivre les mauvais conseils de ses amis parce que Salomon avait refusé de mettre fin à son péché. Ainsi, Israël a été divisé en deux. Au nord, le royaume d'Israël comprenait dix tribus et au sud, le royaume de Juda incluait les tribus de Benjamin, de Siméon et de Lévi qui y habitaient. Jéroboam, le premier roi du royaume d'Israël, menait ses affaires politiques avec sagesse, mais il en était autrement des questions spirituelles. Il pensait : « Si ce peuple monte à Jérusalem pour faire des sacrifices dans la maison de l'Éternel, le cœur de ce peuple reviendra à son seigneur, à Roboam, roi de Juda, ils me tueront et reviendront à Roboam, roi de Juda » (1 Rois 12.27).

Jéroboam ne voulait pas rompre le lien étroit qui unissait la religion et l'État. Il a donc persuadé les Israélites qu'il serait très difficile de voyager jusqu'à Jérusalem pour adorer l'Éternel. Par conséquent, il a fabriqué deux veaux d'or. Il a placé l'un d'eux à Béthel, à l'extrême sud d'Israël et l'autre à Dan, à l'extrême nord du pays. Puis Jéroboam a déclaré : « Israël, voici tes dieux qui t'ont fait monter du pays d'Égypte » (1 Rois 12.28).

Dieu avait ordonné que la tribu de Lévi serve dans le temple et que les sacrificateurs soient issus de la descendance d'Aaron, un lévite. Jéroboam a préféré choisir des sacrificateurs parmi le peuple pour officier dans les hauts lieux qu'il avait bâtis. Dieu avait promis de bénir Jéroboam s'il obéissait, mais Jéroboam a choisi de détourner le peuple du droit chemin en l'incitant à adorer des idoles. Selon toute évidence, il n'a pas cru que Dieu tiendrait sa promesse et lui bâtirait une maison stable. Satan a dû se réjouir de l'affaiblissement de la nation d'Israël, car la descendance promise ne viendrait plus que pour Juda.

2. Élie sur le mont Carmel – 865 ? av. J.-C.

Règne d'Achab : 874-853 av. J.-C.[34]

Au cours des années qui ont suivi, aucun des rois d'Israël n'a aimé l'Éternel, mais le plus méchant de tous s'appelait Achab. Non seulement a-t-il continué à commettre les mêmes péchés que Jéroboam, mais il a également épousé Jézabel, la fille du roi de Sidon, qui lui a appris à servir Baal. Achab a bâti un temple de Baal à Samarie, la capitale d'Israël, ainsi qu'un poteau d'Achéra. En raison du péché d'Achab, Élie lui a annoncé : « L'Éternel est vivant, le Dieu d'Israël, devant qui je me tiens! Il n'y aura ces années-ci ni rosée ni pluie, sinon à ma parole » (1 Rois 17.1). Ainsi, il n'a pas plu en Israël pendant trois ans et demi (Jacques 5.17). La famine était si grande qu'Achab s'est lancé à la recherche d'Élie, mais il n'a pu le trouver nulle part.

Enfin, Dieu a ordonné à Élie de se rendre auprès d'Achab qui l'a accueilli par ces paroles remplies de colère : « Est-ce toi qui jettes le trouble en Israël? » (1 Rois 18.17).

Élie lui a répondu :

> Je ne trouble pas Israël; c'est toi, au contraire, et la maison de ton père, puisque vous avez abandonné les commandements de l'Éternel, et que tu t'es rallié au culte des Baals. Envoie maintenant rassembler tout Israël auprès de moi au mont Carmel ainsi que les quatre cent cinquante prophètes de Baal et les quatre cents prophètes d'Achéra qui mangent à la table de Jézabel. (1 Rois 18.18-19)

6 - ISRAËL: LE ROYAUME DU NORD

Après que le peuple se soit rassemblé sur la montagne, Élie lui a adressé ces paroles :

> Jusques à quand clocherez-vous des deux côtés? Si l'Éternel est Dieu, ralliez-vous à lui; si c'est Baal, ralliez-vous à lui! Le peuple ne lui répondit rien. Élie dit au peuple : Je suis resté moi seul prophète de l'Éternel, et il y a quatre cent cinquante prophètes de Baal. Que l'on nous donne deux taureaux, qu'ils choisissent pour eux un taureau, qu'ils le découpent et qu'ils le mettent sur le bois, sans y mettre le feu; quant à moi, je préparerai l'autre taureau, et je le placerai sur le bois, sans y mettre le feu. Puis invoquez le nom de votre dieu, j'invoquerai le nom de l'Éternel. Le dieu qui répondra par le feu, c'est celui-là qui sera Dieu. Tout le peuple répondit : D'accord! (1 Rois 18.21-24)

Les prophètes de Baal ont choisi un taureau et l'ont préparé. Depuis le matin jusqu'à midi, ils ont dansé autour de l'autel en criant : « Baal, réponds-nous! » (1 Rois 18.26). Ils n'ont reçu aucune réponse.

> Personne n'a répondu ou ne s'est manifesté aux prophètes de Baal.

Vers midi, Élie s'est moqué d'eux en disant : « Criez à haute voix, puisqu'il est dieu, il pense à quelque chose, ou il est occupé, ou il est en voyage; peut-être qu'il dort et qu'il se réveillera » (1 Rois 18.27). Les sacrificateurs ont continué à crier et se sont fait des incisions avec des épées et des lances. Le soir venu, il ne s'était toujours rien passé. Personne n'a répondu ou ne s'est manifesté aux prophètes de Baal. Alors, Élie a pris douze pierres selon le nombre des tribus d'Israël et il a bâti un autel au nom de l'Éternel. Il a creusé un large fossé autour de l'autel et il a arrangé le bois par-dessus. Il a découpé le taureau et l'a mis sur le bois. Il a ensuite ordonné au peuple de remplir quatre grandes cruches d'eau et de les verser sur le sacrifice et sur le bois. « Faites-le une seconde fois », a-t-il dit et ils ont obéi. « Faites-le une troisième fois », a-t-il ajouté et ils ont de nouveau obéi. Il y avait une telle quantité d'eau que le fossé était rempli. Puis, Élie a prié : « Éternel, Dieu d'Abraham, d'Isaac et d'Israël, que l'on reconnaisse aujourd'hui que c'est toi qui es Dieu en Israël, que je suis ton serviteur et que j'ai fait toutes ces choses par ta parole! Réponds-moi, Éternel, réponds-moi, afin que ce peuple reconnaisse que c'est toi, Éternel, qui es Dieu, et que c'est toi qui ramènes leur cœur! » (1 Rois 18.36-37).

Aussitôt « le feu de l'Éternel consuma l'holocauste, le bois, les pierres et la terre, et il absorba l'eau qui était dans le fossé » (1 Rois 18.38). Le peuple est tombé face contre terre et s'est écrié : « C'est l'Éternel qui est Dieu! C'est l'Éternel qui est Dieu! » (1 Rois 18.39). Sans tarder, Élie a ordonné aux Israélites de se saisir des prophètes de Baal et il les a tous fait mourir. Peu de temps après, le ciel s'est ennuagé et la pluie s'est de nouveau mise à tomber sur Israël.

Lors de la fondation de la nation d'Israël, Moïse a averti les Israélites à plusieurs reprises de ne jamais fabriquer d'idoles de leurs mains dans le but de les adorer, car Dieu est un feu dévorant (Deutéronome 4.23-24). Par l'entremise d'Élie, le feu dévorant du jugement de Dieu est tombé sur ces faux prophètes. Élie lui-même était animé d'un zèle brûlant pour l'honneur de Dieu. « Car tout homme sera salé de feu » (Marc 9.49). Préférez-vous le feu du jugement de Dieu descendant sur vous ou le feu du Saint-Esprit habitant en vous? Lorsque Dieu examine le cœur des êtres humains, il y discerne soit un amour pour lui et un désir de lui obéir, ou le contraire.

3. La menace assyrienne – 841 av. J.-C.[35]

Yoram, fils d'Achab, était roi en Israël

Un jour, Élisée a envoyé un des étudiants de son école de prophètes à Ramoth en Galaad afin d'y rencontrer Jéhu. Lorsque les deux hommes ont été seuls dans la maison, le prophète a répandu de l'huile sur la tête de Jéhu en disant :

> Ainsi parle l'Éternel, le Dieu d'Israël : Je te donne l'onction comme roi sur Israël, le peuple de l'Éternel. Tu frapperas la maison d'Achab, ton seigneur, et je vengerai sur Jézabel le sang de mes serviteurs les prophètes et le sang de tous les serviteurs de l'Éternel. Toute la maison d'Achab périra; je retrancherai même le moindre de ceux qui appartiennent à Achab, celui qu'on retient et celui qu'on relâche en Israël… Les chiens mangeront Jézabel dans le champ de Jizreél, et il n'y aura personne pour l'ensevelir. (2 Rois 9.6-10)

6 - ISRAËL: LE ROYAUME DU NORD

Sur ces propos, le prophète a rapidement quitté les lieux. Dieu a ordonné à Jéhu d'éliminer toute personne appartenant à la maison d'Achab parce qu'il avait institué le culte de Baal au milieu du peuple d'Israël. Les autres officiers de l'armée se demandaient ce qui s'était passé entre les deux hommes. Jéhu leur a enfin avoué : « Il m'a parlé de telle et telle manière, disant : Ainsi parle l'Éternel : Je te donne l'onction comme roi sur Israël » (2 Rois 9.12).

Les officiers ont alors sonné du cor en s'exclamant : « Jéhu est roi! » (2 Rois 9.13).

Pendant ce temps, le roi Yoram se reposait à Jizreél en compagnie de son neveu Ahazia, roi de Juda. Il se remettait des blessures subies lors des combats contre les Syriens. Jéhu est monté sur son char sans attendre et il s'est rendu à Jizreél. La sentinelle placée sur la tour de la ville a soumis son rapport à Yoram : « … la façon de conduire est celle de Jéhu, fils de Nimchi, car il conduit comme un fou » (2 Rois 9.20). Yoram et Ahazia sont immédiatement sortis chacun sur son char, à la rencontre de Jéhu.

> Dès que Yoram vit Jéhu, il dit : Est-ce la paix, Jéhu?
>
> Jéhu répondit : Quoi, la paix! Tant que durent les prostitutions de ta mère Jézabel et ses multiples sortilèges!
>
> Yoram tourna bride et s'enfuit; il dit à Ahazia : Trahison, Ahazia! (2 Rois 9.22-23)

Jéhu a tiré sur Yoram avec son arc et ses flèches et l'a tué. Un des soldats qui accompagnait Jéhu a tiré sur Ahazia qui est mort des suites de ses blessures. Lorsque Jéhu est arrivé à Jizreél, il a ordonné à des eunuques de pousser Jézabel du haut de la muraille de la ville[36].

Comme Jéhu avait fait mourir la princesse de Sidon et le roi de Juda, il ne trouverait plus aucun allié dans ces deux pays. Sidon, une ville de la Phénicie au bord de la Méditerranée, était située au nord-ouest d'Israël, tandis que Juda se trouvait au sud-est. Au sud-ouest s'étendait le pays des Philistins, éternels ennemis d'Israël. Aram, au nord-est, était plus enclin à faire la guerre que la paix. À cette époque, Dieu a permis qu'Aram s'empare de tout le pays de Galaad (2 Rois 10.32-33). Puisque Jéhu était entouré d'ennemis, il s'est tourné vers l'Assyrie. Il a accepté de payer un

117

tribut à Salmanasar III[37]. Cet accord a constitué pour l'Assyrie une porte d'entrée en Israël. Il est vraiment regrettable que Jéhu n'ait pas demandé à Dieu de le protéger de ses ennemis.

4. Les prophètes proclament la Parole de Dieu

Pendant près de 400 ans, des prophètes ont consigné par écrit les messages de Dieu aux royaumes d'Israël et de Juda. Nous poursuivrons notre voyage dans le temps en examinant ces livres que Dieu a transmis et qui abordent prioritairement les problèmes survenus à leur époque. Plusieurs années plus tard, Paul a rappelé à Timothée que les Écritures « peuvent te donner la sagesse en vue du salut par la foi en Christ-Jésus » (2 Timothée 3.15). L'Ancien Testament est inclus dans cette affirmation. En lisant chacun de ces livres, nous devons en déterminer l'objectif premier. Dieu y donne-t-il d'autres précisions sur son plan de salut? Nous devons toujours replacer les paroles des prophètes dans leur contexte historique.

5. Jonas : le premier missionnaire

Date de rédaction : environ 785-760 av. J.-C.[38]
Règne de Jéroboam II : 793-753 av. J-C.[38]

Un jour, Dieu a ordonné à Jonas, le prophète de Gath-Hépher en Israël : « Lève-toi, va à Ninive, la grande ville, et crie contre elle! Car sa méchanceté est montée jusqu'à moi » (Jonas 1.2).

Au lieu d'obéir, Jonas s'est enfui dans la direction opposée. À Jaffa, il s'est embarqué sur un navire qui appareillait vers Tarsis. Jonas n'avait certes aucune envie de se rendre dans la capitale de la nation qui exerçait sur la sienne une domination tyrannique (par la faute de Jéhu). En outre, pour quelle raison les Assyriens écouteraient-ils le Dieu d'Israël? Ils avaient leurs propres dieux. Après être monté à bord, Jonas est descendu au fond du bateau et il s'est endormi.

> Le chef d'équipage s'approcha de lui et lui dit : Pourquoi dors-tu? Lève-toi, invoque ton Dieu! Peut-être que ce Dieu se modérera à notre égard, et nous ne périrons pas.

Ils se dirent l'un à l'autre : Venez, et tirons au sort, pour connaître celui qui nous attire ce malheur. Ils tirèrent au sort, et le sort tomba sur Jonas. Alors ils lui dirent : Explique-nous qui nous attire ce malheur. Quelles sont tes affaires, et d'où viens-tu? Quel est ton pays, et de quel peuple es-tu?

Il leur répondit : Je suis hébreu et je crains l'Éternel, le Dieu des cieux qui a fait la mer et la terre ferme. (Jonas 1.6-9)

Lorsqu'ils ont compris que Jonas fuyait l'Éternel, les marins ont éprouvé une grande frayeur. En dépit de leur réticence, ils ont fini par jeter Jonas par-dessus bord et la mer s'est calmée instantanément. Cependant, Dieu n'a pas permis que Jonas meure à cause de sa désobéissance. Il voulait qu'il se rende à Ninive. Par conséquent, Jonas est demeuré en sûreté dans le ventre d'un grand poisson pendant trois jours et trois nuits. Enfin, dès que Jonas a cédé à la volonté de Dieu, le poisson l'a vomi sur la terre ferme. Dieu a demandé de nouveau à Jonas d'aller à Ninive. Cette fois, il a obéi. Il est entré dans la ville et il s'est mis à crier : « Encore quarante jours, et Ninive sera bouleversée! » (Jonas 3.4).

> De façon générale, les gens reçoivent favorablement la victoire du bien sur le mal. Le contraire est plus difficile à accepter.

Jonas a arpenté la ville pendant trois jours en prêchant au peuple. Les gens de Ninive ont cru Dieu et ils ont proclamé un jeûne en signe d'affliction pour leurs péchés. Le roi d'Assyrie a rapidement entendu parler de la situation. Il a lui aussi revêtu un sac et il a jeûné. La ville entière a été accablée de tristesse à cause du message de Dieu. Puis, le roi[39] a publié ce décret :

> Que les hommes et les bêtes, le gros et le menu bétail, ne goûtent de rien, ne paissent pas et ne boivent pas d'eau! Que les hommes et les bêtes soient couverts de sacs, qu'ils crient à Dieu avec force, et que chacun revienne de sa mauvaise conduite et de la violence attachée aux paumes de ses mains! Qui sait si Dieu ne reviendra pas et n'aura

pas de regret, et s'il ne reviendra pas de son ardente colère, en sorte que nous ne périssions pas? (Jonas 3.7-9)

Après avoir annoncé son message, Jonas a quitté Ninive et il s'est installé hors de la ville pour attendre la suite des événements. Au bout de quarante jours, Jonas s'est mis en colère, car la ville n'avait pas été détruite. Il a prié en ces termes : « Ah! Éternel, n'est-ce pas ce que je disais quand j'étais encore dans mon pays? C'est ce que je voulais prévenir en fuyant à Tarsis. Car je savais que tu es un Dieu qui fais grâce et qui es compatissant, lent à la colère et riche en bienveillance, et qui regrettes le mal. Maintenant, Éternel, prends-moi donc la vie, car la mort m'est préférable à la vie » (Jonas 4.2-3).

Tantôt je parle, à propos d'une nation ou d'un royaume, d'arracher, d'abattre et de faire périr; mais si cette nation, à propos de laquelle j'ai parlé, revient de sa méchanceté, je regrette le mal que j'avais médité de lui faire. Et tantôt je parle, à propos d'une nation ou d'un royaume, de bâtir et de planter; mais si cette nation fait ce qui est mal à mes yeux, sans écouter ma voix, je regrette le bien que j'avais eu l'intention de lui faire. (Jérémie 18.7-10)

Le message de Jonas annonçait un jugement, mais le prophète a découvert que la miséricorde triompherait du jugement si le peuple se repentait de son péché. La promesse du jugement de Dieu était en réalité conditionnelle. La façon dont Dieu a agi envers Ninive fournit un bel exemple du traitement qu'il réserve aux nations. De façon générale, les gens reçoivent favorablement la victoire du bien sur le mal. Le contraire est plus difficile à accepter. Pourtant, l'Éternel enseigne clairement que si une nation persiste à faire le mal, il changera en mal le bien qu'il se proposait de lui faire. Jonas croyait manifestement que Dieu ne devait pas témoigner de compassion aux Assyriens. Selon lui, Dieu se trouverait en situation de conflit d'intérêts s'il démontrait de la miséricorde aux ennemis d'Israël, car à cette époque la religion et l'État étaient intimement liés. Au contraire, Dieu a prouvé qu'il se préoccupait de tous les pays et pas uniquement d'Israël. Cette révélation au sujet du caractère de Dieu et de son dessein de salut s'avérait très importante. Dieu connaît chaque personne et il a inclus des individus de toutes races dans son plan.

L'Éternel a déclaré : « Et moi, je n'aurais pas pitié de Ninive, la grande ville, dans laquelle se trouvent plus de cent vingt mille êtres humains qui ne savent pas distinguer leur droite de leur gauche, et des bêtes en grand nombre ! » (Jonas 4.11).

L'intervention de Dieu a probablement mis Satan en colère. Pendant quelque temps, son bastion s'est retrouvé sous le contrôle de l'Éternel. Dieu n'a pas fait mourir les Assyriens qui appartenaient au royaume de Satan. Au contraire, il leur a pardonné et les a accueillis comme son propre peuple. Le dessein de salut conçu par Dieu les englobait également. Comme il est rassurant de savoir que personne n'est trop méchant pour devenir enfant de Dieu ! Les Assyriens étaient des guerriers impitoyables, cherchant continuellement à étendre leurs frontières, mais Dieu les aimait tout de même. À cause du témoignage de Jonas, les Israélites ont profité d'un sursis de soixante ans pour se repentir de leur péché. Au cours de ces années, les Assyriens ont vraisemblablement travaillé dur pour conserver leurs frontières intactes. Pendant ce temps, Jéroboam II a réussi à reconquérir les limites du territoire appartenant à Israël au temps de Salomon. Dieu a béni l'économie d'Israël pendant ces années de grâce, tout en attendant que le peuple renonce à ses idoles.

6. Amos : le rejet d'une religion ritualiste

Date de son ministère : environ 760-750 av. J.-C.[40]

Les prophéties d'Amos ont pris fin 28 ans avant la chute d'Israël et 212 ans avant l'édit de Cyrus. Amos était berger à Tekoa en Juda lorsque l'Éternel l'a appelé à aller à Béthel en Israël. Il s'est rendu dans la contrée prospère de Jéroboam II, où le peuple apportait des sacrifices à Dieu chaque matin et célébrait régulièrement les fêtes religieuses. En apparence, ils servaient l'Éternel, mais dans leurs cœurs, ils ne se souciaient aucunement de ce que Dieu pensait. Ils révéraient encore les idoles que Jéroboam, le premier roi d'Israël, avait fabriquées plus de 170 ans auparavant[41]. Je suis souvent troublée en songeant à ce danger – probablement parce que j'ai accepté le Seigneur comme mon Sauveur à l'âge de neuf ans. Il est facile de supposer que les enfants qui ont grandi dans l'église sont des croyants. Pourtant, ils adorent peut-être le Seigneur par habitude, comme les Israélites.

> Malheur à ceux qui désirent le jour de l'Éternel! Qu'attendez-vous du jour de l'Éternel? Il sera ténèbres et non lumière. Il en sera comme d'un homme qui fuit devant le lion et que rencontre l'ours, qui gagne sa demeure, appuie sa main sur la muraille et que mord le serpent. Le jour de l'Éternel n'est-il pas ténèbres et non lumière? N'est-il pas obscur et sans éclat? (Amos 5.18-20)

Les Israélites attendaient le jour du Seigneur avec impatience, car Dieu détruirait alors tous leurs ennemis. Ils connaissaient certes les paroles de Joël, un des prophètes antérieurs envoyés auprès de Juda, qui l'avait décrit comme un jour de célébration et de victoire pour le peuple de Dieu[42]. Si les Israélites croyaient échapper au jugement, ils se trompaient lourdement. Dieu a déclaré : « Je vous ai choisis, vous seuls parmi toutes les familles de la terre; c'est pourquoi je vous demanderai compte de tous vos errements » (Amos 3.2). Pierre a exprimé une idée similaire : « Car c'est le moment où le jugement va commencer par la maison de Dieu. Or, si c'est par nous qu'il débute, quelle sera la fin de ceux qui n'obéissent pas à l'Évangile de Dieu? » (1 Pierre 4.17). Le Seigneur s'attend à recevoir amour et obéissance de la part de ceux à qui il s'est révélé.

Dieu leur a rappelé la nature de leurs péchés – ils se sont enorgueillis de leurs offrandes au Seigneur, ils ont forcé les pauvres à leur donner du blé, ils ont opprimé le juste, ils ont accepté des pots-de-vin et refusé de faire justice au pauvre. Enfin, Israël a été envoyé en exil à cause de son péché d'idolâtrie. L'Éternel lui avait donné cet avertissement : « Mais vous avez porté Sikkouth qui était votre roi, Kiyoun, votre statue, l'étoile de vos dieux que vous vous êtes fabriqués! Voilà pourquoi je vous déporterai au-delà de Damas » (Amos 5.26-27, [version du Semeur]). Amos a entonné une complainte : « Elle est tombée, elle ne se relèvera plus, la vierge d'Israël. Elle est couchée sur sa propre terre, nul ne la relève » (Amos 5.2).

Dieu a promis d'envoyer une nation qui opprimerait tout le pays d'Israël (Amos 6.14). Amos a supplié les Israélites de se repentir de leurs péchés. L'Éternel désirait témoigner de la miséricorde à son peuple choisi, comme il l'avait fait envers Ninive. Cependant, Israël disposait d'un seul moyen pour renverser le jugement de Dieu. Il devait écouter et obéir au conseil d'Amos : « Recherchez le bien et non le mal afin que vous viviez et qu'ainsi l'Éternel, le Dieu des armées, soit avec vous, comme vous le dites. Haïssez

6 - ISRAËL: LE ROYAUME DU NORD

le mal, aimez le bien, faites régner à la porte le droit; peut-être l'Éternel, le Dieu des armées, aura pitié du reste de Joseph » (Amos 5.14-15).

Le peuple a refusé d'écouter Amos. Le prophète Amatsia lui a déclaré : « Visionnaire, va-t'en; enfuis-toi dans le pays de Juda; manges-y ton pain, et là tu prophétiseras. Mais ne continue pas à prophétiser à Béthel, car c'est un sanctuaire du roi, et c'est une maison royale » (Amos 7.12-13). Quelle réaction différente de celle des gens de Ninive!

> Voici que le Seigneur, l'Éternel, a les yeux sur le royaume coupable. Je le détruirai de la surface de la terre. Toutefois je n'irai pas jusqu'à détruire totalement la maison de Jacob... Car voici que je donnerai mes ordres et je ferai secouer la maison d'Israël par toutes les nations, comme on est secoué par le crible, sans qu'il en tombe à terre une seule parcelle. (Amos 9.8-9)

Lorsque l'Éternel a détruit d'autres nations comme celles des Philistins, des Ammonites et des Moabites, elles sont complètement disparues de la face de la terre. Cependant, en raison de l'Alliance que Dieu avait conclue avec Abraham, Israël n'a pas connu le même sort. Au contraire, Dieu a dispersé un reste d'Israël parmi les nations[43], car il désirait lui donner l'occasion de se repentir de son péché.

> En ce jour-là, je relèverai la cabane chancelante de David, j'en réparerai les brèches, j'en relèverai les ruines et je la rebâtirai comme elle était autrefois, afin qu'ils entrent en possession du reste d'Édom et de toutes les nations sur lesquelles mon nom a été invoqué. (Amos 9.11-12)

À l'époque où Amos prêchait, les descendants de David régnaient sur le trône de Juda. Le peuple de Juda offrait son culte à Dieu dans le temple de Salomon en se conformant à la loi. En revanche, le peuple d'Israël continuait d'adorer Dieu en se prosternant devant des idoles. C'est la raison pour laquelle Amos a pleuré sur la cabane chancelante de David. Il savait que le culte offert à Dieu par les Israélites n'était qu'un simple rituel dont les apparences étaient trompeuses. Leurs cœurs étaient loin de Dieu. Ils ne l'aimaient pas et ne désiraient pas lui obéir, même si leurs gestes extérieurs donnaient l'impression d'une adoration sincère.

Un conte de deux royaumes

À cette époque, David était mort depuis plus de 200 ans. Dans la tente de David, les serviteurs de l'Éternel avaient démontré leur ferveur et leur amour envers lui. Ils l'avaient adoré d'un cœur joyeux, en esprit et en vérité, parce que Dieu était leur Dieu et ils lui appartenaient[44]. Dieu désirait que les Israélites se repentent de leur péché et l'adorent à la manière de David. Bien qu'ils aient refusé de se repentir, Dieu maintenait toujours les bénédictions de l'Alliance promises à David. Israël a été dispersé à travers l'Empire assyrien, mais l'Alliance que Dieu avait conclue avec David ne changeait pas. En dépit de la conduite des Israélites, la descendance promise est née de la lignée de Juda au moment fixé. Personne ne peut contrecarrer le dessein de salut conçu par Dieu.

> Dieu désirait que les Israélites se repentent de leur péché et l'adorent à la manière de David.

Cette prophétie visait également les païens – ceux qui n'avaient pas adopté les croyances et les pratiques juives. Plusieurs années plus tard, les apôtres se sont réunis à Jérusalem afin de discuter de la question des Gentils qui avaient reçu le salut de Dieu en Jésus. Jacques a pris la parole :

> Frères, écoutez-moi! Simon a raconté comment pour la première fois Dieu est intervenu pour prendre parmi les nations un peuple consacré à son nom. Et les paroles des prophètes s'accordent avec cela, comme il est écrit : Après cela, je reviendrai, et je relèverai la tente de David qui était tombée, j'en relèverai les ruines, et je la redresserai afin que le reste des hommes cherche le Seigneur, ainsi que toutes les nations sur lesquelles mon nom a été invoqué, dit le Seigneur qui fait ces choses… C'est pourquoi je juge bon de ne pas créer de difficultés à ceux des païens qui se convertissent à Dieu. (Actes 15.13-19)

Les apôtres étaient d'avis que l'Évangile de Jésus transcendait les frontières politiques. Dieu œuvrait dans plusieurs pays, sauvant des individus de leurs péchés et les réconciliant avec lui-même. Ces croyants adoraient Dieu en esprit et en vérité, tout comme David.

6 - ISRAËL: LE ROYAUME DU NORD

> Je ramènerai les captifs de mon peuple d'Israël; ils rebâtiront les villes dévastées et les habiteront, ils planteront des vignes et en boiront le vin, ils établiront des jardins et en mangeront les fruits. Je les planterai sur leur terre et ils ne seront plus arrachés de leur terre, celle que je leur ai donnée. (Amos 9.14-15)

Dieu a promis de ramener les exilés de son peuple dans la Terre promise où ils rebâtiraient les villes et les habiteraient. Plus de 200 ans plus tard, Cyrus a publié son édit permettant aux Israélites de retourner dans leur pays. La plupart de ceux qui ont effectué ce voyage de retour aimaient véritablement Dieu. Ce dénouement s'accordait parfaitement avec l'Alliance du Sinaï. Avant qu'ils ne traversent le Jourdain, Moïse avait averti les Israélites que leur désobéissance aurait pour conséquence l'exil, mais qu'ils reviendraient dans leur pays s'ils se repentaient. Ô combien Dieu est digne de confiance! Il tient ses promesses. Dieu désirait installer les Israélites dans leur pays en toute sécurité pour toujours, mais l'obéissance constituait la condition indispensable à la possession permanente de leur territoire. Dieu doit appliquer les mêmes lois pour les nations et pour Israël, comme il l'a fait dans le cas de Ninive à l'époque de Jonas (Jérémie 18.7-10). Si les Israélites changeaient l'attitude de leur cœur envers l'Éternel après qu'il les ait ramenés dans leur pays, les bénédictions qu'il tenait en réserve pour eux se transformeraient en malédictions.

7. Osée : l'amour de Dieu

Date de son ministère : 753-715 av. J.-C.[45]

Osée a prophétisé pendant 31 ans avant la chute d'Israël, puis pendant 7 années supplémentaires. Son ministère s'est achevé 177 ans avant l'édit de Cyrus.

Dieu avait choisi les Israélites afin que ce peuple lui appartienne, mais leurs cœurs s'étaient éloignés de lui pour s'attacher à des idoles. Les paroles d'Amos n'avaient servi qu'à endurcir leurs cœurs, ils s'étaient enfoncés davantage dans le péché, refusant de se repentir. Amatsia avait même chassé Amos hors du pays. Environ à cette même époque, l'Éternel a exprimé son amour envers Israël par l'intermédiaire d'Osée, un prophète de Dieu vivant en Israël. Il a prêché au peuple pendant plusieurs années, autant par ses paroles que par ses actions. « Écoutez la parole de l'Éternel, fils d'Israël! Car l'Éternel a un procès avec les habitants du pays parce qu'il n'y a point de fidélité, point de loyauté, point de connaissance de Dieu dans le pays. Il n'y a que parjures et tromperies, assassinats, vols et adultères. On use de violence, on commet meurtre sur meurtre » (Osée 4.1-2). Osée a pris les mesures nécessaires afin que les Israélites connaissent les raisons exactes pour lesquelles Dieu se proposait de les abandonner. Un amour véritable avertit les gens avec douceur et fermeté des conséquences qui découlent de l'acharnement à pécher. Un amour véritable désire que les cœurs rebelles changent et obéissent avec amour.

Un jour, une collègue de travail évoquait le fait de devenir mère. Elle avait décidé de n'enseigner aucune croyance religieuse à ses enfants. Elle préférait les laisser choisir eux-mêmes. Elle ne se rendait pas compte qu'ainsi, elle exerçait sur eux une influence en vue du mal. Si nous aimons véritablement nos enfants et le Seigneur, nous désirerons qu'ils connaissent les Écritures. Puis, nous prierons que le Saint-Esprit ouvre les yeux de leurs cœurs afin qu'ils comprennent. Par l'intermédiaire d'Osée, Dieu a fait entendre sa récrimination :

> Ils crieront vers moi : Mon Dieu, nous te connaissons, nous Israël! Israël a rejeté le bien, un ennemi le poursuivra… avec leur argent et leur or, ils se sont fabriqué des idoles. Ainsi, Israël sera retranché. L'Éternel a rejeté ton veau, Samarie! Ma colère s'est enflammée contre eux. Jusques à quand seront-ils incapables de parvenir à l'innocence? Car il provient d'Israël, un artisan l'a fabriqué, et ce n'est pas un dieu; c'est pourquoi le veau de Samarie sera mis en pièces. (Osée 8.2-6)

Ils criaient à Dieu de leurs bouches, tout en continuant à servir les idoles de leurs cœurs. En raison de leur péché, les Israélites allaient être exclus de la Terre promise. Ils retourneraient en Égypte où ils mangeraient les aliments impurs de l'Assyrie (Osée 9.3). Osée les a prévenus en ces termes :

> Les habitants de Samarie seront consternés au sujet des génisses de Beth-Aven; le peuple mènera deuil sur l'idole, et les prêtres qui la servent trembleront pour elle, pour sa gloire, qui s'en va du milieu d'eux. Elle sera offerte à l'Assyrie, en présent au roi Yareb. La honte saisira Éphraïm et Israël aura honte de ses desseins. C'en est fait de Samarie, de son roi, comme de l'écume à la surface des eaux. (Osée 10.5-7)

6 - ISRAËL : LE ROYAUME DU NORD

Comme Osée souhaitait que ses auditeurs se repentent de leur péché ! « Israël, reviens à l'Éternel, ton Dieu, car tu as trébuché par ta faute. Prenez avec vous des paroles de repentance, et revenez à l'Éternel. Dites-lui : Pardonne toute faute, et reçois-nous favorablement ! Nous t'offrirons, au lieu de taureaux, l'hommage de nos lèvres » (Osée 14.2-3).

Dieu a également demandé à Osée d'épouser une prostituée. Sa femme, Gomer, s'est rendue coupable d'infidélité envers son mari, tout comme Israël était infidèle à Dieu. Osée et Gomer ont tout de même eu trois enfants. Osée s'est servi de leurs prénoms pour prêcher aux Israélites, car à cette époque, la signification des prénoms comptait beaucoup. Gomer a donc accouché de son deuxième enfant et Dieu a dit à Osée : « Donne-lui le nom de Lo-Rouhama ; car je ne continuerai plus à avoir compassion de la maison d'Israël en lui pardonnant indéfiniment. Mais j'aurai compassion de la maison de Juda ; je les sauverai par l'Éternel, leur Dieu, et je ne les sauverai ni par l'arc, ni par l'épée, ni par la guerre, ni par les chevaux, ni par les cavaliers » (Osée 1.6-7). Ensuite, lors de la naissance de son troisième enfant, Dieu a déclaré : « Donne-lui le nom de Lo-Ammi ; car vous n'êtes pas mon peuple, et moi je ne suis rien pour vous » (Osée 1.9). Lo-Rouhama signifie « celle dont on n'a pas compassion » et Lo-Ammi signifie « pas mon peuple ». Dieu cesserait d'avoir compassion d'eux ou de les appeler son peuple. Ils en ont déduit que Dieu les abandonnerait. Le péché entraîne des conséquences.

Pourtant, cette situation ne durerait pas toujours. Un jour, Juda et Israël allaient de nouveau être réunis en un seul pays, gouverné par un leader commun.

> Pourtant le nombre des fils d'Israël deviendra comme le sable de la mer, qui ne peut ni se mesurer ni se compter ; à l'endroit où on leur disait : Vous n'êtes pas mon peuple ! On leur dira : Fils du Dieu vivant ! Les fils de Juda et les fils d'Israël seront rassemblés, ils se donneront un chef unique et sortiront du pays. (Osée 2.1-2)

> Je répandrai pour moi de la semence dans le pays, et j'aurai compassion de Lo-Rouhama. Je dirai à Lo-Ammi : Tu es mon peuple ! Et il dira : Mon Dieu ! (Osée 2.25)

Dans la réalité du quotidien, cette prophétie s'est accomplie lorsque Cyrus a publié un décret selon lequel toute personne habitant l'Empire médo-perse pouvait retourner dans la Terre promise. Le peuple de Dieu issu d'Israël et de Juda a été rassemblé sous une même bannière politique et religieuse sous le règne de Zorobabel. Plusieurs années plus tard, Jésus a rassemblé les croyants juifs sous une bannière spirituelle. Il leur a offert le pardon des péchés par son sang.

> Tout individu, où qu'il se trouve, peut devenir un croyant et un membre du royaume de Dieu.

À l'instar d'Amos, Osée a également prophétisé concernant les païens – le reste du monde que Dieu n'avait pas choisi et qui ne semblait pas être aimé. Plusieurs années plus tard, Paul a pu écrire :

> Et s'il a voulu faire connaître la richesse de sa gloire à des vases de miséricorde qu'il a d'avance préparés pour la gloire? C'est-à-dire à nous qu'il a appelés, non seulement d'entre les Juifs, mais encore d'entre les païens, comme il le dit dans Osée : Celui qui n'était pas mon peuple, je l'appellerai mon peuple, et celle qui n'était pas la bien-aimée, je l'appellerai bien-aimée. (Romains 9.23-25)

Les païens, autant que les Juifs, peuvent devenir des bien-aimés de Dieu. Par conséquent, le salut touche toutes les races sans distinction. Tout individu, où qu'il se trouve, peut devenir un croyant et un membre du royaume de Dieu. Par l'intermédiaire d'Osée, Dieu a laissé entrevoir l'ère de l'Évangile. Quel plan inouï!

Après la mort de Jéroboam II en 753 av. J.-C., la nation a été plongée dans une instabilité politique chronique, tandis que la menace assyrienne se faisait de plus en plus présente. Certains ont peut-être cru que l'Éternel les avait rejetés pour toujours. Bien que le jugement d'Israël ait été imminent en raison de son refus de se repentir, l'Éternel s'est servi de la vie d'Osée pour lui montrer à quel point il l'aimait. Dieu a demandé à Osée de continuer à aimer sa femme. Un autre homme s'est épris de Gomer et elle a commis l'adultère. Pourtant, Dieu a dit à Osée : « …

6 - ISRAËL: LE ROYAUME DU NORD

aime-la comme l'Éternel aime les Israélites! Quant à eux, ils se tournent vers d'autres dieux qui aiment les gâteaux de raisin » (Osée 3.1). Osée a mis en évidence le peu de valeur de Gomer en la rachetant pour quinze pièces d'argent et 330 litres d'orge (Osée 3.2). Gomer a été forcée de demeurer fidèle à son mari pendant quelque temps. En ne se livrant plus à la prostitution, elle a servi de leçon qu'Osée a expliquée en ces termes :

> Car les Israélites resteront longtemps sans roi, sans chef, sans sacrifice, sans stèle, sans éphod et sans téraphim. Après cela, les Israélites reviendront; ils chercheront l'Éternel, leur Dieu et David, leur roi; et ils trembleront en s'approchant de l'Éternel et de sa bonté, dans la suite des temps. (Osée 3.4-5)

Les auditeurs d'Osée avaient rejeté Dieu, mais lui ne les abandonnerait jamais. Il accomplissait son dessein de salut. Ils avaient délaissé Dieu, son temple et le Messie, mais l'Éternel leur a rappelé son alliance avec David. Pendant un long moment, ils allaient être privés de ce qu'ils chérissaient

> Pour les Israélites, Dieu, le temple et le Messie politique issu de la lignée de David formaient les éléments inséparables d'un avenir glorieux.

– leur roi, leurs sacrifices, leurs pierres précieuses et leurs idoles. Mais, plus tard, ils chercheraient Dieu de nouveau. Le cœur attaché à Dieu sans partage, ils imploreraient sa miséricorde. Ils reviendraient en tremblant à Dieu et à son Messie, la descendance promise, qui régnerait sur le trône de David. Pour les Israélites, Dieu, le temple et le Messie politique issu de la lignée de David formaient les éléments inséparables d'un avenir glorieux. À cette époque, la religion et l'État étaient intimement liés dans l'esprit des gens. L'un n'allait pas sans l'autre. Par conséquent, lorsque l'Éternel les a rétablis dans la Terre promise environ 200 ans plus tard, ils s'attendaient à ce que le chef promis les accompagne. Ils ignoraient que leur attente se prolongerait encore pendant plus de 500 ans, moment où le Messie entrerait dans son temple. Et encore, il n'a pas exercé le rôle d'un chef politique, mais celui d'un leader spirituel.

129

8. Michée

Date de son ministère : 742-687 av. J.-C.[46]

Michée a prophétisé pendant 20 ans avant la chute d'Israël, puis pendant 35 années supplémentaires. Son ministère s'est achevé 101 ans avant la chute de Jérusalem et 149 ans avant l'édit de Cyrus. Il a d'abord été un prophète de Juda et un contemporain d'Ésaïe, mais il a également été l'un des trois seuls prophètes à s'être adressé directement à Israël.

8A. LA NÉCESSITÉ DE SE REPENTIR

Michée a prévenu Israël que sa capitale, Samarie, serait détruite et que toutes ses idoles seraient réduites en pièces (Michée 1.6-7). Le péché d'Israël a bouleversé Michée de Morécheth au point où il s'est écrié : « C'est pourquoi je pleurerai, je me lamenterai, je marcherai déchaussé et nu, je pousserai des cris comme le chacal, et des gémissements comme les autruches. Car sa plaie est incurable » (Michée 1.8-9).

Dieu a donné un avertissement à Israël par l'intermédiaire de Michée : « Voici que je médite un malheur contre ce clan; vous n'en préserverez pas votre cou et vous ne marcherez pas la tête levée, car c'est le temps du malheur » (Michée 2.3).

> Puisqu'ils constituaient le peuple de Dieu, les Israélites avaient la certitude que Dieu ne les détruirait jamais.

De faux prophètes ont répliqué : « Qu'on ne bavarde pas de la sorte! Les injures n'en finissent pas! » (Michée 2.6).

Michée ne les a pas écoutés. Il a préféré continuer à prévenir Israël et Juda du désastre imminent. « Alors ils crieront vers l'Éternel, mais il ne leur répondra pas » (Michée 3.4).

Puisqu'ils constituaient le peuple de Dieu, les Israélites avaient la certitude que Dieu ne les détruirait jamais. Dieu demeurait parmi eux quelle que soit leur manière d'agir. Toutefois, l'Éternel les a finalement punis en raison de leur péché. Les Assyriens les ont dispersés à travers leur empire. Néanmoins, à cause de l'Alliance que Dieu avait conclue avec Abraham et avec David, les Israélites ont pu attester : « Ne te réjouis pas à mon sujet, mon ennemie! Car si je tombe, je me relève; si je suis assise dans les ténèbres, l'Éternel est ma lumière. Je supporterai la colère de l'Éternel puisque j'ai péché contre lui, jusqu'à ce qu'il défende ma cause et me fasse droit » (Michée 7.8-9). Les Israélites sont retournés dans la Terre promise parce qu'ils ont avoué leur péché. Ils ont été rétablis en raison de la grâce de Dieu.

8B. LE PARDON DE DIEU

> Qui est Dieu comme toi, pardonnant la faute et passant sur le crime en faveur du reste de ton héritage? Il ne garde pas sa colère à toujours, car il prend plaisir à la bienveillance. Il aura encore compassion de nous, il mettra nos fautes sous nos pieds; tu jetteras au fond de la mer tous leurs péchés. (Michée 7.18-19)

Lorsque les Israélites sont retournés dans la Terre promise, plusieurs criaient de joie en raison de l'étonnant salut de Dieu. Ils étaient certes heureux de revenir dans leur pays, mais le pardon de leurs péchés leur donnait un plus grand sujet de reconnaissance. Désormais, leur communion avec Dieu était rétablie. Aujourd'hui, nous pouvons entonner ce même chant de pardon. C'est pourquoi Matthew Henry a écrit : « Le peuple de Dieu est constitué d'individus pardonnés qui doivent tout à ce pardon.

[Dieu est miséricordieux, car le pardon de nos péchés n'est pas simplement temporaire, mais dure toute l'éternité.]

Lorsque Dieu pardonne le péché, il n'en tient plus compte, il ne le punit pas même s'il est légitime de le faire et il ne traite pas le pécheur selon ce qu'il mérite[47]. » Dieu est miséricordieux, car le pardon de nos péchés n'est pas simplement temporaire, mais dure toute l'éternité. « Il les jette dans la mer, non pas au bord du rivage où la marée basse pourrait les mettre à découvert, mais au fond de la mer, d'où ils ne reparaîtront jamais. Tous leurs péchés s'y trouveront assurément sans exception, car lorsque Dieu pardonne le péché, il les pardonne tous[47]. »

8C. LE LIEU DE NAISSANCE DU MESSIE

> Et toi, Bethléem Éphrata, toi qui es petite parmi les milliers de Juda, de toi sortira pour moi celui qui dominera sur Israël et dont l'origine remonte au lointain passé, aux jours d'éternité. (Michée 5.1)

Il est étonnant que Dieu nomme le lieu de naissance de Jésus quelque 700 ans avant l'heureux événement! Plusieurs années auparavant, Moïse avait expliqué aux Israélites la manière de distinguer la vérité de l'erreur : « Peut-être diras-tu dans ton cœur : Comment reconnaîtrons-nous la parole que l'Éternel n'aura pas dite? Quand le prophète parlera au nom de l'Éternel, et que sa parole ne se réalisera pas et n'arrivera pas, ce sera une parole que l'Éternel n'aura pas dite. C'est par audace que le prophète l'aura dite : Tu n'en auras pas peur » (Deutéronome 18.21-22). En revanche, Dieu dit toujours la vérité et il tient toujours ses promesses. Par la naissance de Jésus à Bethléem, Dieu a prouvé que Michée faisait partie de ses vrais prophètes. Ainsi, nous pouvons nous fier aux paroles de Michée lorsqu'il évoque les réalités spirituelles. L'enfant né à Bethléem est éternel. Son *origine remonte au lointain passé, aux jours d'éternité*. Jésus n'a ni commencement ni fin parce qu'il est Dieu. Par conséquent, Jésus constitue le fil conducteur des Écritures. C'est lui qui a parlé personnellement aux croyants de l'Ancien Testament. T. T. Shields s'est émerveillé du fait que Jésus soit le témoin visible de Dieu dans ce monde :

> Comme il est fascinant de tourner les pages de la Bible et d'observer [Jésus] au fil des siècles se révélant d'abord ici, ensuite ailleurs, se manifestant à Adam, à Hénoc, à Noé, à Abraham, à Isaac, à Jacob, à Joseph, à Moïse, à Josué, à David et à tous les prophètes! Avez-vous déjà remarqué, en lisant la Bible, qu'il n'y a aucune rupture de continuité d'un livre à l'autre? C'est toujours la même Voix, la Voix de Celui qui est contemporain de toutes les époques et qui raconte les événements à la manière d'un témoin oculaire. « Ses origines

remontent au lointain passé, aux jours d'éternité. » Cette annotation se retrouve partout dans les marges : « Depuis les jours d'éternité »[48].

8D. LE ROYAUME DU MESSIE

Il arrivera, à la fin des temps, que la montagne de la maison de l'Éternel sera fondée sur le sommet des montagnes, qu'elle s'élèvera par-dessus les collines, et que les peuples y afflueront. Des nations s'y rendront nombreuses et diront : Venez, et montons à la montagne de l'Éternel, à la Maison du Dieu de Jacob afin qu'il nous instruise de ses voies, et que nous marchions dans ses sentiers. Car de Sion sortira la loi et de Jérusalem la parole de l'Éternel. (Michée 4.1-2)

À l'époque où Michée a écrit ces mots, la plupart des gens se contentaient d'adorer les divinités locales. Un jour viendrait pourtant où des individus provenant de diverses nations se rendraient à Jérusalem pour adorer l'Éternel. Le véritable culte du seul vrai Dieu avait lieu à Jérusalem, mais certains servaient leurs faux dieux sur la montagne de leur choix (Ézéchiel 18.5-6). Au temps de Jésus, plusieurs Juifs pieux de partout dans le monde attendaient la venue du Messie et s'étaient, pour cette raison, rendus à Jérusalem. « Or il y avait en séjour à Jérusalem des Juifs pieux venus de toutes les nations qui sont sous le ciel » (Actes 2.5). Quel accomplissement inouï de la prophétie de Michée. Des gens sont venus de partout vers Jérusalem pour adorer le Seigneur[49].

Dans la pensée juive, la religion et l'État ont toujours été étroitement liés. Ainsi, ils croient que leur propre domination politique sur le monde coïncidera avec l'adoration universelle du seul vrai Dieu. Ils espèrent encore aujourd'hui que le Messie leur apportera la paix politique et élargira leur sphère d'influence sur toutes les nations. Puisque ces événements ne se sont pas encore produits, ils attendent toujours la réalisation de leur Utopie sur terre. On comprend mieux, dans ces conditions, l'interprétation de l'expression *à la fin des temps* donnée par le docteur Kac, un spécialiste juif de la Bible : « L'expression 'la fin des temps' dans l'Ancien Testament réfère toujours à l'époque du rétablissement national final et complet d'Israël ainsi qu'à sa rédemption spirituelle[50] ». Une telle déclaration nourrit l'espoir qu'Israël étendra un jour sa domination mondiale, sur le plan politique et spirituel. Cependant, le docteur Kac a-t-il raison ? Ce qu'il affirme est-il encore vrai ? Considérez les paroles de Jérémie au peuple de Juda qui vivait à Jérusalem avant sa chute en 586 av. J.-C. Les faux prophètes ne cessaient de leur assurer qu'aucun malheur ne les atteindrait (Jérémie 23.17), mais Jérémie a parlé tout autrement : « La colère de l'Éternel ne se détournera pas, jusqu'à ce qu'il ait accompli, exécuté les desseins de son cœur. À la fin des temps vous en aurez l'intelligence » (Jérémie 23.20). En d'autres termes : « D'ici peu, lorsque Neboukadnetsar envahira Jérusalem et traînera ses habitants jusqu'à Babylone, vous reconnaîtrez la véracité de mes propos. »

« Car de Sion sortira la loi et de Jérusalem la parole de l'Éternel. » Luc a écrit : « … la repentance en vue du pardon des péchés [sera] prêchée en son nom à toutes les nations à commencer par Jérusalem » (Luc 24.47). Après la mort et la résurrection de Jésus, les disciples ont prêché la Bonne Nouvelle du pardon des péchés à ceux qui se sont repentis. Cette Bonne Nouvelle s'est répandue partout dans l'Empire romain, notamment parce qu'en retournant dans leur région, les croyants juifs en ont témoigné à d'autres.

Il sera juge entre des peuples nombreux, il sera l'arbitre de nations puissantes, lointaines. De leurs épées ils forgeront des socs et de leurs lances des serpes ; une nation ne lèvera plus l'épée contre une autre, et l'on n'apprendra plus la guerre. (Michée 4.3)

Cette belle image de paix décrivait la vie quotidienne à l'époque de Jésus. En effet, Jésus a vécu pendant la Pax Romana – la paix romaine. La série d'études *Bethel* sur le Nouveau Testament dresse un portrait intéressant du monde au temps de Jésus :

> Les annales de l'histoire humaine n'ont jamais recensé une période de paix aussi longue avant ou depuis cette époque. Il existait certes une lutte de pouvoir au sein de la classe politique romaine et il fallait parfois réprimer des accrochages et des soulèvements sans importance à divers endroits du vaste empire. Mais, durant la paix romaine, personne ne vivait dans la crainte servile qu'un ennemi ne les envahisse subitement. Les sujets de César dispersés aux quatre coins de l'Empire avaient beau scruter l'horizon, ils n'apercevaient aucun signe d'incursion ennemie. En effet, Rome gouvernait d'une main de fer et aucune nation n'était assez importante ou puissante pour

menacer cette domination. La paix et la tranquillité régnaient ! Dans ces conditions, il devenait facile de répandre dans le monde entier la Bonne Nouvelle de l'amour de Dieu en Christ[51].

Tandis que tous les peuples marchent, chacun au nom de son dieu, nous marchons, nous, au nom de l'Éternel, notre Dieu, à toujours et à perpétuité. (Michée 4.5)

La loi romaine permettait à chaque nation d'adorer son propre dieu. Au début, le christianisme était considéré comme une secte de la religion juive par les Romains et les Juifs. Par conséquent, ils pouvaient servir Dieu et évangéliser les croyants juifs en toute liberté. J. Ironside Still a décrit cette situation ainsi :

> La loi romaine permettait au peuple d'un État conquis de continuer à pratiquer la religion qu'il professait au moment de sa conquête, mais elle lui interdisait d'adopter une autre religion que celle de Rome. La religion des Juifs, ainsi protégée par la loi romaine, était définie par leurs Écritures qui constituaient, en quelque sorte, la Charte de leurs droits religieux. Par conséquent, la loi romaine ne pouvait refuser de protéger d'autres formes de la religion juive qui « s'appuyaient sur les Écritures[52] ».

De celle qui boite je ferai un reste, de celle qui était mise à l'écart une nation puissante; et l'Éternel régnera sur eux, à la montagne de Sion, dès lors et pour toujours. (Michée 4.7)

> Jésus a démontré sa puissance spirituelle par les miracles qu'il a opérés dans le monde physique.

Les versets 1 à 7 de Michée 4 donnent une description du monde à l'époque de Jésus et de l'impact qu'il a produit sur ce monde. Durant le ministère de Jésus, des milliers de personnes ont afflué vers lui et il a établi sur elles un règne spirituel. Jésus a démontré sa puissance spirituelle par les miracles qu'il a opérés dans le monde physique. Par exemple, lorsque quatre hommes ont descendu leur ami paralysé par l'ouverture pratiquée sur le toit d'une maison, Jésus a vu leur foi et leur détermination à obtenir la guérison du paralytique. Il a répondu en disant : « Mon enfant, tes péchés te sont pardonnés » (Marc 2.5). Jésus savait que les Pharisiens présents étaient indignés parce qu'il affirmait pardonner les péchés.

« ... [il] leur dit : Pourquoi faites-vous de tels raisonnements dans vos cœurs? Qu'est-ce qui est plus facile, de dire au paralytique : Tes péchés sont pardonnés, ou de dire : Lève-toi, prends ton lit et marche? Or, afin que vous sachiez que le Fils de l'homme a sur la terre le pouvoir de pardonner les péchés : Je te l'ordonne, dit-il au paralytique, lève-toi, prends ton lit et va dans ta maison. Et à l'instant, il se leva, prit son lit et sortit en présence de tous... » (Marc 2.8-12)

9. La chute d'Israël

722 av. J.-C. La chute de Samarie, la capitale d'Israël, est survenue 136 ans avant la chute de Jérusalem[53]

Règne de Tilgath-Pilnéser III, roi d'Assyrie : 745-727 av. J.-C.53

Le temps de grâce a pris fin. Puisque les Israélites refusaient de se repentir de leurs péchés, Dieu a laissé les Assyriens envahir Israël. Pendant son règne, Tilgath-Pilnéser III a conquis plusieurs nations avec succès, de l'Égypte à Babylone et jusqu'en Arménie au nord[54]. Un territoire si vaste n'était pas facile à gouverner. Aussi longtemps que chaque pays payait son tribut dans les délais prévus, ce dernier conservait son autonomie locale.

> Les Assyriens espéraient ainsi refroidir le sentiment d'appartenance nationale en mélangeant les ethnies.

Cependant, s'il refusait de payer, l'Assyrie repartait en guerre contre la nation rebelle. Dans le but d'apporter une solution à ce problème, Tilgath-Pilnéser III a décidé d'appliquer la politique suivante : il déportait les peuples conquis vers des terres étrangères et repeuplait avec des étrangers les pays laissés déserts. Les Assyriens espéraient ainsi refroidir le sentiment d'appartenance nationale en mélangeant les ethnies. Selon Will Durant, « les révoltes ont tout de même éclaté et l'Assyrie devait continuellement se tenir prête à partir en guerre[55] ».

De 730 à 728 av. J.-C., Tilgath-Pilnéser III a conquis Galaad et la Galilée en Israël et a déporté le peuple vers l'Assyrie[56]. Au cours de la septième année du règne d'Osée, le dernier roi d'Israël, Salmanasar V, le fils de Tilgath-Pilnéser III, a assiégé Samarie[53], mais il n'a pu la vaincre avant sa mort. Deux ans plus tard, en 722 av. J.-C., « Sargon II, un officier de l'armée, s'est proclamé roi en réalisant un coup d'État digne de l'époque napoléonienne[54] ». Il a ensuite conquis Samarie, emmenant quelque 28 290 citadins en captivité[53]. À l'instar de Tilgath-Pilnéser III, Sargon II a dispersé les Israélites à travers l'Empire assyrien et il a envoyé des étrangers à Samarie. « Cela arriva parce que les Israélites ont péché contre l'Éternel, leur Dieu… Ils ont rejeté ses prescriptions, l'alliance qu'il avait conclue avec leurs pères et les avertissements solennels qu'il leur avait adressés. Ils se sont ralliés à des vanités et se sont rendus eux-mêmes vains » (2 Rois 17.7, 15). Satan devait être fou de joie!

10. Nahoum : le jugement contre l'Assyrie

Date de rédaction : entre 663 et 612 av. J.-C.[57]

Nahoum a prophétisé au milieu de Juda au moins cinquante-neuf ans après la chute d'Israël. L'Empire assyrien a atteint son apogée sous le règne d'Assurbanipal (668-626 av. J.-C.). Peu après sa mort, les Babyloniens ont commencé à s'affirmer[58].

> Voici ce qu'a ordonné sur toi l'Éternel : Tu n'auras plus de descendants qui portent ton nom ; je retrancherai de la maison de ton dieu statue et image de métal fondu ; je préparerai ta tombe, car tu ne vaux pas grand-chose. (Nahoum 1.14)
>
> Il n'y a point de soulagement à ta blessure, ta plaie est mortelle. Tous ceux qui entendront parler de toi battront des mains sur toi ; sur qui ta méchanceté ne passait-elle pas, sans trêve ? (Nahoum 3.19)

Dieu a de nouveau averti les Assyriens d'un jugement imminent. Contrairement aux gens de l'époque de Jonas, ils ont refusé de se repentir.

Par conséquent, Dieu a complètement détruit l'Assyrie. En 612 av. J.-C., les Babyloniens, les Mèdes et les Scythes se sont unis pour combattre les Assyriens. Will Durant a écrit : « L'Assyrie a été éradiquée de l'histoire d'un seul coup... Il n'est resté aucune pierre de tous les temples construits par les guerriers assyriens pieux pour embellir leur superbe capitale. Même Assur, leur dieu éternel, n'a pas survécu[59]. » En revanche, bien que les Israélites aient été dispersés à travers l'Empire assyrien, ils s'appuyaient sur l'espérance certaine de leur retour dans la Terre promise. Nahoum l'a annoncé : « Car l'Éternel rétablit la fierté de Jacob comme la fierté d'Israël, parce que les pillards les ont pillés et ont détruit leurs sarments » (Nahoum 2.3). Dieu dit toujours la vérité et il tient toujours ses promesses. Il achèvera son plan de salut.

> En revanche, bien que les Israélites aient été dispersés à travers l'Empire assyrien, ils s'appuyaient sur l'espérance certaine de leur retour dans la Terre promise.

Pistes de réflexion

1. Dieu accomplit sa volonté souveraine à travers les bonnes et les mauvaises décisions que nous prenons.

2. Dieu s'est servi de Jonas, bien que ce dernier ait manifesté une forte réticence et se soit opposé de vive voix à accomplir la tâche demandée.

3. Amos a enseigné que l'adoration véritable commence par une attitude du cœur appropriée envers Dieu. La race n'a aucune importance.

4. Dieu a démontré par l'intermédiaire d'Osée à quel point il aime les pécheurs.

5. Selon Michée, Dieu désire ardemment que les gens se repentent de leur péché afin qu'il puisse leur pardonne

[7]

Juda: Le royaume du Sud

1. La vallée de Josaphat

Règne de Josaphat : 872-848 av. J.-C.[60]

Syd, le papa de Barry, était demeuré à la maison pendant quelques jours, car il était malade. Quel choc il a eu lorsque son neveu Don est venu lui annoncer qu'il était inutile qu'il retourne au travail. Syd avait cru que son frère aîné Jack, le père de Don, accorderait les mêmes avantages légaux à tous ses frères qui détenaient des parts dans l'entreprise familiale. Jack ne l'a pas fait. Âgé de soixante-neuf ans, Syd souhaitait continuer à travailler aussi longtemps qu'il le pourrait. Puis, à la retraite, il comptait recevoir une pension pour le reste de sa vie. Cependant, Jack avait pris les dispositions nécessaires pour garantir son propre revenu de retraite, mais il n'avait pas tenu compte des besoins de ses frères. Après avoir travaillé toute sa vie à la même imprimerie, Syd ne pouvait même pas y retourner pour chercher ses effets personnels. Bien entendu, personne ne lui a organisé de fête d'adieu. Mais surtout, même s'il détenait une part importante des actions de l'entreprise, il n'en a jamais perçu le moindre revenu régulier. Jack et Don étaient uniquement préoccupés par leurs intérêts personnels et la famille s'en est trouvée déchirée – blessée et amère pour toujours. De même, le petit-fils de David, Roboam, avait provoqué la colère des tribus du nord d'Israël par ses paroles cruelles. Par conséquent, en 930 av. J.-C., le royaume a été divisé en deux[61].

Certains rois de Juda, le royaume du Sud, aimaient Dieu, mais d'autres ne l'aimaient pas. Josaphat a commis une grave erreur de jugement en s'alliant à Achab, le plus méchant des rois du Nord. En dépit de cette erreur, Josaphat demeure l'un des bons rois qui ont aimé Dieu. Un jour, des hommes ont prévenu Josaphat qu'une armée nombreuse s'approchait en provenance d'Édom. Josaphat en a éprouvé une grande frayeur et il a voulu consulter Dieu. Il a donc publié un jeûne pour tout le peuple. En raison de leur crainte, tous se sont rendus au temple, même les femmes et les enfants. Puis, Josaphat a adressé cette prière à Dieu :

> Éternel, Dieu de nos pères, n'es-tu pas Dieu dans les cieux, et n'est-ce pas toi qui domines sur tous les royaumes des nations? N'y a-t-il pas dans ta main la force et la puissance? Nul ne peut t'affronter! N'est-ce pas toi, notre Dieu, qui as dépossédé les habitants de ce pays devant ton peuple d'Israël, et qui l'as donné pour toujours à la descendance d'Abraham qui t'aimait? Ils l'ont habité, ils t'y ont bâti un sanctuaire pour ton nom, en disant : S'il arrive sur nous un malheur, l'épée, le jugement, la peste ou la famine, nous nous tiendrons devant cette maison et devant toi, car ton nom est dans cette maison. Nous t'appellerons au secours du sein de notre détresse; tu écouteras et tu sauveras! Maintenant voici que les Ammonites et les Moabites, et ceux des monts de Séir, chez lesquels tu n'as pas permis à Israël d'entrer quand il venait du pays d'Égypte – car il s'est écarté d'eux et ne les a pas détruits – les voici qui nous récompensent en venant nous chasser de ta possession que tu nous as donnée. Ô notre Dieu, n'exerceras-tu pas tes jugements sur eux? Car nous sommes sans force devant cette multitude nombreuse qui s'avance contre nous, et nous ne savons que faire, mais nos yeux sont sur toi. (2 Chroniques 20.6-12)

Dieu a donné sa réponse par la bouche du prophète Yahaziel qui se trouvait parmi le peuple :

> Soyez sans crainte et sans effroi devant cette multitude nombreuse, car ce n'est pas votre combat, mais celui de Dieu. Demain, descendez contre eux; ils vont arriver par la montée de Hatsits, et vous les trouverez au bout du vallon, en face du désert de Yerouel. Vous n'aurez pas à y combattre; présentez-vous, tenez-vous là, et vous verrez le salut de l'Éternel en votre faveur. Juda et Jérusalem, soyez sans crainte et sans effroi; demain, sortez à leur rencontre, et l'Éternel sera avec vous! (2 Chroniques 20.15-17)

7 - JUDA: LE ROYAUME DU SUD

Par la foi, Josaphat a choisi des hommes pour qu'ils marchent devant l'armée en chantant des louanges à Dieu : « Célébrez l'Éternel, car sa bienveillance dure à toujours! » (2 Chroniques 20.21).

Dieu les a accompagnés comme il l'avait promis. Pendant que l'armée de Juda approchait du champ de bataille, les Ammonites et les Moabites ont engagé le combat contre les Édomites. Après avoir fait mourir tous les Édomites, ils se sont mis à s'entretuer. En parvenant au champ de bataille, les soldats de Juda ont constaté qu'une grande multitude de cadavres jonchait le sol. Ils ont passé trois jours à piller les dépouilles (2 Chroniques 20.25). Puisque la bataille appartenait à Dieu, Juda n'a pas eu à combattre. Quelle épreuve de foi pour Juda! Quelles louanges sublimes ont retenti de cette vallée! Quatre jours plus tard, Josaphat et son armée se sont rassemblés dans la vallée pour bénir l'Éternel, puis, ils sont retournés avec joie vers Jérusalem. En apprenant que Dieu avait combattu contre les ennemis de Juda, les nations voisines ont éprouvé de la crainte envers Dieu (2 Chroniques 20.29).

> Josaphat a gagné la bataille sans qu'une seule épée ne soit levée contre l'ennemi.

L'Éternel aime démontrer sa manière d'agir dans le monde spirituel à l'aide d'événements tirés du monde physique. Josaphat a gagné la bataille sans qu'une seule épée ne soit levée contre l'ennemi. Si Dieu peut surmonter les difficultés concrètes, ne peut-il pas pourvoir davantage et de bon cœur à tous les besoins spirituels? Plusieurs années auparavant, Josué avait exhorté les Israélites à choisir l'Éternel de préférence aux faux dieux de leurs ennemis (Josué 24.15). Ce même choix s'offre à chacun de nous. Voulez-vous avoir l'assurance que Dieu combat pour vous et non contre vous? Placez votre confiance en lui, car il dit toujours la vérité et il tient toujours ses promesses. Si vous êtes son enfant, la bataille appartient à Dieu, et non à vous.

2. Athalie

Règne d'Athalie : 841-835 av. J.-C.[62]

Il est étonnant que le bon roi Josaphat ait permis à son fils Yoram d'épouser Athalie, la fille d'Achab, le méchant roi d'Israël. À cette époque, Juda et Israël sont devenus de proches alliés. Après la mort de Yoram, roi de Juda, son fils Ahazia n'a pas mis fin à son amitié avec son oncle Yoram, le roi d'Israël. Un jour, Ahazia a rendu visite à Yoram et ils ont tous deux été tués par un adversaire inattendu[63]. En apprenant la nouvelle de la mort de son fils, Athalie a voulu monter sur le trône de Juda. Sans tarder, elle a fait mettre à mort la famille royale au complet, les descendants de David. Elle croyait sûrement que son plan perfide avait réussi.

> En apprenant la nouvelle de la mort de son fils, Athalie a voulu monter sur le trône de Juda.

Cependant, l'Éternel avait décidé de maintenir son alliance avec David et d'envoyer son Messie par la descendance de David. Selon la souveraineté de Dieu, la fille d'Athalie, Yehochabeath, était mariée à un sacrificateur du nom de Yehoyada. Dès que Yehochabeath a compris que son neveu Joas courait un danger, elle l'a emmené avec sa nourrice dans le temple où ils sont demeurés cachés pendant six ans. Lorsque Joas a atteint l'âge de sept ans, son oncle Yehoyada l'a couronné roi légitime de Juda. Quelle surprise pour Athalie lorsqu'elle a entendu les joyeuses acclamations du peuple et qu'elle a vu son petit-fils debout à l'entrée du temple!

« Conspiration! Conspiration! », s'est-elle écriée (2 Chroniques 23.13).

Athalie a tenté de s'enfuir de la ville, mais elle a été mise à mort par l'armée. Ensuite, le peuple a conclu une alliance avec Yehoyada et Joas afin d'être le peuple de l'Éternel. En signe de sa bonne foi, le peuple a démoli le temple de Baal et a tué Mattân, le prêtre de Baal. Par l'intermédiaire d'Athalie, Satan a cherché à empêcher Dieu d'envoyer la descendance promise conformément à son plan. Il est presque parvenu à éliminer

7 - JUDA: LE ROYAUME DU SUD

complètement la lignée de David, mais une fois de plus, Dieu a démontré la supériorité de sa puissance sur Satan et ses faux dieux.

3. Joël : les deux facettes du jugement de Dieu

Date de son ministère : environ 835 à 796 av. J.-C.[64]

Ses prophéties ont pris fin 74 ans avant la chute d'Israël, 210 ans avant la chute de Jérusalem et 258 ans avant l'édit de Cyrus.

> Devant eux la terre frémit, le ciel est ébranlé, le soleil et la lune s'obscurcissent, et les étoiles perdent leur éclat. (Joël 2.10)

Lorsqu'un juge prononce son verdict, l'accusé est soit libéré, soit puni. De même, lorsque Dieu juge le cœur, il bénit ou maudit l'individu. Le jugement produit toujours l'un ou l'autre de ces deux résultats. L'Éternel emploie souvent le langage figuré du verset ci-dessus pour annoncer son jugement sur différentes nations. Par exemple, Ésaïe a prophétisé en ces termes la chute de Babylone : « Car les étoiles des cieux et leurs constellations ne feront plus briller leur lumière, le soleil s'obscurcira dès son lever et la lune ne fera plus luire sa lumière » (Ésaïe 13.10). Plusieurs années plus tard, Jésus a cité Ésaïe pour avertir ses disciples de la destruction de Jérusalem en 70 apr. J.-C. (Matthieu 24.29). Par le prophète Joël, Dieu a illustré de quelle manière ses jugements conduisent à la punition pour certains et à la bénédiction pour d'autres.

> Ce qu'a laissé la chenille, la sauterelle l'a dévoré; ce qu'a laissé la sauterelle, le grillon l'a dévoré; ce qu'a laissé le grillon, le criquet l'a dévoré. (Joël 1.4)

> Devant lui est un feu dévorant, et derrière lui une flamme brûlante; le pays était devant lui comme un jardin d'Éden, et derrière lui c'est un désert affreux; rien ne lui échappe! À les voir, on dirait des chevaux, et ils courent comme des cavaliers. On dirait un bruit de chars qui bondissent sur le sommet des montagnes. On dirait le bruit de la flamme du feu qui dévore le chaume. On dirait un peuple puissant rangé en bataille. Devant eux les peuples tremblent, tous les visages pâlissent. Ils courent comme des héros, ils escaladent une muraille comme des gens de guerre; chacun va son chemin, ils ne quittent pas leur route, nul ne bouscule son voisin, chacun suit sa voie; ils se ruent

au travers des projectiles sans rompre les rangs. Ils fondent sur la ville, courent sur la muraille, escaladent les maisons, entrent par les fenêtres comme un voleur. (Joël 2.3-9)

À l'époque de Joël, Juda a connu la pire invasion de sauterelles de son histoire. Fort perplexe, Joël a demandé : « Cela s'est-il passé de votre temps, ou même du temps de vos pères? » (Joël 1.2).

Certains ont dû s'interroger de la sorte : « Pour quelle raison ce fléau nous frappe-t-il maintenant? Comment Dieu a-t-il pu permettre à ces sauterelles de détruire notre pays et notre gagne-pain? »

> Dans l'Ancien Testament, chaque fois que Dieu avertissait son peuple d'un jugement imminent, il les réconfortait également par la promesse d'une délivrance à venir.

Depuis qu'Adam et Ève ont péché, les désastres naturels font partie de la réalité quotidienne. Les croyants en subissent les conséquences au même titre que les non-croyants. Il arrive que Dieu envoie ces difficultés pour punir le péché, mais ce n'est pas toujours le cas. Par exemple, il est faux de penser que chaque personne malade est punie pour un péché précis. Alors que je combattais un cancer du sein, un étranger a insinué que ce cancer était le résultat du péché dans ma vie.

En revanche, avant que les Israélites n'entrent dans la Terre promise, Moïse leur avait enseigné à toujours obéir à Dieu sans quoi l'Éternel exercerait envers eux ses jugements – dont la prolifération de sauterelles (Deutéronome 28.38). C'est pourquoi Joël les a suppliés en ces termes : « Déchirez vos cœurs et non vos vêtements, et revenez à l'Éternel, votre Dieu; car il fait grâce, il est compatissant, lent à la colère et riche en bienveillance, et il regrette le malheur qu'il envoie » (Joël 2.13). Joël savait que Dieu punissait Juda en envoyant des sauterelles pour dévorer la végétation. Comme Dieu désire que son peuple se repente de ses péchés!

7 - JUDA: LE ROYAUME DU SUD

Joël a imploré le peuple de s'humilier et il a prié Dieu : « Éternel, épargne ton peuple! Ne livre pas ton héritage au déshonneur, pour qu'il soit la fable des nations! Pourquoi dirait-on parmi les peuples : Où est leur Dieu? » (Joël 2.17). Il arrive que certains se réjouissent du péché ou des difficultés vécues par d'autres personnes, car ils en éprouvent un sentiment de supériorité. Souvenez-vous du péché de Cham[65].

Par la suite, le Seigneur a fait cette promesse : « Je vous restituerai les années qu'ont dévorées la sauterelle... Vous mangerez, vous vous rassasierez et vous louerez le nom de l'Éternel, votre Dieu qui aura fait des miracles pour vous, et mon peuple ne sera plus jamais dans la honte » (Joël 2.25-26). Dans l'Ancien Testament, chaque fois que Dieu avertissait son peuple d'un jugement imminent, il les réconfortait également par la promesse d'une délivrance à venir.

> Après cela, je répandrai mon Esprit sur toute chair; vos fils et vos filles prophétiseront, vos anciens auront des songes, et vos jeunes gens des visions. Même sur les serviteurs et sur les servantes, en ces jours-là, je répandrai mon Esprit. Je ferai paraître des prodiges dans le ciel et sur la terre, du sang, du feu et des colonnes de fumée; le soleil se changera en ténèbres, et la lune en sang, avant l'arrivée du jour de l'Éternel, de ce jour grand et redoutable. Alors quiconque invoquera le nom de l'Éternel sera délivré, car sur la montagne de Sion et à Jérusalem il y aura des rescapés, comme l'a dit l'Éternel, et ceux que l'Éternel appellera seront parmi les survivants. (Joël 3.1-5)

Le jour de la Pentecôte, le Saint-Esprit est descendu sur les croyants et il les a remplis de sa puissance. Le bruit d'un souffle violent a retenti dans le lieu où ils se trouvaient et des langues qui semblaient de feu se sont posées sur chacun d'eux (Actes 2.2-3). À ce bruit, une grande foule est accourue et les croyants se sont mis à parler diverses langues.

> Tous étaient hors d'eux-mêmes et perplexes et se disaient les uns aux autres : Que veut dire ceci?
>
> Mais d'autres se moquaient et disaient : Ils sont pleins de vin doux.
>
> Alors Pierre, debout avec les onze, éleva la voix et s'exprima en ces termes : Vous Juifs, et vous tous qui séjournez à Jérusalem, sachez ceci et prêtez l'oreille à mes paroles! Ces gens ne sont pas ivres comme vous le supposez, car c'est la troisième heure du jour. (Actes 2.12-15)

Pierre a expliqué à la foule que Jésus qu'ils avaient crucifié était le Seigneur et le Christ. Ils ont eu le cœur vivement touché en constatant qu'ils avaient mis à mort le Messie tant attendu. Ils ont demandé à Pierre et aux autres apôtres :

> Frères, que ferons-nous ?
>
> Pierre leur dit : Repentez-vous, et que chacun de vous soit baptisé au nom de Jésus-Christ, pour le pardon de vos péchés; et vous recevrez le don du Saint-Esprit. Car la promesse est pour vous, pour vos enfants, et pour tous ceux qui sont au loin, en aussi grand nombre que le Seigneur notre Dieu les appellera. (Actes 2.37-39)

Environ 3 000 personnes ont répondu à l'appel de Pierre et ont été baptisées (Actes 2.41), accomplissant ainsi la prophétie de Joël 3.1-5. Comme Joël l'avait annoncé, plusieurs ont été remplis du Saint-Esprit, des hommes et des femmes, jeunes et âgés. Ils ont témoigné avec joie à leurs amis et à leurs voisins de la mort et de la résurrection de Jésus. La prophétie de Joël se rapportant au jour de la Pentecôte évoquait l'image du soleil se changeant en ténèbres et de la lune en sang. Le jugement de Dieu comporte toujours deux facettes. Dans le monde physique, l'Éternel a sauvé Noé et sa famille lorsqu'il a détruit la terre par le déluge.

> Le jour où le peuple de Dieu s'est réjoui dans la vallée de Josaphat s'est avéré être un jour de grand malheur pour l'ennemi.

Chaque fois qu'une nation est dévastée, une autre prospère. Dans le monde spirituel, Dieu juge l'attitude de notre cœur envers lui. Le jour de la Pentecôte a été un jour de grande joie pour les nouveaux croyants. En revanche, les conséquences spirituelles ont été désastreuses pour ceux qui ont refusé le salut offert par Jésus. À la fin des temps, ceux qui l'auront rejeté subiront une punition éternelle, alors que ceux qui lui auront obéi avec amour recevront la vie éternelle (Matthieu 25.46).

7 - JUDA: LE ROYAUME DU SUD

Il est arrivé à maintes reprises au cours de l'histoire que le Saint-Esprit descende avec puissance et se répande sur divers pays, ranimant ainsi le feu du réveil. Des milliers de personnes acceptaient alors Christ comme leur Sauveur et donnaient toute la gloire à Dieu. De tels jours sont bénis! « … Il y a de la joie devant les anges de Dieu pour un seul pécheur qui se repent » (Luc 15.10). Par contre, Dieu éprouve de la tristesse lorsque les gens rejettent les appels à la repentance lancés par ses prophètes.

> Car voici qu'en ces jours-là, en ce temps-là, quand je ferai revenir les captifs de Juda et de Jérusalem, je rassemblerai toutes les nations, et je les ferai descendre dans la vallée de Josaphat; là, j'entrerai en jugement avec elles au sujet de mon peuple et de mon héritage : Israël, qu'elles ont dispersé parmi les nations, et au sujet de mon pays qu'elles se sont partagé. (Joël 4.1-2)

Le jour où le peuple de Dieu s'est réjoui dans la vallée de Josaphat s'est avéré être un jour de grand malheur pour l'ennemi. L'armée de Juda n'a pas même eu à brandir son épée dans la bataille[66]. Par l'intermédiaire de Joël, Dieu a promis à son peuple qu'il allait vivre un jour semblable au retour de sa captivité. Les nations qui avaient maltraité les Israélites disparaîtraient de la face de la terre. Alors, les enfants d'Israël loueraient l'Éternel pour sa bonté envers eux. D'une certaine manière, un autre jour approche – la fin des temps. Dieu appellera les méchants (ceux qui refusent de l'aimer et de croire en lui) à se préparer pour la bataille.

> Proclamez ceci parmi les nations! Préparez la guerre! Réveillez les héros! Qu'ils s'approchent, qu'ils montent, tous les hommes de guerre! De vos socs forgez des épées, et de vos serpes des lances! Que le faible dise : Je suis vaillant! Dépêchez-vous et venez, vous toutes, nations d'alentour, et rassemblez-vous! (Joël 4.9-11)

Les puissances du royaume de Satan, autant humaines que démoniaques, se bercent d'illusions en pensant qu'elles parviendront à vaincre Dieu. Dans ces versets, Dieu les met au défi de se préparer pour la guerre. Matthew Henry a fait la remarque suivante : « Ainsi, le Dieu tout-puissant lance un défi à ses opposants du royaume des ténèbres… qu'ils *s'approchent*, qu'ils *montent* et se *rassemblent*. Mais celui qui est assis dans les cieux se rit d'eux et l'appel lui-même est teinté de dérision[67]. »

> Que les nations se réveillent et qu'elles montent vers la vallée de Josaphat! Car là je siégerai pour juger toutes les nations d'alentour. Lancez la faucille, car la moisson est mûre! Venez, foulez, car le pressoir est plein, les cuves regorgent! Car grande est leur méchanceté. (Joël 4.12-13)

Jésus a souvent parlé aux foules en paraboles qu'il expliquait par la suite à ses disciples. Un jour, il a comparé le royaume des cieux à un homme qui avait semé de la bonne semence dans son champ. Pendant que les gens dormaient, son ennemi a semé de l'ivraie au milieu du blé. Dès que les serviteurs ont aperçu la mauvaise herbe, ils ont demandé au propriétaire :

> Seigneur, n'as-tu pas semé de la bonne semence dans ton champ? D'où vient donc qu'il y ait de l'ivraie?
>
> Il leur répondit : C'est un ennemi qui a fait cela.
>
> Et les serviteurs lui dirent : Veux-tu que nous allions l'arracher?
>
> Non, dit-il, de peur qu'en arrachant l'ivraie, vous ne déraciniez en même temps le blé. Laissez croître ensemble l'un et l'autre jusqu'à la moisson, et, à l'époque de la moisson, je dirai aux moissonneurs : Arrachez d'abord l'ivraie, et liez-la en gerbes pour la brûler, mais amassez le blé dans mon grenier. (Matthieu 13.27-30)

En privé, Jésus a donné l'explication suivante à ses disciples : « ... la moisson, c'est la fin du monde; les moissonneurs, ce sont les anges » (Matthieu 13.39). À la fin des temps, les anges « arracheront de son royaume tous les scandales et ceux qui commettent l'iniquité » (Matthieu 13.41). Les anges lanceront leurs faucilles et rassembleront tous les individus devant le trône du jugement de Dieu. Ils jetteront la mauvaise herbe « dans la fournaise de feu, où il y aura des pleurs et des grincements de dents. Alors les justes resplendiront comme le soleil dans le royaume de leur Père » (Matthieu 13.42-43).

> Voici des foules et des foules, dans la vallée du verdict; car le jour de l'Éternel est proche; dans la vallée du verdict. Le soleil et la lune s'obscurcissent, et les étoiles retirent leur éclat. De Sion l'Éternel rugit, de Jérusalem il donne de la voix; le ciel et la terre sont ébranlés. Mais l'Éternel est un refuge pour son peuple, un abri pour les Israélites. (Joël 4.14-16)

7 - JUDA: LE ROYAUME DU SUD

Il existe deux types de personnes, ceux qui croient que Dieu dit la vérité et ceux qui ne le croient pas. Pour les croyants, la vallée du verdict ressemblera à la vallée de Josaphat, une vallée de louange, un endroit magnifique. Il en sera autrement pour les non-croyants. La vallée du verdict sera pour eux un endroit terrifiant. Ferez-vous de l'Éternel votre refuge? Dans ce cas, l'Éternel combattra pour vous. Seulement, n'oubliez pas de le louer comme Josaphat.

> Vous reconnaîtrez que je suis l'Éternel, votre Dieu, qui demeure à Sion, ma sainte montagne. Jérusalem sera sainte, et les profanes n'y passeront plus. (Joël 4.17)

Ésaïe a exprimé une idée similaire : « Réveille-toi! Réveille-toi! Revêts-toi de ta force, Sion! Revêts tes habits d'apparat, Jérusalem, ville sainte! Car il n'entrera plus chez toi ni incirconcis, ni impur » (Ésaïe 52.1). Dans la Nouvelle Jérusalem, la Jérusalem céleste, le péché disparaîtra pour toujours et il n'y aura plus rien à craindre. Dieu accomplira son plan. Le paradis perdu sera retrouvé. À partir de ce moment, Satan ne pourra plus obscurcir la relation entre l'Éternel et son peuple.

4. Ésaïe

Date de son ministère : 740-681 av. J.-C.[68]
Règne d'Ozias (Ahazia) : 792-740 av. J.-C.62

Ésaïe a commencé à prophétiser 18 ans avant la chute d'Israël, 154 ans avant la chute de Jérusalem et 202 ans avant l'édit de Cyrus. Tout en étendant sa bénédiction sur Israël, le royaume du Nord, sous le règne de Jéroboam II (2 Rois 14.25), l'Éternel accordait également la prospérité matérielle à Ozias et à Juda, le royaume du Sud.

> ... tant qu'il rechercha l'Éternel, Dieu lui donna du succès. Il sortit pour combattre les Philistins et fit des brèches dans la muraille de Gath, dans la muraille de Yabné et dans la muraille d'Asdod. Il construisit des villes dans le territoire d'Asdod et parmi les Philistins. Dieu l'aida contre les Philistins, contre les Arabes qui habitaient à Gour-Baal, et contre les Maonites. Les Ammonites faisaient des offrandes à Ozias, et sa renommée s'étendit jusqu'aux abords de l'Égypte, car sa puissance s'élevait bien haut. (2 Chroniques 26.5-8)

4A. L'APPEL D'ÉSAÏE

> Écoutez toujours, mais ne comprenez rien! Regardez toujours, mais n'en apprenez rien! Rends insensible le cœur de ce peuple, endurcis ses oreilles et bouche-lui les yeux, de peur qu'il ne voie de ses yeux, n'entende de ses oreilles, ne comprenne avec son cœur, qu'il ne se convertisse et ne soit guéri. (Ésaïe 6.9-10)

L'année de la mort du roi Ozias, Ésaïe a vu l'Éternel assis sur son trône. Deux séraphins se criaient l'un à l'autre : « Saint, saint, saint est l'Éternel des armées! Toute la terre est pleine de sa gloire! » (Ésaïe 6.3).

Ésaïe s'est exclamé : « Malheur à moi! Je suis perdu, car je suis un homme dont les lèvres sont impures, j'habite au milieu d'un peuple dont les lèvres sont impures, et mes yeux ont vu le Roi, l'Éternel des armées » (Ésaïe 6.5).

Alors, un des séraphins a touché les lèvres d'Ésaïe avec une braise ardente prise de l'autel et il a déclaré : « Ceci a touché tes lèvres; ta faute est enlevée, et ton péché est expié » (Ésaïe 6.7).

Ensuite, Ésaïe a entendu la voix de l'Éternel qui demandait : « Qui enverrai-je et qui marchera pour nous? » Ésaïe a répondu : « Me voici, envoie-moi » (Ésaïe 6.8).

Dès que la vision du Dieu saint est apparue à Ésaïe, il a reconnu que lui et son peuple étaient pécheurs et avaient besoin du Sauveur. L'apôtre Jean a donné l'explication suivante concernant l'aveuglement des yeux et l'endurcissement des cœurs : « C'est ce que dit Ésaïe lorsqu'il vit sa gloire et qu'il parla de lui » (Jean 12.41). Ésaïe a cru que ses péchés étaient expiés et l'Éternel a immédiatement effacé sa culpabilité. Ensuite, Ésaïe a accepté de devenir le messager de Dieu. Cependant, le message l'a bouleversé : « Écoutez toujours, mais ne comprenez rien! Regardez toujours, mais n'en apprenez rien! »

« Jusques à quand, Seigneur? » a demandé Ésaïe (6.11).

Dieu lui a répondu qu'il devait prêcher ce message jusqu'à ce que le territoire soit dévasté et que les habitants soient amenés en captivité, mais tout espoir n'était pas perdu. « Et s'il y reste encore un dixième des habitants, il repassera par l'incendie; mais, comme le térébinthe et le chêne conservent leur souche quand ils sont abattus, sa souche donnera une sainte descendance » (Ésaïe 6.13). Le peuple de Dieu ne serait pas complètement détruit. Dieu allait garder un reste, dont certains attendraient le Sauveur. La lignée de la descendance promise serait préservée et Dieu accomplirait son dessein de salut.

[Certains allaient recevoir le don du salut offert par Dieu, d'autres n'y croiraient pas.]

Quelle vérité difficile Ésaïe a-t-il été appelé à annoncer! Jésus et Paul ont dû faire face à des situations semblables (Jean 12.37; Actes 28.24). Certains allaient recevoir le don du salut offert par Dieu, d'autres n'y croiraient pas. Ce principe se retrouve partout dans les Écritures. Lorsque des individus sont mis en présence de la sainteté et de la gloire de l'Éternel, certains réagissent comme Ésaïe. Par la grâce de Dieu, ils sont horrifiés à la vue de leur péché et ils implorent le pardon de leurs fautes. Cependant, Dieu endurcit le cœur des autres « par la séduction du péché » (Hébreux 3.13), de sorte qu'ils refusent le don de son salut.

4B. LE SALUT DE L'ÉTERNEL – ÉSAÏE 1 À 5

Dès sa naissance, Ésaïe a servi à rappeler le salut promis par Dieu, car son nom signifie « le salut de l'Éternel[69] ». Dieu l'a ensuite béni en lui accordant une compréhension plus profonde de son étonnant plan de salut. C'est la raison pour laquelle Ésaïe a supplié le peuple de Dieu : « Tournez-vous vers moi et soyez sauvés, vous, tous les confins de la terre! Car je suis Dieu, et il n'y en a point d'autre » (Ésaïe 45.22).

À l'instar des autres prophètes, Ésaïe a d'abord rappelé au peuple ses péchés afin qu'il sente son besoin d'un Sauveur. Par l'intermédiaire d'Ésaïe, Dieu a déploré leur attitude : « J'ai éduqué et j'ai élevé des fils, mais ils se sont révoltés contre moi. Le bœuf connaît son possesseur, et l'âne la crèche de ses maîtres; Israël ne connaît rien, mon peuple ne comprend pas » (Ésaïe 1.2-3). Même le bœuf et l'âne sont plus intelligents que le peuple de Juda, car ces animaux connaissent au moins leur maître. Dieu a réprimandé son peuple avec tristesse : « Qu'ai-je à faire de la multitude de vos sacrifices?... Je ne prends pas plaisir au sang des taureaux, des agneaux et des boucs... Cessez d'apporter de vaines offrandes; l'encens me fait horreur; quant aux nouvelles lunes, aux sabbats et aux assemblées, je ne puis voir le crime avec les solennités » (Ésaïe 1.11-13). En apparence, les habitants de Juda servaient l'Éternel, mais leurs cœurs étaient rebelles. Ils possédaient la même attitude de cœur que les Israélites du Nord.

> Même le bœuf et l'âne sont plus intelligents que le peuple de Juda, car ces animaux connaissent au moins leur maître.

Par conséquent, Ésaïe a livré ce message : « Cessez de faire le mal. Apprenez à faire le bien, recherchez le droit, ramenez l'oppresseur dans le bon chemin, faites droit à l'orphelin, défendez la veuve » (Ésaïe 1.16-17). En d'autres termes, montrez que vous aimez Dieu en aimant les autres. Ésaïe leur a également donné cet avertissement : « Malheur à ceux qui appellent le mal bien et le bien mal, qui changent les ténèbres en lumière et la lumière en ténèbres, qui changent l'amertume en douceur et la douceur en amertume! » (Ésaïe 5.20). Les gens pèchent lorsqu'ils ne respectent pas la loi de Dieu, préférant établir leurs propres règles divergentes de la sienne. Ainsi, l'Éternel les jugera en raison de leurs péchés : « C'est pourquoi mon peuple sera déporté faute de connaissance, sa noblesse mourra de faim, et sa populace sera desséchée par la soif » (Ésaïe 5.13).

> Si vos péchés sont comme le cramoisi, ils deviendront blancs comme la neige; s'ils sont rouges comme l'écarlate, ils deviendront comme de la laine. Si vous vous décidez pour l'obéissance, vous mangerez les meilleures productions du pays; mais si vous refusez, si vous êtes rebelles, vous serez dévorés par l'épée. (Ésaïe 1.18-20)

Parce que l'Éternel les aimait véritablement, il a tenté de les raisonner. Il leur a offert un salut spirituel. S'ils manifestaient le désir d'obéir, Dieu effacerait leurs péchés et les rendrait blancs comme la neige. S'ils acceptaient les conditions fixées par Dieu pour leur salut spirituel, Dieu

7 - JUDA : LE ROYAUME DU SUD

promettait alors de les bénir dans leur vie de tous les jours. À ce sujet, Matthew Henry a émis ce commentaire :

> Il ne dit pas : « Si vous obéissez *parfaitement* », mais « si vous obéissez de *bon cœur* », car Dieu accepte un esprit bien disposé... Les plus grands pécheurs, s'ils se repentent, recevront le pardon de leurs péchés et leur conscience sera ainsi purifiée et apaisée. Quoique nos péchés aient été d'un rouge écarlate comme le cramoisi, teintés deux fois plutôt qu'une, d'abord par la corruption originale profonde, puis par les nombreuses transgressions quotidiennes; bien que nous ayons trop souvent plongé dans le péché en raison de nos rechutes et que nous ayons trempé longtemps dans nos fautes comme l'étoffe dans la teinture écarlate, la grâce du pardon effacera complètement toute tache[70].

Dieu est prêt à vous purifier de votre péché aujourd'hui, comme il l'a été autrefois pour eux. Le peuple de Juda était placé devant un choix. Soit il acceptait le salut offert et il vivait, soit il le refusait et il connaissait la mort spirituelle. Le même choix s'offre à nous aujourd'hui.

4C. EMMANUEL – ÉSAÏE 7-12 – 732 AV. J.-C.[71]

Règne d'Ahaz : 740-724 av. J.-C.[72]

Lorsque les forces militaires d'Aram et d'Israël se sont alliées pour attaquer Jérusalem « le cœur d'Ahaz et le cœur de son peuple se mirent à frémir comme les arbres de la forêt frémissent sous le vent » (Ésaïe 7.2). Ésaïe est allé à la rencontre d'Ahaz et lui a déclaré :

> Sois tranquille, ne crains rien, et que ton cœur ne s'alarme pas, devant ces deux bouts de tisons fumants, devant la colère de Retsin et de la Syrie, et du fils de Remaliahou, parce que la Syrie médite du mal contre toi, avec Éphraïm et le fils de Remaliahou, qui disent : Montons contre Juda, nous épouvanterons la ville, nous la battrons en brèche, jusqu'à ce qu'elle se rende, et nous établirons un roi au milieu d'elle : Le fils de Tabeél. Ainsi parle le Seigneur, l'Éternel : Cela ne tiendra pas, cela n'aura pas lieu. (Ésaïe 7.4-7)

Dieu a offert à Ahaz de lui donner un signe par l'intermédiaire de son prophète, mais le roi a répondu : « Je ne demanderai rien, je ne mettrai pas l'Éternel à l'épreuve » (Ésaïe 7.12). Sans se laisser ébranler par ces propos, Ésaïe lui a quand même donné un signe :

> Voici que la jeune fille est enceinte, elle enfantera un fils et lui donnera le nom d'Emmanuel. Il mangera de la crème et du miel, jusqu'à ce qu'il sache refuser ce qui est mauvais et choisir ce qui est bon. Mais avant que l'enfant sache refuser ce qui est mauvais et choisir ce qui est bon, le territoire des deux rois qui t'épouvantent sera abandonné. (Ésaïe 7.14-16)

Plusieurs années plus tard, Joseph de Nazareth réfléchissait aux mesures à prendre concernant sa fiancée, Marie. Il avait découvert qu'elle était enceinte et cette situation lui donnait le droit de la faire lapider à mort, car elle lui avait été infidèle. Il a néanmoins préféré « rompre secrètement avec elle » (Matthieu 1.19). Une nuit, un ange du Seigneur est apparu en songe à Joseph et lui a dit : « Joseph, fils de David, ne crains pas de prendre avec toi Marie, ta femme, car l'enfant qu'elle a conçu vient du Saint-Esprit, elle enfantera un fils, et tu lui donneras le nom de Jésus, car c'est lui qui sauvera son peuple de ses péchés » (Matthieu 1.20-21).

Selon Matthieu, la grossesse de Marie était l'accomplissement de cette prophétie : « Voici que la vierge sera enceinte; elle enfantera un fils et on lui donnera le nom d'Emmanuel, ce qui se traduit : Dieu avec nous » (Matthieu 1.23). À son réveil et sans hésiter, Joseph a pris Marie, sa femme, chez lui.

Malheureusement, Ahaz n'a pas tenu compte des promesses de l'Éternel. Au lieu de mettre sa confiance en Dieu, il a envoyé des messagers à Tilgath-Pilnéser III, le roi d'Assyrie, pour lui dire : « Je suis ton serviteur et ton fils; monte pour me sauver de la main du roi de Syrie et de la main du roi d'Israël qui se dressent contre moi » (2 Rois 16.7). Il a pris de l'or et de l'argent provenant du temple et l'a offert en cadeau au roi d'Assyrie. Mais « Tilgath-Pilnéser, roi d'Assyrie, vint contre lui, le traita en adversaire et ne le soutint pas » (2 Chroniques 28.20). Ahaz se rappelait qu'Aram lui avait déjà infligé une grande défaite (2 Chroniques 28.5), il a donc décidé : « Puisque les dieux des rois de Syrie viennent à leur secours, je leur offrirai des sacrifices pour qu'ils viennent à mon secours! » (2 Chroniques 28.23). Il était prêt à faire n'importe quoi plutôt que de mettre sa confiance en l'Éternel, y compris fermer le temple et bâtir des autels à de faux dieux dans tous les coins de Jérusalem (2 Chroniques 28.24).

7 - JUDA: LE ROYAUME DU SUD

À cause d'Ahaz, Tilgath-Pilnéser III a attaqué Damas et l'a détruite (2 Rois 16.9). Il a poursuivi sa conquête au cours des années 730 à 728 av. J.-C.[71] en capturant le peuple d'Israël habitant à l'est du Jourdain. Ahaz est parvenu à rapprocher la menace assyrienne plus près de Juda. La prophétie d'Ésaïe s'est réalisée, même si Ahaz a rejeté l'Éternel. À l'intérieur de quatre ans, Aram a été capturé et Israël était en voie d'être détruit. Ces deux pays n'ont pas réussi à conquérir Juda. Dieu ne l'avait pas encore abandonné, même si son peuple adorait d'autres dieux.

> Car un enfant nous est né, un fils nous est donné, et la souveraineté reposera sur son épaule; on l'appellera Admirable, Conseiller, Dieu puissant, Père éternel, Prince de la paix. Renforcer la souveraineté et donner une paix sans fin au trône de David et à son royaume, l'affermir et le soutenir par le droit et par la justice dès maintenant et à toujours; voilà ce que fera le zèle de l'Éternel des armées. (Ésaïe 9.5-6)

E. J. Young a expliqué ainsi la signification des termes *enfant* et *fils* :

> Le nom « enfant » étant masculin signifie qu'un garçon est né. Pourquoi alors le prophète emploie-t-il le mot « fils »? S'agit-il d'une simple répétition? Je ne crois pas. Je crois que le prophète veut que nous sachions que non seulement un enfant est véritablement né, l'héritier du trône de David, mais qu'en plus, un fils unique nous est donné. En réfléchissant à la promesse du chapitre 7 : « Voici que la jeune fille est enceinte, elle enfantera un fils et lui donnera le nom d'Emmanuel », Ésaïe a affirmé qu'il est dit que ce fils nous est donné. Jean méditait sur ces passages en écrivant : « Car Dieu a tant aimé le monde qu'il a donné son Fils unique » – c'est ce Fils dont il est question dans Jean 3.16. L'auteur de l'épître aux Hébreux a déclaré : « Dieu nous a parlé par le Fils », le Fils de Dieu, bien entendu. Un être humain nous est donné pour notre salut, un enfant régnant sur le trône de David. Un enfant est né pour nous, mais un Fils nous est donné. La venue de cet enfant implique également le don du Fils[73].

La descendance promise est proche. Celui qui est parfaitement Dieu et parfaitement homme gouvernera *dès maintenant et à toujours*. Lorsqu'il viendra, il régnera sur le monde spirituel. « Le peuple qui marche dans les ténèbres voit une grande lumière » (Ésaïe 9.1). Comme le peuple se réjouira de sa présence! Il brisera « le joug qui pesait sur elle, le bâton qui frappait son dos, la massue de celui qui l'opprime » (Ésaïe 9.3). Jésus a

155

invité les foules : « Venez à moi, vous tous qui êtes fatigués et chargés, et je vous donnerai du repos. Prenez mon joug sur vous et recevez mes instructions, car je suis doux et humble de cœur, et vous trouverez du repos pour vos âmes. Car mon joug est aisé, et mon fardeau léger » (Matthieu 11.28-30). Malheureusement, du fait que la religion et l'État étaient intimement liés à cette époque, les gens s'attendaient à ce que le Messie soit un grand leader politique. Ils attendent encore.

> Par sa mort et sa résurrection, Jésus porterait beaucoup de fruits – le salut des croyants de tous les temps.

À cette époque, la signification du prénom d'un enfant revêtait une grande importance. Par conséquent, les noms donnés par Dieu à son Fils sont très révélateurs : Admirable, Conseiller, Dieu puissant, Père éternel, Prince de la paix. « En lisant le verset 5, il m'apparaît clairement que les noms de l'enfant y sont énumérés, a ajouté Young, et dès que vous les prononcez, vous vous dites que non seulement cet enfant est extraordinaire, mais qu'il est également divin[74]. » Ésaïe a dû réfléchir à ces noms. Seul Dieu pouvait accomplir cette œuvre en apparence impossible. Comment le fils de David pouvait-il être le Fils de Dieu? Ésaïe a cru Dieu lorsqu'il a déclaré : « Voilà ce que fera le zèle de l'Éternel des armées » (Ésaïe 9.6).

> Puis un rameau sortira du tronc d'Isaï, et le rejeton de ses racines fructifiera. (Ésaïe 11.1)

Le territoire allait être dévasté et le peuple de Juda emmené en captivité à Babylone, mais Dieu n'oublierait pas sa promesse faite à David. Tout comme certains arbres possèdent la vertu de repousser après avoir été abattus, le Messie sortirait du tronc d'Isaï – même si la situation semblait désespérée. Un petit rameau fragile allait grandir et devenir le rejeton. De même Jésus, le rejeton, prendrait la forme d'un bébé. Il naîtrait de parents pauvres et serait couché dans une mangeoire servant à nourrir les animaux. Parvenu à l'âge adulte, Jésus attirerait de grandes foules. Il les guérirait de leurs maladies, opérerait des miracles et prêcherait la Bonne

7 - JUDA: LE ROYAUME DU SUD

Nouvelle du salut. Par sa mort et sa résurrection, Jésus porterait beaucoup de fruits – le salut des croyants de tous les temps. Jean a cité les paroles de Jésus : « Je suis le rejeton et la postérité de David, l'étoile brillante du matin » (Apocalypse 22.16). Le rejeton est parfaitement Dieu – l'unique source de la vie de David. Il est également parfaitement homme – un descendant de David.

Dans les versets 2 à 5 du onzième chapitre d'Ésaïe, Dieu a décrit le caractère du Messie. Il gouvernera avec justice et fidélité. « La justice sera la ceinture de ses reins, et la fidélité la ceinture de ses hanches » (Ésaïe 11.5). Sa bouche est sa seule arme. « Il frappera la terre du sceptre de sa parole » (Ésaïe 11.4). Il ne jugera pas selon ce qu'il voit, mais selon les motifs et les pensées du cœur de ses sujets. « Il ne jugera pas sur l'apparence, il n'arbitrera pas sur un ouï-dire. Mais il jugera les pauvres avec justice, avec droiture il sera l'arbitre des malheureux de la terre » (Ésaïe 11.3-4).

> Le loup séjournera avec l'agneau, et la panthère se couchera avec le chevreau; le veau, le lionceau et le bétail qu'on engraisse seront ensemble, et un petit garçon les conduira... Il ne se fera ni tort, ni dommage sur toute ma montagne sainte; car la connaissance de l'Éternel remplira la terre, comme les eaux recouvrent le fond de la mer. (Ésaïe 11.6-9)

Après avoir fait le ciel et la terre, Dieu a constaté que toute sa création était bonne, y compris les animaux. Puis, à la suite du péché d'Adam et Ève, les animaux ont changé. Lorsque le Messie allait venir, il rétablirait la communion entre Dieu et les êtres humains. Cependant, l'Éternel n'a pas oublié les animaux. Il se réjouit à la perspective de retrouver le paradis perdu, où le péché disparaîtra pour toujours. Une fois de plus, il créera des animaux qui n'auront plus à vivre dans un monde dominé par le péché. Dieu a déclaré : « Car je crée de nouveaux cieux et une nouvelle terre » (Ésaïe 65.17).

L'Éternel a décrit la nouvelle terre par l'intermédiaire d'Ésaïe : « Le loup et l'agneau auront un même pâturage, le lion, comme le bœuf, mangera de la paille, et le serpent aura la poussière pour nourriture. Il ne se fera ni tort ni dommage sur toute ma montagne sainte » (Ésaïe 65.25). Paul a expliqué : « Or, nous savons que, jusqu'à ce jour, la création tout entière soupire et souffre les douleurs de l'enfantement » (Romains 8.22). Lorsque la nouvelle terre abritera le paradis, la condition actuelle des animaux sera transformée. La nouvelle terre sera véritablement *remplie de la connaissance de l'Éternel, comme les eaux recouvrent le fond de la mer*, car il ne s'y trouvera plus de péché.

> Alors, en ce jour, la Racine d'Isaï qui se dressera comme une bannière pour les peuples sera recherchée par les nations, et son emplacement sera glorieux. (Ésaïe 11.10)

Le Messie attirera comme un aimant des individus provenant de partout dans le monde. Jésus a promis : « Et moi, quand j'aurai été élevé de la terre, j'attirerai tous les hommes à moi » (Jean 12.32). En venant à lui, ils trouveront du repos pour leur âme.

> [Le Messie attirera comme un aimant des individus provenant de partout dans le monde.]

Son lieu de repos sera glorieux. Existe-t-il une réalité plus glorieuse que le pardon de vos péchés et votre réconciliation avec le Créateur? Paul a employé ce verset pour encourager les Juifs croyants à accueillir les païens croyants :

> Faites-vous mutuellement bon accueil, comme Christ vous a accueillis, pour la gloire de Dieu. Je dis, en effet, que Christ est devenu serviteur des circoncis pour prouver la véracité de Dieu, en confirmant les promesses faites aux pères, tandis que les païens glorifient Dieu pour sa miséricorde, selon qu'il est écrit... Ésaïe dit aussi : Il paraîtra, le rejeton d'Isaï, celui qui se lèvera pour commander aux nations; les nations espéreront en lui. (Romains 15.7-12)

John Urquhart a réfléchi à cette vérité :

> Voilà en quoi consistait l'espérance de l'Ancien Testament... Les hommes n'ignoraient pas la provenance et la manière dont ils recevraient cette bénédiction. Ils attendaient le Messie. L'espérance

7 - JUDA: LE ROYAUME DU SUD

d'Israël et de tous les peuples reposait en lui. Lui seul pourrait toucher le cœur humain et soulager le monde de son fardeau. En outre, il n'abandonnerait pas l'œuvre qu'il avait commencée. Son influence apparaissait comme ne cessant d'augmenter et de s'approfondir en tous, à jamais : « Son nom subsistera toujours, aussi longtemps que le soleil, son nom se perpétuera. Par lui on se bénira mutuellement, toutes les nations le diront heureux[75] » (Psaume 72.17).

Alors, en ce jour, le Seigneur étendra une seconde fois sa main pour racheter le reste de son peuple. (Ésaïe 11.11)

Longtemps auparavant, les Israélites avaient suivi une route précise en quittant le pays d'Égypte (Ésaïe 11.16). De même, une route s'ouvrirait pour les exilés revenant en Juda après leur séjour dans les divers pays de l'Empire babylonien. Plusieurs années plus tard, au temps de Jésus, Dieu a rassemblé les Israélites une seconde fois des quatre coins de la terre (Ésaïe 11.12). En effet, plusieurs Israélites avaient convergé vers Jérusalem à cette époque dans l'attente du Messie. Sans le savoir, César leur avait préparé la voie puisque son réseau routier rendait les déplacements plus faciles que jamais. La série d'études *Bethel* sur le Nouveau Testament l'explique ainsi :

> César Auguste éprouvait des inquiétudes. En contemplant le vaste territoire sous son autorité, il craignait qu'une rébellion n'éclate de l'intérieur. C'est pourquoi il a retenu les services de 10 000 ouvriers qui ont construit un réseau de routes militaires traversant son empire d'un bout à l'autre. Dans l'éventualité d'un soulèvement, les légions de César se rendraient rapidement vers les foyers d'agitation pour mater les insurgés qui osaient défier l'autorité romaine.
>
> Il est étonnant que ces routes, construites pour faciliter le déplacement des soldats de César marchant vers la guerre, aient servi de chemin aux messagers de Dieu envoyés en mission de paix.
>
> Lorsque les deux derniers actes de l'œuvre divine ont été joués – l'un sur le mont du Calvaire, l'autre au tombeau vide – l'armée de **Christ** a emprunté les routes de César, proclamant jusque dans les contrées les plus reculées de l'Empire romain, la Bonne Nouvelle fascinante de leur Seigneur crucifié et ressuscité. Les temps étaient accomplis[76].

Plusieurs nouveaux croyants sont ensuite retournés chez eux et ils ont témoigné avec joie : « Voici le Dieu de mon salut, j'aurai confiance et je n'aurai pas peur; car l'Éternel, l'Éternel est ma force et mon chant. Il est devenu mon salut. Vous puiserez de l'eau avec allégresse aux sources du salut » (Ésaïe 12.2-3).

4D. UNE VUE D'ENSEMBLE DE L'HISTOIRE – ÉSAÏE 13 À 35

> La terre a été profanée par ses habitants; car ils enfreignaient les lois, altéraient les prescriptions, ils rompaient l'alliance éternelle. C'est pourquoi la malédiction dévore la terre, et ses habitants en portent la culpabilité. (Ésaïe 24.5-6)
>
> Approchez, nations, pour entendre! Peuples, soyez attentifs! Que la terre écoute, elle et ce qui la remplit, le monde et tout ce qu'il produit! Car l'indignation de l'Éternel va fondre sur toutes les nations, et sa fureur sur toute leur armée; il les voue à l'interdit, il les livre au carnage. (Ésaïe 34.1-2)

À titre de Créateur, Dieu possède pleine autorité sur tous les pays du monde. Chaque nation est constituée du nombre total des citoyens vivant à l'intérieur de ses frontières. Dans ces chapitres, Dieu a prévenu plusieurs pays de leur condamnation imminente. Lorsque Dieu punissait un pays en raison de son péché, chaque individu y résidant en subissait les conséquences. « Il en est du sacrificateur comme du peuple, du maître comme du serviteur, de la maîtresse comme de la servante, du vendeur comme de l'acheteur, du prêteur comme de l'emprunteur, du créancier comme du débiteur » (Ésaïe 24.2). Tout bien considéré, le Seigneur lance un appel à chacun de nous. Chaque personne est placée devant un choix semblable à celui des auditeurs d'Ésaïe – reconnaître que Dieu est le Créateur et l'adorer lui seul ou refuser de l'aimer et de lui obéir.

Dieu est patient et miséricordieux, mais à la fin, la justice doit triompher. Le jour de l'Éternel viendra sur ceux qui refusent de répondre à ses invitations. Le jour du jugement de Jérusalem viendrait également : « Car c'est un jour de confusion, d'écrasement et de consternation envoyé par le Seigneur, l'Éternel des armées, dans la vallée de la vision » (Ésaïe 22.5). À l'époque d'Ésaïe, les Assyriens et non les Babyloniens constituaient la puissance mondiale à craindre. Pourtant, Dieu savait que les Babyloniens seraient l'instrument utilisé pour punir Juda de ses péchés. Par la suite, Babylone allait être détruite par les Mèdes à cause de la fierté qu'elle tirait de sa propre puissance (Ésaïe 13.17-19). Cet événement est appelé le jour de l'Éternel « jour cruel, jour de courroux et d'ardente colère, qui réduira la terre en désolation, qui en exterminera les pécheurs » (Ésaïe 13.9). Après la chute de Babylone, Dieu a promis de redonner la Terre promise à Israël : « Car l'Éternel aura compassion de Jacob, il choisira encore Israël et il les rétablira sur leur sol » (Ésaïe 14.1). De même, la dernière génération qui vivra sur cette terre verra se lever pour elle le jour du jugement : « Voici que l'Éternel dévaste la terre et la dépeuple, il en bouleverse la face, en disperse les habitants... La terre est complètement dévastée, totalement pillée » (Ésaïe 24.1, 3).

> En ce jour-là, l'Éternel châtiera là-haut l'armée d'en-haut, et sur la terre les rois de la terre. On les ramassera comme une masse de détenus dans une fosse, ils seront emprisonnés dans une prison, et, après un grand nombre de jours, ils seront châtiés[77]. (Ésaïe 24.21-22)

La mort physique représente-t-elle la punition finale du méchant? Où se trouve Tilgath-Pilnéser III en ce moment? Où sont Hitler ou le roi de Babylone aujourd'hui? Comme les croyants qui sont morts, ils se trouvent actuellement dans l'état intermédiaire se situant entre la mort et la consommation finale de cette terre. Mais contrairement aux croyants qui sont au ciel, ils se trouvent dans une prison temporaire avec ceux qui ont rejeté Dieu. Ésaïe a déclaré à ses auditeurs qu'un comité d'accueil attendait le roi de Babylone après sa mort :

> Le séjour des morts s'émeut jusque dans ses profondeurs pour t'accueillir à ton arrivée; il réveille pour toi les défunts, tous les guides de la terre, il fait lever de leurs trônes tous les rois des nations. Tous prennent la parole pour te dire : Toi aussi, tu es sans force comme nous, tu es devenu semblable à nous! (Ésaïe 14.9-10)

Tous les non-croyants qui sont morts, depuis Caïn jusqu'à ce jour, sont sans force. Leur âme attend le verdict final de leur Créateur. Existe-t-il quelque chose de pire que la mort physique et l'impuissance de l'âme? Dieu a créé les êtres humains à son image pour qu'ils entretiennent avec lui une relation personnelle « mais ce sont vos fautes qui [mettent] une séparation entre vous et votre Dieu » (Ésaïe 59.2). Le jugement dernier consiste en une séparation éternelle d'avec Dieu. Jésus a confié à ses disciples ce qu'il dira aux non-croyants au jour du jugement :

> Existe-t-il quelque chose de pire que la mort physique et l'impuissance de l'âme?

« Retirez-vous de moi, maudits, allez dans le feu éternel préparé pour le diable et pour ses anges... et ceux-ci iront au châtiment éternel, mais les justes à la vie éternelle » (Matthieu 25.41, 46).

> Fortifiez les mains languissantes et affermissez les genoux qui chancellent; dites à ceux dont le cœur palpite : Fortifiez-vous, soyez sans crainte; voici votre Dieu, la vengeance viendra, la rétribution de Dieu; il viendra lui-même et vous sauvera. Alors s'ouvriront les yeux des aveugles, s'ouvriront les oreilles des sourds; alors le boiteux sautera comme un cerf, et la langue du muet triomphera. (Ésaïe 35.3-6)

Alors que Jean-Baptiste croupissait en prison, sa conviction que Jésus était bel et bien le Messie a été ébranlée. Il a donc envoyé deux de ses disciples auprès de Jésus pour lui demander : « Es-tu celui qui doit venir, ou devons-nous en attendre un autre? » (Luc 7.19).

Jésus a répondu avec bonté : « Allez rapporter à Jean ce que vous avez vu et entendu : les aveugles recouvrent la vue, les boiteux marchent, les lépreux sont purifiés, les sourds entendent, les morts ressuscitent, la bonne nouvelle est annoncée aux pauvres. Heureux celui pour qui je ne serai pas une occasion de chute! » (Luc 7.22-23). En d'autres termes : « Fortifie-toi, Jean, et garde la foi. Je ne t'ai pas oublié. La prophétie d'Ésaïe est accomplie. Les miracles prouvent que je suis véritablement le Messie. »

Le jugement de Dieu sur les non-croyants entraîne la mort physique, l'impuissance de l'âme et la séparation éternelle d'avec le Créateur. Il est vrai que les croyants vivent des épreuves physiques et meurent dans ce monde. C'est ce qui est arrivé à Jean. Cependant, le Saint-Esprit leur accorde la force et la grâce de persévérer avec joie. Au jour du jugement, les croyants verseront des larmes de joie et ils bondiront d'allégresse.

Et, sur cette montagne, il anéantit le voile qui voile tous les peuples, la couverture qui couvre toutes les nations; il anéantit la mort pour toujours; le Seigneur, l'Éternel, essuie les larmes de tous les visages, il fait disparaître de toute la terre le déshonneur de son peuple. (Ésaïe 25.7-8) Que tes morts revivent! Que mes cadavres se relèvent! Réveillez-vous et tressaillez de joie, habitants de la poussière! (Ésaïe 26.19)

Dieu a promis : « Je les libérerai de la main du séjour des morts, je les rachèterai de la mort. Ô mort, où est ta peste? Séjour des morts, où est ta destruction? » (Osée 13.14). Lorsque l'Éternel achèvera d'accomplir ses desseins pour le monde actuel, des bénédictions inouïes attendent les croyants. Ils ressusciteront et recevront un nouveau corps physique immortel. La mort n'exercera plus jamais son emprise sur eux. Voulez-vous être compté parmi les rachetés? Si oui, croyez que la descendance promise a payé la punition de vos péchés.

4E. LA MENACE DE SENNACHÉRIB – ÉSAÏE 36-37–701 AV. J.-C.[78]

Règne d'Ézéchias, roi de Juda : 725-697 av. J.-C.[79]
Règne de Sennachérib, roi d'Assyrie : 705-681 av. J.-C.[78]

Remplis d'orgueil, les rois d'Assyrie se croyaient invincibles. Dès qu'une ville tombait entre leurs mains, ils en attaquaient une autre, puis une troisième, jusqu'à ce que des pays entiers se retrouvent sous leur domination. C'est pourquoi Sennachérib se disait :

> C'est par la force de ma main que j'ai agi, c'est par ma sagesse, car je suis intelligent; j'ai bousculé les frontières des peuples, je les ai dépouillés de leurs trésors et, comme un puissant, j'ai fait descendre ceux qui siégeaient. Ma main a su trouver, comme au nid, la richesse des peuples, et, comme on ramasse des œufs abandonnés, j'ai ramassé toute la terre; nul n'a remué l'aile, ni ouvert le bec, ni poussé un pépiement. (Ésaïe 10.13-14)

Un conte de deux royaumes

Sennachérib attribuait ses victoires militaires à ses dieux. En apparence, ils semblaient plus puissants que les dieux des autres nations. Après avoir attaqué et capturé toutes les villes fortifiées de Juda, il s'apprêtait à conquérir Jérusalem. L'aide de camp du roi s'est adressé à la population assiégée à partir de la muraille entourant Jérusalem :

> Qu'Ézéchias ne vous amène pas à vous confier en l'Éternel, en disant : Il est certain que l'Éternel nous délivrera; cette ville ne sera pas livrée entre les mains du roi d'Assyrie... Les dieux des nations ont-ils délivré chacun son pays de la main du roi d'Assyrie? Où sont les dieux de Hamath et d'Arpad? Où sont les dieux de Sepharvaïm? Ont-ils délivré Samarie de ma main? Parmi tous les dieux de ces pays, quels sont ceux qui ont délivré leur pays de ma main, pour que l'Éternel délivre Jérusalem de ma main? (Ésaïe 36.15-20)

Le roi Ézéchias a alors déchiré ses vêtements et s'est couvert d'un sac, puis il s'est rendu au temple. Il a également envoyé des messagers vers Ésaïe pour lui dire :

> Ce jour est un jour de détresse, de châtiment et d'opprobre; car les enfants sont près de sortir du sein maternel, et il n'y a point de force pour l'accouchement. Peut-être l'Éternel, ton Dieu, entendra-t-il les paroles du Rabchaqé, que le roi d'Assyrie, son seigneur, a envoyé pour insulter le Dieu vivant, et peut-être exercera-t-il ses châtiments à cause des paroles qu'a entendues l'Éternel ton Dieu. Fais donc monter une prière pour le reste qui subsiste encore. (Ésaïe 37.3-4)

L'Éternel a répondu par l'intermédiaire d'Ésaïe : « Ne t'effraie pas des paroles que tu as entendues et par lesquelles m'ont bafoué les jeunes serviteurs du roi d'Assyrie. Je vais mettre en lui un esprit tel que, sur une nouvelle qu'il recevra, il retournera dans son pays; et je le ferai tomber par l'épée dans son pays » (Ésaïe 37.6-7).

Lorsque Sennachérib a entendu une rumeur selon laquelle le roi d'Égypte se mettait en marche pour lui faire la guerre, il a écrit une lettre à Ézéchias pour lui dire : « Que ton Dieu, en qui tu te confies, ne t'abuse pas, en disant : Jérusalem ne sera pas livrée entre les mains du roi d'Assyrie. Tu as toi-même appris ce qu'ont fait les rois d'Assyrie à tous les pays; ils les ont voués à l'interdit; et toi, tu serais délivré! » (Ésaïe 37.10-11).

7 - JUDA: LE ROYAUME DU SUD

En recevant la lettre, Ézéchias l'a apportée au temple et il a prié :

> Éternel des armées, Dieu d'Israël, qui sièges sur les chérubins! C'est toi qui es le seul Dieu pour tous les royaumes de la terre, c'est toi qui as fait les cieux et la terre. Éternel, prête l'oreille et écoute! Éternel, ouvre les yeux et regarde! Écoute toutes les paroles que Sennachérib a envoyées pour insulter le Dieu vivant! Il est vrai, ô Éternel! que les rois d'Assyrie ont exterminé tous les pays et leur propre pays en jetant leurs dieux au feu – en fait, ceux-là n'étaient pas des dieux, mais des ouvrages de mains d'homme, du bois et de la pierre – et ils les ont anéantis. Maintenant, Éternel, notre Dieu, sauve-nous de la main de Sennachérib, et que tous les royaumes de la terre reconnaissent que toi seul est l'Éternel! (Ésaïe 37.16-20)

Une fois de plus, Ésaïe a envoyé un message à Ézéchias : « Il n'entrera pas dans cette ville, il n'y lancera pas de flèche, il ne lui opposera pas de bouclier et il n'élèvera pas de retranchements contre elle. Il s'en retournera par le chemin par lequel il est venu et il n'entrera pas dans cette ville – oracle de l'Éternel. Je protégerai cette ville pour la sauver, à cause de moi et à cause de David, mon serviteur » (Ésaïe 37.33-35).

> Cette nuit-là, l'ange de l'Éternel a frappé 185 000 hommes dans le camp des Assyriens.

L'honneur de Dieu et sa promesse faite à David d'envoyer le Messie se trouvaient menacés. Si Satan triomphait, Juda serait complètement détruit et Dieu n'enverrait pas alors la descendance promise. Cette nuit-là, l'ange de l'Éternel a frappé 185 000 hommes dans le camp des Assyriens. En se levant le lendemain, les survivants ont vu le sol jonché de cadavres. Sennachérib a levé le camp et il est retourné à Ninive (Ésaïe 37.36-37). L'Éternel a assurément combattu pour son peuple! Suivant la prophétie d'Ésaïe, les fils de Sennachérib l'ont tué par l'épée vingt ans plus tard, alors qu'il se prosternait dans le temple de son dieu, Nisrok.

4F. LE RÉDEMPTEUR – ÉSAÏE 40-53

Un conte de deux royaumes

> Je dis : Mon projet tiendra bon. Et j'exécuterai tout ce que je désire. (Ésaïe 46.10)

Les paroles d'Ésaïe ont dû grandement réconforter ses auditeurs qui tentaient de se libérer de l'oppression assyrienne. Plus de 100 ans plus tard, les promesses de Dieu ont à nouveau redonné espoir aux déportés à Babylone. Dans ces chapitres, Dieu a insisté sur le fait qu'il est le seul et unique Dieu. Il a rappelé à Israël à maintes reprises que d'une part, il est le Rédempteur[80] et que d'autre part, Israël est son serviteur[81]. Lors de la chute de Jérusalem, la situation semblait si désespérée que la première réaction des captifs a été de dire : « L'Éternel m'a abandonnée, le Seigneur m'a oubliée! » (Ésaïe 49.14). Pourtant, en raison des paroles d'Ésaïe, plusieurs en Judée allaient être consolés et attendraient la rédemption de Dieu.

Dans ces chapitres, deux types de promesses s'entremêlent, les unes spirituelles et les autres physiques. En rachetant Israël de la servitude physique, l'Éternel prouvait qu'il était digne de confiance. Il s'attendait donc à ce qu'Israël espère avec foi la venue du Serviteur, le rejeton (Ésaïe 53.2), qui les libérerait de leur esclavage spirituel au péché. Longtemps auparavant, Dieu avait démontré sa puissance en délivrant les Israélites d'Égypte. Il promettait à nouveau de les délivrer de leur captivité physique, cette fois à Babylone. Ésaïe a prêché en ces termes : « Sortez de Babylone, fuyez du milieu des Chaldéens! Avec une voix triomphante annoncez-le, faites-le entendre; propagez-le jusqu'à l'extrémité de la terre, dites : l'Éternel a racheté son serviteur Jacob! » (Ésaïe 48.20).

> Je dis à Cyrus : Mon berger! Il accomplira tous mes désirs, il dira de Jérusalem : Qu'elle soit rebâtie! Et du temple : Qu'il soit fondé! (Ésaïe 44.28)

> C'est moi qui ai suscité Cyrus pour la justice et j'aplanirai toutes ses voies; il rebâtira ma ville et laissera partir mes déportés sans indemnité ni présents. (Ésaïe 45.13)

Dieu allait accomplir leur délivrance physique en laissant les Mèdes et les Perses conquérir Babylone. Puis, de son plein gré et sans condition, Cyrus le roi de Perse, encouragerait le peuple d'Israël et de Juda à retourner dans la Terre promise. L'édit de Cyrus permettant au peuple de Dieu de rentrer dans leur pays a constitué une étape importante dans le plan de Dieu. En

7 - JUDA: LE ROYAUME DU SUD

effet, selon leur loi, les Israélites ne pouvaient offrir à Dieu un culte acceptable qu'en sacrifiant librement et publiquement des animaux dans le temple. Jésus allait naître au sein d'une nation qui adorait le seul vrai Dieu sans se cacher et conformément à ses commandements. De retour dans leur patrie, les exilés chanteraient de joie, car ils pourraient de nouveau servir Dieu à Sion. « Ainsi ceux que l'Éternel a libérés retourneront, ils arriveront dans Sion avec des chants de triomphe, et une joie éternelle couronnera leur tête; l'allégresse et la joie s'approcheront, le chagrin et les gémissements s'enfuiront » (Ésaïe 51.11). Quelle leçon! L'Éternel disposerait favorablement à l'égard d'Israël le cœur d'un roi païen et ainsi, le peuple pourrait chanter en toute liberté ce chant de délivrance.

> Pourtant, en dépit de la valeur inestimable de leur liberté physique, les bénédictions d'Israël ne s'arrêtaient pas là.

Pourtant, en dépit de la valeur inestimable de leur liberté physique, les bénédictions d'Israël ne s'arrêtaient pas là. Ceux qui lisaient la Parole de Dieu avec discernement attendaient avec impatience l'accomplissement de ses promesses spirituelles. Ils attendaient la venue de leur Sauveur qui les délivrerait de l'esclavage spirituel du péché. Par exemple, plusieurs années plus tard, Zacharie rempli du Saint-Esprit, a prophétisé ainsi au sujet de son fils Jean-Baptiste : « Et toi, petit enfant, tu seras appelé prophète du Très-Haut; car tu marcheras devant le Seigneur pour préparer ses voies, pour donner à son peuple la connaissance du salut par le pardon de ses péchés » (Luc 1.76-77). Les œuvres de Dieu accomplies dans le monde physique étaient censées fortifier leur espérance dans ses promesses associées au monde spirituel.

Consolez, consolez mon peuple, dit votre Dieu. Parlez au cœur de Jérusalem et criez-lui que son combat est terminé, qu'elle est graciée de sa faute, qu'elle a reçu de la main de l'Éternel au double de tous ses péchés. (Ésaïe 40.1-2)

De quelle manière Dieu accomplirait-il leur rédemption spirituelle? Pour répondre à cette question, Dieu leur a fait connaître le Serviteur. Il a qualifié la descendance promise, le Roi éternel, de Serviteur et il l'a décrit ainsi : « Il ne criera pas, il n'élèvera pas la voix et ne la fera pas entendre dans les rues. Il ne brisera pas le roseau broyé et il n'éteindra pas la mèche qui faiblit; il révélera le droit selon la vérité. Il ne faiblira pas ni ne s'esquivera, jusqu'à ce qu'il ait établi le droit sur la terre » (Ésaïe 42.2-4). Lorsqu'il guérissait des malades, Jésus leur recommandait « de ne pas le faire connaître afin que s'accomplisse la parole du prophète Ésaïe » concernant le Serviteur (Matthieu 12.16). Voici de quelle manière le Serviteur a payé la dette exigée pour l'obtention du salut des croyants :

> Mais il était transpercé à cause de nos crimes, écrasé à cause de nos fautes; le châtiment qui nous donne la paix est tombé sur lui, et c'est par ses meurtrissures que nous sommes guéris. Nous étions tous errants comme des brebis, chacun suivait sa propre voie; et l'Éternel a fait retomber sur lui la faute de nous tous. Il a été maltraité, il s'est humilié et n'a pas ouvert la bouche, semblable à l'agneau qu'on mène à la boucherie, à une brebis muette devant ceux qui la tondent; il n'a pas ouvert la bouche. Il a été emporté par la violence et le jugement; dans sa génération qui s'est souciée de ce qu'il était retranché de la terre des vivants, à cause des crimes de mon peuple, de la plaie qui les avait atteints? On a mis sa tombe parmi les méchants, son sépulcre avec le riche, quoiqu'il n'ait pas commis de violence et qu'il n'y ait pas eu de fraude dans sa bouche. Il a plu à l'Éternel de le briser par la souffrance; après s'être livré en sacrifice de culpabilité, il verra une descendance et prolongera ses jours, et la volonté de l'Éternel s'effectuera par lui. Après les tourments de son âme, il rassasiera ses regards; par la connaissance qu'ils auront de lui, mon serviteur juste justifiera beaucoup d'hommes et se chargera de leurs fautes. (Ésaïe 53.5-11)

Ce chapitre est l'un des plus précieux de l'Ancien Testament, car Dieu y explique clairement de quelle manière il paiera la dette pour le péché. Le péché doit être puni parce que la sainteté de Dieu exige que justice soit rendue. Le Serviteur a été « retranché de la terre des vivants ». En d'autres termes, il est mort. Il a été « transpercé à cause de nos crimes ». Il a subi la punition que nous méritions. Par sa mort, il s'est offert lui-même en sacrifice de culpabilité pour nos péchés. Non seulement a-t-il pris notre place, mais il a également agi de plein gré. « Il a été maltraité,

7 - JUDA: LE ROYAUME DU SUD

il s'est humilié et n'a pas ouvert la bouche. » Par le Seigneur Jésus, Dieu a satisfait la justice divine tout en montrant de la miséricorde à ceux qu'il aime. *Il s'est chargé des fautes de plusieurs.* Notre Dieu règne vraiment. Le croyez-vous ? Dieu dit toujours la vérité et il tient toujours ses promesses.

C'est peu que tu sois mon serviteur pour relever les tribus de Jacob et pour ramener les restes d'Israël; je t'établis pour être la lumière des nations, pour que mon salut soit manifesté jusqu'aux extrémités de la terre. (Ésaïe 49.6)

Les Israélites ont commis une grave erreur en fixant leurs pensées uniquement sur leur retour physique dans la Terre promise. « *C'est peu.* » Le Serviteur serait non seulement le Rédempteur d'Israël, mais également celui du monde entier. De même Israël, à titre de serviteur, porterait le message de la Bonne Nouvelle du salut dans tous les pays.

> Le Serviteur serait non seulement le Rédempteur d'Israël, mais également celui du monde entier.

4G. LA RÉCONCILIATION AVEC LE CRÉATEUR – ÉSAÏE 54-66

Ô vous tous qui avez soif, venez vers les eaux, même celui qui n'a point d'argent ! Venez, achetez et mangez, venez, achetez du vin et du lait, sans argent, sans rien payer ! Pourquoi pesez-vous de l'argent pour ce qui n'est pas du pain ? Pourquoi peinez-vous pour ce qui ne rassasie pas ? Écoutez-moi donc et mangez ce qui est bon, et vous vous délecterez de mets succulents. (Ésaïe 55.1-2)

Voulez-vous que votre âme se délecte de mets succulents et vive en communion intime avec son Créateur ? Désirez-vous ardemment être réconcilié avec Dieu ? De tout temps, les êtres humains se sont rebellés contre l'Éternel. Pourtant, dans les versets ci-dessus, Dieu nous invite tous, sans exception. Nous n'avons rien à débourser pour recevoir cette offre bienveillante. Au contraire, ce salut est gratuit. Il est impossible d'en prendre possession en échange d'un montant d'argent ou d'un travail quelconque. Vous vous demandez peut-être : « Est-ce vraiment possible? Rien n'est gratuit dans ce monde. » Sachez, cependant, que si le salut ne nous coûte rien, il a coûté très cher à Dieu. C'est lui qui en a payé le prix. Il ne nous reste plus qu'à accepter son don en lui demandant de nous accorder un cœur disposé à se repentir de ses péchés – en d'autres termes, il faut regretter et se détourner résolument de nos péchés. Les croyants admettent que dans leur rébellion, ils détestaient Dieu. Aujourd'hui, le cœur rempli d'amour et de reconnaissance, ils acceptent le don du salut offert par Dieu.

Je me souviens du soir où le Seigneur m'a ouvert les yeux et m'a attirée à lui avec amour afin que je reçoive Jésus comme mon Sauveur. Je n'avais que neuf ans. J'écoutais une prédication concernant le chemin spacieux menant à l'enfer et le chemin étroit conduisant au ciel (Matthieu 7.13-14). Je n'étais qu'une enfant, mais je réfléchissais beaucoup. Il peut paraître égoïste d'accepter Jésus pour éviter l'enfer. J'imagine que je ne possédais pas l'assurance de mon salut, car je n'en ai parlé à personne pendant les deux années qui ont suivi.

Ésaïe n'a cessé d'attirer l'attention des gens de sa génération sur leurs propres péchés en demandant : « De qui vous moquez-vous? Contre qui ouvrez-vous une large bouche et tirez-vous la langue? N'êtes-vous pas des enfants révoltés, une engeance pleine de fausseté, s'enflammant près des térébinthes, sous tout arbre verdoyant, égorgeant les enfants dans les ravins, sous des fentes de rochers? » (Ésaïe 57.4-5). Il les a également suppliés en ces termes : « Cherchez l'Éternel pendant qu'il se trouve; invoquez-le, tandis qu'il est près. Que le méchant abandonne sa voie, et l'homme de rien ses pensées; qu'il retourne à l'Éternel, qui aura compassion de lui, à notre Dieu, qui pardonne abondamment » (Ésaïe 55.6-7).

Ceux qui avaient accepté le don du salut espéraient la venue de la descendance promise, le Serviteur qui serait leur Sauveur. Ils attendaient la croix, alors qu'elle constitue pour nous un événement passé. Cependant, notre salut à tous s'appuie sur les mêmes conditions et la même alliance éternelle qui ne pourront jamais être annulées, car elles dépendent du précieux sang de Jésus, le Fils de Dieu. Plusieurs années plus tard, les exilés à Babylone allaient pouvoir trouver du réconfort dans le fait que Dieu ne les avait pas abandonnés pour toujours. Il serait leur Rédempteur non seulement dans le sens spirituel du terme, mais également dans un sens physique. Comme ils ont dû se réjouir d'entendre la promesse de Dieu ! « Les fils de l'étranger rebâtiront tes murailles, et leurs rois seront à ton service ; car dans mon indignation je t'ai frappée, mais dans ma faveur j'ai compassion de toi » (Ésaïe 60.10).

L'Esprit du Seigneur, l'Éternel, est sur moi, car l'Éternel m'a donné l'onction. Il m'a envoyé pour porter de bonnes nouvelles à ceux qui sont humiliés ; pour panser ceux qui ont le cœur brisé, pour proclamer aux captifs leur libération et aux prisonniers leur élargissement ; pour proclamer une année favorable de la part de l'Éternel et un jour de vengeance de notre Dieu ; pour consoler tous ceux qui sont dans le deuil ; pour accorder à ceux de Sion qui sont dans le deuil, pour leur donner de la splendeur au lieu de cendre, une huile de joie au lieu du deuil, un vêtement de louange au lieu d'un esprit abattu, afin qu'on les appelle térébinthes de la justice, plantation de l'Éternel, pour servir à sa splendeur. (Ésaïe 61.1-3)

Un jour de sabbat, Jésus s'est rendu à la synagogue de Nazareth. On lui a remis le rouleau du livre d'Ésaïe où il a lu : « L'Esprit du Seigneur est sur moi, parce qu'il m'a oint pour guérir ceux qui ont le cœur brisé, pour annoncer la bonne nouvelle aux pauvres ; il m'a envoyé pour proclamer aux captifs la délivrance, et aux aveugles le recouvrement de la vue, pour renvoyer libres les opprimés, pour proclamer une année de grâce du Seigneur » (Luc 4.18-19). Il est ensuite retourné s'asseoir et il a déclaré : « Aujourd'hui cette parole de l'Écriture, que vous venez d'entendre, est accomplie » (Luc 4.21).

En l'écoutant parler, ses auditeurs ont été remplis d'étonnement et lui ont rendu témoignage. Le jour de la rédemption spirituelle promise dans l'Ancien Testament était enfin arrivé. Il ne s'agissait plus simplement d'une promesse, car elle devenait réalité. Le Saint-Esprit a oint Jésus afin qu'il soit porteur de la Bonne Nouvelle. Il nous a délivrés de la punition et de la culpabilité du péché. Quel réconfort pour ceux qui pleurent parce qu'ils sont séparés de Dieu ! Cette Bonne Nouvelle suscite un concert de louanges parmi les croyants. Considérez, par exemple, Marie de Nazareth : « Mon âme exalte le Seigneur et mon esprit a de l'allégresse en Dieu, mon Sauveur » (Luc 1.46-47).

Un conte de deux royaumes

Qu'est-ce qui vous vient à l'esprit lorsque vous réfléchissez à l'expression *un jour de vengeance de notre Dieu*? Pensez-vous à un champ de bataille jonché de corps ensanglantés et mutilés? La plupart des gens pensent ainsi. Chaque fois qu'une grande puissance mondiale s'est effondrée, un terrible carnage a marqué ce jour de jugement. Il est vrai que par le passé, Dieu a puni des nations par des guerres et il continuera à agir de la sorte jusqu'à la fin du monde. Cependant, il est sage de se rappeler que la bataille fait rage non seulement dans le monde physique, mais également dans le monde spirituel. Les Écritures ne nous rapportent pas le reste des paroles de Jésus dans la synagogue de Nazareth, mais il est évident qu'il s'intéressait davantage aux réalités spirituelles que physiques. Quel lien peut-il exister entre l'Évangile et la vengeance? Y a-t-il eu un jour de vengeance dans les lieux spirituels au temps de Jésus? Tout à fait! Jésus a déclaré : « Maintenant c'est le jugement de ce monde; maintenant le prince de ce monde sera jeté dehors. Et moi, quand j'aurai été élevé de la terre, j'attirerai tous les hommes à moi » (Jean 12.31-32). La vengeance du Dieu tout-puissant s'est abattue sur Jésus lorsqu'il a souffert l'agonie de la mort, cloué à la croix. Pour les croyants, Jésus est comparable à un paratonnerre, puisqu'il a absorbé la foudre de la colère de Dieu. Paul a écrit : « À bien plus forte raison, maintenant que nous sommes justifiés par son sang, serons-nous sauvés par lui de la colère de Dieu » (Romains 5.9). Ce jour de vengeance a été inouï. Dieu s'est chargé de mon péché une fois pour toutes et pour l'éternité. Jésus a subi la condamnation que je méritais. La joie remplacera le chagrin dans le cœur des croyants qui acceptent le plan de Dieu pour les sauver du péché.

> Qui est celui-ci qui vient d'Édom, de Botsra, en vêtements de couleur vive, en habits éclatants, et se redressant avec fierté dans la plénitude de sa force?
>
> -C'est moi, qui parle avec justice, qui ai le pouvoir de sauver.
>
> -Pourquoi tes habits sont-ils rouges et tes vêtements comme les vêtements de celui qui foule au pressoir?
>
> -J'ai été seul à fouler à la cuvée, et nul homme d'entre les peuples n'était avec moi; je les ai foulés dans ma colère, je les ai écrasés dans ma fureur; leur sang a jailli sur mes vêtements, et j'ai taché tous mes habits. Car un jour de vengeance était dans mon cœur, et l'année de mes rachetés est venue. Je regardais, et personne pour m'aider; j'étais

désolé, et personne pour me soutenir; alors mon bras m'est venu en aide et ma fureur m'a servi de soutien. J'ai foulé des peuples dans ma colère, je les ai rendus ivres dans ma fureur et j'ai répandu leur sang sur la terre. (Ésaïe 63.1-6)

Ces versets nous rapportent une conversation entre Dieu et Ésaïe. Ils ont d'abord servi à encourager les auditeurs du prophète. Ils connaissaient Botsra, une ville située en Édom. Tout comme l'animosité avait caractérisé la relation entre Jacob et Ésaü, les hostilités se poursuivaient entre les nations issues des deux frères. Par conséquent, le peuple de Juda allait être encouragé d'apprendre qu'un jour, Dieu punirait Édom pour ses péchés. L'Éternel sortirait vainqueur de cette bataille.

Cependant, dans ces versets, Dieu a également dépeint la bataille que Jésus a gagnée au Calvaire. « Je regardais, et personne pour m'aider. » Au jour de la vengeance, Christ était complètement seul pour combattre Satan. Les disciples l'ont délaissé, même Dieu le Père l'a abandonné. Demeuré seul et couvert de sang, Jésus a exercé son « pouvoir de sauver ». Comme le salut de Dieu est précieux! Lorsque Jésus a versé son sang à la croix, il a accompli notre rédemption spirituelle. Il a payé la rançon exigée pour libérer les croyants du royaume de Satan[82]. Paul a écrit : « En lui, nous avons la rédemption par son sang, le pardon des péchés selon la richesse de sa grâce que Dieu a répandue abondamment sur nous en toute sagesse et intelligence » (Éphésiens 1.7-8). Matthew Henry a fait la remarque suivante : « Notre Seigneur Jésus a accompli l'œuvre de notre rédemption en étant animé d'un zèle saint pour l'honneur de son Père et pour le bonheur du genre humain, il ressentait une sainte indignation devant les atteintes audacieuses que Satan leur avait portées. Son zèle et son indignation l'ont soutenu tout au long de son passage sur la terre[83]. » Ce jour-là, Jésus-Christ a véritablement été le Puissant Vainqueur.

Pourtant, un autre jour de vengeance et de rédemption arrive. Ce sera un jour de joie pour les croyants, mais un jour de tristesse et de terreur pour les non-croyants. Le jugement de Dieu comporte deux facettes, la bénédiction et la malédiction. Sur la croix, Jésus a accompli la rédemption spirituelle des croyants. À la fin des temps, il leur donnera un corps glorifié comme le sien. Paul l'a expliqué ainsi : « Pour nous, notre cité est dans les cieux; de là nous attendons comme Sauveur le Seigneur Jésus-Christ, qui transformera notre corps humilié, en le rendant semblable à son corps glorieux » (Philippiens 3.20-21). Dieu appelle cet événement « la rédemption de notre corps » (Romains 8.23). En revanche, ce jour sera extrêmement pénible pour les non-croyants. « J'ai été seul à fouler à la cuvée… je les ai foulés dans ma colère, je les ai écrasés dans ma fureur… j'ai foulé des peuples dans ma colère, je les ai rendus ivres dans ma fureur et j'ai répandu leur sang sur la terre » (Ésaïe 63.3-6). À la fin des temps, la Parole de Dieu, qui est Jésus, « foulera la cuve du vin de l'ardente colère du Dieu Tout-Puissant » (Apocalypse 19.15). Il se servira de sa bouche, d'où sort une épée tranchante, pour « frapper les nations » (Apocalypse 19.15). Personne n'échappera. Tous mourront – « … tous, libres et esclaves, petits et grands » (Apocalypse 19.18).

Dieu nous invite tous personnellement à accepter le don de son salut. Le Seigneur a tenu sa promesse et il a envoyé la descendance promise. Le Sauveur a remporté la victoire au jour de la bataille sur le mont du Calvaire. Satan a été vaincu pour toujours parce que Dieu dit toujours la vérité. Il n'existe que deux types de personnes, les croyants et les non-croyants, ceux qui aiment le Seigneur et ceux qui ne l'aiment pas. Lorsque viendra le jour du jugement, serez-vous prêt à rencontrer votre Créateur? Je le souhaite.

4H. LA RÉCOMPENSE ÉTERNELLE DU RÉDEMPTEUR

> Tes portes seront toujours ouvertes, elles ne seront fermées ni le jour ni la nuit. (Ésaïe 60.11)

> On n'entendra plus parler de violence dans ton pays, ni de ravage ni de ruines dans tes frontières; tu donneras à tes murailles le nom de salut et à tes portes celui de louange. Ce ne sera plus le soleil qui te servira de lumière pendant le jour, ni la lune qui t'éclairera de sa lueur; mais l'Éternel sera ta lumière à toujours, ton Dieu sera ta splendeur. Ton soleil ne se couchera plus, et ta lune ne se retirera plus; car l'Éternel sera ta lumière à toujours… Les jours de ton deuil seront terminés. Il n'y aura plus que des justes parmi ton peuple, ils posséderont à toujours le pays. (Ésaïe 60.18-21)

Ces versets décrivent les nouveaux cieux et la nouvelle terre. La description de Jean ressemble à celle d'Ésaïe :

7 - JUDA: LE ROYAUME DU SUD

Je n'y vis pas de temple, car le Seigneur Dieu Tout-Puissant est son temple, ainsi que l'Agneau. La ville n'a besoin ni du soleil ni de la lune pour y briller, car la gloire de Dieu l'éclaire, et l'Agneau est son flambeau. Les nations marcheront à sa lumière, et les rois de la terre y apporteront leur gloire. Ses portes ne se fermeront point pendant le jour, car là il n'y aura pas de nuit. On y apportera la gloire et l'honneur des nations. Il n'y entrera rien de souillé, ni personne qui se livre à l'abomination et au mensonge, mais ceux-là seuls qui sont inscrits dans le livre de vie de l'Agneau. (Apocalypse 21.22-27)

On n'entendra plus le bruit des pleurs dans les nouveaux cieux et sur la nouvelle terre (Ésaïe 65.17, 19). De même, Jean a écrit : « Il essuiera toute larme de leurs yeux, la mort ne sera plus, et il n'y aura plus ni deuil, ni cri, ni douleur, car les premières choses ont disparu » (Apocalypse 21.4). Ésaïe a déclaré : « Jamais on n'a appris ni entendu dire, et jamais l'œil n'a vu qu'un autre dieu que toi agisse ainsi pour celui qui s'attendait à lui » (Ésaïe 64.3). Paul a affirmé : « Ce que l'œil n'a pas vu, ce que l'oreille n'a pas entendu, et ce qui n'est pas monté au cœur de l'homme, tout ce que Dieu a préparé pour ceux qui l'aiment. À nous, Dieu nous l'a révélé par l'Esprit » (1 Corinthiens 2.9-10). Ésaïe a sondé « les profondeurs de Dieu » (1 Corinthiens 2.10) et il a eu un avant-goût des bénédictions éternelles des croyants. Dieu a toujours tenu ses promesses jusqu'à maintenant, c'est pourquoi les croyants peuvent être assurés qu'ils le verront un jour dans les nouveaux cieux et la nouvelle terre.

> Dieu a toujours tenu ses promesses jusqu'à maintenant, c'est pourquoi les croyants peuvent être assurés qu'ils le verront un jour dans les nouveaux cieux et la nouvelle terre.

Pistes de réflexion

1. Dieu ne permet jamais que nos décisions fassent obstacle à sa volonté souveraine. Pensez à Athalie et à Sennachérib.

2. Toute personne née dans ce monde doit décider si elle mettra ou non sa confiance dans le Seigneur.

3. Le cœur de ceux qui rejettent le salut de Dieu s'endurcit de plus en plus par le péché.

4. La terre dans son état actuel ne sera jamais exempte de péché.

5. Dieu s'intéresse davantage à la rédemption spirituelle de l'humanité qu'à la prospérité matérielle de l'être humain.

[8]

La chute de Juda

1. Sophonie : Un héros qui sauve

Date de son ministère : 640-621 av. J.-C. [84] *Ses prophéties ont pris fin 35 ans avant la chute de Jérusalem et 83 ans avant l'édit de Cyrus.*

Barry et moi menions une vie heureuse. Nous aimions habiter à North Bay. Notre maison nous plaisait. Nous participions activement à l'œuvre du Seigneur dans notre église locale. Mais un soir en rentrant du travail, Barry nous a annoncé une mauvaise nouvelle. Son emploi allait être supprimé dans plus ou moins un an. Toutes sortes de pensées nous ont traversé l'esprit au cours de cette période. Nous avons espéré jusqu'à la dernière minute que cette menace ne se concrétiserait pas, mais quatorze mois plus tard, Barry a reçu sa lettre de cessation d'emploi.

Le peuple de Juda avait été informé longtemps d'avance de ce qui l'attendait, il a même bénéficié d'un sursis plus long que le nôtre. Mais le temps avançait pour eux comme pour nous et les événements se sont produits comme prévu.

> Il est proche, le grand jour de l'Éternel, il est proche, il arrive en toute hâte; au bruit du jour de l'Éternel, le héros pousse des cris amers. Ce jour est un jour de courroux, un jour de détresse et d'angoisse, un jour de dévastation et de ravage, un jour de ténèbres et d'obscurité, un jour de nuées et de brouillards, un jour où retentiront le cor et la clameur contre les villes fortes et contre les tours élevées. Je mettrai les humains dans la détresse, et ils marcheront comme des aveugles, parce qu'ils ont péché contre l'Éternel… Par le feu de sa jalousie toute la terre sera consumée, quand il provoquera l'extermination, combien épouvantable, de tous les habitants de la terre. (Sophonie 1.14-18)

Un conte de deux royaumes

Le jour de l'Éternel approchait, jour où Juda et tous les pays voisins allaient être jugés pour leurs péchés. C'est la raison pour laquelle Dieu insistait auprès de son peuple afin qu'il mette fin à ses péchés : « Cherchez l'Éternel, vous tous, humbles de la terre, qui exécutez son ordre! Cherchez la justice, cherchez l'humilité! Peut-être serez-vous préservés au jour de la colère de l'Éternel » (Sophonie 2.3).

Sophonie a comparé le sort de Juda à celui des pays voisins : « Ainsi Moab sera comme Sodome, et les Ammonites comme Gomorrhe, un lieu couvert de mauvaises herbes, une mine de sel, une désolation pour toujours » (Sophonie 2.9). L'Assyrie deviendrait « un gîte pour les animaux » (Sophonie 2.15). Tous les autres pays seraient détruits : « Plus de passants... Plus d'hommes, plus d'habitants! » (Sophonie 3.6). En revanche, Dieu sauverait un reste de Juda, les humbles et les faibles, ceux qui croiraient en lui. Sophonie l'a prophétisé ainsi : « Le reste d'Israël ne commettra pas de fraude. Ils ne diront pas de mensonges, et il ne se trouvera pas dans leur bouche une langue rusée, quand ils auront leur pâture et leur gîte sans que personne les dérange » (Sophonie 3.13). Le sort de Juda allait servir de leçon au monde entier. Contrairement aux autres nations qui disparaîtraient, elle survivrait. Dieu est assurément « le héros qui sauve » (Sophonie 3.17). Par conséquent, les habitants de la terre loueraient et honoreraient Juda. Les nations allaient reconnaître la puissance salvatrice de Dieu lorsqu'il ramènerait le peuple de Juda dans la Terre promise. Les œuvres que l'Éternel a accomplies en faveur de son peuple il y a longtemps devraient nous encourager aujourd'hui, car Dieu ne change pas. Il défend son honneur en gardant toujours ses promesses. Il est encore le *héros qui sauve*. Il nous demande simplement de croire en sa Parole et de placer notre confiance en son Fils Jésus.

[
Le sort de Juda allait servir de leçon au monde entier. Contrairement aux autres nations qui disparaîtraient, elle survivrait.
]

Lorsqu'il a averti Juda de la détresse imminente, Sophonie a également fait allusion à la fin des temps : « Toute la terre sera consumée. » Selon Matthew Henry, le jour de l'Éternel pour cette génération représentait

8 - LA CHUTE DE JUDA

« une réplique du jour du jugement, une sorte de fin du monde, et c'est dans cette perspective que notre Sauveur a prédit la dernière destruction de Jérusalem par les Romains[85] ». En ce jour, Dieu jugera chaque individu. Les croyants trouveront en l'Éternel un héros qui sauve, mais les non-croyants seront forcés d'admettre qu'ils ont rejeté Dieu et le don de son salut.

2. Jérémie

Date de son ministère : 627-586 av. J.-C.[86] Il a prophétisé pendant 41 ans avant la chute de Jérusalem puis, pendant une courte période après cet événement.

Ses prophéties ont pris fin 48 ans avant l'édit de Cyrus.

Règne de Josias : 640-609 av. J.-C.[87]

2A. LA RUPTURE DE L'ANCIENNE ALLIANCE

Jérémie a vécu au cours des dernières années tumultueuses du royaume de Juda. L'Éternel l'a appelé à prêcher alors qu'il était encore très jeune, c'est pourquoi il a soulevé cette objection : « Ah! Seigneur Éternel! Je ne sais point parler, car je suis un jeune garçon » (Jérémie 1.6).

L'Éternel lui a répondu : « Ne dis pas : Je suis un jeune garçon. Car tu iras vers tous ceux contre qui je t'enverrai, et tu déclareras tout ce que je t'ordonnerai. Ne les crains pas; car je suis avec toi pour te délivrer » (Jérémie 1.7).

Par l'intermédiaire de Jérémie, Dieu a rappelé au peuple l'Ancienne Alliance :

> Maudit soit l'homme qui n'écoute pas les paroles de cette alliance, que j'ai prescrite à vos pères, le jour où je les ai fait sortir du pays d'Égypte, du creuset de fer... Écoutez ma voix et faites tout ce que je vous prescrirai; alors vous serez mon peuple, et je serai votre Dieu. Ainsi, j'accomplirai le serment que j'ai fait à vos pères de leur donner un pays qui découle de lait et de miel. (Jérémie 11.3-5)

Depuis l'époque de Moïse, la majorité du peuple de Dieu refusait d'écouter l'Éternel. Chaque génération avait préféré suivre « chacun l'obstination de leur cœur mauvais » (Jérémie 11.8). C'est pourquoi Dieu allait bientôt laisser les Babyloniens envahir Juda. Le peuple complètement bouleversé demanderait alors à Jérémie : « Pourquoi l'Éternel, notre Dieu, nous fait-il tout cela ? » (Jérémie 5.19).

Dieu a ordonné à Jérémie de leur répondre ainsi : « Comme vous m'avez abandonné, et que vous avez servi des dieux étrangers dans votre pays, ainsi vous servirez des étrangers dans un pays qui n'est pas le vôtre » (Jérémie 5.19).

Dieu est miséricordieux et patient, mais le péché non confessé doit être puni un jour ou l'autre. Dieu a demandé à Jérémie de ne plus prier pour le peuple, car il ne l'écouterait plus. Le pays deviendrait un désert pendant les soixante-dix années de l'exil du peuple à Babylone. Plus tard, Jérémie serait emprisonné à cause de sa prédication. Il endurerait même les privations occasionnées par le rationnement alimentaire pendant le siège de Jérusalem.

> Nous entendons des bruits de trouble ; c'est la peur, ce n'est pas la paix. Informez-vous et regardez si un mâle enfante ! Pourquoi ai-je vu tous les hommes les mains sur leurs reins, comme une femme en travail ? Pourquoi tous les visages sont-ils devenus livides ? Malheur ! Car ce jour est grand, aucun autre n'est comme lui. C'est un temps d'angoisse pour Jacob ; mais il en sortira sauvé. (Jérémie 30.5-7)

> [**Le peuple de Juda réaliserait trop tard que Jérémie lui avait dit la vérité.**]

Un jour, les Babyloniens allaient entrer à Jérusalem et s'en emparer. Le jugement s'abattrait alors sur le peuple de Juda. En ce jour, les hommes seraient accablés de douleur, comme une femme sur le point d'accoucher. Le peuple de Juda réaliserait trop tard que Jérémie lui avait dit la vérité. Les faux prophètes avaient annoncé la paix, puisque c'était le message que les gens voulaient entendre. Toutefois, leur détresse serait de courte durée comme les douleurs de la femme qui accouche. Dieu promettait de les secourir. La chute de Jérusalem et la captivité ont certes représenté une période trouble de l'histoire d'Israël. De même, la destruction de Jérusalem en 70 apr. J.-C. a plongé le peuple juif dans une détresse incomparable. Dans le but de consoler le peuple, Jérémie lui a rappelé que la venue du Messie était absolument certaine (Jérémie 23.5-6; 30.8-9; 33.15-16).

> En ce jour-là – oracle de l'Éternel des armées – je briserai son joug de dessus ton cou, j'arracherai tes liens, et des étrangers ne t'asserviront plus. Ils serviront l'Éternel, leur Dieu, et David, leur roi, que je leur susciterai. (Jérémie 30.8-9)

L'Éternel les punissait en raison de leur péché, mais leur espérance était ferme, ils reviendraient dans leur pays. « Des étrangers ne t'asserviront plus. » À cette époque, les réalités spirituelles étaient voilées pour la plupart des gens et ils ne s'intéressaient qu'aux réalités de ce monde. Par conséquent, ils attendaient uniquement le jour de leur délivrance politique. Pendant une courte période de temps sous les Maccabées, la nation a de nouveau accédé à l'indépendance[88]. Jésus, lui, est venu les sauver de la mort spirituelle. Ceux qui croiraient en lui seraient réconciliés avec leur Créateur. Cette restauration spirituelle comptait davantage aux yeux de Dieu que le retour dans la Terre promise. « Ils serviront l'Éternel, leur Dieu, et David, leur roi. » Ces paroles évoquent le Messie. Peu importe le degré de méchanceté dont Juda était capable, l'Éternel allait tenir sa promesse et envoyer le Roi éternel dont le royaume subsisterait à jamais. Il garderait son alliance avec David. Les auditeurs de Jérémie en ont conclu que la descendance promise agirait à titre de leader politique. De retour de captivité, les exilés ont sans doute éprouvé une grande déception en s'apercevant que le gouverneur Zorobabel n'était pas le Messie.

2B. LA PROMESSE DE LA NOUVELLE ALLIANCE

> Voici que les jours viennent – oracle de l'Éternel – où je conclurai avec la maison d'Israël et la maison de Juda une alliance nouvelle, non comme l'alliance que j'ai conclue avec leurs pères, le jour où je les ai saisis par la main pour les faire sortir du pays d'Égypte, alliance

qu'ils ont rompue, quoique je sois leur maître – oracle de l'Éternel. Mais voici l'alliance que je conclurai avec la maison d'Israël, après ces jours-là – oracle de l'Éternel – je mettrai ma loi au-dedans d'eux, je l'écrirai sur leur cœur; je serai leur Dieu, et ils seront mon peuple. Celui-ci n'enseignera plus son prochain, ni celui-là son frère, en disant : Connaissez l'Éternel! Car tous me connaîtront, depuis le plus petit d'entre eux jusqu'au plus grand – oracle de l'Éternel – car je pardonnerai leur faute et je ne me souviendrai plus de leur péché. (Jérémie 31.31-34)

Personne ne peut obéir à Dieu parfaitement. Parmi le peuple de Dieu, certains ont tenté d'obéir à la loi par leurs propres efforts tandis que d'autres ne se sont pas souciés de l'Éternel et ont servi de faux dieux. C'est la raison pour laquelle Dieu n'a jamais cessé de leur rappeler leur péché et leur besoin d'un Sauveur. Seule la descendance promise pouvait véritablement rétablir leur communion avec Dieu. Ces paroles représentaient une bonne nouvelle pour ceux qui cherchaient à obéir à l'Éternel avec amour.

> Nous touchons au cœur de la Nouvelle Alliance. Cette Alliance s'applique aux individus à l'intérieur d'Israël et non à tous en général.

Le Sauveur remplacerait l'Ancienne Alliance par une Nouvelle Alliance scellée de son sang. La loi ne serait plus uniquement une série de règles extérieures à respecter. La connaissance de l'Éternel serait intérieure – écrite dans le cœur et l'esprit des croyants. Plusieurs années plus tard, lorsque Jésus a parcouru le pays d'Israël, il a d'abord orienté son ministère de prédication vers les brebis perdues d'Israël (Matthieu 10.6). Sa mission consistait à « chercher et sauver ce qui était perdu » (Luc 19.10). Il désirait aller vers les Juifs qui attendaient patiemment la naissance de leur Sauveur, car sa venue les remplirait d'une grande joie. Dieu avait préparé tout spécialement la nation d'Israël à recevoir la descendance promise. Si l'on trouvait quelqu'un qui attendait l'arrivée d'un Sauveur pouvant satisfaire la justice divine, il serait certainement d'origine juive.

8 - LA CHUTE DE JUDA

Le peuple de Juda récitait le proverbe suivant : « Les pères ont mangé des raisins verts, et les dents des fils sont agacées » (Jérémie 31.29). Cette manière de penser irritait Jérémie. Au mont Sinaï, Dieu avait donné les Dix Commandements à Israël en affirmant : «… car moi, l'Éternel, ton Dieu, je suis un Dieu jaloux, qui punis la faute des pères sur les fils jusqu'à la troisième et à la quatrième génération de ceux qui me haïssent » (Exode 20.5). Nous déduisons sans problème que des parents méchants enseignent inévitablement à leurs enfants leur propre échelle de valeurs.

> L'Éternel a promis de ne jamais rejeter en entier les descendants d'Israël. Cette promesse est aussi certaine que l'existence du soleil, de la lune et des étoiles.

Mais en se conformant à ces mêmes valeurs, les enfants deviennent à leur tour coupables de péché à part entière. Dès lors, les individus de trois ou quatre générations peuvent commettre les mêmes péchés, mais chacun est responsable de ses propres fautes et devra subir la punition qui s'y rattache. Dieu l'a clairement expliqué : « Mais chacun mourra pour sa propre faute; tout homme qui mangera des raisins verts aura les dents agacées » (Jérémie 31.30). Nous touchons au cœur de la Nouvelle Alliance. Cette Alliance s'applique aux individus à l'intérieur d'Israël et non à tous en général. Selon George B. Fletcher :

> La prophétie de Jérémie concernant la Nouvelle Alliance (Jérémie 31.31-34) a été accomplie et établie en Christ, comme en témoigne l'enseignement sur l'institution de la Cène en Luc 22.20 et 1 Corinthiens 11.25. D'ailleurs, aucune autre prophétie de l'Ancien Testament ne reçoit un traitement similaire. Le Nouveau Testament y consacre quatre chapitres et nous en célébrons l'accomplissement chaque fois que nous prenons la sainte cène ensemble (2 Corinthiens 3 et Hébreux 8 à 10)[89].

Ainsi parle l'Éternel, qui donne le soleil pour éclairer le jour, les phases de la lune et des étoiles pour éclairer la nuit, qui soulève la mer et fait mugir ses flots, lui dont le nom est l'Éternel des armées :

Un conte de deux royaumes

> Si ces lois viennent à cesser devant moi – oracle de l'Éternel – la descendance d'Israël aussi cessera pour toujours d'être une nation devant moi. Ainsi parle l'Éternel : Si les cieux en haut peuvent être mesurés, si les fondations de la terre en bas peuvent être sondées, alors je rejetterai toute la descendance d'Israël, à cause de tout ce qu'ils ont fait. (Jérémie 31.35-37)

Rien ne pouvait dissuader Dieu d'établir la Nouvelle Alliance. L'Éternel a promis de ne jamais rejeter en entier les descendants d'Israël. Cette promesse est aussi certaine que l'existence du soleil, de la lune et des étoiles.

Entre les années 70 et 1948 apr. J.-C., aucun pays sur la terre ne portait le nom d'Israël. Dieu avait-il donc manqué à sa promesse en affirmant que les descendants d'Israël ne cesseraient jamais d'être une nation ? Avant de le traiter de menteur, il nous faut considérer les réalités spirituelles. Paul a souligné le fait suivant : « Car tous ceux qui descendent d'Israël ne sont pas Israël. Parce qu'ils sont la descendance d'Abraham, tous ne sont pas ses enfants » (Romains 9.6-7). Plusieurs années auparavant, Dieu avait rappelé à Élie qu'un reste de croyants subsistait à son époque (1 Rois 19.18). Il restera toujours un groupe de croyants qui formera une nation aux yeux de l'Éternel. Il s'agit du véritable Israël de la Nouvelle Alliance. Un pays sur cette terre a besoin de temps pour se constituer une population suffisamment nombreuse pour recevoir le statut de nation. Ésaïe a fait la remarque suivante : « Un pays peut-il naître en un jour ? Une nation est-elle enfantée d'un seul coup ? » (Ésaïe 66.8). Il en va autrement dans le domaine spirituel. Le jour de la Pentecôte, environ 3 000 individus ont placé leur confiance en Dieu pour le pardon de leurs péchés (Actes 2.41). D'autres ont accepté le précieux don du salut dans les jours qui ont suivi (Actes 2.47). Quelle explosion démographique !

> Soyez circoncis pour l'Éternel, circoncisez vos cœurs, homme de Juda et habitants de Jérusalem, de peur que ma fureur n'éclate comme un feu et ne s'enflamme, sans qu'on puisse l'éteindre, à cause de la méchanceté de vos agissements. (Jérémie 4.4)

Dans le domaine physique, chaque homme devait être circoncis en se dépouillant d'un morceau de sa chair. De même dans le domaine spirituel, chacun doit avoir un cœur circoncis, se dépouiller de sa haine à l'égard

Dieu et la remplacer par un amour pour lui. C'est pour cette raison que Jérémie a fait entendre cette supplication : « Nettoie ton cœur du mal, Jérusalem, afin que tu sois sauvée! Jusques à quand feras-tu demeurer en ton sein des pensées funestes? » (Jérémie 4.14). Plusieurs années plus tard, Paul a expliqué : « Le Juif, ce n'est pas celui qui en a les apparences; et la circoncision, ce n'est pas celle qui est apparente dans la chair. Mais le Juif, c'est celui qui l'est intérieurement; et la circoncision, c'est celle du cœur, selon l'esprit et non selon la lettre. La louange de ce Juif ne vient pas des hommes, mais de Dieu » (Romains 2.28-29). Le Saint-Esprit doit circoncire le cœur du croyant pour qu'il devienne un membre de la nation spirituelle d'Israël. Comme il est rassurant de savoir que la responsabilité de circoncire notre cœur ne nous appartient pas! Le Saint-Esprit le fera en nous.

Jérémie a enseigné à ses auditeurs que Dieu est la source d'eau vive (2.13; 17.13), ce qui signifie que Dieu est la seule source de vie spirituelle. Dieu désirait donner de cette eau vive aux auditeurs de Jérémie, tout comme il désire en donner à chacun de nous aujourd'hui. Au puits de Sychar, Jésus a déclaré à la femme samaritaine : « Si tu connaissais le don de Dieu, et qui est celui qui te dit : Donne-moi à boire! C'est toi qui lui aurais demandé à boire, et il t'aurait donné de l'eau vive » (Jean 4.10). Tous ceux qui ont été circoncis de cœur appartiennent à la nation spirituelle d'Israël et possèdent cette eau vive.

2C. LA CONDAMNATION DE BABYLONE

Règne de Neboukadnetsar : 604-561 av. J.-C.[90]

Ainsi parle l'Éternel : Voici que je soulève contre Babylone, et contre les habitants de Leb-Qamaï, un vent destructeur. J'envoie contre Babylone des vanneurs qui la vanneront, qui videront son pays; car ils fondront sur elle de toutes parts au jour du malheur. (Jérémie 51.1-2)

À l'époque de Jérémie, les Assyriens ne formaient plus la puissance mondiale à craindre. Ils avaient été remplacés par les Babyloniens. Même Jérusalem n'allait pas résister longtemps à leur force supérieure. Pourtant, le royaume babylonien était temporaire. Au moment fixé par Dieu, il serait envahi par les Mèdes et les Perses.

Un conte de deux royaumes

> Me voici contre toi, montagne de destruction – oracle de l'Éternel – toi qui détruisais toute la terre! J'étendrai ma main contre toi, je te roulerai du haut des rochers et je ferai de toi une montagne embrasée. On ne tirera de toi ni pierres d'angle, ni pierres de fondation; car tu seras à toujours une désolation, oracle de l'Éternel. (Jérémie 51.25-26)

Avant que Neboukadnetsar ne construise le temple de Bel Merodak au sommet de la tour de Babel, cette dernière constituait l'endroit le plus élevé de toute la plaine de Chinéar. Par l'intermédiaire de Jérémie, Dieu a promis de brûler la tour de Neboukadnetsar, la montagne sacrée où les Babyloniens offraient un culte à leurs dieux. Selon John Urquhart, certains exégètes ont émis l'hypothèse que la tour de Neboukadnetsar ait pu être frappée par la foudre, car elle donne l'impression d'avoir été carbonisée[91]. L'Éternel l'a surnommée montagne de destruction pour

> [Jusqu'à maintenant, personne d'autre n'a offert de culte à un dieu à cet endroit et il en sera ainsi pour toujours.]

deux raisons. D'abord, en choisissant d'adorer Bel et d'autres divinités inférieures, les Babyloniens ont refusé pour toujours de vivre en relation avec le seul vrai Dieu. Ce peuple était spirituellement perdu. Ensuite, ils ont conquis plusieurs nations dans le monde, y compris Juda, et ils ont attribué le mérite de leurs succès militaires à ces faux dieux. « Car tu seras à toujours une désolation. » Jusqu'à maintenant, personne d'autre n'a offert de culte à un dieu à cet endroit et il en sera ainsi pour toujours.

> Et Babylone, l'ornement des royaumes, la fière parure des Chaldéens, sera comme Sodome et Gomorrhe que Dieu bouleversa. Elle ne sera plus jamais habitée, elle ne sera plus peuplée, de génération en génération. L'Arabe n'y dressera pas sa tente, et les bergers n'en feront plus un gîte pour les troupeaux. (Ésaïe 13.19-20)

Bien que les Mèdes et les Perses aient conquis Babylone quelques années plus tard, la ville elle-même a subsisté pendant plusieurs siècles. Cependant, elle s'est détériorée peu à peu, au point de devenir inhabitable. Babylone, la ville ancienne, n'est plus aujourd'hui qu'un monceau de ruines. Selon Werner Keller : « Le petit village arabe de 'Babil' rappelle le souvenir de la fière cité, mais en réalité, il se situe à quelques kilomètres au nord des ruines[92]. » Dieu dit toujours la vérité et il tient toujours ses promesses.

3. Habaquq : Vivre par la foi

Date de son ministère : 612-589 av. J.-C.[93] Ses prophéties ont pris fin 3 ans avant la chute de Jérusalem et 51 ans avant l'édit de Cyrus.

J'ai écrit la première ébauche de cette section de mon livre en mai 1998. Barry et moi avions quitté North Bay en juillet de l'année précédente pour revenir vivre dans le sud de l'Ontario. En septembre 1997, on m'a diagnostiqué un cancer du sein. Aucun de nos enfants n'habitait avec nous à cette époque, car Philip était resté à North Bay afin de terminer sa dernière année d'école secondaire. Barry, qui devait effectuer un trajet de deux heures pour se rendre au travail, était absent de la maison près de douze heures chaque jour. Je me retrouvais donc souvent seule, dans un nouvel environnement. En octobre, j'ai subi une intervention chirurgicale. De novembre à mai, j'ai eu des traitements de chimiothérapie. En janvier, je me suis déplacée en métro de chez ma belle-mère jusqu'à un hôpital de Toronto pour des séances de radiothérapie. Les traitements combinés de chimiothérapie et de radiothérapie m'ont complètement épuisée. En mai, j'avais atteint le fond du baril autant physiquement qu'émotionnellement, mais Habaquq a été pour moi une source d'inspiration. Son témoignage ressemble au mien.

Une question qui touche plusieurs personnes bouleversait également Habaquq. Il a crié à Dieu : « Pourquoi me fais-tu voir le mal et regardes-tu l'oppression?... Car le méchant assaille le juste, c'est pourquoi un droit perverti s'établit » (Habaquq 1.3-4). « Ce n'est pas juste », pensait-il.

L'Éternel a répondu : « Voyez, regardez parmi les nations, soyez dans la stupéfaction et la stupeur, car quelqu'un est en train d'accomplir en votre temps une œuvre que vous ne croiriez pas si on la racontait. Voici! Je fais surgir les Chaldéens, ce peuple impitoyable et impétueux qui traverse des étendues de pays pour s'approprier des demeures qui ne sont pas à lui »

(Habaquq 1.5-6). Le jugement viendrait sur ceux qui avaient perverti la loi de Dieu.

Habaquq a réfléchi à la réponse de l'Éternel et une autre difficulté a surgi dans son esprit. Les justes souffriraient avec les méchants lors de la conquête de Juda par les Babyloniens. Il a donc demandé à Dieu : « Pourquoi… gardes-tu le silence quand un méchant engloutit un plus juste que lui ? Tu traites les humains comme des poissons de mer, comme des bestioles qui n'ont pas de maître » (Habaquq 1.13-14).

Écris une vision, grave-la sur les tablettes, afin qu'on la lise couramment, car c'est une vision dont l'échéance est fixée, elle aspire à son terme, elle ne décevra pas. Si elle tarde, attends-la, car elle s'accomplira certainement, elle ne sera pas différée. (Habaquq 2.2-3)

Dieu sait que parfois, ses bien-aimés ne sont pas responsables des souffrances qu'ils endurent. C'est pourquoi il les exhorte à la patience. Il n'abandonne pas les justes. Ils doivent attendre l'aboutissement. Dieu a un plan qui « s'accomplira certainement… [et] ne sera pas différé ». Par l'intermédiaire d'Habaquq, Dieu a donné la promesse suivante : « Tu sors pour le salut de ton peuple, pour le salut de ton messie. Tu brises le faîte de la maison du méchant, tu la détruis de fond en comble » (Habaquq 3.13). Ces paroles décrivent l'issue favorable sur laquelle Dieu voulait que son peuple se concentre. Babylone viendrait certes détruire leur pays, mais un reste reviendrait et Babylone tomberait. L'Éternel allait prouver à quel point il aimait son peuple en prenant soin de lui pendant sa captivité et en le rétablissant dans la Terre promise.

> Dieu sait que parfois, ses bien-aimés ne sont pas responsables des souffrances qu'ils endurent.

Néanmoins, Dieu se préoccupait davantage de leurs besoins spirituels que de leurs besoins physiques. La réconciliation spirituelle avec le Créateur revêt plus d'importance que les bénédictions temporelles. Certains individus ont attendu avec impatience la venue de la descendance promise, le Sauveur. L'assurance de sa venue au moment fixé constituait pour eux une immense consolation.

Les croyants de l'Église primitive ont accepté avec joie de subir la persécution, car ils attendaient le retour imminent de Christ. Néanmoins, plus le temps passait, plus ils devenaient perplexes, mais Dieu les a appelés à la patience. Jésus reviendra. La fin arrivera. « Et celui qui doit venir viendra, il ne tardera pas. Et mon juste vivra par la foi. Mais s'il se retire, mon âme ne prend pas plaisir en lui » (Hébreux 10.37-38). Ceux qui placent leur confiance dans le Seigneur pour être sauvés de leurs péchés vivent par la foi. Ils savent que leur Dieu est rempli d'amour et de compassion et qu'il a leur intérêt à cœur.

À l'époque d'Habaquq, les croyants espéraient le rétablissement d'Israël et la première venue du Sauveur. À notre époque, les croyants attendent la seconde venue de Jésus. Prenez courage! Même si l'attente se poursuit depuis près de 2 000 ans, Jésus reviendra. Dieu dit toujours la vérité et il tient toujours ses promesses.

> Mais le juste vivra par sa foi. (Habaquq 2.4)

David a supplié Dieu en ces termes : « N'entre pas en jugement avec ton serviteur! Car aucun vivant n'est juste devant toi » (Psaume 143.2). Son salut dépendait de la justice de Dieu. Ceux qui acceptent le verdict de culpabilité prononcé par Dieu savent qu'ils sont pécheurs, incapables de se rendre justes ou purs par eux-mêmes. C'est pourquoi Paul a écrit : « En effet la justice de Dieu s'y révèle [dans l'Évangile] par la foi et pour la foi, selon qu'il est écrit : Le juste vivra par la foi » (Romains 1.17). Lorsque Dieu regarde un croyant, il voit la justice de Christ. Paul l'a expliqué ainsi : « Et que nul ne soit justifié devant Dieu par la loi, cela est évident puisque : Le juste vivra par la foi » (Galates 3.11). Habaquq ne s'appuyait pas sur ses propres aptitudes pour obéir parfaitement à la loi. Il savait qu'il en était incapable. Par conséquent, il vivait par la foi et attendait le salut de Dieu. Cette attitude lui a été comptée comme justice.

> Car la terre sera remplie de la connaissance de la gloire de l'Éternel comme les eaux recouvrent le fond de la mer. (Habaquq 2.14)

Un conte de deux royaumes

Lorsque les deux espions israélites se sont rendus chez Rahab à Jéricho, elle leur a déclaré ce qui suit : « L'Éternel, je le reconnais, vous a donné ce pays, la terreur que vous inspirez s'est abattue sur nous, et tous les habitants de ce pays défaillent devant vous » (Josué 2.9).

Quarante ans s'étaient écoulés depuis que Dieu avait délivré les Israélites de la main des Égyptiens, mais les Cananéens étaient encore remplis de crainte envers l'Éternel. Le monde entier avait entendu parler de la manière dont Dieu avait libéré son peuple et détruit ses ennemis. De même, lorsque Dieu a supprimé les Babyloniens et rétabli Israël dans la Terre promise, le monde entier a reconnu la toute-puissance de Dieu. Après la mort et la résurrection de Jésus, la proclamation de la puissance de Dieu s'est répandue partout dans le monde. Enfin, dans les nouveaux cieux et sur la nouvelle terre, le péché n'existera plus. C'est alors seulement que la terre sera véritablement remplie de la connaissance de l'Éternel.

> En revanche, l'Éternel est dans son saint temple. Que toute la terre fasse silence devant lui! (Habaquq 2.20)

Le message d'Habaquq touche toutes les générations, car il incite à détourner les regards des vaines idoles pour se concentrer sur le Seigneur de gloire, le Souverain Maître. Ne vous inquiétez de rien, gardez la foi. Cherchez en lui votre repos, sachant que l'Éternel connaît tout du début à la fin. Il y aura une fin! Salomon nous l'a rappelé : « Il y a un moment pour tout, un temps pour toute chose sous le ciel » (Ecclésiaste 3.1). Rien ne dure pour toujours dans ce monde – qu'il s'agisse des bons ou des mauvais moments – la vie elle-même finit par passer.

> Mais moi j'exulterai en l'Éternel, je veux trouver l'allégresse dans le Dieu de mon salut. (Habaquq 3.18)

[**L'Éternel ne veut pas que nous endurions la souffrance et la douleur simplement en serrant les dents.**]

Habaquq termine son livre en louant Dieu. L'Éternel ne veut pas que nous endurions la souffrance et la douleur simplement en serrant les dents. Il ne veut certes pas que nous éprouvions de l'amertume à son égard. Il désire que nous attendions le dénouement avec foi et persévérance et que nous goûtions la joie de son salut, chaque jour.

4. La menace babylonienne

Règne de Yehoyaqim, roi de Juda : 609-598 av. J.-C.[94]

Règne de Neboukadnetsar, roi de Babylone : 604-561 av. J.-C.[90]

Le roi Josias a trouvé la mort lors d'un affrontement avec Néko, le roi d'Égypte, et le peuple a établi son fils Yoahaz pour régner à sa place. Trois mois plus tard, Néko a réduit Yoahaz à l'esclavage et l'a emmené en Égypte, vraisemblablement pour faire étalage de sa puissance. Néko a ensuite désigné comme roi Élyaqim, le frère de Yoahaz. Il a changé le nom d'Élyaqim en Yehoyaqim et l'a obligé à payer un tribut.

En 605 av. J.-C., Neboukadnetsar, envoyé par son père Nabopolossar, a battu Néko, l'a chassé hors d'Asie et a annexé la Syrie (Aram) à l'Empire babylonien[90]. En raison de la défaite de l'Égypte, Neboukadnetsar pouvait attaquer Jérusalem en toute liberté. Il a assiégé la ville et il est parvenu à capturer Yehoyaqim. Par la suite, il a pillé le temple de Dieu, transportant une partie de ses objets précieux dans la maison de son dieu à Babylone (Daniel 1.2). Daniel et quelques autres jeunes hommes de la noblesse ont également été déportés. Il semble que Neboukadnetsar ait eu l'intention d'emmener Yehoyaqim à Babylone, mais qu'il ait changé d'avis (2 Chroniques 36.6). Yehoyaqim lui a plutôt été assujetti, tout en demeurant roi de Jérusalem. Je me demande si Neboukadnetsar a regretté cette décision par la suite. Seule la grâce de Dieu l'a empêché de brûler Jérusalem au complet à cette époque. Satan devait lui susurrer à l'oreille : « Tuez-les! Brûlez-les! Détruisez cette ville! »

En 602 av. J.-C., Yehoyaqim s'est rebellé contre le roi de Babylone[90], mais sa révolte a avorté. Yehoyaqim a ensuite régné cinq années supplémentaires et il a finalement péri dans la disgrâce. Jérémie avait prophétisé au sujet de la mort de ce roi : « Il aura la sépulture d'un âne, il sera traîné et jeté hors des portes de Jérusalem » (Jérémie 22.19).

> Seule la grâce de Dieu l'a empêché de brûler Jérusalem au complet à cette époque.

En 598 av. J.-C., Yehoyakîn, le fils de Yehoyaqim, est devenu roi pendant trois mois[94]. Lorsque Neboukadnetsar a assiégé Jérusalem, Yehoyakîn et plusieurs autres personnes haut placées ont décidé de se rendre. « Il déporta tout Jérusalem, tous les ministres et tous les hommes importants, au nombre de dix mille déportés, avec tous les artisans et les serruriers; il ne resta que le petit peuple du pays » (2 Rois 24.14). Neboukadnetsar a également sorti tous les trésors du temple, y compris les objets d'or que Salomon avait fabriqués. Ézéchiel a été envoyé en exil à cette époque. Par la suite, Neboukadnetsar a désigné comme roi Mattania, fils de Josias et oncle de Yehoyakîn, et lui a donné le nom de Sédécias. Sédécias a régné pendant onze ans, jusqu'en 586 av. J.-C.[94] Pendant vingt-trois pénibles années, le peuple de Jérusalem s'est entêté à ignorer l'Éternel. Ils ont supporté le prélèvement d'un tribut, ils ont souffert de la famine pendant le siège de Jérusalem et certains de leurs concitoyens ont été emmenés captifs à Babylone. « Cela arriva uniquement sur l'ordre de l'Éternel » (2 Rois 24.3).

5. La chute de Jérusalem

586 av. J.-C.[94]

Bien que Neboukadnetsar ait déjà capturé une grande partie de la population, ceux qui restaient avec Sédécias ne croyaient pas que le roi de Babylone finirait par remporter la victoire. Jérémie les avait pourtant prévenus : « Ne vous faites pas d'illusion en disant : Les Chaldéens s'en iront loin de nous! Car ils ne s'en iront pas. Et même si vous battiez toute l'armée des Chaldéens qui vous font la guerre, s'il ne restait d'eux que des hommes transpercés, ils se relèveraient chacun dans sa tente et brûleraient cette ville par le feu » (Jérémie 37.9-10). Dieu avait même donné à cette génération perverse un moyen d'échapper au désastre imminent : « Celui qui restera dans cette ville mourra par l'épée, par la famine ou par la peste; mais celui qui sortira pour se rendre aux Chaldéens gardera la vie, sa vie sera son butin, et il vivra » (Jérémie 38.2).

Les ministres de Jérusalem ont voulu faire mourir Jérémie à cause de ses paroles de trahison. Ils l'ont jeté dans une citerne vide où Jérémie s'est mis à enfoncer dans la boue. Dès que Sédécias en a été informé, il a ordonné à des hommes de retirer Jérémie du fond de la citerne, mais il a cependant laissé le prophète en prison (Jérémie 38.6-13).

En 588 av. J.-C., Neboukadnetsar a assiégé Jérusalem[90]. Le peuple est demeuré prisonnier dans la ville pendant deux ans. Au terme de ces années, la famine sévissait et le peuple n'avait plus rien à manger. Les Babyloniens ont finalement réussi à pratiquer une brèche dans la muraille de la ville. Sédécias et son armée étaient terrifiés. Cette nuit-là, ils se sont enfuis en direction de la vallée du Jourdain, mais les Babyloniens les ont rapidement rattrapés dans les plaines de Jéricho. Entretemps, Nebouzaradân, le chef de la garde impériale, a démoli les murailles entourant Jérusalem et s'est emparé des objets de valeur se trouvant dans le temple de l'Éternel. Puis, il a brûlé la ville entière, y compris le temple. Ceux qui avaient écouté les conseils de Jérémie s'étaient déjà rendus aux Babyloniens. Nebouzaradân a capturé les survivants qui avaient échappé à la famine, à l'épée et au feu. Il a ensuite conduit le souverain sacrificateur Seraya, des fonctionnaires et ceux qui restaient encore dans la ville vers Neboukadnetsar à Ribla dans le pays de Hamath. Le roi de Babylone les a tous fait mourir : Seraya, les fonctionnaires et soixante hommes. Sédécias a été contraint à assister à l'exécution de ses fils et des notables de Juda. « Puis il [Neboukadnetsar] fit crever les yeux de Sédécias et le fit attacher avec des entraves de bronze, pour l'emmener à Babylone » (Jérémie 39.7).

Certains parmi les plus pauvres du peuple sont demeurés dans le pays pour cultiver les vignes et les champs. Le roi de Babylone a établi Guedalia à titre de gouverneur sur eux. Ce dernier les a encouragés par ces paroles : « Ne craignez rien de la part des serviteurs de Chaldéens; restez dans le pays, servez le roi de Babylone et vous vous en trouverez bien » (2 Rois 25.24).

Cependant, Guedalia n'était pas un descendant de David. C'est pourquoi Ismaël et dix autres hommes ont tramé contre lui un complot et l'ont mis à mort sept mois plus tard. Par la suite, le peuple a fui en Égypte emmenant Jérémie, car tous craignaient pour leur vie. Le pays de Juda qui avait jadis été si prospère a été laissé à l'abandon pendant soixante-dix ans (2 Chroniques 36.21). Un petit nombre, soit 4 600 personnes seulement, est parti vivre à Babylone (Jérémie 52.30). Satan a dû grandement se réjouir. La lignée de la descendance promise allait sans doute s'éteindre! Pourtant, Dieu avait un plan. Il libérerait de nouveau son peuple, tout comme il l'avait fait à l'époque de l'esclavage d'Israël en Égypte.

Pistes de réflexion

1. Dieu donne toujours plusieurs avertissements avant de punir les individus qui ne se repentent pas de leur péché.

2. Les croyants se rendent parfois coupables du péché de présomption et ils réagissent comme si Dieu les punissait sans raison valable.

3. Les croyants déçoivent souvent les attentes de Dieu, mais Dieu n'abandonne jamais ceux qui lui appartiennent.

4. Dieu donne une force surnaturelle à ceux qui placent en lui leur confiance dans les moments difficiles.

5. Le Dieu des Écritures est la seule source de vie spirituelle.

[9]

La captivité

1. Abdias : Le jugement d'Édom

586 av. J.-C.[95] *Il a exercé son ministère de prophète juste après la chute de Jérusalem et 48 ans avant l'édit de Cyrus.*

Mon désir de marier un non-croyant a terriblement attristé mon père. Il m'a écrit une lettre que je me suis empressée de jeter à la poubelle. Mon oncle, qui a célébré notre union, a été scandalisé en lisant le mot *athée* sur le certificat de mariage. Il a déclaré que s'il avait su, il aurait refusé de nous marier en s'y opposant devant l'église. Peu de temps après, je me suis approprié la promesse de Dieu affirmant qu'il transporterait des montagnes si je possédais une foi comme un grain de moutarde (Matthieu 17.20). J'ai demandé à Dieu de transporter la montagne d'incrédulité de Barry. Dieu a miraculeusement sauvé Barry dix-huit mois après notre mariage. Mon père était fou de joie. Nous nous sommes également réconciliés avec mon oncle qui avait le sentiment que Dieu n'avait pas tenu compte des objections en permettant que ce mariage soit célébré. Cependant, je n'avais pas accepté le pardon de Dieu pour ce péché et pendant de nombreuses années, j'ai été tourmentée par une fausse culpabilité. Par ma faute, je suis devenue une prisonnière spirituelle, car il m'était impossible de réécrire le passé. Un dimanche matin, un sermon sur la manière dont Jésus délivre les captifs m'a enfin ouvert les yeux sur la vérité. Je suis coupable de péché, mais je suis sauvée par grâce. Il n'y a rien que je puisse faire pour expier le passé. Jésus l'a fait pour moi.

Tout comme moi, les déportés ont pleuré. Comment les Babyloniens pouvaient-ils espérer entendre des chants de joie ? Ils ne cessaient pourtant de demander : « Chantez-nous quelques-uns des cantiques de Sion! » (Psaume 137.3).

Jérusalem manquait terriblement aux exilés. Ils se lamentaient en ces termes : « Si je t'oublie, Jérusalem, que ma droite m'oublie! Que ma langue s'attache à mon palais si je ne me souviens de toi, si je ne mets Jérusalem au-dessus de toute autre joie » (Psaume 137.5-6).

Le peuple de Juda se rappelait avec amertume la manière dont les Édomites avaient réagi à la tragédie qui les avait frappés. Loin de compatir à la détresse de leurs frères, ils avaient pris parti contre eux et contre Jérusalem : « Rasez, rasez jusqu'à ses fondations! » (Psaume 137.7).

Longtemps auparavant, Jacob avait trompé Ésaü en lui usurpant son héritage et sa bénédiction[96]. Les Édomites se sont alors dit : « Ce n'est que le juste retour des choses. » Ainsi, ils se sont réjouis des malheurs du peuple de Juda (Abdias 1.12). Ils se sont tenus aux aguets, cherchant à profiter de la situation (Abdias 1.11). Certains Édomites sont parvenus à porter la main sur les richesses du peuple (Abdias 1.13). D'autres ont tué ceux qui voulaient s'échapper (Abdias 1.14) ou ont tenté de s'attirer la faveur des Babyloniens en leur livrant les survivants (Abdias 1.14). Il valait mieux oublier ce douloureux souvenir et la manière dont les Édomites les avaient traités. Ces derniers avaient fait preuve d'arrogance et de vanité. Comme les Yebousiens d'autrefois, ils comptaient sur leurs forteresses bâties en montagne pour les protéger. Ils pensaient : « Qui me fera descendre jusqu'à terre? » (Abdias 1.3).

> Il valait mieux oublier ce douloureux souvenir et la manière dont les Édomites les avaient traités.

L'Éternel a donné une réponse à cette question : « Voici que je t'ai rendu petit parmi les nations, tu es l'objet du plus grand mépris. L'insolence de ton cœur t'a trompé, toi qui demeures dans les creux des rochers, et dont l'habitation est élevée » (Abdias 1.2-3). Dieu allait punir les Édomites :

9 - LA CAPTIVITÉ

« Il te sera fait comme tu as fait, ta rétribution retombera sur ta tête » (Abdias 1.15).

Dans le but d'encourager les exilés accablés de chagrin, Dieu leur a rappelé que leur situation était temporaire. Contrairement aux Édomites qui disparaîtraient un jour de la face de la terre, les Israélites reviendraient dans la Terre promise et retrouveraient leur prospérité matérielle et spirituelle. L'Éternel a affirmé par l'intermédiaire d'Abdias : « Mais sur la montagne de Sion il y aura des rescapés, ils seront saints, et la maison de Jacob reprendra ses possessions. La maison de Jacob sera un feu et la maison de Joseph une flamme; mais la maison d'Ésaü sera du chaume, qu'elles allumeront et consumeront; et il n'y aura aucun survivant pour la maison d'Ésaü » (Abdias 1.17-18). En retournant dans leur pays, les Israélites posséderaient aussi Édom. Les Juifs ont finalement conquis les Édomites sous la conduite des Maccabées[97]. Les Israélites étaient assurés de la victoire dans le monde physique parce que Dieu dit toujours la vérité et il tient toujours ses promesses.

Les Israélites connaîtraient également la victoire dans le domaine spirituel. Abdias l'a confirmé : « Des libérateurs monteront sur la montagne de Sion, pour juger la montagne d'Ésaü; et à l'Éternel appartiendra le règne » (Abdias 1.21). Après avoir capturé les Édomites, les Juifs les ont contraints à se convertir au judaïsme[97].

Cependant, ce n'est pas ce type d'adoration que Dieu désire. Longtemps auparavant, David avait adoré l'Éternel en esprit et en vérité[98]. Lorsque le Messie viendrait établir son royaume, le culte offert au seul vrai Dieu éclipserait tous les cultes rendus aux faux dieux. La Bonne Nouvelle du salut en Christ allait être prêchée dans le monde entier et des individus de divers pays recevraient le don du salut de Dieu pour le pardon des péchés. L'attitude de leur cœur serait caractérisée par une obéissance à l'Éternel basée sur l'amour.

2. La vie à Babylone

Ainsi parle l'Éternel des armées, le Dieu d'Israël, à tous les déportés que j'ai déportés de Jérusalem à Babylone : Bâtissez des maisons et habitez-les; plantez des jardins et mangez-en les fruits. Mariez-vous et engendrez des fils et des filles; mariez vos fils et donnez vos filles en mariage, afin qu'elles enfantent des fils et des filles; multipliez là où vous êtes et ne diminuez pas. Recherchez la paix de la ville où je vous ai déportés et intercédez auprès de l'Éternel en sa faveur, parce que votre paix dépendra de la sienne. (Jérémie 29.4-7)

En 597 av. J.-C., Neboukadnetsar avait emmené Yehoyakîn en exil, de même qu'Ézéchiel et plusieurs hommes importants[99]. Peu de temps après leur arrivée, Jérémie a envoyé une lettre aux exilés. Il leur a écrit que l'Éternel voulait qu'ils vivent une vie paisible, pacifique et satisfaisante à Babylone. Ils devaient obéir aux lois du pays et faire abstraction du fait qu'ils étaient séparés de leur patrie (Jérémie 29.5-9). Jérémie leur a rappelé qu'il s'écoulerait beaucoup de temps avant leur retour dans la Terre promise, puisque leur exil allait durer soixante-dix ans (Jérémie 29.10). Heureusement, leur captivité ne ressemblait en rien à celle de leurs ancêtres qui, plus de 800 ans auparavant, avaient subi un dur esclavage en Égypte. C'est pourquoi Werner Keller a fait la remarque suivante : « Il n'est mentionné nulle part qu'ils ont été contraints de fabriquer des briques sur les bords de l'Euphrate. Pourtant, Babylone possédait probablement l'industrie de briques la plus importante du monde de l'époque. En effet, il n'y avait jamais eu autant de constructions en Mésopotamie avant le règne de Neboukadnetsar[100]. »

> En plus de l'obligation de trouver un nouveau gagne-pain, les exilés ont eu à faire face à un autre problème. Étant loin de leur pays, ils ne pouvaient plus adorer Dieu dans le temple.

Lorsque Dieu a exhorté les exilés à poursuivre leurs activités quotidiennes, ces derniers ont compris qu'ils devaient travailler pour gagner leur vie. Babylone était un centre de commerce réputé et les exilés sont rapidement devenus des marchands, malgré le fait que les prophètes avaient souvent dénoncé les péchés associés au commerce : « Ephraïm est un marchand qui a dans sa main des balances fausses; il aime tromper » (Osée 12.8, [version Segond 21]). Dieu les a pourtant laissés exercer une profession où les occasions de pécher abondaient. Ce faisant, il a réalisé un objectif important de son plan, à savoir la protection de son peuple contre l'assimilation à la société babylonienne. Werner Keller l'a expliqué ainsi :

> Ce changement vers une carrière jusqu'alors interdite s'est avéré très judicieux – et ce fait est rarement compris à sa juste valeur. En effet, faute de mieux, ce changement accompagné d'un attachement profond à la foi ancestrale donnait à Israël une garantie sûre de pouvoir survivre en tant que peuple. En travaillant comme agriculteurs et colons, disséminés aux quatre coins d'un pays étranger, ils se seraient mariés et mêlés aux individus d'autres ethnies et auraient été assimilés au fil des générations, au point de disparaître complètement. Cette nouvelle profession les obligeait à regrouper leurs maisons, formant ainsi des communautés plus ou moins grandes au sein desquelles ils pouvaient pratiquer leur religion. Cette structure leur a procuré cohésion et continuité[101].

En plus de l'obligation de trouver un nouveau gagne-pain, les exilés ont eu à faire face à un autre problème. Étant loin de leur pays, ils ne pouvaient plus adorer Dieu dans le temple. Au début, ils se sont probablement rassemblés au bord du fleuve, comme l'a fait Lydie par la suite, au temps de Paul (Actes 16.13-14). Plus tard, ils ont construit des synagogues où ils pouvaient prier et lire la Parole de Dieu ensemble. Comme l'a expliqué D. A. Rausch, l'origine des synagogues « remonte, selon la tradition, à la période de l'exil babylonien, au moment où le peuple juif n'avait plus accès au temple et s'assemblait pour adorer dans un pays étranger… Lorsque les exilés sont revenus et ont reconstruit le temple, ils semblent avoir perpétué la tradition des synagogues en tant qu'institution du judaïsme palestinien[102] ». Dans ces synagogues, les Juifs adoraient Dieu en esprit et en vérité, à l'instar des croyants de l'Église primitive et des croyants d'aujourd'hui. Les premiers chrétiens percevaient clairement le lien entre ces deux institutions. Loraine Boettner l'a commenté ainsi :

> En ce qui concerne la signification du terme grec *ekklesia* traduit par « église », nous ne devons pas oublier que dans la Septante, la traduction grecque de l'Ancien Testament utilisée couramment en Palestine à l'époque de Jésus, le terme *ekklesia* est employé environ 70 fois pour traduire le terme hébreu *quahal* signifiant assemblée ou rassemblement. Cette traduction a été effectuée à Alexandrie en Égypte environ 150 ans avant Jésus-Christ par un groupe de 70 érudits,

d'où son nom *Septante*. Par conséquent, les Juifs connaissaient cette traduction et pouvaient tout naturellement faire le lien entre l'Église néotestamentaire et l'assemblée d'Israël telle qu'elle existait au temps de l'Ancien Testament[103].

Dieu a accompagné le peuple de Juda dans ce pays étranger, comme il l'avait fait autrefois pour Abraham. Cela n'a rien d'exceptionnel, mais nous devrions nous étonner que les Babyloniens aient accordé aux exilés la liberté de servir le seul vrai Dieu. En 605 av. J.-C., Neboukadnetsar a emmené Daniel et quelques jeunes hommes de la noblesse à Babylone. Peu de temps après, Chadrak, Méchak et Abed-Nego ont refusé de se prosterner devant une statue d'or haute de 30 mètres. Dieu les a délivrés d'une mort certaine lorsqu'ils ont été précipités dans une fournaise ardente et Neboukadnetsar a ordonné : « Tout homme, à quelque peuple, nation ou langue qu'il appartienne, qui parlera inconsidérément contre le Dieu de Chadrak, de Méchak et d'Abed-Nego sera mis en pièces, et sa maison sera réduite en un tas d'immondices, parce qu'il n'y a aucun autre Dieu qui puisse délivrer comme lui » (Daniel 3.29).

À cause du courage de ces trois hommes, Neboukadnetsar a tenu parole. Il a permis aux captifs de servir le seul vrai Dieu. Son respect pour l'Éternel ne l'a cependant pas empêché de conquérir Jérusalem par la suite. Dieu a néanmoins veillé sur son peuple alors qu'il le servait dans un pays étranger.

3. Ézéchiel

Date de son ministère : 593-571 av. J.-C.[104] Il a prophétisé aux exilés pendant 7 ans avant la chute de Jérusalem. Son ministère a pris fin 33 ans avant l'édit de Cyrus et 396 ans avant le début du règne d'Antiochus Épiphane.

3A. L'IMMINENCE DU JUGEMENT

… ainsi parle le Seigneur, l'Éternel, au territoire d'Israël : C'est la fin! La fin arrive sur les quatre extrémités du pays! Maintenant, la fin vient sur toi; j'enverrai ma colère contre toi, je te jugerai selon tes voies, je te chargerai de toutes tes horreurs. Mon œil sera pour toi sans pitié. (Ézéchiel 7.2-4)

9 - LA CAPTIVITÉ

Peu de temps après la capture d'Ézéchiel, Jérémie a écrit une lettre aux exilés. Il les a exhortés à refaire leur vie à Babylone puisqu'ils y resteraient pendant soixante-dix ans. Puis, au cours des sept années suivantes, Ézéchiel a répété aux exilés que Jérusalem était sur le point de tomber. Certains ont cru la Parole de l'Éternel et se sont fait du souci pour leurs proches restés à Jérusalem. À l'instar de Jérémie, Ézéchiel s'est opposé avec vigueur à l'idée que les enfants étaient punis en raison du péché de leurs parents. Il s'est écrié : « Qu'avez-vous à dire ce proverbe sur la terre d'Israël : Les pères mangent des raisins verts, et les dents des enfants sont agacées? » (Ézéchiel 18.2).

> Les croyants de Jérusalem portaient sur leur front la marque de Dieu de sorte qu'il les a sauvés d'une mort violente.

Dieu a répété à deux reprises : « L'âme qui pèche est celle qui mourra » (Ézéchiel 18.4, 20). Chaque personne est responsable de son attitude à l'égard de Dieu. L'Éternel l'a expliqué ainsi : « Un fils ne supportera pas le poids de la faute de son père, et un père ne supportera pas le poids de la faute de son fils. La justice du juste sera sur lui, et la méchanceté du méchant sera sur lui » (Ézéchiel 18.20). Dieu a ensuite ajouté : « Est-ce que je désire avant tout la mort du méchant?... N'est-ce pas qu'il se détourne de sa voie et qu'il vive? » (Ézéchiel 18.23).

La gloire du Dieu d'Israël s'éleva du chérubin sur lequel elle était et se dirigea vers le seuil de la Maison; et il appela l'homme vêtu de lin et portant une écritoire à la ceinture. L'Éternel lui dit : Passe au milieu de la ville, au milieu de Jérusalem, et fais une marque sur le front des hommes qui soupirent et qui gémissent à cause de toutes les horreurs qui s'y commettent. Et, à mes oreilles, il dit aux autres : Passez derrière lui dans la ville et frappez; que votre œil soit sans pitié et n'usez pas de ménagement! Tuez, jusqu'à extermination vieillards, jeunes hommes, vierges, enfants et femmes; mais laissez hors d'atteinte quiconque aura sur lui la marque, et commencez par mon sanctuaire! (Ézéchiel 9.3-6)

Ces paroles ont dû grandement réconforter les croyants dont les proches se trouvaient encore à Jérusalem! Quiconque gémissait à cause des péchés du peuple était en sécurité. Le reste des croyants à Jérusalem allait subir les mêmes épreuves que les autres, mais l'Éternel connaissait les siens. Les croyants de Jérusalem portaient sur leur front la marque de Dieu de sorte qu'il les a sauvés d'une mort violente. On ne peut cependant pas tenir pour acquis que Dieu protégera toujours ses enfants de l'épée. Paul a informé les Corinthiens que Dieu nous « a aussi marqués de son sceau et a mis dans nos cœurs les arrhes de l'Esprit » (2 Corinthiens 1.22). Il a néanmoins été décapité en raison de sa foi en Christ. De même, Jean a encouragé les chrétiens persécutés de son époque en déclarant : « Ne touchez pas à la terre, ni à la mer, ni aux arbres, jusqu'à ce que nous ayons marqué du sceau le front des serviteurs de notre Dieu » (Apocalypse 7.3).

> Plusieurs personnes ont refusé de croire que Dieu détruirait vraiment Jérusalem.

La plupart des croyants avaient probablement écouté les conseils de Jérémie et s'étaient rendus avant qu'il ne soit trop tard (Jérémie 38.2). Quelques-uns ont peut-être refusé d'abandonner Jérémie qui se trouvait alors en prison et Dieu les a protégés. Il est étonnant qu'au plus fort de la bataille, Neboukadnetsar se soit souvenu du prophète. Il a ordonné à Nebouzaradân, le chef des gardes, de prendre soin de lui, de ne lui causer aucun tort et de faire tout ce qu'il demanderait (Jérémie 39.11-12). Dieu voulait qu'un reste du peuple forme le noyau reconstituant Israël, c'est pourquoi il a épargné la vie d'un petit nombre. Il se peut même que certains parmi les méchants aient échappé à la mort en écoutant les conseils de Jérémie.

> Alors la parole de l'Éternel me fut adressée en ces mots : Fils d'homme, ceux qui habitent ces ruines sur le territoire d'Israël disent : Abraham était seul et il a pris possession du pays, et c'est à nous qui sommes nombreux que le pays a été donné en possession. (Ézéchiel 33.23-24)

Plusieurs personnes ont refusé de croire que Dieu détruirait vraiment Jérusalem. En réponse à ce nationalisme sioniste, Dieu a déclaré : « Vous mangez vos aliments avec du sang, vous levez les yeux vers vos idoles, vous répandez le sang. Et vous posséderiez le pays ! Vous vous appuyez sur votre épée, vous commettez une horreur, chacun de vous déshonore la femme de son prochain. Et vous posséderiez le pays ! » (Ézéchiel 33.25-26). Louis A. DeCaro en a donné l'explication suivante :

> Ézéchiel a rejeté les revendications présomptueuses et politiques des sionistes de son époque qui prônaient la sécularisation. Il a démontré que leurs revendications territoriales, faites au nom d'Abraham et basées sur les promesses de l'Alliance, étaient invalides en raison de leur désobéissance aux conditions de l'Alliance… Seul le reste des croyants se trouvaient en mesure de comprendre correctement le lien fondamental existant entre Israël et la prophétie biblique, car eux seuls pouvaient véritablement affirmer, à l'instar de Pierre au jour de la Pentecôte : « C'est ce qui a été dit par le prophète. » Le reste des croyants israélites, oints de l'Esprit et possédant une intelligence spirituelle renouvelée, ont goûté aux bénédictions de l'Alliance et à son immutabilité. Leur témoignage prophétique s'est fait entendre par l'intermédiaire des apôtres et a mis en lumière l'incapacité des leaders d'Israël à comprendre la prophétie[105].

3B. UN ESPRIT NOUVEAU EN CHAQUE CROYANT

> Rejetez loin de vous tous les crimes qui vous ont rendus criminels; faites-vous un cœur nouveau et un esprit nouveau. Pourquoi devriez-vous mourir, maison d'Israël ? Car je ne désire pas la mort de celui qui meurt – oracle du Seigneur, l'Éternel. Convertissez-vous donc et vivez. (Ézéchiel 18.31-32)

> Je vous donnerai un cœur nouveau et je mettrai en vous un esprit nouveau; j'ôterai de votre chair le cœur de pierre et je vous donnerai un cœur de chair. Je mettrai mon Esprit en vous et je ferai que vous suiviez mes prescriptions et pratiquiez mes ordonnances. Vous habiterez le pays que j'ai donné à vos pères; vous serez mon peuple, et je serai votre Dieu. (Ézéchiel 36.26-28)

Quel précieux don de Dieu, un cœur nouveau et un esprit nouveau! Le peuple de Juda ne disposait que d'un seul moyen pour obtenir ce don – il devait se repentir de ses péchés. En outre, chaque auditeur d'Ézéchiel pouvait être assuré de recevoir sans délai ce cœur et cet esprit nouveaux. À l'époque de Moïse, les Israélites avaient promis d'obéir à Dieu en s'appuyant sur leur propre force, mais ils avaient souvent manqué à leur promesse. En revanche, lorsque les exilés retourneraient dans la Terre promise, le Saint-Esprit vivrait dans le cœur des croyants, les rendant capables d'obéir à Dieu. Ils auraient un cœur de chair et non plus un cœur de pierre. Matthew Henry a écrit :

> Leurs cœurs ne seront plus semblables à de la pierre, morts et secs, durs et lourds, incapables de porter de bons fruits parce que la semence n'y prend pas racine comme dans les endroits pierreux… il rendra leurs cœurs sensibles aux souffrances et aux joies spirituelles, il les rendra malléables et aptes à éprouver des sensations. Dieu accomplit cette œuvre en nous, c'est un cadeau de sa part, un don offert selon sa promesse[106].

Ézéchiel a exhorté les exilés à accepter le don du Saint-Esprit de Dieu. Certains l'ont probablement accepté et d'autres l'ont rejeté. Ézéchiel savait que si le Saint-Esprit ne demeurait pas en lui, il était absolument incapable d'attendre la venue de la descendance promise, son Sauveur.

> Ézéchiel a exhorté les exilés à accepter le don du Saint-Esprit de Dieu.

De plus, il n'aurait ni le désir ni les aptitudes requises pour enseigner aux autres les vérités de Dieu. Personne ne peut comprendre les réalités spirituelles sans l'œuvre du Saint-Esprit en lui. L'Esprit travaille également en chaque croyant afin de nous rendre semblables à l'image de Christ.

> Prophétise sur ces os! Tu leur diras : Ossements desséchés, écoutez la parole de l'Éternel. Ainsi parle le Seigneur, l'Éternel, à ces os : Voici que je vais faire venir en vous un esprit, et vous vivrez; je placerai sur vous des nerfs, je ferai pousser de la chair sur vous, je vous recouvrirai de peau, je mettrai en vous un esprit, vous vivrez et vous reconnaîtrez que je suis l'Éternel. (Ézéchiel 37.4-6)

Dans le but de souligner l'importance du miracle qu'il allait accomplir, Dieu a employé une image. En imposant la défaite à Israël et à Juda, les Assyriens et les Babyloniens vivaient dans l'illusion que leurs dieux étaient plus puissants que le Dieu d'Israël. Chaque fois qu'ils remportaient la victoire sur un pays, ils s'imaginaient avoir également supprimé le dieu de l'endroit. Satan a dû grandement se réjouir le jour où Jérusalem est tombée. Comme les morceaux d'un vase brisé jonchent le sol, le peuple de Juda a été dispersé – certains vers Babylone, d'autres vers l'Égypte. Qui aurait pu penser qu'ils reviendraient un jour dans leur pays? Dieu seul possède la puissance de ressouder ces os desséchés et de leur insuffler la vie. Aucun autre dieu n'a jamais relevé ainsi son peuple dispersé afin de lui redonner ensuite son propre pays.

> Aucun autre dieu n'a jamais relevé ainsi son peuple dispersé afin de lui redonner ensuite son propre pays.

Du plus profond de leur découragement, les exilés se sont écriés : « Nos os sont desséchés, notre espérance s'est évanouie, nous sommes perdus » (Ézéchiel 37.11).

Mais Dieu leur a répondu avec tendresse :

> Voici que j'ouvre vos tombes, je vous fais remonter de vos tombes, ô mon peuple, et je vous fais revenir sur le territoire d'Israël. Vous reconnaîtrez que je suis l'Éternel, lorsque j'ouvrirai vos tombes et que je vous ferai remonter de vos tombes, ô mon peuple! Je mettrai mon Esprit en vous, et vous vivrez; je vous rétablirai sur votre territoire, et vous reconnaîtrez que moi, l'Éternel, j'ai parlé et agi.
>
> (Ézéchiel 37.12-14)

Dès la chute du royaume du Nord, les Israélites ont été dispersés parmi les nations. Pourtant, Dieu a promis qu'un jour, les royaumes du Sud et du Nord redeviendraient un seul pays. Il a déclaré : « … ils auront tous un même roi, ils ne formeront plus deux nations et ne seront plus divisés en deux royaumes » (Ézéchiel 37.22).

Après l'édit de Cyrus, des individus provenant des Empires déchus d'Assyrie et de Babylone sont finalement retournés dans la Terre promise. Ils ne formaient cependant qu'un petit nombre et leur retour s'est effectué progressivement. Ils ont occupé une portion limitée du territoire attribué au départ à la tribu de Juda.

3C. LE ROI BERGER – ÉZÉCHIEL 34 ET 37

> Mon serviteur David sera leur roi, et ils auront tous un seul berger… Mon serviteur David sera leur prince pour toujours. Je conclurai avec eux une alliance de paix, et il y aura une alliance éternelle avec eux; je les établirai, je les multiplierai et j'établirai mon sanctuaire au milieu d'eux pour toujours. (Ézéchiel 37.24-26)

Dans ces deux chapitres, Dieu a renforcé l'idée que le Messie serait un Roi Berger. Ce concept paraissait fort étrange au peuple de Juda! À cette époque, les rois exerçaient l'autorité et leurs paroles faisaient force de loi. Aucun d'eux n'éprouvait le besoin d'amener ses sujets à accepter ses idées. Il imposait simplement sa volonté. En revanche, un berger aurait sacrifié son propre bien-être pour le bien de ses brebis. Il aurait conduit son troupeau dans de verts pâturages, près des eaux paisibles (Psaume 23.2) et l'aurait protégé des animaux prédateurs.

> Le Roi Berger annoncé ne régnerait pas simplement avec autorité sur son peuple, mais il sacrifierait sa vie pour lui.

Le Roi Berger annoncé ne régnerait pas simplement avec autorité sur son peuple, mais il sacrifierait sa vie pour lui. Il serait également l'accomplissement de l'Alliance éternelle promise à David par Dieu. Son règne allait durer éternellement. Plusieurs années plus tard, Jésus a expliqué à un groupe de pharisiens qu'il était le Bon Berger. Il leur a déclaré : « Moi, je suis la porte; si quelqu'un entre par moi, il sera sauvé; il entrera et sortira et trouvera des pâturages… Le bon berger donne sa vie pour ses brebis » (Jean 10.9-11). Jésus est l'accomplissement des prophéties d'Ézéchiel. Il est le fils de David, le Roi, de même que le Bon Berger. Il n'existe qu'un chemin pour aller au ciel. Jésus est la porte menant au Père.

> Car ainsi parle le Seigneur, l'Éternel : C'est moi-même qui prendrai soin de mes brebis et j'en ferai la revue. Comme un berger fait la revue de son troupeau quand il est au milieu de ses brebis éparses, ainsi je ferai la revue de mes brebis et je les arracherai de tous les lieux où elles ont été disséminées, un jour de nuée et de brouillard. Je les ferai sortir d'entre les peuples, je les rassemblerai des divers pays et je les ramènerai sur leur territoire; je les ferai paître sur les montagnes d'Israël. (Ézéchiel 34.11-13)

Tout berger compte les brebis de son troupeau et ne se donne aucun repos tant qu'elles ne se trouvent pas toutes en sécurité dans la bergerie. De même, Dieu a promis de chercher son peuple perdu dans des pays étrangers et de le ramener dans les pâturages d'Israël. En lui prouvant qu'il était un berger fidèle dans le monde physique, Dieu a voulu fortifier la foi du peuple de sorte qu'il attende la descendance promise, le Sauveur. Sachant que Dieu tient ses promesses dans le monde visible, lui accorderez-vous votre confiance afin qu'il devienne votre Bon Berger dans le monde spirituel?

3D. GOG ET MAGOG - ÉZÉCHIEL 38 ET 39

> La parole de l'Éternel me fut adressée en ces mots : Fils d'homme, tourne ta face vers Gog, au pays de Magog, vers le prince de Rôch, de Méchek et de Toubal, et prophétise contre lui! Tu diras : Ainsi parle le Seigneur, l'Éternel : Me voici contre toi, Gog, prince de Rôch, de Méchek et de Toubal! (Ézéchiel 38.1-3)

Si Ézéchiel avait mis un terme à ses prophéties au chapitre 37, le peuple de Juda aurait eu de bonnes raisons de s'attendre à vivre le paradis sur terre. Non seulement allaient-ils habiter la Terre promise, mais ils seraient également en communion spirituelle avec l'Éternel. Son Saint-Esprit vivrait dans le cœur de plusieurs, les rendant capables d'obéir et le Messie les réconcilierait avec leur Dieu. Pourtant, personne ne sera surpris d'apprendre que les exilés seraient confrontés aux mêmes problèmes que ceux de Noé – le monde, la chair et le diable. Un grand nombre d'individus de la première génération aimeraient l'Éternel, mais qu'en serait-il de la deuxième génération ? C'est pourquoi Dieu a prévenu les exilés que la vie ne serait pas toujours rose après leur retour dans le pays. Un ennemi s'opposerait à eux. Mais qui est Gog et où se trouve Magog ? Il est évident que les termes *Gog* et *Magog* représentent un roi et un royaume à venir. L'histoire nous apprend qu'Antiochus Épiphane a accompli les prophéties concernant Gog et Magog. George B. Fletcher l'a expliqué de cette manière :

> L'ère des Séleucides se situe pendant la période intertestamentaire et correspond avec exactitude aux chapitres 38 et 39 du livre d'Ézéchiel, comme en témoignent les considérations suivantes :

1. Les armées de Gog viendraient du Nord (39.2). La Syrie était située au nord de la Palestine.

2. Gog attaquerait les habitants qui avaient été « réunis du milieu de peuples nombreux » (38.8) et qui demeuraient « en sécurité » (38.14). La Palestine a été repeuplée après le retour d'exil et les Juifs y ont connu une période de paix et de prospérité.

3. Les armées seraient nombreuses (38.15-16). Dans les guerres menées par les Maccabées, les Juifs se retrouvaient continuellement opposés à des forces supérieures en nombre. Judas Maccabée s'est battu avec 10 000 hommes contre les Syriens qui comptaient 60 000 soldats d'infanterie et 5 000 cavaliers, et il a été vainqueur.

4. L'histoire relate qu'Antiochus Épiphane a envoyé une armée nombreuse contre Juda, sous la conduite de trois généraux. Leur victoire ne faisait aucun doute, au point où les marchands grecs se tenaient déjà dans le camp, prêts à acheter comme esclaves les soldats juifs faits prisonniers (38.13).

5. Les Scythes avaient la réputation de manier avec adresse leurs arcs, leurs flèches et leurs chevaux. La description de ces prophéties leur convient parfaitement (38.4-5; 39.9, 19).

6. L'histoire raconte qu'ils ont emporté de « l'argent et de l'or » appartenant à la maison de l'Éternel (38.13).

7. L'armée d'Antiochus était composée d'individus provenant des nations mentionnées dans ces versets, ainsi que de plusieurs autres. De façon générale, ces peuples ne s'entendaient pas, excepté lorsqu'ils s'unissaient pour attaquer Israël. (Commentaire complet – voir Ézéchiel 38.4-6).

8. L'histoire nous apprend qu'à maintes reprises, comme par miracle, l'Éternel a répondu aux prières et a donné la victoire aux armées des Maccabées contre les forces supérieures de la Syrie sous la conduite d'Antiochus (38.21; 39.3).

9. Lors des victoires miraculeuses de Judas Maccabée sur Antiochus Épiphane, les Syriens ont été forcés d'abandonner des milliers de cadavres sur le champ de bataille. Leurs armes de guerre fabriquées en bois ont servi de bois de chauffage pendant plusieurs mois (39.9-12)[107].

Bien que cette prophétie s'applique d'abord à Antiochus Épiphane, le chapitre 20 du livre de l'Apocalypse en révèle un deuxième accomplissement encore plus important. Cette fois, les mystérieux Gog et Magog représentent des nations situées aux quatre coins de la terre. En d'autres termes, il s'agit de pays qui ne sont pas nommés dans le cadre de l'histoire biblique telle que nous la possédons. Lorsque la fin des temps approchera, Satan trompera ces nations « afin de les rassembler pour la guerre » (Apocalypse 20.7-8). À l'instar de la Syrie, ces nations antichrétiennes détesteront les croyants et tenteront de détruire l'Église partout dans le monde. Prions afin de demeurer fidèles et de tout supporter avec patience[108].

3E. LES PLANS DE DIEU POUR L'AVENIR – ÉZÉCHIEL 40-48

573 av. J.-C. (Ézéchiel 40.1). Daniel était en exil depuis trente-trois ans et Ézéchiel, depuis vingt-cinq ans.

Dans cette section du livre d'Ézéchiel, Dieu développe trois idées principales. D'abord, il désirait que le peuple revenu d'exil s'affaire à construire un temple. Ensuite, tout en décrivant ce temple physique, Dieu entrevoit son temple spirituel, l'Église. L'image du Saint-Esprit présenté comme un fleuve infranchissable illustre la manière dont Dieu bâtira son

Église. Enfin, cette vision se termine par un aperçu des nouveaux cieux et de la nouvelle terre.

> Maintenant ils éloigneront de moi leurs prostitutions et les cadavres de leurs rois, et j'habiterai éternellement au milieu d'eux. Toi, fils d'homme, fais à la maison d'Israël la description de la Maison : qu'ils soient confus de leurs fautes et qu'ils en mesurent le plan. S'ils sont confus en raison de tout ce qu'ils ont commis, fais-leur connaître la forme de cette Maison, sa disposition, ses issues et ses entrées, tous ses dessins et toutes ses ordonnances, tous ses dessins et toutes ses lois; mets-en la description sous leurs yeux. (Ézéchiel 43.9-11)

Un jour, dans une vision, Dieu a conduit Ézéchiel dans le pays d'Israël et l'a déposé sur une montagne très élevée. L'Éternel a alors encouragé Ézéchiel à révéler au peuple les plans d'un nouveau temple, si seulement ils abandonnaient leurs idoles et se repentaient de leurs péchés. Il n'est pas étonnant que Dieu ait donné à Ézéchiel des instructions concernant la division de la Terre promise ou les caractéristiques physiques du temple.

> Dieu a toujours donné des instructions précises sur la manière et l'endroit où son peuple devait l'adorer.

Il avait déjà donné des instructions semblables à Moïse. De même, David a reçu les informations nécessaires à la construction du temple que Salomon a finalement bâti. Cette nouvelle génération devait apprendre les principes conduisant à une adoration appropriée. Dieu a toujours donné des instructions précises sur la manière et l'endroit où son peuple devait l'adorer. Les desseins de l'Éternel pour son peuple et pour la Terre promise ont dû grandement réconforter ces exilés.

> Ainsi parle le Seigneur, l'Éternel : Aucun étranger, incirconcis de cœur et incirconcis de chair, n'entrera dans mon sanctuaire, aucun des étrangers qui seront au milieu des Israélites. (Ézéchiel 44.9)

Dieu songeait également à son temple spirituel, l'Église. La plupart des Israélites se préoccupaient uniquement des rituels extérieurs de la religion. Ils croyaient que la circoncision du corps suffisait pour plaire à Dieu. Cependant, l'Éternel attachait plus d'importance à l'attitude de leur cœur. Seuls ceux dont le cœur était circoncis par le Saint-Esprit allaient pouvoir entrer dans le temple spirituel de Dieu, l'Église. Une communion véritable entre Dieu et son peuple comporte non seulement une obéissance visible, mais également un amour profond.

> Il me ramena vers l'entrée de la Maison. Et voici que de l'eau sortait sous le seuil de la Maison à l'est, car la façade de la Maison était à l'est; l'eau descendait sous le côté droit de la Maison au sud de l'autel. Il me fit sortir par le chemin du porche nord et il me fit faire le tour par dehors jusqu'à l'extérieur du porche faisant face à l'est. Voici que l'eau coulait du côté droit. Lorsque l'homme sortit vers l'est, il avait dans la main un cordeau et il mesura mille coudées; il me fit traverser l'eau, et j'avais de l'eau jusqu'aux chevilles. Il mesura encore mille coudées et me fit traverser l'eau, et j'avais de l'eau jusqu'aux genoux. Il mesura encore mille coudées et me fit traverser, et j'avais de l'eau jusqu'aux reins. Il mesura encore mille coudées; c'était un torrent que je ne pouvais traverser, car l'eau était si profonde qu'il fallait y nager; c'était un torrent qu'on ne pouvait traverser. (Ézéchiel 47.1-5)

Ézéchiel a sans doute demandé : « Que se passe-t-il, Seigneur? D'où provient cette eau? Il n'y a jamais eu de source d'eau souterraine dans le temple de Salomon. »

Cette eau n'avait rien d'ordinaire. Le Nouveau Testament enseigne, en fait, que l'eau représente le Saint-Esprit. Jean a écrit :

> Le dernier jour, le grand jour de la fête, Jésus debout s'écria : Si quelqu'un a soif, qu'il vienne à moi et qu'il boive. Celui qui croit en moi, des fleuves d'eau vive couleront de son sein, comme dit l'Écriture. Il dit cela de l'Esprit qu'allaient recevoir ceux qui croiraient en lui; car l'Esprit n'était pas encore donné, parce que Jésus n'avait pas encore été glorifié. (Jean 7.37-39)

Jésus a offert d'étancher la soif spirituelle de quiconque le demanderait. Il a également promis que des fleuves d'eau vive couleraient des croyants. Jésus laissait-il entendre qu'il ne pouvait combler leurs besoins avant d'avoir été glorifié ? En d'autres termes, ses auditeurs devaient-ils attendre après sa mort, sa résurrection et son ascension triomphante vers le ciel pour recevoir le pardon de leurs péchés et le don du Saint-Esprit ? Que signifie : « ... l'Esprit n'était pas encore donné » ? Comment Ézéchiel pouvait-il supplier ses auditeurs de se repentir et de recevoir en eux le Saint-Esprit s'il n'avait pas encore été donné[109] ? Avant la création du monde, Dieu le Père, le Fils et le Saint-Esprit se sont entendus sur le rôle que chacun allait exercer pour mener à bien notre salut. De toute évidence, le Saint-Esprit ne pouvait pas entreprendre son œuvre particulière avant que Jésus n'ait achevé la sienne.

> Avant la Pentecôte, Dieu a permis à Satan d'exercer une plus grande influence sur le monde que le Saint-Esprit.

Avant la Pentecôte, le Saint-Esprit était distribué à la manière d'un compte-goutte. Il habitait dans les prophètes et œuvrait à travers eux, mais les résultats étaient plutôt modestes. Quelle frustration ont dû éprouver Moïse, Jérémie, Ézéchiel et les autres prophètes ! Ils ne cessaient de répéter : « Repentez-vous ! », mais très peu de gens écoutaient leur message. Même les exilés, dans leur joie, n'ont pas exercé une influence durable sur leurs enfants. Ils ont mis beaucoup de temps à reconstruire le temple parce qu'ils craignaient leurs voisins. Avant la Pentecôte, Dieu a permis à Satan d'exercer une plus grande influence sur le monde que le Saint-Esprit. Par la suite, les rôles ont été renversés. Le compte-goutte s'est transformé en torrent. La puissance du Saint-Esprit a alors été libérée sans réserve dans le monde. Après la délivrance d'Israël de la main des Égyptiens et des Babyloniens, la terre entière a reconnu la toute-puissance de Dieu. Cependant, après la Pentecôte, l'amour du Seigneur a été déversé dans le cœur de plusieurs. Les croyants de l'Église primitive se sont empressés d'enseigner la Bonne Nouvelle du pardon des péchés en Jésus. Ils ont voyagé partout dans l'Empire romain et ainsi, aujourd'hui, nous rencontrons des croyants aux quatre coins du monde.

Ézéchiel a vu un ruisselet émerger de sous du temple, puis l'eau a monté jusqu'à devenir un fleuve infranchissable. Le Nouveau Testament confirme que c'est exactement ce qui est arrivé. Philip Mauro a souligné que l'ancienne dispensation était axée sur le temple : « Il convenait donc que la nouvelle dispensation débute à cet endroit et se déplace, à partir de là, vers les extrémités du monde où elle s'est répandue[110]. » Il a ensuite expliqué :

> Luc a rapporté le commandement du Seigneur à ses disciples. Ils devaient rester à Jérusalem jusqu'à ce qu'ils soient revêtus de la puissance d'en haut (Luc 24.49). Ce bref verset ne précise pas si le Seigneur leur a indiqué un endroit particulier à Jérusalem où ils devaient attendre le don promis. Cependant, les versets 52 et 53 nous apprennent ce qu'ils ont fait en obéissance au commandement du Seigneur. Nous lisons : « Pour eux, après l'avoir adoré, ils retournèrent à Jérusalem avec une grande joie; et ils étaient continuellement dans le temple et bénissaient Dieu » (Luc 24.52-53)[111].

Le jour de la Pentecôte, un groupe d'environ 120 croyants (Actes 1.15) ont probablement pris part à la célébration matinale de la Fête de la moisson. Selon Philip Mauro : « À la fin du culte, ils étaient simplement 'assis' à leur place habituelle; c'est alors que 'tout à coup' un bruit comme celui 'd'un souffle violent' est venu du ciel[112]. » Après le discours de Pierre, quelque 3 000 personnes ont cru, ont été remplies du Saint-Esprit et se sont ajoutées à l'Église. À la Pentecôte, l'eau vive du Saint-Esprit s'est mise à couler dans les croyants avec une grande puissance.

> À la Pentecôte, l'eau vive du Saint-Esprit s'est mise à couler dans les croyants avec une grande puissance.

Le temps a passé et la puissance du Saint-Esprit n'a jamais cessé d'être déversée dans un nombre toujours croissant d'individus, jusqu'à ce que le monde entier en soit émerveillé. Depuis ce jour et jusqu'à maintenant, le Saint-Esprit poursuit sa mission consistant à inonder les croyants de la puissance de Dieu. Il est certes devenu semblable à un fleuve infranchissable! Dieu continue à bâtir son Église, le temple spirituel, par le Saint-Esprit.

Un conte de deux royaumes

En outre, cette section du livre d'Ézéchiel nous projette vers l'avenir, vers les nouveaux cieux et la nouvelle terre. Ézéchiel a vu des arbres fruitiers poussant sur les deux rives du fleuve. « Leurs fruits serviront de nourriture, et leurs feuilles de remède » (Ézéchiel 47.12). De même, dans les nouveaux cieux, « ... sur les deux bords du fleuve, se trouve l'arbre de vie... Les feuilles de l'arbre servent à la guérison des nations » (Apocalypse 22.2). De plus, les étrangers vivront au milieu des Israélites de naissance et ils hériteront également du pays (Ézéchiel 47.21-23). Il n'existe aucune différence entre les Juifs et les païens dans l'Église et ils recevront tous un même héritage sur la nouvelle terre. Le livre d'Ézéchiel se termine par une vision de la ville de Dieu qui s'apparente à la description donnée au chapitre 21 du livre de l'Apocalypse. Ainsi, cette section débute par une description du temple physique, elle évoque ensuite le temple spirituel, soit l'Église, et elle se termine par une vision des nouveaux cieux et de la nouvelle terre.

4. Daniel

Date de son ministère : 605-536 av. J.-C.[113] *Ses prophéties ont pris fin 2 ans après l'édit de Cyrus et 361 ans avant le début du règne d'Antiochus Épiphane.*

4A. LE ROI DES ROIS – DANIEL 2 – 603 AV. J.-C.

En 605 av. J.-C., Neboukadnetsar a assiégé Jérusalem et a emmené Daniel et quelques-uns des Israélites de race royale à Babylone[114]. À leur arrivée, Neboukadnetsar a ordonné au chef de ses fonctionnaires de mettre à part quelques-uns des captifs. Ils devaient être « de jeunes garçons sans défaut corporel, de belle apparence, doués de toute sagesse, d'intelligence et d'instruction, capables de servir dans le palais du roi » (Daniel 1.4). Daniel et ses amis Chadrak, Méchak et Abed-Nego ont été choisis pour devenir des conseillers du roi.

Deux années ont passé, puis une nuit, Neboukadnetsar ne parvenait pas à dormir. Le lendemain, il a donc fait appeler les magiciens, les astrologues, les sorciers et les enchanteurs afin qu'ils lui fassent connaître son rêve et le lui expliquent. Daniel et ses amis ne faisaient pas partie du groupe. Lorsque le roi a menacé de les tuer tous s'ils ne répondaient pas à ses exigences, ils se sont écriés : « Il n'est personne sur la terre qui puisse dire ce que demande le roi. C'est pourquoi, aucun roi, grand et puissant, n'a exigé une pareille chose d'aucun magicien, astrologue ou Chaldéen. Ce que le roi demande est difficile, il n'y a personne d'autre qui puisse le dire au roi, sinon les dieux, dont la demeure n'est pas parmi les êtres charnels » (Daniel 2.10-11).

Furieux, le roi a ordonné l'exécution de tous les sages, y compris Daniel et ses amis. En apprenant ce qui était arrivé, Daniel s'est immédiatement rendu auprès de Neboukadnetsar et lui a demandé un sursis afin qu'il puisse connaître et comprendre le rêve. Chadrak, Méchak, Abed-Nego et Daniel ont alors imploré la miséricorde de Dieu afin de ne pas être exécutés. Au cours de la nuit, Dieu a révélé à Daniel le rêve et son interprétation. Le lendemain matin, après avoir remercié Dieu pour cette révélation, Daniel a été conduit auprès du roi. Il lui a affirmé que seul le Dieu du ciel pouvait résoudre un tel mystère, puis il a déclaré :

> O roi, tu as eu une vision, celle d'une grande statue. Cette statue était immense et d'une splendeur extraordinaire. Elle était debout devant toi, et son aspect était terrible. La tête de cette statue était d'or pur ; sa poitrine et ses bras étaient d'argent ; son ventre et ses cuisses étaient de bronze ; ses jambes, de fer ; ses pieds, en partie de fer et en partie d'argile. Tu regardais, lorsqu'une pierre se détacha sans le secours d'aucune main, frappa les pieds de fer et d'argile de la statue et les réduisit en poussière. Alors le fer, l'argile, le bronze, l'argent et l'or furent pulvérisés ensemble et devinrent comme la balle qui s'échappe d'une aire en été ; le vent les emporta, et nulle trace n'en fut retrouvée. Mais la pierre qui avait frappé la statue devint une grande montagne et remplit toute la terre. (Daniel 2.31-35)

Daniel a expliqué à Neboukadnetsar que son royaume constituait le premier de quatre empires mondiaux. Pendant le règne du quatrième empire, Dieu établirait un royaume qui ne serait jamais détruit. « ... il pulvérisera et anéantira tous ces royaumes-là, et lui-même subsistera éternellement » (Daniel 2.44). Il est étonnant que Dieu ait révélé ses projets à un roi païen. L'Éternel voulait que Neboukadnetsar prenne conscience que les empires érigés par les hommes n'existent qu'en raison de la volonté de Dieu. De plus, tous les royaumes terrestres disparaissent un jour. Seul le royaume de Dieu est éternel.

Un conte de deux royaumes

Neboukadnetsar se considérait comme le roi des rois, mais Daniel lui a fait la remarque suivante : « ... le Dieu des cieux t'a donné le royaume, la puissance, la force et la gloire » (Daniel 2.37).

> De plus, tous les royaumes terrestres disparaissent un jour. Seul le royaume de Dieu est éternel.

L'Éternel allait accomplir son dessein de salut au moyen de ces quatre royaumes, soit les Empires babylonien, médo-perse, grec et romain, comme en témoigne l'histoire. Le Messie n'a-t-il pas instauré son royaume à l'époque du quatrième empire? Pouvons-nous croire avec confiance que Dieu dit toujours la vérité? En parcourant la Galilée, Jésus a proclamé ce message : « Le temps est accompli et le royaume de Dieu est proche. Repentez-vous, et croyez à la bonne nouvelle » (Marc 1.15).

Jésus a-t-il dit la vérité en annonçant que le royaume était proche? Dieu a promis qu'il établirait un royaume à l'époque de l'Empire romain et Jésus a proclamé qu'il s'apprêtait à fonder un royaume. Ce dernier n'est pas visible à nos yeux, mais avant de qualifier Dieu de menteur déloyal, examinons le monde spirituel. Jésus a enseigné les réalités du royaume des cieux à maintes reprises à ses disciples. Peu de temps avant de quitter cette terre, Jésus s'est réjoui de la déclaration de Pierre indiquant que Jésus était le Messie promis. Jésus a immédiatement associé l'Église au royaume des cieux. Il a promis à Pierre que rien n'empêcherait la croissance de l'Église. À titre de leader de l'Église, Pierre détiendrait les clés du royaume des cieux (Matthieu 16.18-19)[115].

4B. LE ROYAUME DE LA LUMIÈRE ET LE ROYAUME DES TÉNÈBRES – DANIEL 7

Les rêves de Daniel l'ont profondément troublé, probablement parce qu'il a appris, entre autres, que le peuple de Dieu endurerait des tribulations après son retour dans la Terre promise. Dieu a néanmoins décidé de le réconforter en lui montrant que la persécution serait de

9 - LA CAPTIVITÉ

courte durée. Dans sa vision, Daniel a vu trois bêtes politiques puissantes : un lion avec des ailes d'aigle représentant Babylone, un ours avec trois côtes entre les dents représentant les Médo-Perses et un léopard avec quatre ailes et quatre têtes, représentant la Grèce. Ces trois bêtes méchantes paraissaient effrayantes et redoutables, mais Dieu a accompli par elles son dessein de salut. Dans la ville de Babylone, le peuple de Juda a été en mesure de conserver son identité nationale. Il a été contraint de vivre en exil, mais a pu garder sa spécificité en formant un groupe ethnique distinct. Après avoir conquis Babylone, Cyrus a encouragé le peuple de Juda et tous les autres Israélites à retourner dans la Terre promise. Enfin, Alexandre le Grand a laissé la langue grecque en héritage à la Palestine. Par conséquent, la Septante (l'Ancien Testament juif) et le Nouveau Testament ont été écrits en grec. À l'époque de Jésus, la majorité des gens comprenaient le grec. Par conséquent, l'Évangile s'est répandu oralement sans difficulté dans plusieurs pays. Dieu achèvera son plan de salut en dépit des efforts répétés de Satan pour le faire échouer.

> Ces trois bêtes méchantes paraissaient effrayantes et redoutables, mais Dieu a accompli par elles son dessein de salut.

Après la mort d'Alexandre le Grand en 323 av. J.-C., le vaste Empire grec a été divisé entre ses généraux. Ptolémée a exercé sa domination sur l'Égypte et la Palestine jusqu'en 311 av. J.-C., date à laquelle Antigone de Phrygie a repris le contrôle de la Palestine. Pendant ce temps, en 321 av. J.-C., le fils du général Antiochus, Séleucus Nicator, amorçait son règne sur Babylone. Les généraux d'Alexandre se sont fait la guerre pendant 22 ans pour obtenir le contrôle des diverses régions de l'Empire. Puis, Antigone est mort en 301 av. J.-C. lors de la bataille d'Ipsos. Par la suite, l'Empire d'Alexandre a été divisé en quatre royaumes principaux. C'est la raison pour laquelle le léopard possède quatre têtes (Daniel 7.6). Séleucus a obtenu la Syrie, la Cappadoce, la Mésopotamie et l'Arménie, tandis que Ptolémée a repris la Palestine[116]. Au cours des cent années qui ont suivi, les rois de la dynastie des Séleucides ont lorgné du côté de la Palestine, notamment en raison de la route commerciale importante qui la traversait, mais ils ne sont pas parvenus à l'arracher aux rois ptolémaïques régnant sur l'Égypte. En outre, Séleucus et ses successeurs n'ont pas aimé que Ptolémée reçoive une récompense après la bataille d'Ipsos parce qu'il s'y était présenté trop tard pour combattre[117].

> Après cela je regardais pendant mes visions nocturnes, et voici une quatrième bête, terrible, effrayante et extraordinairement forte; elle avait de grandes dents de fer; elle mangeait, pulvérisait et foulait aux pieds ce qui restait; elle était différente de toutes les bêtes précédentes et avait dix cornes. Je considérais les cornes, et voici qu'une autre petite corne sortit du milieu d'elles, et trois des premières cornes furent arrachées devant elle; et voici qu'à cette corne, il y avait des yeux comme des yeux d'homme et une bouche qui parlait avec arrogance. (Daniel 7.7-8)

Dans le deuxième chapitre du livre de Daniel, le rêve de Neboukadnetsar évoquait la venue du royaume éternel de Dieu. En revanche, le rêve de Daniel annonçait l'arrivée d'une petite corne dont le royaume serait aux antipodes du royaume de Dieu. Ce roi aurait « une bouche qui [parlerait] avec arrogance ». Il parlerait de Dieu avec mépris, il opprimerait les saints et tenterait de changer la loi de Dieu (Daniel 7.25). L'histoire nous apprend que l'Empire séleucide (198-142 av. J.-C.) a étendu sa domination sur Juda après l'Empire ptolémaïque. Il est intéressant de noter que ces deux empires étaient essentiellement une continuation de l'Empire grec. Au début, le règne des Ptolémées ressemblait fort au pouvoir exercé par Alexandre le Grand. En général, les Juifs jouissaient de paix et de prospérité. Puis, en 198 av. J.-C., en raison de la persécution ptolémaïque, les Juifs se sont alliés à Antiochus III, le roi séleucide, pour chasser les Ptolémées de la Palestine. Par conséquent, la quatrième bête, l'Empire séleucide, a pris le contrôle du pays d'Israël reconstitué[118].

Le roi séleucide, Antiochus Épiphane, a délibérément tenté d'éliminer le judaïsme en obligeant le peuple juif à adorer les dieux grecs. Le Nouveau Testament révèle l'existence d'une personne qui lui ressemble : l'homme impie, « ... l'adversaire qui s'élève au-dessus de tout ce qu'on appelle Dieu ou qu'on adore, et qui va jusqu'à s'asseoir dans le temple de Dieu et se faire passer lui-même pour Dieu » (2 Thessaloniciens 2.4). De même, la bête politique du livre de l'Apocalypse proférera des paroles arrogantes et des blasphèmes et elle fera la guerre aux saints (Apocalypse 13.5-7). Le

9 - LA CAPTIVITÉ

premier niveau d'accomplissement du septième chapitre du livre de Daniel s'applique au régime de terreur établi par Antiochus Épiphane, mais il faut noter que l'homme impie possédera les mêmes caractéristiques que lui. Le paroxysme de toute cette méchanceté se verra à la fin du monde dans la bête politique. Puisque le royaume de Satan cherche sans relâche à détruire le royaume de Dieu, les croyants subissent parfois de cruelles persécutions.

> Cependant, non seulement le type de domination exercé par Satan est-il limité, mais sa durée l'est également.

La bête politique décrite dans le treizième chapitre du livre de l'Apocalypse partage des éléments communs avec les trois premières bêtes du rêve de Daniel. Jean a écrit : « La bête que je vis était semblable à un léopard, ses pattes étaient comme celles d'un ours et sa gueule comme la gueule d'un lion » (Apocalypse 13.2). L'assaut le plus destructeur que Satan mènera contre Dieu et son peuple ressemblera à l'attaque simultanée d'un léopard, d'un ours et d'un lion. Le pire que peut faire la tête dominante d'un tel gouvernement est d'asservir ou de tuer les saints. Satan ne peut annuler l'appartenance du croyant au royaume de Dieu ou l'empêcher de goûter aux joies célestes.

> Je regardais, pendant que l'on plaçait des trônes, l'Ancien des jours s'assit. Son vêtement était blanc comme la neige, et les cheveux de sa tête purs comme de la laine; son trône était comme des flammes de feu, et les roues comme un feu ardent. Un fleuve de feu coulait et sortait de devant lui. Mille milliers le servaient, et des myriades se tenaient en sa présence. Les juges s'assirent, et les livres furent ouverts.
> (Daniel 7.9-10)

Daniel a eu le privilège d'apercevoir la salle du trône céleste. Toutes les paroles arrogantes de la petite corne, l'émissaire de Satan, étaient impuissantes devant l'autorité de l'Ancien des jours. « ... tandis que je regardais, la bête fut tuée et son corps périt, livré au feu pour être brûlé » (Daniel 7.11). De même, à la fin des temps, la bête fut prise, et avec elle le faux prophète... Tous deux furent jetés vivants dans l'étang de feu où brûle le soufre » (Apocalypse 19.20). Ainsi, Antiochus Épiphane et l'Antéchrist se retrouveront ultimement tous les deux dans l'étang de feu. La petite corne a certes reçu le pouvoir de persécuter les saints « pendant un temps, des temps et la moitié d'un temps » (Daniel 7.25). Cependant, non seulement le type de domination exercé par Satan est-il limité, mais sa durée l'est également. La petite corne ne régnera en tyran que pendant un court laps de temps. Charles D. Alexander a livré la réflexion suivante :

> La période indiquée par l'expression « un temps, des temps et la moitié d'un temps » ne doit pas être envisagée comme une période de temps mesurable par l'homme, mais plutôt cachée en Dieu même... Le Dieu Tout-Puissant a fixé les temps et les moments de sa propre autorité (Actes 1.7) et il n'a jamais eu l'intention de donner à l'homme la permission de chercher à connaître le calendrier des événements que sa sagesse omnipotente a décrétés, car ce serait empiéter sur le domaine de la foi. Il suffit que le grand Architecte du temps tienne toutes choses en son pouvoir. L'ordre des événements ne doit pas se substituer à une humble foi remplie d'adoration. Le message... est que les épreuves et les tribulations du peuple de Dieu à travers les âges prendront fin un jour, aussi sûrement qu'elles ont eu un commencement[119].

> Je regardais pendant mes visions nocturnes, et voici que sur les nuées du ciel arriva comme un fils d'homme ; il s'avança vers l'Ancien des jours, et on le fit approcher de lui. On lui donna la domination, l'honneur et la royauté ; et tous les peuples, les nations et les hommes de toutes langues le servirent. Sa domination est une domination éternelle qui ne passera pas, et sa royauté ne sera jamais détruite. (Daniel 7.13-14)

L'Éternel avait préparé son peuple à la naissance, à la mort et à la résurrection de la descendance promise par l'intermédiaire de divers prophètes. Il s'avérait donc tout indiqué que Dieu nous donne également une vision du couronnement du Roi! Quelle victoire triomphale lorsque le Fils de l'homme s'est approché de l'Ancien des jours pour recevoir le royaume! Le Seigneur Jésus a alors reçu autorité sur « tous les peuples, les nations et les hommes de toutes langues ». Sa domination sera universelle et éternelle. En revanche, les empires de Satan sont temporaires et s'écroulent tôt ou tard. Plusieurs années plus tard, Jean a eu une vision de la même cérémonie. Qu'est-ce qui a rendu l'Agneau de Dieu digne d'ouvrir le livre et de recevoir toute autorité sur la terre et dans le ciel? Les quatre êtres vivants et les vingt-quatre anciens l'ont chanté : « Tu es digne de recevoir le livre et d'en ouvrir les sceaux, car tu as été immolé et tu as racheté pour Dieu, par ton sang, des hommes de toute tribu, de toute langue, de tout peuple et de toute nation; tu as fait d'eux un royaume et des sacrificateurs pour notre Dieu, et ils régneront sur la terre » (Apocalypse 5.9-10). Lorsque Jésus est remonté vers le Père, il a reçu la gloire et l'honneur qui lui sont dus. Il a obtenu le droit de gouverner en raison de sa mort et de sa résurrection. Quel jour de joie au ciel!

> Il s'avérait donc tout indiqué que Dieu nous donne également une vision du couronnement du Roi!

4C. ANTIOCHUS ÉPIPHANE

Règne d'Antiochus, roi de l'Empire séleucide – 175-164 av. J.-C.[120]

> ... il s'élèvera un roi impudent et artificieux. Sa puissance s'affermira, mais non par sa propre force; il fera d'incroyables destructions, réussira dans ses entreprises et détruira les puissants et le peuple des saints. À cause de sa prospérité et du succès de ses ruses, il aura de l'arrogance dans le cœur, il détruira beaucoup d'hommes qui vivaient tranquilles et s'élèvera contre le chef des chefs; mais il sera brisé, sans l'effort d'aucune main. (Daniel 8.23-25)

> Des troupes se présenteront sur son ordre; elles profaneront le sanctuaire, la forteresse, elles aboliront le sacrifice perpétuel et dresseront l'abomination du dévastateur. (Daniel 11.31)

Par l'intermédiaire de Daniel, Dieu a mentionné deux royaumes terrestres à venir, soit celui des Médo-Perses et des Grecs (Daniel 8.20-21). Par la suite, l'Empire grec s'est divisé en quatre et « un roi impudent et artificieux » s'est levé. L'histoire nous apprend qu'il s'agit d'Antiochus

Un conte de deux royaumes

Épiphane. En outre, le onzième chapitre du livre de Daniel est remarquable, car il révèle des conflits et des intrigues politiques à venir – concernant particulièrement la Syrie et l'Égypte. Il décrit également l'histoire d'Antiochus Épiphane en détail. C'était un homme ignoble qui a envahi Israël au moment où le peuple vivait en sécurité (Daniel 11.21). Il a blasphémé le nom du seul vrai Dieu et il s'est élevé lui-même au-dessus de tout autre dieu. Certains se sont laissés séduire par sa corruption, mais ceux qui connaissaient l'Éternel et plaçaient en lui leur confiance ont tenu ferme (Daniel 11.32). Il ne fait aucun doute que Dieu connaît toutes choses.

> Il a blasphémé le nom du seul vrai Dieu
> et il s'est élevé lui-même
> au-dessus de tout autre dieu.

L'objectif premier de l'Éternel consistait à avertir la génération qui *vivrait à l'époque d'Antiochus Épiphane*. Cependant, l'expression *l'abomination du dévastateur* se retrouve également dans le Nouveau Testament : « C'est pourquoi, lorsque vous verrez *l'abomination de la désolation* dont a parlé le prophète Daniel, établie dans le lieu saint, que le lecteur fasse attention. Alors, que ceux qui seront en Judée fuient dans les montagnes » (Matthieu 24.15-16). De même, il est écrit : « Lorsque vous verrez *l'abomination de la désolation* établie là où elle ne doit pas être – que le lecteur fasse attention – alors, que ceux qui seront en Judée fuient dans les montagnes » (Marc 13.14). Ces versets révélaient qu'une profanation du temple comparable à la première se produirait de nouveau au cours de l'histoire. Dieu a accompli cette prophétie lorsque la légion romaine a pillé Jérusalem en 70 apr. J.-C.[121] sous le commandement de Titus.

4D. L'ANNONCE DE LA NAISSANCE DE LA DESCENDANCE PROMISE

> Soixante-dix semaines ont été fixées sur ton peuple et sur ta ville sainte, pour faire cesser les crimes et mettre fin aux péchés, pour expier la faute et amener la justice éternelle, pour accomplir la

vision et la prophétie et pour oindre le Saint des saints. Prends donc connaissance et comprends ! Depuis la promulgation de la parole disant de rétablir et de reconstruire Jérusalem jusqu'au prince-messie, il y a sept semaines; et dans soixante-deux semaines, les places et les fossés seront rétablis et reconstruits, mais en des temps d'angoisse. Après les soixante-deux semaines, un messie sera retranché, et il n'aura personne pour lui. (Daniel 9.24-26)

En lisant le livre de Jérémie, Daniel a compris que les soixante-dix ans de captivité tiraient à leur fin. Il a prié et jeûné, revêtu d'un sac et de cendre, et il a avoué devant l'Éternel : « Tout Israël a transgressé ta loi et s'est écarté sans écouter ta voix » (Daniel 9.11). Daniel savait que Dieu agissait avec justice en punissant Israël, mais il l'a supplié de pardonner les péchés de son peuple :

> Mon Dieu, prête l'oreille et écoute! Ouvre les yeux et regarde nos ruines et la ville sur laquelle ton nom est invoqué! Car ce n'est pas à cause de nos œuvres de justice que nous te présentons nos supplications, c'est à cause de tes grandes compassions. Seigneur, écoute! Seigneur, pardonne! Seigneur, sois attentif! Agis et ne tarde pas, par amour pour toi, ô mon Dieu! Car ton nom est invoqué sur ta ville et sur ton peuple. (Daniel 9.18-19)

Pendant que Daniel priait, l'ange Gabriel lui est apparu. Dieu aimait Daniel et voulait que le prophète comprenne les événements à venir. La restauration d'Israël ne constituait qu'une étape dans l'accomplissement du plan de salut de Dieu. La descendance promise allait abolir et faire l'expiation du péché, tout en instaurant une justice éternelle. Les futurs parents connaissent la date approximative de l'arrivée de leur enfant. De même, Dieu a fait connaître à Israël la date de la naissance de son Fils. Le compte à rebours jusqu'à sa naissance s'amorcerait lors du décret permettant aux Israélites de retourner et de reconstruire Jérusalem. Le Chef viendrait 483 ans plus tard.

Les experts ne s'entendent pas sur le décret évoqué par Dieu. En 538 av. J.-C., Cyrus a décrété que quiconque désirait retourner à Jérusalem pour y bâtir le temple de Dieu pouvait s'y rendre (Esdras 1.1). Puis, en 458 av. J.-C., Artaxerxès a publié un décret permettant à Esdras d'aller enseigner au peuple la loi de Dieu[122]. Enfin, en 445 av. J.-C., Artaxerxès a permis par décret à Néhémie de se rendre à Jérusalem afin d'y reconstruire les murs de la ville[122]. Ce travail a été effectué en 52 jours (Néhémie 6.15). Deux problèmes majeurs causent ces différences d'opinions. D'abord, le calendrier juif diffère du calendrier romain. De plus, personne ne connaît la date exacte de la naissance de Jésus. Cependant, l'élément essentiel à retenir est que Jésus est né à la date prévue. Si Jésus, ou quelqu'un d'autre vivant à cette époque, n'était pas le Messie, alors Dieu n'a pas tenu sa promesse. Puisque l'Éternel a révélé à Daniel le moment où l'on devait anticiper la venue de la descendance promise, Matthew Henry a conclu avec justesse que le temps de sa naissance est bel et bien révolu. Le dévoilement de cette date a encouragé les croyants de l'époque de Jésus à attendre avec confiance. C'est peut-être pour cette raison qu'un grand nombre de personnes affluait alors vers Jérusalem. Matthew Henry a également souligné que cette prophétie condamne les non-croyants qui attendent toujours la venue du Messie. « Quel que soit le décret de la reconstruction de Jérusalem que nous choisissons pour compter ces soixante-dix semaines, il est évident qu'ils sont tous échus depuis plus de 1 500 ans[123]. »

Les soixante-dix semaines ou 490 années sont divisées en trois périodes. Au cours des 49 premières années, le temple serait reconstruit et Jérusalem restaurée. Au cours des 434 années suivantes, Dieu demeurerait silencieux, car il n'avait rien de nouveau à annoncer. Il désirait qu'Israël attende et surveille la naissance de son Fils.

> En mourant et en ressuscitant, le Sauveur allait accomplir six tâches importantes dans le domaine spirituel.

Les sept dernières années de cette prophétie se rapportent à l'œuvre du Messie sur la terre. À un moment fixé, à la suite des 483 ans, « un messie sera retranché » (Daniel 9.26). En d'autres termes, il mourra. De cette manière, la descendance promise assumerait la part qui lui était assignée pour acquérir notre salut selon le dessein de Dieu. En mourant et en ressuscitant, le Sauveur allait accomplir six tâches importantes dans le domaine spirituel.

9 - LA CAPTIVITÉ

Le Messie *allait faire cesser les crimes*. Le verbe *cesser* est la traduction du terme hébreu *kala* qui signifie « restreindre, retenir, contenir[124] ». Le mot *crime* vient de l'hébreu *pesha* qui signifie « transgression, rébellion[125] ». Depuis la rébellion d'Adam et Ève dans le jardin d'Éden, Satan a travaillé sans relâche pour bâtir son propre royaume sur la terre. Jusqu'à la venue de Christ, la plupart des gens demeuraient rebelles à leur Créateur. Toute proportion gardée, peu de personnes aimaient véritablement Dieu ou désiraient entretenir avec lui une relation personnelle. La mort et la résurrection de Jésus ont été agréées par Dieu, de sorte qu'il est en mesure de contenir la rébellion. À mesure que le temps passe, un plus grand nombre d'individus se tournent vers le Seigneur. En outre, la foi dans le seul vrai Dieu ne se limite plus à une seule nation. Paul a écrit ceci : « Cet Évangile est parvenu chez vous, tout comme il porte des fruits et fait des progrès dans le monde entier; il en est de même chez vous, depuis le jour où vous avez entendu et connu la grâce de Dieu » (Colossiens 1.6). Des individus provenant de divers pays entendent la Bonne Nouvelle du salut en Christ et souhaitent être réconciliés avec leur Créateur. Il en résulte que la proportion de croyants augmente par rapport à celle des non-croyants. Le royaume de Dieu prend de la force alors que le royaume de Satan décline.

Le Messie *allait mettre fin au péché*. « Mais maintenant, à la fin des siècles, il a paru une seule fois pour abolir le péché par son sacrifice… de même aussi le Christ… s'est offert une seule fois pour porter les péchés d'un grand nombre » (Hébreux 9.26-28). Dans l'Ancien Testament, les sacrificateurs immolaient chaque jour des animaux dans le but d'obtenir le pardon de leurs péchés. En raison du seul et unique sacrifice de Jésus, Dieu pardonnera à quiconque le lui demande. Grâce au Messie, Dieu a réglé le problème du péché qui afflige le monde depuis la rébellion d'Adam et Ève.

Le Messie *allait expier la faute*. Jean a écrit : « Il [Jésus] est lui-même victime expiatoire pour nos péchés, non seulement pour les nôtres, mais aussi pour ceux du monde entier » (1 Jean 2.2). Jésus a pris notre place et il a subi la punition que nous méritions. Quiconque croit que Jésus a payé la dette de ses péchés est réconcilié avec Dieu et n'est plus ennemi de Dieu. C'est de cette manière que Dieu a résolu le problème du péché. Jésus est notre paix, il ouvre le chemin de la paix avec Dieu à toutes les nations et non plus seulement au peuple d'Israël.

Le Messie *allait amener la justice éternelle*. Paul a écrit : « Mais maintenant, sans la loi est manifestée la justice de Dieu, attestée dans la loi et les prophètes, justice de Dieu par la foi en Jésus-Christ pour tous ceux qui croient » (Romains 3.21-22). Lorsque Dieu regarde les croyants, il voit uniquement la justice de son Fils. Il n'exige plus de punition pour leurs péchés, car Jésus a déjà subi cette punition – une fois pour toutes et pour toujours. Par conséquent, les croyants possèdent, par la foi, l'assurance de la vie éternelle. « Celui qui croit au Fils a la vie éternelle » (Jean 3.36).

Le Messie *allait accomplir la vision et la prophétie*. Jésus a déclaré : « Ne pensez pas que je sois venu abolir la loi ou les prophètes. Je suis venu non pour abolir, mais pour accomplir » (Matthieu 5.17). Après sa résurrection, Jésus a fait route vers Emmaüs en compagnie de deux croyants bouleversés et attristés. N'ayant pas reconnu Jésus, ils ont été étonnés que cet étranger ignore tout de la récente crucifixion de leur Maître. Jésus leur a finalement déclaré : « Hommes sans intelligence, et dont le cœur est lent à croire tout ce qu'ont dit les prophètes! Le Christ ne devait-il pas souffrir de la sorte et entrer dans sa gloire? » (Luc 24.25-26). Jésus a poursuivi en leur démontrant que Moïse et les prophètes avaient prédit la mort du Messie. Il a expliqué que Jésus avait rempli les conditions énoncées dans ces prophéties. Il a donc confirmé qu'elles étaient véridiques.

> Dieu allait étendre son influence dans le monde en mobilisant une armée puissante, remplie du Saint-Esprit.

Le Messie *allait oindre le Saint des saints*. Le terme *oindre* est la traduction du mot hébreu *mashach* qui signifie « enduire, oindre[126] ». Une fois la construction du tabernacle achevée, Moïse l'a oint, ainsi que tout ce qu'il contenait, avec de l'huile. Il l'a ainsi sanctifié et consacré au service de Dieu (Exode 40.9). Ensuite, la gloire de l'Éternel a rempli le tabernacle et Dieu a fait du Lieu très-saint sa demeure (Exode 40.35). De même, les croyants sont oints du Saint-Esprit et mis à part pour servir Dieu. Paul a affirmé : « Celui qui... nous a donné l'onction, c'est Dieu. Il nous a aussi marqués de son sceau et a mis dans nos cœurs les arrhes de l'Esprit » (2 Corinthiens 1.21-22). « Je vous exhorte donc, frères, par les compassions de Dieu, à offrir vos corps comme un sacrifice vivant, saint, agréable à Dieu » (Romains 12.1). Ces personnes seront ainsi « utiles à [leur] maître, propres à toute œuvre bonne » (2 Timothée 2.21). Dieu allait étendre son influence dans le monde en mobilisant une armée puissante, remplie du Saint-Esprit. Ces croyants lui obéiraient promptement. Cette armée très sainte est l'Église.

> Le peuple d'un prince qui viendra détruira la ville et le sanctuaire, et sa fin arrivera comme par une inondation; il est résolu que les dévastations dureront jusqu'à la fin de la guerre. Il fera avec beaucoup une solide alliance d'une semaine, et durant la moitié de la semaine il fera cesser le sacrifice et l'offrande; le dévastateur ira à l'extrême des abominations, jusqu'à ce que la ruine et ce qui a été résolu fondent sur le dévastateur. (Daniel 9.26-27)

Dans ces versets, Dieu a entremêlé deux promesses : la destruction de Jérusalem et la mort sacrificielle du Messie. Daniel a dû en être déconcerté. Il s'est peut-être demandé : « L'oint de l'Éternel est censé apporter la paix et l'honneur à Israël. Alors, que signifient ces paroles ? »

> Sa mort au Calvaire a mis fin à la nécessité de sacrifier des animaux. Quiconque n'en tient pas compte méprise la puissance du pardon de Dieu et l'efficacité du sacrifice de Jésus.

Au milieu de la dernière semaine, « il fera cesser le sacrifice et l'offrande ». Pendant trois ans et demi, Jésus a prêché la Bonne Nouvelle du royaume de Dieu à travers la Judée et la Galilée. Puis, il s'est offert lui-même à Dieu au Calvaire, lui le sacrifice parfait, « car il est impossible que le sang des taureaux et des boucs ôte les péchés » (Hébreux 10.4). En versant son sang, Jésus a payé la dette du péché et il a satisfait la justice divine. Sa mort au Calvaire a mis fin à la nécessité de sacrifier des animaux. Quiconque n'en tient pas compte méprise la puissance du pardon de Dieu et l'efficacité du sacrifice de Jésus.

Un conte de deux royaumes

Malheureusement, certains Juifs ont continué à offrir des sacrifices selon la loi de Moïse et ont rejeté le sacrifice parfait de Jésus. C'est pourquoi Dieu est intervenu afin qu'ils mettent un terme à cet affront infligé à son dessein de salut. Le temple devait être détruit. En rejetant le Messie au cours de ces sept années, les Juifs de cette génération qui n'ont pas cru ont scellé leur propre destin. Dans sa grâce, Dieu leur a accordé un délai supplémentaire de quarante années pour se repentir après la résurrection et avant la destruction de Jérusalem. A. R. Fausset l'a exprimé ainsi :

> La dernière semaine (ou les sept dernières années) est constituée des trois ans et demi pendant lesquels Jésus lui-même a prêché aux Juifs et des trois ans et demi pendant lesquels les apôtres ont prêché uniquement aux Juifs. Puis, la persécution survenue après la mort d'Étienne a forcé les évangélistes à aller de Jérusalem vers la Samarie... Dans les faits, Jérusalem n'a pas été détruite avant l'an 70 de notre ère, mais elle est « morte » de façon pratique et théocratique en l'an 33, trois ans et demi après la mort de Christ, car elle n'a pas profité de ce sursis de grâce... *le jour* où Adam a *péché*, il est *mort*, mais dans les faits, il est véritablement mort beaucoup plus tard[127].

Daniel n'a pas compris tout ce que Dieu lui a révélé, mais il a certes saisi les implications de ce qu'il a entendu. Après leur retour d'exil, une fois dans la Terre promise, les Israélites allaient devoir attendre très longtemps la naissance du Messie. En outre, ils devaient s'attendre à subir des persécutions. Daniel a demandé à l'ange : « Mon Seigneur, quelle sera l'issue de ces événements? » (Daniel 12.8).

L'ange lui a répondu que ceux qui demeureraient fidèles jusqu'à la fin de la persécution seraient bénis et que cette dernière durerait au plus 1 290 jours (Daniel 12.11-12). Certains pourraient être tentés de calculer les jours et de demander à Dieu de rendre des comptes, à l'instar de Jonas à Ninive. Cependant, l'Éternel a le droit de choisir le moment où cessera la tribulation. C'est pourquoi il emploie l'expression : « un temps, des temps et la moitié d'un temps » (Daniel 7.25; 12.7; Apocalypse 12.14). L'ange a conclu en disant : « Et toi, marche jusqu'à la fin; tu reposeras et tu te lèveras pour ton héritage à la fin des jours » (Daniel 12.13).

9 - LA CAPTIVITÉ

Bien que déconcerté par ces paroles, Daniel a cru que Dieu tient ses promesses. Le Messie allait naître au moment fixé. Son royaume serait éternel et le péché serait aboli. Quant à Daniel, il reviendrait un jour à la vie. Ces promesses constituent l'espérance de tous les croyants.

Pistes de réflexion

1. Tout comme les Édomites n'ont pu le faire, il est impossible pour quiconque de se cacher de Dieu.

2. Dieu désire que nous soyons conciliants et satisfaits en dépit des changements dans notre vie et il avait les mêmes attentes à l'égard du peuple de Juda.

3. Dieu connaît intimement chaque personne, jusqu'aux moindres détails de sa vie. Cette vérité devrait réconforter les croyants, mais troubler les non-croyants.

4. À l'instar d'Ézéchiel, nous avons besoin de l'œuvre du Saint-Esprit dans nos cœurs pour comprendre les réalités spirituelles.

5. Par l'intermédiaire de Daniel, Dieu a dévoilé de façon sommaire sa solution au problème du péché. Il en résultera un royaume éternel exempt du péché et un jugement éternel pour Satan et ses adeptes.

10

Une seconde chance pour Israël

1. L'édit de Cyrus

En ramenant les Israélites dans la Terre promise,
Dieu poursuit son plan de salut.

Règne de Cyrus, roi de Perse : 558-529 av. J.-C.[128]

Après avoir vécu dans le nord de l'Ontario pendant vingt-cinq ans, Barry a quitté sa famille avec tristesse et est monté à bord d'un autocar en direction de Toronto et d'un nouvel emploi. Philip et moi sommes restés à North Bay pour vendre la maison. Que de fois nous avons fait la route jusque chez ma belle-mère dans notre familiale remplie de boîtes. Elle a gentiment accepté de libérer quelques pièces de sa maison afin que nous y entreposions nos effets personnels. Il s'est passé six mois avant que Barry et moi déménagions dans notre propre maison à Innisfil.

> Le retour des Israélites dans la Terre promise constituait une étape essentielle dans le dessein de salut conçu par Dieu.

Nous nous sentions comme les Israélites retournant dans la Terre promise, à la différence que ce déménagement nous laissait une impression douce-amère.

Un conte de deux royaumes

Je me demande quelle a été la réaction du peuple de Dieu en 538 av. J.-C. lorsque Cyrus est parvenu à annexer l'Empire babylonien à son royaume[129]. Il est étonnant que dès la première année de son règne sur Babylone, ce roi païen ait démontré de la bienveillance envers un petit groupe de ses sujets, les Israélites. Cyrus a fait la proclamation suivante :

> L'Éternel, le Dieu des cieux, m'a donné tous les royaumes de la terre, et il m'a chargé de lui bâtir une maison à Jérusalem, qui est en Juda. Qui d'entre vous appartient à son peuple? Que son Dieu soit avec lui, et qu'il monte à Jérusalem qui se trouve en Juda et bâtisse la maison de l'Éternel, le Dieu d'Israël. C'est le Dieu qui est à Jérusalem. (Esdras 1.2-3)

Un grand nombre d'Israélites ont entrepris avec joie les préparatifs de retour dans leur pays. Leurs voisins leur ont offert de l'argent, du bétail et des objets d'or et d'argent. Zorobabel, le leader politique descendant de David, et Josué, le souverain sacrificateur, ont guidé 42 358 Israélites et 7 337 serviteurs vers la Terre promise (Esdras 2.64-65). Des rires et des chants de joie ont retenti tout au long du voyage. Ils avaient l'impression de rêver. Ils louaient Dieu en disant : « L'Éternel a fait pour nous de grandes choses; nous sommes dans la joie » (Psaume 126.3).

Le peuple ravi s'est installé sans tarder, chacun dans sa ville. Certains ont apporté avec plaisir des offrandes volontaires afin d'aider à la reconstruction du temple. Puis, sept mois plus tard, tout le peuple s'est assemblé à Jérusalem pour célébrer la Fête des Huttes. Ils ont offert les sacrifices du matin et du soir comme il était prescrit dans la loi de Moïse, en dépit de leur crainte des populations voisines. Le peuple tenait à rendre un culte à Dieu, même si les fondations du temple n'étaient pas encore posées. Dieu a respecté sa promesse et il a libéré Israël d'une domination étrangère à deux reprises – d'abord en Égypte, puis à Babylone. À deux reprises, les nations ont été forcées de reconnaître la grande puissance du Dieu d'Israël. Lorsque les exilés ont quitté Babylone, les autres nations se sont exclamées : « L'Éternel a fait pour eux de grandes choses! » (Psaume 126.2).

Le retour des exilés dans la Terre promise représentait un témoignage évident de la puissance de Dieu. Il prouvait également que Dieu dit toujours la vérité et tient toujours ses promesses. Le retour des Israélites dans la Terre promise constituait une étape essentielle dans le dessein de salut conçu par Dieu. Si Dieu a pu rassembler une nation dispersée aux quatre coins de l'Empire médo-perse, il peut certes réaliser ses desseins dans le domaine spirituel. La descendance promise devait naître au sein d'une famille, dans un vrai pays. Par conséquent, Dieu a choisi Bethléem en Judée comme lieu de naissance de Jésus. La descendance promise devait grandir dans un pays où l'on adorait Dieu et où sa Loi était reconnue.

Deux ans plus tard, lorsque les ouvriers ont posé les fondations du temple, les sacrificateurs ont sonné de la trompette et les Lévites ont fait retentir les cymbales « ... louant et célébrant l'Éternel par ces paroles : Car il est bon, car sa bienveillance pour Israël dure à toujours! » (Esdras 3.11).

Au début, tout le peuple poussait des cris de joie. Mais en repensant au temple de Salomon, certains ont commencé à se lamenter à grand bruit. Ils ne pouvaient se faire à l'idée que cet édifice remplacerait le premier temple, car il ne serait jamais aussi beau, ni aussi imposant que l'original. « ... le peuple ne pouvait distinguer le bruit de la clameur de joie d'avec le bruit des pleurs, car le peuple faisait retentir une grande clameur dont le bruit s'entendait de très loin » (Esdras 3.13). Au cours de cette période, leurs adversaires ont tenté de nuire à la construction du temple en intimidant le peuple : « ... ils gagnèrent à prix d'argent des conseillers pour faire échouer son entreprise » (Esdras 4.5). Leurs ennemis sont ainsi parvenus à faire cesser les travaux pendant plusieurs années.

2. Aggée : La construction du temple

Date de rédaction : 520 av. J.-C.[130]
Il a prophétisé 18 ans après l'édit de Cyrus.

Règne de Darius, roi de Perse : 521-485 av. J.-C.[129]

Le peuple savait que l'Éternel voulait qu'ils construisent le temple, mais ils remettaient continuellement ce travail à plus tard. Ils se disaient : « Le temps n'est pas venu, le temps où la Maison de l'Éternel doit être rebâtie » (Aggée 1.2).

L'Éternel leur a donc adressé des reproches par l'intermédiaire d'Aggée :

Un conte de deux royaumes

Réfléchissez à votre conduite! Vous avez beaucoup semé et vous rapportez peu, vous mangez sans être rassasiés, vous buvez, mais pas à votre soûl, vous êtes vêtus sans avoir chaud; le salarié reçoit son salaire dans un sac percé... Réfléchissez à votre conduite! Montez sur la montagne, apportez du bois et bâtissez la Maison; j'y prendrai plaisir et je la glorifierai... Vous comptiez sur beaucoup, et voici que vous avez eu peu; vous l'avez rapporté à la maison, mais j'ai soufflé dessus. À cause de quoi?... À cause de ma Maison qui est en ruines, tandis que vous vous empressez chacun pour sa maison. (Aggée 1.5-9)

Le gouverneur Zorobabel, le souverain sacrificateur Josué et tout le peuple ont écouté Aggée, ils ont obéi à Dieu et ont entrepris de bâtir le temple.

Car ainsi parle l'Éternel des armées : Une fois encore, et dans peu de temps, j'ébranlerai le ciel et la terre, la mer et la terre ferme; j'ébranlerai toutes les nations; les biens les plus enviables de toutes les nations viendront, et je remplirai de gloire cette Maison, dit l'Éternel des armées. L'argent est à moi, et l'or est à moi – oracle de l'Éternel des armées. La gloire de cette dernière Maison sera plus grande que celle de la première, dit l'Éternel des armées; et c'est dans ce lieu que je donnerai la paix – oracle de l'Éternel des armées. (Aggée 2.6-9)

> En dépit du fait que le temple de Zorobabel ne serait pas aussi magnifique que celui de Salomon, il était destiné à recevoir l'honneur suprême.

La descendance promise, le Sauveur, constitue *le Bien le plus enviable de toutes les nations*. Lui seul peut écraser le pouvoir de Satan et réconcilier Dieu et les êtres humains. En dépit du fait que le temple de Zorobabel ne serait pas aussi magnifique que celui de Salomon, il était destiné à recevoir l'honneur suprême. La descendance promise et glorieuse en franchirait un jour les portes. Plusieurs y trouveraient la paix avec Dieu en plaçant leur confiance en Jésus, leur Sauveur.

3. Zacharie

Date de rédaction des chapitres 1 à 8 : environ 520 à 518 av. J.-C.
Date de rédaction des chapitres 9 à 14 : environ 480 av. J.-C.[131]

Son ministère de prophète a commencé 18 ans après l'édit de Cyrus et s'est terminé 305 ans avant le début du règne d'Antiochus Épiphane.

3A. LA CONSTRUCTION DU TEMPLE

Dieu a appelé Zacharie et Aggée à exhorter les Israélites à terminer la construction du temple. Par l'intermédiaire de Zacharie, Dieu a déclaré : « Je reviens à Jérusalem avec compassion; ma Maison y sera rebâtie » (Zacharie 1.16). L'Éternel a promis de protéger la ville en l'entourant comme une muraille de feu et en habitant au milieu d'elle (Zacharie 2.9). Les Israélites n'ont pas à craindre leurs ennemis, car ils sont pour Dieu « la prunelle de son œil » (Zacharie 2.11).

Satan a voulu porter atteinte à la vie spirituelle du souverain sacrificateur Josué et il a déposé contre lui toutes sortes d'accusations, mais Dieu lui a répliqué : « Que l'Éternel te réprime, Satan! Que l'Éternel te réprime, lui qui a fait porter son choix sur Jérusalem! N'est-ce pas là un tison arraché du feu? » (Zacharie 3.2). Puis, Dieu s'est adressé à Josué : « Vois, je t'enlève ta faute pour te revêtir d'habits précieux » (Zacharie 3.4).

Josué savait que Dieu lui avait pardonné ses péchés. Même si Jésus n'en avait pas encore payé la dette, Josué n'était plus coupable aux yeux de l'Éternel. Par conséquent, les vêtements sales de Josué lui ont été symboliquement retirés et Dieu le voyait revêtu de vêtements propres. L'Éternel a également promis : « J'ôterai la faute de ce pays, en un seul jour » (Zacharie 3.9). Cette prophétie s'est accomplie le jour où Jésus est mort à la croix.

Zorobabel et Josué ont été choisis par Dieu pour rebâtir le temple, le premier en qualité de leader politique et le deuxième, de leader spirituel. Ces deux hommes ressemblaient à deux rameaux d'olivier plantés par Dieu pour servir en sa présence (Zacharie 4.12-14). Dieu veillerait à ce qu'ils terminent leur tâche de reconstruction du temple en les protégeant des opposants. De même, les deux témoins mentionnés dans le livre de l'Apocalypse sont décrits comme deux oliviers (Apocalypse 11.4). À l'instar de Zorobabel et de Josué, Dieu les oindra pour accomplir la tâche particulière qui consiste à prêcher les Écritures à la dernière génération qui vivra à Jérusalem.

De quelle manière Zorobabel et Josué accompliraient-ils leur travail? L'Éternel a déclaré à Zorobabel : « Ce n'est ni par la puissance, ni par la force, mais c'est par mon Esprit » (Zacharie 4.6). Puis, dans l'éventualité où Zorobabel aurait honte du nouveau temple, l'Éternel l'a encouragé en ces termes : « Qui donc a méprisé le jour des petits commencements? L'on se réjouira en voyant le fil à plomb dans la main de Zorobabel » (Zacharie 4.10).

Zacharie a affirmé à Josué et à ses compagnons qu'ils servaient de présages pour des événements à venir entourant la venue du serviteur, le germe (Zacharie 3.8). Plus tard, trois exilés sont revenus de Babylone en apportant des objets d'or et d'argent pour le temple. Au lieu d'employer ces métaux précieux au service du temple, l'Éternel a demandé à Zacharie d'en fabriquer une couronne et de la poser « sur la tête du souverain sacrificateur Josué, fils de Yehotsadaq » (Zacharie 6.11). Puis, l'Éternel a ajouté : « Voici un homme, dont le nom est germe, il germera là où il est et bâtira le temple de l'Éternel. C'est lui qui bâtira le temple de l'Éternel; il portera les insignes de la majesté; il siègera et dominera sur son trône. Il y aura d'autre part un sacrificateur sur son trône, et une parfaite union règnera entre l'un et l'autre » (Zacharie 6.12-13).

Aucun autre sacrificateur israélite n'a porté de couronne dans les Écritures. Et encore, soulignons que Josué ne l'a gardée qu'un court instant, le temps que Dieu présente une image de son Fils, le Germe, qui serait le Roi Sacrificateur. Jésus a enseigné à ses disciples : « Moi, je suis le cep; vous, les sarments. Celui qui demeure en moi, comme moi en lui porte beaucoup de fruit, car sans moi, vous ne pouvez rien faire » (Jean 15.5). En qualité de Germe, Jésus est la seule source de vie éternelle. L'Éternel a mandaté Josué pour qu'il bâtisse le temple physique. En revanche, Jésus travaille à bâtir un temple spirituel dont les croyants forment les pierres. Paul a écrit : « Ne savez-vous pas que vous êtes le temple de Dieu, et que l'Esprit de Dieu habite en vous? » (1 Corinthiens 3.16).

518 av. J.-C. – Zacharie 7.1

Lorsque le peuple s'est découragé devant l'ampleur de la tâche, Dieu a déclaré : « Prenez courage… pour rebâtir cet édifice! » (Zacharie 8.9, [version du Semeur]). Par l'intermédiaire de Zacharie, Dieu leur a donné des instructions et les a exhortés à n'éprouver aucune crainte : « … j'ai résolu en ces jours de faire du bien à Jérusalem et à la maison de Juda. Soyez sans crainte!... Dites la vérité chacun à son prochain, jugez dans vos portes selon la vérité et selon un jugement de paix; que nul en son cœur ne médite le mal contre son prochain. N'aimez pas le faux serment, car ce sont là toutes choses pour lesquelles j'ai de la haine » (Zacharie 8.15-17). Se tournant vers l'avenir, Dieu se voyait habiter dans le temple achevé, pendant que des hommes et des femmes âgés assis sur les places regarderaient jouer les enfants (Zacharie 8.4-5).

516 av. J.-C. – Esdras 6.15

Les Israélites ont prospéré durant le ministère prophétique d'Aggée et de Zacharie, de sorte qu'ils ont terminé la construction du temple. Ils ont inauguré la maison de Dieu avec joie : « Ils établirent les sacrificateurs selon leurs classes et les Lévites selon leurs divisions pour le service de Dieu à Jérusalem » (Esdras 6.18).

3B. LES DEUX RÉALITÉS SPIRITUELLES – ZACHARIE 5-6

Zacharie a été béni, car l'Éternel lui a révélé deux réalités spirituelles importantes. Il est vrai que la malédiction du péché s'étend au monde entier, mais Dieu est plus puissant que le péché. Dans le but d'encourager Zacharie, Dieu lui a montré un immense rouleau volant sur lequel des mots étaient écrits. Zacharie l'a expliqué ainsi : « C'est la malédiction qui se répand à la surface de tout le pays; en effet d'après elle tout voleur sera chassé d'ici, et, d'après elle tout parjure sera chassé d'ici » (Zacharie 5.3). En d'autres termes, les pécheurs seront punis.

Ensuite, Zacharie a vu la méchanceté personnifiée sous les traits d'une femme à l'intérieur d'un boisseau fermé, et qui a été transporté jusqu'à Babylone. La fausse religion y bâtirait là une maison pour la méchanceté (Zacharie 5.6-11). Tant que ce monde subsistera, Satan aura toujours ses lieux de culte, tout comme Dieu a les siens. Notons, cependant, que la femme a été jetée dans le boisseau, transportée jusqu'à Babylone et déposée à sa place. De même, Dieu a fixé des limites à Satan. Le royaume de Satan existe réellement, mais l'Éternel exerce sur lui un parfait contrôle. Zacharie a vu quatre chars, représentant les quatre vents des cieux, et qui sont sortis de la présence de Dieu pour parcourir la terre (Zacharie 6.1-5). Remarquez leur ressemblance avec les quatre cavaliers décrits dans le sixième chapitre du livre de l'Apocalypse. Les chars tirés pas des chevaux roux, noirs, blancs et bruns tachetés sont puissants. Dieu allait accomplir ses desseins quels que soient les agissements de Satan. La descendance promise allait naître comme prévu.

> Tant que ce monde subsistera,
> Satan aura toujours ses lieux de culte,
> tout comme Dieu a les siens.

3C. LE JUGEMENT ET LE SALUT DE DIEU – ZACHARIE 9-14

> Je les disperserai parmi les peuples, et au loin ils se souviendront de moi; ils vivront avec leurs fils, et ils reviendront. Je les ferai revenir du pays d'Égypte et je les rassemblerai de l'Assyrie. (Zacharie 10.9-10)

Dieu a honoré sa promesse et il a accordé la délivrance physique à ceux qui se sont repentis de leurs péchés. Ainsi, à l'époque de Zacharie, les Israélites étaient libres de retourner dans la Terre promise. Plusieurs ont cependant choisi de demeurer là où ils se trouvaient. La vie était difficile en Juda et Dieu a encouragé les rapatriés en leur promettant que d'autres exilés se joindraient à eux. Certains ont quitté Babylone avec Esdras en 458 av. J.-C.[132] Il leur a enseigné la loi de Dieu afin qu'ils obéissent avec amour à l'Éternel. D'autres ont repris le chemin de leur pays avec Néhémie lorsqu'il est parti de Babylone pour reconstruire les murs de Jérusalem en 445 av. J.-C.[132] Contrairement à l'exode massif du peuple qui avait quitté l'Égypte sous la direction de Moïse, le retour dans la Terre promise s'est effectué progressivement et dépendait du choix personnel de chaque individu. Selon Matthew Henry : « Certains croient que la prophétie concernant le retour d'Égypte s'est accomplie de façon littérale

10 - UNE SECONDE CHANCE POUR ISRAËL

lorsque Ptolémée II Philadelphe, roi d'Égypte, a renvoyé 120 000 Juifs de son pays vers leur propre patrie. De même, ils considèrent que la promesse de *les rassembler* de l'Assyrie a été réalisée par Alexandre, le fils d'Antiochus Épiphane[133]. » Dans les chapitres 9 à 13 du livre de Zacharie, Dieu a donné au prophète un aperçu de la semaine précédant la mort de Jésus. Ces derniers jours constituent le point culminant du dessein de salut conçu par Dieu dans le domaine spirituel. Son Fils allait mourir et ressusciter. Par la mort et la résurrection de Jésus, la descendance promise paierait la dette du péché et réconcilierait les croyants avec Dieu.

> Contrairement à l'exode massif du peuple qui avait quitté l'Égypte sous la direction de Moïse, le retour dans la Terre promise s'est effectué progressivement et dépendait du choix personnel de chaque individu.

Sois transportée d'allégresse, fille de Sion! Lance des clameurs, fille de Jérusalem! Voici ton roi, il vient à toi; il est juste et victorieux, il est humble et monté sur un âne, sur un ânon, le petit d'une ânesse. (Zacharie 9.9)

Cinq jours avant la Pâque, Jésus a envoyé deux de ses disciples à Bethphagé afin qu'ils ramènent un ânon que personne n'avait encore monté. Les disciples ont jeté leurs vêtements sur l'ânon et Jésus s'y est assis. À mesure qu'il progressait vers Jérusalem, la foule l'entourait et criait : « Hosanna! Béni soit celui qui vient au nom du Seigneur! Béni soit le règne qui vient, le règne de David, notre Père! Hosanna dans les lieux très hauts! » (Marc 11.9-10). Plusieurs personnes ont jeté des vêtements et des branches de palmier sur la route où Jésus passait. Quelle arrivée pour Jésus, le Roi des rois, qui venait prendre possession de son royaume sans cheval, sans char magnifique, mais humblement monté sur un ânon! En entrant à Jérusalem sur un âne ce jour-là, Jésus a accompli la prophétie de Zacharie (Jean 12.14-15).

C'est pourquoi ils sont errants comme du menu bétail, ils sont malheureux parce qu'il n'y a point de berger. (Zacharie 10.2)

Pendant trois ans et demi, les foules se sont rassemblées autour de Jésus à plusieurs reprises pour l'écouter parler ou le voir guérir les malades. Matthieu a alors constaté ce qui suit : « À la vue des foules, il en eut compassion, car elles étaient lassées et abattues comme des brebis qui n'ont pas de bergers » (Matthieu 9.36).

> Quelle arrivée pour Jésus, le Roi des rois, qui venait prendre possession de son royaume sans cheval, sans char magnifique, mais humblement monté sur un ânon!

Et pour toi, à cause du sang de ton alliance, j'ai relâché tes prisonniers de la fosse où il n'y a point d'eau. (Zacharie 9.11)

Lors de son dernier repas, Jésus a distribué à ses disciples une coupe remplie de vin en disant : « ... ceci est mon sang, le sang de l'alliance qui est répandu pour beaucoup, pour le pardon des péchés » (Matthieu 26.28)[134]. Quelle assurance possédait Zacharie! Le Roi viendrait et paierait la dette de ses péchés.

Épée, réveille-toi contre mon berger, et contre l'homme qui est mon compatriote! – Oracle de l'Éternel des armées. Frappe le berger, et que les brebis se disséminent! Et je tournerai ma main vers les petits. (Zacharie 13.7)

En marchant vers le jardin de Gethsémané après leur dernier repas ensemble, Jésus a prévenu ses disciples qu'ils l'abandonneraient tous. Puis il a ajouté, juste avant son arrestation : « Vous trouverez tous une occasion de chute, car il est écrit : Je frapperai le berger, et les brebis seront dispersées » (Marc 14.27).

10 - UNE SECONDE CHANCE POUR ISRAËL

Complètement bouleversé, Pierre a protesté : « Quand tous trouveraient une occasion de chute, moi pas » (Marc 14.29), et les autres disciples ont abondé dans le même sens. Pourtant, lorsqu'un groupe de sacrificateurs et d'anciens sont venus arrêter Jésus peu de temps après cette conversation, tous les disciples ont pris la fuite.

> Je leur dis : Si vous le trouvez bon, donnez-moi mon salaire; sinon, ne le faites pas. Ils pesèrent pour mon salaire trente pièces d'argent. L'Éternel me dit : Jette-le au potier, ce prix magnifique auquel ils m'ont estimé! Je pris les trente pièces d'argent, et je les jetai dans la Maison de l'Éternel, pour le potier. (Zacharie 11.12-13)

Six jours avant la Pâque, Marie de Béthanie a répandu sur les pieds de Jésus un vase de parfum de nard pur d'une très grande valeur. C'en était trop pour Judas Iscariot (Jean 12.1-11). Il s'est immédiatement rendu auprès des principaux sacrificateurs et il a offert de leur livrer Jésus. En retour, ils ont convenu de lui payer trente pièces d'argent. « Il accepta et se mit à chercher une occasion favorable pour leur livrer Jésus à l'insu de la foule » (Luc 22.6). C'est ainsi que le soir de la Pâque, Judas a conduit une foule bigarrée jusqu'au jardin de Gethsémané. « Aussitôt, il s'approcha de Jésus, en disant : Salut, Rabbi! Et il l'embrassa. Jésus lui dit : Ami, ce que tu es venu faire, fais-le » (Matthieu 26.49-50).

Par la suite, Judas a regretté son geste, mais il était trop tard. Les sacrificateurs ont refusé de reprendre l'argent. Judas a donc jeté les pièces dans le temple, il a quitté les lieux et est allé se pendre (Matthieu 27.3-5). Les principaux sacrificateurs ne pouvaient remettre cet argent dans le trésor sacré, car il était entaché de sang. Sans le savoir, ils ont accompli la prophétie suivante : « Et, après en avoir délibéré, ils achetèrent avec cet argent le champ du potier, pour la sépulture des étrangers » (Matthieu 27.7).

> Alors je répandrai sur la maison de David et sur les habitants de Jérusalem un esprit de grâce et de supplication, et ils tourneront les regards vers moi, celui qu'ils ont transpercé. Ils porteront son deuil comme on porte le deuil d'un fils unique, ils pleureront amèrement sur lui, aussi amèrement que sur un premier-né. (Zacharie 12.10)

Les Juifs ne voulaient pas que les corps des criminels soient laissés sur leurs croix pendant le sabbat. Pilate a donc permis aux soldats de leur briser les jambes afin de pouvoir disposer de leurs corps. Voyant que Jésus était déjà mort, « un des soldats lui perça le côté avec une lance, et aussitôt, il sortit de l'eau et du sang » (Jean 19.34). Jean a attesté que les soldats avaient accompli cette prophétie : « Ils regarderont à celui qu'ils ont percé » (Jean 19.37).

À la Pentecôte, plusieurs Juifs ont été bouleversés en apprenant que ce Jésus qui avait été crucifié était le Seigneur et le Christ. Ils se sont écriés : « Frères, que ferons-nous? » (Actes 2.37). Ce jour-là, environ 3 000 personnes ont pleuré à cause de leurs péchés et ont demandé à Dieu de leur pardonner (Actes 2.41).

À la fin des temps, toute personne morte ou vivante sera témoin du retour de Jésus. Plusieurs pleureront amèrement en découvrant que les paroles de Jésus étaient vraies, mais qu'ils ont rejeté le salut offert par Dieu. Jean a déclaré : « Voici qu'il vient avec les nuées. Tout homme le verra, même ceux qui l'ont percé; et toutes les tribus de la terre se lamenteront à son sujet. Oui, amen! » (Apocalypse 1.7).

> Ce jour-là, une source jaillira pour la famille de David et les habitants de Jérusalem, pour laver péché et souillure. (Zacharie 13.1, [version Segond 21])

Jean a affirmé : « ... le sang de Jésus son Fils nous purifie de tout péché » (1 Jean 1.7). Comment pouvez-vous posséder l'assurance que la dette de vos péchés a été payée? Si Dieu dit la vérité, le sang que Jésus a versé satisfait la justice divine. Si vous reconnaissez que Jésus a été puni à votre place, alors Dieu vous purifiera de vos péchés. Zacharie a évoqué l'image d'une fontaine remplie du sang de Jésus qui se déverse sur le croyant. Dans le sens spirituel du terme, chacun de nous doit être lavé dans la fontaine du sang de Jésus.

> Menace, parole de l'Éternel sur le pays de Hadrak : Elle s'arrête sur Damas, car à l'Éternel appartient l'être humain, comme toutes les tribus d'Israël. (Zacharie 9.1)

Le règne d'Antiochus Épiphane, roi de l'Empire séleucide – 175-164 av. J.-C.[135]

Ces chapitres traitent également d'un autre thème – celui du jugement de Dieu contre les non-croyants. Dieu porte son attention sur Antiochus Épiphane et sur ceux qui vivront à la fin des temps. À l'époque où Zacharie a prêché, aucun différend n'opposait Israël à la Syrie, car ces deux pays se trouvaient sous la domination perse. Avec le recul cependant, nous constatons que la menace la plus sérieuse pour Israël est ensuite venue de la Syrie, d'Antiochus Épiphane. Cependant, cette prophétie allait constituer une consolation pour la génération qui subirait ses attaques. L'Éternel a promis la destruction des forces qui s'allieraient à Antiochus. Dieu consumerait Tyr par le feu et les Philistins seraient anéantis (Zacharie 9.4-6).

> L'Éternel au-dessus d'eux apparaîtra, et sa flèche partira comme l'éclair; le Seigneur, l'Éternel, sonnera du cor, il s'avancera dans l'ouragan du midi. L'Éternel des armées les protègera; ils dévoreront, ils écraseront les pierres de la fronde... L'Éternel, leur Dieu, les sauvera en ce jour-là, comme le troupeau de son peuple. (Zacharie 9.14-16)

> Dieu a promis de marcher avec eux à la bataille, de les protéger, de détruire l'ennemi et de sauver son peuple.

Dieu a promis de marcher avec eux à la bataille, de les protéger, de détruire l'ennemi et de sauver son peuple. « Car ils sont les pierres d'un diadème, scintillantes sur son sol » (Zacharie 9.16). Jérusalem et Juda seraient certes assiégés (Zacharie 12.2), mais Dieu viendrait à leur secours et détruirait les nations qui les avaient attaqués. Il a promis : « En ce jour-là, je chercherai à détruire toutes les nations qui viendront contre

Jérusalem » (Zacharie 12.9). Grâce à la foi courageuse des Maccabées, Dieu a permis à Israël de reconquérir la Terre promise[136].

> L'Éternel sortira et combattra ces nations, comme au jour où il combat, au jour de la bataille. Ses pieds se placeront en ce jour-là sur le mont des Oliviers, qui est vis-à-vis de Jérusalem, du côté de l'orient; le mont des Oliviers se fendra par le milieu, vers l'est et vers l'ouest, en une très grande vallée : Une moitié de la montagne reculera vers le nord et l'autre moitié vers le sud. (Zacharie 14.3-4)

On n'a rapporté aucun tremblement de terre à l'époque d'Antiochus. Depuis ce temps et jusqu'à maintenant, le mont des Oliviers n'a subi aucune transformation majeure. Par conséquent, la bataille mentionnée dans ce passage correspond sans doute à un événement à venir. Tout comme Dieu a combattu pour les siens afin de vaincre Antiochus Épiphane, il combattra à nouveau à la fin des temps. Pendant qu'Ézéchiel se trouvait à Babylone, Dieu lui a montré une vision de la gloire de l'Éternel qui se tenait sur la montagne, à l'est de Jérusalem (Ézéchiel 11.23). De même, un jour, Jésus se tiendra à nouveau sur le mont des Oliviers – spirituellement parlant – et il contemplera sa cité bien-aimée. Pleurera-t-il à cause de l'incrédulité de ses habitants comme il l'a fait autrefois? À sa parole, il se produira un violent tremblement de terre et les survivants fuiront pour se mettre à l'abri (Zacharie 14.5). Ce même tremblement de terre est décrit dans le onzième chapitre du livre de l'Apocalypse. Plusieurs individus seront sauvés à Jérusalem en raison de cet événement. Ce désastre naturel conduira au jugement pour les uns et au salut pour les autres.

> Ce sera un jour unique, connu de l'Éternel, et qui ne sera ni jour ni nuit; mais vers le soir la lumière paraîtra. (Zacharie 14.7)

Ce jour unique, tant attendu des croyants, est le retour de Christ. « Alors, de deux hommes qui seront dans un champ, l'un sera pris et l'autre laissé, de deux femmes qui moudront à la meule, l'une sera prise et l'autre laissée » (Matthieu 24.40-41). Aucune erreur ne sera commise ce jour-là. À la voix d'un archange, Jésus descendra du ciel avec ses anges et tous le verront (Apocalypse 1.7). Jésus viendra pour juger, il rassemblera auprès de lui ses rachetés et il livrera les incrédules à la souffrance de la colère du Dieu Tout-puissant. « Car le Fils de l'homme va venir dans la gloire de son Père avec ses anges, et alors il rendra à chacun selon sa manière d'agir » (Matthieu 16.27).

Alors tous ceux qui subsisteront de toutes les nations venues contre Jérusalem monteront chaque année pour se prosterner devant le roi, l'Éternel des armées, et pour célébrer la fête des Huttes. (Zacharie 14.16)

> Ce jour unique, tant attendu des croyants, est le retour de Christ.

À la fin des temps, il ne restera aucun survivant (Apocalypse 16.17-21; 20.9). C'est pourquoi les survivants mentionnés dans ce verset renvoient probablement aux rescapés de l'époque des Maccabées. De plus, la réinstauration du système sacrificiel près de la fin des temps constituerait un affront au sang de Jésus. Dieu a détruit le temple en 70 apr. J.-C. afin que cessent les sacrifices d'animaux. Pour quelle raison les mettrait-il de nouveau en place ? Par conséquent, cette image de l'adoration universelle de Dieu à Jérusalem correspond assurément à une promesse du temps de l'Ancien Testament. Les Israélites devaient obéir aux commandements de Dieu pour recevoir le fruit de leurs attentes. C'est pourquoi George B. Fletcher a fait la remarque suivante :

> Les promesses de bénédictions et de malédictions s'appliquant à Israël après la captivité étaient *conditionnelles*. Ainsi, ils ont expérimenté le bien et le mal selon leur obéissance ou leur désobéissance. Cette prophétie annonçant que les nations viendraient à Jérusalem pour célébrer la fête des Huttes s'accorde avec les autres prédictions ayant trait à la grandeur et à la suprématie juives. Cette affluence des nations aurait servi à le démontrer. Cependant, les Juifs ne sont jamais parvenus à imposer cette suprématie et par conséquent, les autres nations n'ont jamais entretenu ce type de relation avec eux. Jérusalem n'est pas devenue la Mecque des nations, car elle n'en était pas digne[137].

Un conte de deux royaumes

Et il n'y aura plus de Cananéen dans la maison de l'Éternel des armées, en ce jour-là. (Zacharie 14.21, [version Darby])

Le terme *Cananéen* est synonyme de péché[138]. Zacharie termine son livre en nous donnant un aperçu de l'éternité, au moment où la maison de Dieu sera entièrement délivrée du péché. Les non-croyants ne pourront pas entrer dans la demeure de Dieu. Le péché ne disparaîtra complètement que dans les nouveaux cieux et sur la nouvelle terre[139].

4. Esther : Le peuple sauvé de la destruction

Dieu a poursuivi son dessein de salut en protégeant son peuple de l'anéantissement total.

Esther a exercé son influence auprès de Xerxès de 479 à 474 av. J.-C.[140] Elle est devenue reine 59 ans après l'édit de Cyrus et 37 ans après la reconstruction du temple. Esdras a enseigné au peuple la loi de Dieu 16 ans après la période d'influence d'Esther et Néhémie a reconstruit les murs de Jérusalem 29 ans plus tard.

Règne d'Assuérus (Xerxès I), roi de Perse : 485-465 av. J.-C.[129]

De toute évidence, Satan était furieux de constater qu'un grand nombre d'Israélites retournaient dans la Terre promise. Il a dû éprouver une vive contrariété lorsque la construction du temple a été achevée. Il s'est probablement réjoui de ce que certains Juifs, comme Mardochée et Esther, ont choisi de ne pas rentrer dans leur pays. Satan ne voulait certes pas que la descendance promise vienne dans ce monde. Par conséquent, il n'est pas étonnant qu'Haman, un des grands de la noblesse perse, ait tramé un complot visant à exterminer les Juifs.

Un jour, Xerxès a décidé d'honorer Haman. Il a ordonné à tous les serviteurs du roi qui se trouvaient à Suse de s'incliner et de se prosterner devant lui. Haman s'est mis dans une grande colère lorsque Mardochée a refusé d'obéir. Le simple fait d'éliminer Mardochée ne lui semblait pas suffisant, il a préféré mettre à mort tous les Juifs disséminés à travers le royaume. Haman est donc allé se plaindre à Xerxès, affirmant qu'un groupe distinct d'individus, dispersé dans l'Empire perse, suivait ses propres coutumes et refusait d'obéir aux lois royales. Il a déclaré : « ...

il ne vaut rien pour le roi de les laisser en repos. Qu'il plaise au roi de signer leur perte, et je pèserai dix mille talents d'argent entre les mains des fonctionnaires du royaume, pour les verser dans les coffres du roi » (Esther 3.8-9).

Xerxès ne s'est pas soucié de connaître l'identité de ce peuple. Il a simplement tendu le sceau royal à Haman et lui a donné carte blanche. Haman a agi sans tarder, ordonnant l'extermination de tous les Juifs à une date précise, onze mois plus tard. Des messagers ont parcouru l'empire afin de publier partout le décret royal. Consternés, les Juifs ont entrepris de jeûner – tous, sauf Esther, la cousine de Mardochée. Elle ignorait tout de ce décret puisqu'en qualité de reine, elle vivait dans le palais, coupée du monde extérieur. Mardochée l'avait recueillie et élevée après la mort de ses parents. Avant que Xerxès ne la choisisse comme reine, Mardochée avait insisté auprès d'elle pour qu'elle ne révèle pas sa véritable identité. Par conséquent, ni Haman ni Xerxès ne savaient que la reine était juive.

Les servantes d'Esther lui ont bientôt rapporté que Mardochée, assis à la porte du roi, s'était revêtu d'un sac et de cendre. Elle a donc envoyé un de ses serviteurs auprès de Mardochée afin de lui demander la raison de son geste, car elle n'était pas autorisée à lui parler directement. Le serviteur est revenu, porteur d'une requête urgente à l'intention d'Esther. Elle devait aller chez le roi pour « demander grâce et l'implorer en faveur de son peuple » (Esther 4.8). Esther a répondu ainsi à Mardochée par l'intermédiaire du serviteur :

> Tous les serviteurs du roi, ainsi que le peuple de toutes les provinces royales, savent que quiconque, homme ou femme, se présente au roi dans la cour intérieure sans avoir été convoqué est mis à mort en vertu d'une loi, la même pour tous; seul peut rester en vie celui à qui le roi tend son sceptre d'or. Or moi, voilà trente jours que je n'ai plus été invitée à venir chez le roi. (Esther 4.11)

Mardochée a veillé à ce qu'Esther comprenne la gravité de la situation. Si elle n'intervenait pas en faveur des Juifs, la délivrance leur serait accordée autrement, mais elle et sa famille périraient. Il lui a ensuite posé cette question : « D'ailleurs qui sait si ce n'est pas pour une occasion comme celle-ci que tu es parvenue à la royauté? » (Esther 4.14).

Esther lui a répondu : « Va rassembler tous les Juifs qui se trouvent à Suse. Jeûnez à mon intention, sans manger ni boire pendant trois jours, vingt-quatre heures sur vingt-quatre. Moi aussi je jeûnerai de même avec mes jeunes servantes. Dans ces conditions, j'irai chez le roi malgré la loi. Si c'est pour ma perte, je périrai! » (Esther 4.16).

> À cause du courage d'Esther, Dieu est intervenu pour épargner son peuple.

Trois jours plus tard, Esther s'est présentée devant Xerxès dans le palais royal. « … Elle obtint sa faveur. Le roi tendit à Esther le sceptre d'or qu'il avait en main. Esther s'approcha et toucha la pointe du sceptre » (Esther 5.2). À cause du courage d'Esther, Dieu est intervenu pour épargner son peuple. Au jour fatidique, les Juifs n'ont pas été exterminés, car ils avaient reçu l'autorisation de se défendre, de tuer quiconque les attaquerait et de piller leurs ennemis. Quant à Haman, il a été pendu à la potence qu'il avait préparée pour Mardochée. Une fois de plus, les plans de Satan ont échoué et la lignée de la descendance promise a été protégée.

5. Malachie : La venue de l'Éternel

Date de rédaction : environ 430 av. J.-C.[141] *Il a exercé son ministère de prophète 108 ans après l'édit de Cyrus, 28 ans après l'enseignement de la loi de Dieu au peuple par Esdras et 15 ans après la reconstruction des murs par Néhémie.*

Les Juifs ont reçu une seconde chance de plaire à Dieu, mais ils ont échoué, tout comme Noé. Le monde, la chair et le diable les ont empêchés de réaliser leurs rêves. Dieu n'a pas béni le peuple. Au contraire, il a déclaré : « Si vous n'écoutez pas, si vous ne prenez pas à cœur de donner gloire à mon nom… j'enverrai parmi vous la malédiction et je maudirai vos bénédictions; oui, je maudis votre bénédiction, parce que vous ne la prenez pas à cœur » (Malachie 2.2). L'Éternel a expliqué ainsi les raisons qui motivaient son irritation :

10 - UNE SECONDE CHANCE POUR ISRAËL

Un fils honore son père, et un serviteur son maître. Si je suis Père, où est l'honneur qui m'est dû? Si je suis Maître, où est le respect qu'on me doit?... À vous, sacrificateurs, qui dédaignez mon nom. Vous dites : En quoi avons-nous dédaigné ton nom? Vous apportez sur mon autel de la nourriture souillée, et vous dites : En quoi t'avons-nous souillé? C'est en disant : La table de l'Éternel est à dédaigner! Quand vous amenez en sacrifice une bête aveugle, n'est-ce pas mal? Quand vous en amenez une boiteuse ou malade, n'est-ce pas mal? Offre-la donc à ton gouverneur! Te recevra-t-il bien? Te fera-t-il bon accueil? (Malachie 1.6-8)

En réalité, Dieu était exaspéré au point de dire : « Allons! Lequel de vous fermera donc les portes, pour que vous n'allumiez pas en vain le feu sur mon autel? Je ne prends aucun plaisir en vous... et je ne veux pas recevoir d'offrande de votre main! » (Malachie 1.10). Pourtant, Dieu les a également suppliés par l'intermédiaire de Malachie : « Car c'est moi l'Éternel, et je n'ai pas changé; et vous, fils de Jacob, vous n'avez pas été exterminés. Depuis le temps de vos pères, vous vous êtes écartés de mes prescriptions, vous ne les avez pas gardées. Revenez à moi, et je reviendrai à vous » (Malachie 3.6-7).

Car depuis le lever du soleil jusqu'à son couchant, mon nom est grand parmi les nations. (Malachie 1.11)

[
Irrité par le culte odieux
que lui rendaient les Juifs,
Dieu attendait le jour où les païens
honoreraient son nom.
]

Irrité par le culte odieux que lui rendaient les Juifs, Dieu attendait le jour où les païens honoreraient son nom. Depuis l'époque de Jésus, des individus de plusieurs nationalités ont loué le nom du Seigneur.

Voici que j'enverrai mon messager; il ouvrira un chemin devant moi. Et soudain entrera dans son temple le Seigneur que vous cherchez; et le messager de l'alliance que vous désirez, voici qu'il vient, dit l'Éternel des armées. (Malachie 3.1)

Dieu n'a pas promis le retour des Israélites dans leur pays, car ils s'y trouvaient déjà. Il a plutôt annoncé la venue de son messager qui préparerait le chemin pour la descendance promise. Plus de 400 ans plus tard, les foules se sont rendues au fleuve Jourdain afin d'entendre Jean-Baptiste, fils de Zacharie, prêcher « le baptême de repentance, pour le pardon des péchés » (Luc 3.3). Tous se demandaient s'il était le Messie. Des sacrificateurs et des lévites sont même venus de Jérusalem pour lui demander : « Es-tu le Christ? ». Jean a déclaré sans détour qu'il n'était ni le Christ, ni Élie, ni le prophète. Il a plutôt confessé : « Je suis la voix de celui qui crie dans le désert : Rendez droit le chemin du Seigneur » (Jean 1.23).

Environ six mois après que Jean-Baptiste ait commencé à prêcher, Jésus a entamé son ministère public. Le Bien le plus enviable de toutes les nations, la descendance promise, est alors entré dans son temple à Jérusalem.

> Qui pourra soutenir le jour de sa venue? Quel est celui qui tiendra debout quand il paraîtra? Car il est comme le feu du fondeur, comme la potasse des blanchisseurs. (Malachie 3.2)

En entrant dans le temple, Jésus a constaté avec grand déplaisir que des hommes y vendaient des bœufs, des brebis et des pigeons, alors que d'autres en profitaient pour y changer la monnaie. Il s'est fabriqué un fouet de cordes et il a chassé les animaux et leurs propriétaires. « … il dispersa la monnaie des changeurs, renversa les tables et dit aux vendeurs de pigeons : Ôtez cela d'ici, ne faites pas de la maison de mon Père une maison de trafic » (Jean 2.15-16).

> Car voici le jour; il vient, ardent comme une fournaise, tous les présomptueux et ceux qui pratiquent la méchanceté seront comme du chaume; ce jour qui vient les embrasera, dit l'Éternel des armées, il ne leur laissera ni racine ni rameau. Mais pour vous qui craignez mon nom se lèvera le soleil de justice, et la guérison sera sous ses ailes; vous sortirez et vous sauterez comme les veaux à l'engrais. (Malachie 3.19-20)

Dieu a promis d'envoyer le prophète Élie avant « la venue du jour de l'Éternel, jour grand et redoutable » (Malachie 3.23). En parlant de Jean-

Baptiste à la foule, Jésus a déclaré : « ... si vous voulez l'admettre, c'est lui qui est l'Élie qui devait venir » (Matthieu 11.14).

Malachie a également associé la venue d'Élie à un jour de jugement, ardent comme une fournaise. Pierre a écrit cet avertissement : « ... par la même parole, les cieux et la terre actuels sont gardés en réserve pour le feu, en vue du jour du jugement et de la perdition des impies » (2 Pierre 3.7). À la fin des temps, le monde sera détruit par le feu. Il n'est donc pas étonnant que les deux témoins décrits dans le onzième chapitre du livre de l'Apocalypse possèdent la puissance d'Élie.

Pistes de réflexion

1. Dieu sait que les ennemis de son peuple sont réels et veulent nuire à son œuvre. C'est pourquoi par la bouche de prophètes comme Aggée et Zacharie, il encourage les croyants à ne pas abandonner.

2. Par l'intermédiaire d'Aggée, Dieu a réprimandé les enfants de son peuple parce qu'ils avaient accordé la priorité à leurs propres besoins plutôt qu'à la gloire de Dieu. Ils se demandaient ensuite d'où venaient leurs difficultés financières.

3. Par l'intermédiaire de Zacharie, Dieu a révélé des détails précis sur la semaine précédant la mort de Jésus quelque 500 ans avant le déroulement des événements. En vérité, Dieu sait tout.

4. Satan s'est servi de la personne la plus puissante de l'Empire perse pour empêcher la naissance de la descendance promise, mais Dieu a prouvé qu'il est le Roi des rois en ayant recours à Esther pour sauver les Juifs.

5. Dans le livre de Malachie, Dieu a témoigné son vif déplaisir à l'égard de ceux qui le servent avec un cœur partagé. Il veut toute notre vie ou rien du tout.

[11]

Les années de silence

De 430 av. J.-C. à 5-6 apr. J.-C. Les Israélites connaissaient la loi de Dieu depuis plus de 1 000 ans. À maintes reprises, Dieu leur avait transmis sa parole écrite par l'intermédiaire des prophètes. Dieu allait maintenant rester silencieux pendant plus de 400 ans. Il souhaitait que son peuple attende patiemment la venue de la descendance promise.

1. Les faux écrits

Un jour, à North Bay, je discutais de la fin des temps avec un de mes pasteurs. Il estimait qu'ayant vécu peu de temps après Jésus, les Pères apostoliques avaient dû être en mesure de comprendre la vérité mieux que quiconque. Il se demandait ce que ces hommes avaient écrit sur la fin des temps. Je me suis donc engagée à effectuer des recherches sur la question et à partager avec lui le fruit de mes découvertes. C'est ainsi que je me suis rendue à Toronto à quelques reprises et que j'ai passé plusieurs heures dans diverses bibliothèques spécialisées en théologie. Ce que j'ai appris en me plongeant dans ces sermons millénaires m'a fascinée.

Au cours d'un de mes voyages, j'ai concentré mes recherches sur les documents juifs écrits au cours des 400 ans séparant l'Ancien Testament et le Nouveau Testament. J'ai découvert qu'un style d'écriture particulier avait fait son apparition parmi les Juifs entre l'an 200 av. J.-C. et l'an 100 apr. J.-C. Cet ensemble d'ouvrages est connu sous le nom de *pseudépigraphes* ou faux écrits. Dans l'Ancien Testament, Dieu a parfois autorisé certains prophètes à écrire sur la fin des temps. Par exemple, Malachie a annoncé qu'un jour, le monde brûlerait comme une fournaise

(Malachie 3.19). Cependant, Dieu n'a pas approuvé les faux écrits. Ces auteurs attendaient impatiemment la venue du Messie et de son royaume, mais ils se sont trompés en prédisant que les événements de l'époque annonçaient un accomplissement rapide des prophéties. De plus, ces écrits ajoutaient certains éléments à l'enseignement concernant le Messie contenu dans l'Ancien Testament.

> Les pseudo-auteurs ne comprenaient pas pourquoi les justes souffraient aux mains des méchants et ne jouissaient pas des bénédictions de paix promises dans le royaume.

Il existe deux différences importantes entre les Écritures qui sont d'inspiration divine et les faux écrits. D'abord, ces derniers n'insistaient jamais auprès de leurs lecteurs pour qu'ils se repentent de leurs péchés. Ils n'aspiraient pas au jour où la descendance promise ôterait leurs péchés et restaurerait leur communion avec le Créateur. Ils se heurtaient plutôt à un problème troublant. Les pseudo-auteurs ne comprenaient pas pourquoi les justes souffraient aux mains des méchants et ne jouissaient pas des bénédictions de paix promises dans le royaume. G. E. Ladd l'a expliqué ainsi : « Le juste ne peut que supporter patiemment la souffrance en attendant le salut à venir... Leur problème résidait dans le fait qu'il existait un reste juste, écrasé sous le poids d'un mal injustifié[142]. » De plus, aucun de ces auteurs n'a affirmé parler au nom de l'Éternel. Ils ne signaient même pas leurs propres noms, mais prétendaient être un personnage célèbre du passé. Selon William J. Deane, la plupart des Juifs n'ont pas remis en question la fiabilité de ces auteurs. « Un auteur ayant l'audace de s'approprier un titre prestigieux s'assurerait de combler les attentes associées à son pseudonyme et les lecteurs ne pouvaient imaginer qu'un individu ose se comparer à une sommité sans posséder les qualifications requises pour relever ce défi[143]. » Les idées véhiculées par ces faux auteurs ont imprégné la société juive et influencé la manière de penser d'un grand nombre de Juifs.

2. Le livre d'Hénoch – Les chapitres 1 à 36, 106 et 107

En 170 av. J.-C. 144 Écrit en Palestine, le livre d'Hénoch est composé de quatre recueils distincts dont les auteurs ont emprunté le pseudonyme d'Hénoch.

Règne d'Antiochus Épiphane, roi de l'Empire séleucide : 175-164 av. J.-C. 144

Située entre l'Empire séleucide au nord et l'Égypte au sud, la Judée se trouvait coincée entre deux puissances mondiales déterminées à se battre pour obtenir la soumission de l'autre[145]. À cette époque, les Séleucides gouvernaient la Palestine depuis vingt-huit ans et Antiochus Épiphane régnait sur eux. Or, un jour, en retournant dans son pays après avoir conquis une grande partie de l'Égypte, il a envahi Jérusalem, pillé le temple et persécuté une partie du peuple.

> Entré dans le sanctuaire avec arrogance, il prit l'autel d'or, le candélabre de lumière et tous ses accessoires... Il prit aussi l'argent, l'or, les objets précieux, et fit main basse sur les trésors cachés qu'il trouva. Ayant tout pris, il s'en alla dans son pays. Il avait fait un carnage et avait proféré des paroles d'une extrême arrogance. Il y eut grand deuil sur Israël partout dans le pays... et toute la maison de Jacob fut revêtue de honte (1 Maccabées 1.21-28, [version de la Bible Tob]).

Les Juifs étaient en état de choc. Le faux Hénoch leur a donc adressé ces paroles de réconfort :

LES CHAPITRES 1 À 5 : PARABOLE D'HÉNOCH SUR LE SORT QUI ATTEND LES MÉCHANTS ET LES JUSTES

Hénoch – chapitre 1

> 1. Voici les paroles d'Hénoch par lesquelles il bénit les élus et les justes qui vivront au temps de l'affliction, quand seront réprouvés tous les méchants et les impies.
>
> 8. Mais les justes obtiendront la paix; il conservera les élus, et exercera sur eux sa clémence. Alors ils deviendront la propriété de Dieu; il les comblera de bonheur et de bénédictions; et la splendeur de la Divinité les illuminera.

Hénoch – chapitre 2

1. Voici! Il arrive avec dix mille de ses saints, pour juger toutes les créatures pour détruire la race des méchants, et réprouver toute chair à cause des crimes que le pécheur et l'impie ont commis contre lui[146].

Hénoch 6

5. Pécheurs au cœur endurci, il n'y aura point de paix pour vous! 6. Vos jours seront maudits…

9. Mais pour les élus, à eux la lumière, la joie, la paix; à eux l'héritage terrestre. 10. Pour vous, impies, pour vous malédiction. 11. Alors les élus recevront la sagesse, et il n'y aura plus ni transgression, ni impiété, ni orgueil; mais ils se conduiront avec prudence, s'humilieront eux-mêmes, et ne violeront plus les saints commandements. 12. Aussi ne seront-ils pas condamnés tout le temps de leur vie, et leur mort sera sans trouble et sans douleur; la somme de leurs jours sera complète; ils vieilliront dans la joie et la paix; et leurs années de bonheur se multiplieront avec la joie, avec la paix, sans nuage, sans trouble, tout le temps de leur existence[147].

HÉNOCH – CHAPITRE 24 –
MICHEL, UN DES ARCHANGES SAINTS ET HONORÉS

5. Hénoch, pourquoi ces questions au sujet de l'odeur de cet arbre?

6. Pourquoi es-tu avide de le connaître?

7. Alors moi, Hénoch, je lui répondis : Je voudrais tout savoir, mais surtout ce qui regarde cet arbre.

8. L'ange me répondit : Cette montagne que tu vois, et dont la tête élevée égale en hauteur le trône du Seigneur, sera le siège où se reposera le Seigneur de sainteté et de gloire, le Roi éternel, quand il viendra et descendra pour visiter la terre dans sa bonté.

9. Quant à cet arbre à la suave odeur, dont le parfum n'a rien de charnel, personne n'y portera la main, jusqu'au jour de jugement. Quand les méchants auront été livrés aux tourments éternels, cet arbre sera donné aux justes et aux humbles. Ses fruits seront réservés aux

11 - LES ANNÉES DE SILENCE

élus. Car la vie sera plantée dans le saint lieu, du côté du septentrion, vers la demeure du Roi éternel.

10. Alors ils se réjouiront et tressailliront d'allégresse, dans le Saint des saints; une odeur délicieuse pénétrera leurs os, et ils couleront, comme tes ancêtres, une vie longue sur terre; et cette vie ne sera troublée ni par les malheurs, ni par les peines, ni par les misères.

11. Et je louai le Seigneur de gloire, le Roi éternel, de ce qu'il avait préparé cet arbre et avait daigné le promettre aux saints[148].

Ce pseudo-auteur a décrit le sort de deux groupes d'individus distincts – les justes, c'est-à-dire les Juifs obéissant à la loi, et les pécheurs, c'est-à-dire le reste du monde. Dieu a consigné par écrit la prédication[149] d'Hénoch dans le premier chapitre de l'épître de Jude, aux versets 14 et 15 et le faux Hénoch l'a reprise dans Hénoch 2.1. Cependant, cet auteur mensonger et le Seigneur n'ont pas cité Hénoch pour les mêmes raisons. Après avoir sévèrement condamné les impies qui s'étaient infiltrés dans l'Église et divisaient les croyants, Jude a prié en ces termes : « Ayez pitié des uns, de ceux qui doutent : sauvez-les en les arrachant au feu. Ayez pour les autres une pitié mêlée de crainte, haïssant jusqu'à la tunique souillée par la chair » (Jude 1.22-23). En revanche, l'auteur mensonger n'a adressé aucun appel aux méchants. Il n'y avait pas d'espoir pour eux. Il a plutôt déclaré : « Pécheurs au cœur endurci, il n'y aura point de paix pour vous! Vos jours seront maudits. Pour vous, impies, pour vous malédiction » (Hénoch 6. 5-6, 10).

Les justes, pour leur part, devaient hériter la terre et ne plus violer « les saints commandements » (Hénoch 6.11). Ils devaient se rassasier des fruits d'un arbre suave planté dans le temple du Seigneur et vivre une vie heureuse et paisible. Le Roi éternel est censé occuper son trône « quand il viendra et descendra pour visiter la terre dans sa bonté » (Hénoch 25.8). R. H. Charles a souligné que « la scène du royaume messianique décrite dans les chapitres 1 à 36 se passe à Jérusalem et sur la terre purifiée du péché[150] ». Ce faux Hénoch croyait que le royaume du Messie durerait toujours, en dépit du fait que les saints allaient tous mourir un jour ou l'autre. Il souhaitait uniquement venger les justes et réaliser ses rêves terrestres. Il n'a pas enseigné que la mort constitue la punition pour le péché. Pourtant, en mourant, les justes prouvent qu'ils demeurent encore

Un conte de deux royaumes

sous une condamnation à mort. En revanche, cet auteur mensonger a écrit : « Aussi ne seront-ils pas condamnés tout le temps de leur vie, et leur mort sera sans trouble et sans douleur » (Hénoch 6.12). Ses écrits ne reflétaient pas son besoin d'un Sauveur pour lui pardonner ses péchés. Il ne se préoccupait pas du salut spirituel, mais désirait l'établissement d'un royaume juif terrestre.

3. La profanation du temple – 168 av. J.-C.[144]

« Le roi [Antiochus] ordonna que, dans tout son royaume, tous ses peuples n'en forment qu'un et renoncent chacun à ses coutumes; toutes les nations se conformèrent aux prescriptions du roi. Beaucoup d'Israélites acquiescèrent volontiers à son culte, sacrifiant aux idoles et profanant le sabbat » (1 Maccabées 1.41-43, [version de la Bible Tob]).

> Ce faux Hénoch croyait que le royaume du Messie durerait toujours, en dépit du fait que les saints allaient tous mourir un jour ou l'autre.

Quiconque n'obéissait pas au roi était mis à mort. Certains Juifs ont préféré mourir plutôt que de désobéir à la loi[151], mais plusieurs ont abandonné la loi de Dieu. Ils ont déchiré et brûlé tous les livres de la loi qu'ils ont trouvés. Puis, en 168 av. J.-C., les hommes d'Antiochus ont bâti un autel à Zeus par-dessus l'autel des sacrifices. « Dix jours plus tard, on y offrait des sacrifices païens[152]. » Quel affront fait à Dieu[153]! À cause de ces événements, ceux qui étaient demeurés fidèles à Dieu et à la loi ont fui afin de conserver la vie. Les ancêtres de Marie et de Joseph faisaient partie des expatriés qui ont trouvé refuge en Galilée. Satan ignorait que la lignée de la descendance promise avait été préservée. Plusieurs années plus tard, Jésus allait grandir dans l'ombre, loin de Jérusalem, à l'abri du danger que représentaient les leaders jaloux.

4. Le reste juste

> Écarte-toi du mal, fais le bien, et demeure pour toujours. Car l'Éternel aime le droit, et il n'abandonne pas ses fidèles; ils sont toujours sous sa garde, mais la descendance des méchants est retranchée. Les justes posséderont le pays et ils y demeureront à jamais. (Psaume 37.27-29)

> Un reste reviendra, le reste de Jacob, au Dieu puissant. Quand ton peuple, ô Israël, serait comme le sable de la mer, un reste seulement en reviendra. (Ésaïe 10.21-22)

Un jour, un homme est accouru vers Jésus en lui disant :

> Bon Maître, que dois-je faire pour hériter la vie éternelle?

> Jésus lui dit : Pourquoi m'appelles-tu bon? Personne n'est bon, si ce n'est Dieu seul. Tu connais les commandements : Ne commets pas de meurtre; ne commets pas d'adultère; ne commets pas de vol; ne dis pas de faux témoignage; ne fais de tort à personne; honore ton père et ta mère. Il lui répondit : Maître, j'ai gardé tout cela dès ma jeunesse. (Marc 10.17-20)

Ces versets décrivent l'attitude du reste juste. Pendant leur exil, les Israélites aimaient la loi. M. R. Wilson l'a expliqué ainsi : « Israël a apporté une chose à Babylone et l'a gardée près de son cœur, il s'agit de la loi, la Torah, car par elle Israël possédait l'assurance de son appel et de sa mission divine[154]. »

> À l'époque d'Antiochus Épiphane, un groupe de Juifs très fidèles à la loi a vu le jour.

À l'époque d'Antiochus Épiphane, un groupe de Juifs très fidèles à la loi a vu le jour. Ils disaient former le reste juste qui méritait d'hériter du royaume promis. Ces précurseurs des pharisiens s'étaient donné le nom d'hassidéens, ce qui signifie « hommes pieux[155] ». Ils avaient, selon leur compréhension des choses, rempli les conditions décrites par les prophètes. G. E. Ladd l'a expliqué ainsi :

> Les prophètes avaient promis qu'Israël hériterait du royaume après avoir été rétabli et s'être repenti. Voilà qu'Israël était de retour dans son pays et suivait fidèlement la loi. Selon la définition juive de la justice, les conditions stipulées par les prophètes étaient remplies, mais le royaume n'est pas venu. Au contraire, des souffrances sans précédent ont accablé Israël. Antiochus Épiphane a cherché à détruire la foi juive, infligeant des tortures et le martyre aux fidèles[156].

Les hassidéens avaient-ils raison d'attendre l'Utopie politique sur terre ? Tout au long de l'Ancien Testament, Dieu s'est toujours gardé un reste parmi les Israélites, ceux qui l'aimaient véritablement et lui obéissaient. Ces derniers reconnaissaient leur état pécheur et espéraient la venue de la descendance promise qui paierait la dette liée au péché. L'hassidéen qui ne tenait pas compte des avertissements des prophètes et ne se repentait pas de ses péchés était en réalité un non-croyant. Une seule chose importe vraiment : l'attitude du cœur caractérisée par l'amour et l'obéissance envers Dieu. La plupart ont estimé que la stricte observance de la loi de Dieu constituait une fin en soi. M. R. Wilson l'a expliqué ainsi : « Peu à peu, un grand nombre de Juifs en sont venus à la conclusion qu'il n'existait qu'une seule preuve infaillible pour reconnaître un véritable Juif : une obéissance absolue et parfaite aux enseignements de la Torah[157]. »

Dans le but de se prémunir contre toute transgression de la loi, ils ont ajouté leurs propres règles à la Torah. Ces ajouts étaient connus sous le nom de loi orale. À l'instar des Israélites du temps de Moïse, ils n'ont pas compris qu'il est impossible d'obéir parfaitement à la loi de Dieu en s'appuyant sur ses propres efforts. En réalité, l'obéissance à la loi de Dieu ne constitue pas la condition préalable à l'héritage du royaume. Il faut plutôt démontrer l'attitude d'un cœur rempli d'amour et désirant obéir à Dieu. Un tel individu a le cœur brisé lorsqu'il ne parvient pas à se conformer aux normes établies par Dieu. Il attend donc ardemment la venue du Sauveur.

5. La révolte des Maccabées

5A. MATTATHIAS MACCABÉE - 167 AV. J.-C.[144]

Mattathias Maccabée a fait entendre sa plainte :

> Malheur à moi ! Suis-je né pour voir la ruine de mon peuple et la destruction de la ville sainte et rester assis là alors que la ville est livrée aux mains des ennemis et que le sanctuaire est livré aux mains des étrangers ? Son Temple est devenu comme un homme sans gloire, les objets qui reflètent sa gloire ont été emmenés captifs, sur ses places on massacrait ses petits enfants et ses jeunes gens tombaient sous l'épée de l'ennemi... Et voici que le lieu saint, notre beauté et notre gloire, est réduit en désert et les nations l'ont profané. À quoi bon vivre encore ? (1 Maccabées 2.7-13, [version de la Bible Tob]).

Mattathias et ses cinq fils ont déchiré leurs vêtements, ils se sont enveloppés de sacs et ont mené un grand deuil. Lorsque les envoyés du roi sont arrivés à Modîn et ont contraint le peuple à offrir des sacrifices aux idoles, Mattathias s'est mis dans une grande colère. Il a mis à mort le Juif qui s'apprêtait à offrir son sacrifice sur l'autel. Après avoir tué l'envoyé du roi, il a renversé l'autel, puis il s'est écrié d'une voix forte : « Que tous ceux qui ont le zèle de la Loi et qui soutiennent l'alliance me suivent » (1 Maccabées 2.27, [version de la Bible Tob]).

Sans tarder, Mattathias et ses cinq fils ont fui dans les montagnes, laissant derrière eux tout ce qu'ils possédaient. Plusieurs personnes les ont suivis et se sont établies dans le désert. Ces événements ont marqué le début d'une guerre pour la liberté religieuse qui a duré près de trois ans.

5B. JUDAS MACCABÉE

La domination de Judas Maccabée : 166-161 av. J.-C.[144]

Mattathias est mort paisiblement et son fils Judas est devenu le nouveau chef de l'insurrection. Il s'est rapidement acquis une solide réputation de vainqueur dans les batailles : « ... il pourchassait les impies qu'il dépistait, il livrait au feu les perturbateurs de son peuple » (1 Maccabées 3.5, [version de la Bible Tob]). À l'instar de Gédéon, peu d'hommes l'accompagnaient à la guerre. Quelques-uns de ses soldats lui ont demandé :

> Comment pourrons-nous, étant si peu nombreux, lutter contre une multitude si forte ? Nous sommes exténués et à jeun.
>
> Judas répondit : Il arrive facilement qu'une multitude tombe aux mains d'un petit nombre, et il importe peu au Ciel d'opérer le salut au moyen de beaucoup ou de peu d'hommes. Car la victoire au combat ne tient pas à l'importance de l'armée, mais à la force qui vient du Ciel (1 Maccabées 3.17-19, [version de la Bible Tob]).

Lorsque les nations voisines ont commencé à craindre Judas, Antiochus Épiphane en a éprouvé une vive colère. Il a ordonné l'extermination des Juifs. Il a envoyé 40 000 soldats et 7 000 cavaliers en Judée afin de les détruire. Les Israélites ont déchiré leurs vêtements et ont jeûné en priant : « Comment pourrons-nous résister en face d'elles [les nations], si tu ne viens pas à notre secours ? » (1 Maccabées 3.53, [version de la Bible Tob]).

> Lorsque les nations voisines ont commencé à craindre Judas, Antiochus Épiphane en a éprouvé une vive colère.

Judas a répliqué ainsi : « Équipez-vous, comportez-vous en braves et tenez-vous prêts à combattre demain ces nations rassemblées pour notre ruine et celle de notre sanctuaire, car il vaut mieux pour nous mourir au combat que de voir les malheurs de notre nation et de notre lieu saint. La volonté céleste sera accomplie » (1 Maccabées 3.58-60, [version de la Bible Tob]).

L'Éternel a accordé la victoire à Judas. Au retour de la bataille, l'armée chantait et louait Dieu avec joie : « ... car il est bon et son amour est éternel » (1 Maccabées 4.24, [version de la Bible Tob]).

L'année suivante, en 165 av. J.-C., une armée de 60 000 soldats et de 5 000 cavaliers ont de nouveau tenté leur chance, alors que Judas est allé à leur rencontre avec 10 000 hommes. Il a fait cette prière : « Fais-les tomber sous l'épée de ceux qui t'aiment, et que tous ceux qui connaissent ton nom te célèbrent par des hymnes » (1 Maccabées 4.33, [version de la Bible Tob]).

L'armée de Judas a tué 5 000 hommes parmi les ennemis et les autres ont fui. Dès que Judas a constaté que l'armée séleucide prenait la fuite, il est entré dans Jérusalem et a purifié le temple de son autel païen. Les Juifs se sont empressés de bâtir un nouvel autel pour Dieu et de fabriquer de nouveaux ustensiles sacrés. Les Juifs ont offert « conformément à la Loi, un sacrifice sur le nouvel autel des holocaustes qu'ils avaient édifié… Tout le peuple tomba la face contre terre pour adorer, puis il fit monter la louange vers le Ciel qui l'avait conduit au succès » (1 Maccabées 4.53, 55, [version de la Bible Tob]). Judas a mené plusieurs autres guerres et il a finalement été tué sur le champ de bataille. Cependant, grâce à la famille des Maccabées, les Juifs ont retrouvé leur liberté religieuse. Satan a dû en éprouver une grande contrariété. Dieu pouvait toujours envoyer la descendance promise comme il l'avait prévu.

6. Hénoch - Les chapitres 83 à 90 - 165 av. J.-C.[144]

Hénoch 89

26. Je vis encore venir à eux le Seigneur des brebis, tenant en sa main le sceptre de sa colère, en frapper la terre, qui s'entrouvrit, et les bêtes et les oiseaux du ciel cessèrent de persécuter les brebis, et tombèrent dans les gouffres béants de la terre, qui se referma sur eux.

45. Je vis aussi… qu'il naquit un veau blanc, dont les cornes étaient grandes, et toutes les bêtes sauvages, tous les oiseaux du ciel l'adoraient et l'imploraient incessamment[158].

Il n'est pas étonnant que les écrits de cette époque soient empreints de nationalisme et de vengeance, si l'on considère les persécutions subies par les Juifs fidèles à Dieu et à la loi. Selon R.H. Charles, le veau blanc représentait le Messie :

Il n'est qu'un homme, mais un homme glorifié. Il est présenté sous les traits d'un veau blanc afin d'accentuer sa supériorité sur le reste de la communauté des justes qui sont appelés les brebis... il n'a absolument aucun rôle à jouer, puisqu'il n'apparaît qu'à la toute fin de l'histoire du monde. Par conséquent, sa présence à cet endroit du texte n'est que le fruit d'un vague souvenir de lectures passées, car l'espérance messianique était pratiquement morte à cette période. En effet, la nation ne ressentait pas le besoin de voir se lever un libérateur tant et aussi longtemps que Judas [Maccabée] occupait la fonction de chef[159].

> Aurions-nous été davantage préoccupés par notre salut politique que par notre salut spirituel?

N'est-il pas triste de constater que la plupart des Juifs semblaient accorder plus d'importance à la domination de Judas qu'à leur besoin d'un Sauveur? Combien d'individus de cette génération s'intéressaient à la promesse faite par Dieu d'envoyer le Roi Berger, le descendant de David? Combien parmi eux savaient que Dieu avait annoncé à Daniel la date approximative de la naissance du Messie? Aurions-nous attendu patiemment la venue du Sauveur? Aurions-nous été davantage préoccupés par notre salut politique que par notre salut spirituel?

7. La communauté de Qumrân – 150 av. J.-C. à 68 apr. J.-C.[160]

Puisque Dieu a autorisé l'écriture de sa Parole, il s'attend à ce que les gens étudient et méditent la Bible en entier pour en comprendre le message. Malheureusement, certains ont choisi de se concentrer sur leur portion préférée. Par exemple, les hassidéens donnaient la priorité à la loi. Ce faisant, plusieurs sont devenus imbus d'eux-mêmes et ont perdu de vue leur besoin d'un Sauveur. À l'époque qui nous intéresse, des Juifs appartenant à la secte des esséniens se sont établis à Qumrân sur la rive nord-ouest de la mer Morte. Nous les connaissons à cause des manuscrits de la mer Morte, mais ils ont également laissé un autre héritage aux croyants modernes. La communauté de Qumrân est devenue obsédée par les prophéties. William W. Klein l'a décrite de cette manière :

> Elle considérait que le judaïsme concentré à Jérusalem était apostat. Ainsi les membres du groupe, sous la conduite de son fondateur, un personnage mystérieux connu sous le nom du Maître de justice, se sont retirés dans le désert de Judée afin d'y établir une communauté monastique se préparant à l'arrivée de l'ère messianique. Ils attendaient particulièrement le jugement imminent de Dieu qui tomberait, bien entendu, sur leurs opposants religieux apostats et ils anticipaient le renouvellement de l'alliance avec le seul véritable Israël pur, c'est-à-dire eux-mêmes. Ils estimaient former la dernière génération dont parlent les prophéties bibliques.
>
> L'interprétation des Écritures hébraïques jouait un rôle prédominant à Qumrân. Si la loi de Moïse fascinait les rabbins, les prophètes de l'Ancien Testament retenaient toute l'attention de la communauté de Qumrân. Prétendant être guidé par une inspiration divine spéciale, le Maître de justice affirmait pouvoir démontrer que les événements de cette époque, particulièrement ceux touchant directement sa communauté, accomplissaient les prophéties de l'Ancien Testament[160].

Les individus de la communauté de Qumrân ne reconnaissaient pas leur besoin d'un Sauveur et n'attendaient pas la descendance promise qui paierait la dette de leurs péchés. Au contraire, ils privilégiaient trois principes d'interprétation dangereux. D'abord, ils changeaient les paroles originales de Dieu de façon arbitraire afin qu'elles correspondent à leur désir. Ensuite, ils modernisaient les prophéties en changeant les anciens noms de lieux ou de personnes pour des noms correspondant à leur époque et enfin, ils laissaient de côté le contexte des passages ainsi que l'enseignement global de la Bible afin de favoriser leur vision étroite des Écritures[161]. Ces raisons expliquent peut-être pourquoi les auteurs du Nouveau Testament n'ont pas mentionné cette secte du judaïsme.

Leur méthode d'interprétation vous semble-t-elle familière? Combien de personnes ont déjà modifié le texte pour qu'il corresponde à leurs propres idées? Combien ont déjà affirmé avec assurance qu'une certaine prophétie s'appliquait à leur génération? Combien ont perdu leur crédibilité au cours des siècles lorsque leur interprétation s'est avérée inexacte? Certains ont-ils déjà admis s'être trompés? Combien de gens interprètent la

Bible avec étroitesse d'esprit, laissant de côté une part importante des enseignements bibliques? Il faut être honnête et admettre qu'il est facile de tomber dans l'un de ces pièges.

8. La période du second temple[162] – 142-63 av. J.-C.

La domination de Simon Maccabée : 143-135 av. J.-C.144

En 143 av. J.-C., Simon Maccabée le frère aîné de Judas, a affranchi le pays des Séleucides. L'année suivante, il a été couronné roi et souverain sacrificateur[144]. Will Durant a écrit le commentaire suivant :

> La Judée est redevenue une théocratie sous la dynastie hasmonéenne des rois-sacrificateurs. Les sociétés sémitiques étaient caractérisées par l'association étroite des pouvoirs spirituels et temporels, autant au sein de la famille que de l'État. Elles n'acceptaient aucun souverain à l'exception de Dieu.
>
> Conscients de la faiblesse de ce petit royaume, les Hasmonéens ont travaillé pendant deux générations à élargir leurs frontières par la diplomatie et la force. En 78 av. J.-C., ils avaient conquis et assimilé la Samarie, Édom, Moab, la Galilée, l'Idumée, la Transjordanie, Gadara, Pella, Gerasa, Rafah et Gaza. Le territoire de la Palestine était alors aussi étendu que sous le règne de Salomon. Les descendants des braves Maccabées qui avaient combattu pour obtenir la liberté religieuse ont imposé le judaïsme et la circoncision à leurs nouveaux sujets à la pointe de l'épée[162].

> Que les fidèles exultent dans la gloire, qu'ils lancent des acclamations même sur leurs lits! Que les louanges de Dieu soient dans leur bouche, et l'épée à deux tranchants dans leur main, pour exercer la vengeance sur les nations, des châtiments parmi les peuples, pour lier leurs rois avec des chaînes et leurs dignitaires avec des entraves, pour exécuter contre eux le jugement qui est écrit! C'est un honneur éclatant pour tous ses fidèles. Louez l'Éternel! (Psaume 149.5-9)

Une fois de plus, Dieu a accordé à Israël son indépendance et des frontières aussi étendues qu'à l'époque de Salomon. Comme il est navrant que les Juifs aient imposé le judaïsme à leurs nouveaux sujets! Grâce à Dieu, le peuple a loué l'Éternel de ses lèvres et puni ses ennemis par l'épée.

11 - LES ANNÉES DE SILENCE

Cependant, Dieu ne leur a pas donné le droit de convertir par la force les autres peuples à la religion juive. Dieu désire une attitude de cœur remplie d'amour à son égard. Personne n'aimera véritablement Dieu sous la menace de l'épée. Avant que les Israélites n'entrent dans la Terre promise, Dieu leur a donné ce commandement : « Tu aimeras l'Éternel, ton Dieu, de tout ton cœur, de toute ton âme et de toute ta force » (Deutéronome 6.5). Dieu désire une obéissance émanant d'un cœur rempli d'amour. Les Juifs ont imposé à leurs prisonniers une religion faite de rituels extérieurs. Puisqu'ils n'ont pas cherché à gagner les cœurs de leurs nouveaux sujets pour l'Éternel, Dieu a limité sa bénédiction envers la nation.

> Personne n'aimera véritablement
> Dieu sous la menace de l'épée.

9. Testaments des douze patriarches – 125 av. J.-C.[144]

Écrit en Palestine.
Règne de Jean Hyrcan : 135-105 av. J.-C.144

LE TESTAMENT DE LÉVI : CHAPITRE 18

1. Et après leur punition qui viendra du Seigneur, le sacerdoce faillira.

2. Le Seigneur suscitera alors un nouveau sacrificateur. Toutes les paroles du Seigneur lui seront révélées, il exécutera un juste jugement sur la terre pendant une multitude de jours.

3. Son étoile se lèvera dans le ciel comme l'étoile d'un roi, apportant la lumière de la connaissance comme le soleil éclaire le jour, et il sera célébré dans le monde.

4. Il brillera comme le soleil sur la terre, chassera toute obscurité dans le ciel et la paix régnera sur toute la terre.

5. En ces jours, les cieux exulteront, la terre sera dans la joie et les nuées, dans l'allégresse. La terre sera remplie de la connaissance du Seigneur comme les eaux recouvrent le fond de la mer. Les anges qui se tiennent dans la glorieuse présence du Seigneur se réjouiront en lui.

6. Les cieux s'ouvriront et sa consécration viendra du temple de gloire, par la voix du Père, comme lorsqu'Abraham a parlé à Isaac.

7. La gloire du Très-Haut viendra sur lui et l'esprit de sagesse et de sanctification reposera sur lui…

8. Car il donnera assurément et à jamais la majesté du Seigneur à ses fils, et pour toujours, personne ne lui succèdera dans toutes les générations à venir.

9. Pendant son sacerdoce, les païens augmenteront leur connaissance sur la terre et seront éclairés par la grâce du Seigneur. Pendant son sacerdoce, le péché prendra fin et l'impie cessera de faire le mal. Le juste se reposera en lui.

10. Il ouvrira les portes du paradis et enlèvera l'épée qui menaçait Adam.

11. Il donnera à manger aux saints de l'arbre de la vie et l'esprit de sainteté reposera sur eux.

12. Il liera Béliar et donnera à ses enfants le pouvoir de fouler aux pieds les esprits mauvais.

13. Et le Seigneur se réjouira de ses enfants et il prendra plaisir en ses bien-aimés pour toujours.

14. Alors, Abraham, Isaac et Jacob exulteront. Je me réjouirai et tous les saints seront vêtus d'allégresse[163].

LE TESTAMENT DE JUDA : CHAPITRE 24

1. Après ces choses, l'étoile de paix se lèvera et marchera au milieu des hommes avec humilité et justice.

2. Les cieux s'ouvriront pour lui et les bénédictions du Père saint seront déversées sur lui.

3. Il répandra sur nous l'esprit de grâce, vous serez ses véritables enfants d'adoption et vous marcherez dans ses commandements, du premier au dernier.

4. Puis un rameau sortira de moi.

5. L'autorité de mon royaume s'élèvera et il poussera un rejeton de ta racine.

6. De ce germe sortira le sceptre de la justice pour les païens, pour juger et sauver tous ceux qui font appel au Seigneur[164].

LE TESTAMENT DE JUDA : CHAPITRE 25

1. Après ces choses, Abraham, Isaac et Jacob reviendront à la vie et moi et mes frères seront les chefs des tribus d'Israël : Lévi le premier, moi le second, Joseph (fils de Jacob) le troisième, Benjamin le quatrième, Siméon le cinquième, Issacar le sixième et ainsi de suite, chacun selon son rang.

2. Le Seigneur a béni Lévi, et l'Ange de la Présence, moi, puis les puissances glorieuses, Siméon; le ciel, Ruben; la terre, Issacar; la mer, Zabulon; les montagnes, Joseph (fils de Jacob); le tabernacle, Benjamin; les luminaires, Dan; Éden, Nephtali; le soleil, Gad; la lune, Aser.

3. Et vous serez le peuple du Seigneur, vous parlerez le même langage. L'esprit de mensonge de Béliar aura disparu, car Béliar sera jeté dans le feu pour toujours.

4. Ceux qui sont morts dans la souffrance ressusciteront dans la joie, ceux qui ont vécu dans la pauvreté pour le Seigneur deviendront riches et ceux qui ont été mis à mort à cause du Seigneur reviendront à la vie.

5. Les cerfs de Jacob courront avec allégresse, les aigles d'Israël voleront dans la joie et tous les peuples glorifieront le Seigneur pour toujours[165].

Puisque les pensées de ce pseudo-auteur étaient centrées sur les réalités terrestres, les bénédictions spirituelles se rapportaient toujours à la terre. « … la paix règnera sur toute la terre… Pendant son sacerdoce, les païens augmenteront leur connaissance sur la terre… il liera Béliar » (Testament de Lévi 18. 4, 9, 12). La communion entre Dieu et son peuple sera rétablie : « … il enlèvera l'épée qui menaçait Adam. Il donnera à manger aux saints de l'arbre de la vie » (Testament de Lévi 18.10-11). Un jour, Satan « sera jeté dans le feu pour toujours » et les justes ressusciteront (Testament de Juda 25.3-4). Alors, son royaume durera pour toujours et « tous les peuples glorifieront le Seigneur pour toujours » (Testament de Juda 25.5).

La plupart des hassidéens offraient leur soutien aux Maccabées, les descendants de Lévi, et non aux descendants d'Aaron. C'est pourquoi R. H. Charles a écrit :

> Séduits par la pureté de vie, la noblesse de caractère et les dons supérieurs des Maccabées qui œuvraient à titre de souverains sacrificateurs, de leaders civils et de chefs militaires, les hassidéens – ancêtres des pharisiens – s'étaient ralliés à ce nouveau sacerdoce quelques décennies plus tôt, non sans appréhension en raison de la rupture dans la lignée sacerdotale. Ayant ainsi gagné la faveur des hassidéens réticents, les Maccabées se sont élevés et fortifiés à cause du succès grandissant de leurs réalisations annuelles dans les diverses provinces, au point où l'idée a germé au sein du peuple que l'espérance d'Israël était enfin arrivée, qu'elle venait de la maison et de la lignée de Lévi et ce, en dépit des prophéties anciennes[166].

> Bien que la Bible ait clairement annoncé que le Messie descendrait de Juda, le peuple a mis en doute la vérité de la promesse de Dieu.

Bien que la Bible ait clairement annoncé que le Messie descendrait de Juda, le peuple a mis en doute la vérité de la promesse de Dieu. Comme l'attitude de son peuple choisi a dû attrister le Seigneur! Ils n'ont pas eu suffisamment de patience pour attendre la venue de la descendance promise. Vous seriez-vous opposé à l'opinion publique? Seriez-vous demeuré fidèle à la Parole de Dieu?

10. Le livre des Jubilés – 110 av. J.-C.[144]

Écrit en Palestine

LE CHAPITRE 23 : LES MALÉDICTIONS MESSIANIQUES

18. Voici, la terre sera détruite à cause de toutes leurs œuvres. Il n'y aura plus ni semence de vigne, ni huile, car leurs œuvres sont toutes infidèles. Ils périront tous ensemble à cause des enfants des hommes, les bêtes, le bétail, les oiseaux et les poissons de la mer.

19. Ils se livreront bataille à cause de la loi et de l'alliance, le jeune et le vieillard, le vieillard et le jeune, le pauvre et le riche, l'humble et l'important, le mendiant et le prince. Car ils ont oublié le commandement, l'alliance, les fêtes, les mois, les sabbats, les jubilés et tous les jugements.

20. Ils prendront l'arc et l'épée et partiront en guerre afin de les faire revenir sur la voie, mais ils ne reviendront pas jusqu'à ce qu'ils aient versé beaucoup de leur sang sur la terre.

21. Ceux qui échapperont ne se détourneront pas de leur mauvaise voie pour revenir sur la voie de la justice, mais ils s'enfleront d'orgueil sous l'effet du mensonge et de la richesse. Ils prendront ce qui appartient à leur prochain et prononceront le nom au-dessus de tout nom, mais sans vérité ni droiture. Ils profaneront le saint des saints par leur impureté et par la perversion de leur souillure.

22. Un grand châtiment provenant du Seigneur s'abattra sur les œuvres de cette génération. Il la livrera à l'épée, au jugement et à la captivité. Elle sera pillée et consumée.

23. Il éveillera contre elle les pécheurs païens qui n'ont ni pitié ni compassion. Ils ne respecteront personne, ni les vieillards ni les jeunes gens, absolument personne, car ils sont plus méchants et puissants pour faire le mal que tous les enfants des hommes. Ils seront coupables de violence envers Israël et de transgression envers Jacob et beaucoup de sang sera versé sur la terre. Il n'y aura personne pour rassembler et personne pour enterrer.

24. En ces jours, ils crieront, appelleront et prieront d'être délivrés de la main des pécheurs, les païens, mais personne ne sera sauvé.

25. Les cheveux des enfants deviendront gris et blanchiront. Le nourrisson de trois semaines paraîtra vieux comme un homme de cent ans. L'épreuve et l'oppression réduiront leur stature.

Un retour à l'étude de la loi, suivi d'un renouveau de l'humanité

LE ROYAUME MESSIANIQUE ET LA BÉNÉDICTION DES JUSTES

26. En ces jours, les enfants entreprendront d'étudier la loi, de rechercher les commandements et de revenir sur la voie de la justice.

27. Le nombre de leurs jours augmentera et se multipliera parmi ces enfants des hommes, jusqu'à ce qu'ils approchent mille ans et leur existence sera plus longue qu'elle ne l'était auparavant.

28. Il n'y aura plus ni vieillard ni personne qui meure dans la fleur de l'âge, car tous seront comme des enfants et des jeunes gens.

29. Tous vivront dans la paix et dans la joie jusqu'à la fin de leurs jours. Satan et les méchants dévastateurs disparaîtront, car leurs jours seront des jours de bénédiction et de guérison.

30. En ce temps-là, le Seigneur guérira ses serviteurs. Ils ressusciteront, seront témoins d'une grande paix et chasseront leurs adversaires. Les justes le verront, ils en seront reconnaissants et seront dans l'allégresse pour toujours. Ils verront tous leurs jugements et toutes leurs malédictions tomber sur leurs ennemis.

31. Leurs os reposeront en terre et leurs esprits seront dans la joie. Ils reconnaîtront que c'est le Seigneur qui a exécuté le jugement et témoigné de la compassion aux centaines et aux milliers de tous ceux qui l'aiment.

32. Et toi, Moïse, écris ces paroles, car ainsi seront-elles écrites et gravées sur les tablettes célestes pour servir de témoignage aux générations à venir[167].

En général, les Juifs estimaient être bénis de Dieu. Jean Hyrcan jouissait d'une popularité certaine, car il avait conquis un vaste territoire pour Israël. Le peuple bénéficiait à nouveau d'une réelle autonomie. Au départ, ce pseudo-auteur a donné une description terrifiante de la persécution d'Antiochus Épiphane. Il a expliqué qu'elle était survenue parce qu'ils avaient « oublié le commandement, l'alliance, les fêtes, les mois, les sabbats, les jubilés et tous les jugements » (Livre des Jubilés 23.19). Puis, le peuple a prié d'être délivré de la « main des pécheurs, les païens » (Livre des Jubilés 23.24). Ils sont retournés à l'étude de la loi (Livre des Jubilés 23.26), mais n'ont malheureusement pas reconnu qu'ils étaient pécheurs comme les méchants païens.

> Cet auteur n'a nul besoin d'un Messie pour voir son rêve politique devenir réalité.

Cet auteur mensonger croyait qu'en suivant la loi, l'ère messianique arriverait de manière progressive. L'histoire semblait appuyer sa théorie puisque les Maccabées avaient peu à peu étendu les frontières d'Israël jusqu'à occuper le même territoire qu'à l'époque de Salomon. Cet auteur n'a nul besoin d'un Messie pour voir son rêve politique devenir réalité. Son texte n'évoque jamais la venue de la descendance promise et cette omission constitue la preuve que Dieu ne l'a ni autorisé ni approuvé. Selon cet auteur, les saints vivront bientôt plus longtemps, jusqu'à ce que leurs jours « approchent mille ans... Satan et les méchants dévastateurs disparaîtront... ses serviteurs... ressusciteront et seront témoins d'une grande paix... ils seront dans l'allégresse pour toujours » (Livre des Jubilés 23. 27, 29, 30). Pourtant, chaque saint mourra un jour ou l'autre (Livre des Jubilés 23.31). Maudits soient les ennemis du juste! Vivent les saints!

Un conte de deux royaumes

11. Hénoch – Les chapitres 37 à 71, 91 à 105 et 108

Règne d'Alexandra, la femme d'Alexandre Jannée : 78-68 av. J.-C.[168]
An 75 et suiv. av. J.-C.[168]
67 ans après qu'Israël soit devenu un état indépendant sous Simon et 91 ans après que Judas ait commencé à gouverner.

Hénoch 92

– *Les trois dernières semaines [dans l'apocalypse des semaines]*

13. Viendra ensuite une autre semaine, la semaine de la justice, qui possédera le glaive du jugement et de la justice, pour frapper tous les oppresseurs.

14. Alors les pécheurs seront livrés entre les mains des justes, qui, pendant cette semaine, se mériteront une demeure par leur justice, et bâtiront un palais au grand Roi. Après cette semaine viendra la neuvième, pendant laquelle viendra le jugement universel.

15. Les œuvres de l'impie s'effaceront de dessus la terre. Le monde sera condamné à la destruction, et tous les hommes marcheront dans la voie de la justice.

16. Puis, dans la septième partie de la dixième semaine, sera le jugement éternel, qui sera exercé contre les vigilants, et le ciel tout entier germera au milieu des anges.

17. Le premier ciel sera enlevé et s'évanouira, le deuxième apparaîtra, et toutes les puissances célestes brilleront d'une splendeur sept fois plus grande. Puis viendront beaucoup d'autres semaines, dont le nombre est incalculable, qui se passeront dans la sainteté et la justice.

18. Il n'y aura plus alors de péchés[169].

11 - LES ANNÉES DE SILENCE

Près de 100 ans s'étaient écoulés depuis la persécution d'Antiochus Épiphane. Depuis cette époque, les Juifs avaient combattu sans relâche pour agrandir leur territoire, jusqu'à ce qu'Alexandra monte sur le trône. Les campagnes militaires avaient alors pris fin, mais la vie en Israël n'était pas aussi paisible et heureuse qu'elle aurait pu l'être. Des différends opposaient les pharisiens, enseignants de la loi, et les sadducéens, sacrificateurs. Ce monde était sans doute trop pécheur pour exister éternellement. Pourtant, ce pseudo Hénoch n'était pas prêt à abandonner son rêve d'un royaume terrestre. Il a donc décidé qu'il serait temporaire. Ainsi, pendant une période de temps indéterminée qu'il a appelée une semaine, « les œuvres de l'impie s'effaceront de dessus la terre » (Hénoch 92.15a). Ensuite « viendra le jugement universel » (Hénoch 92.14). Puis, l'Éternel inaugurera de nouveaux cieux qui dureront pour toujours. « Il n'y aura plus alors de péchés » (Hénoch 92.18).

> Ce monde était sans doute trop pécheur pour exister éternellement.

12. Conquis de nouveau – 63 av. J.-C.[27]

Avant même la mort d'Alexandra, ses deux fils Hyrcan et Aristobule se disputaient déjà le privilège de lui succéder. Puis, alors que Pompée savourait sa victoire à Damas, les deux frères lui ont réclamé le droit de gouverner la Judée. Will Durant a décrit ainsi la situation :

> Pompée ayant choisi Hyrcan, Aristobule a consolidé son armée à Jérusalem. Pompée a assiégé la capitale et a pris le contrôle de la basse-ville, mais les partisans d'Aristobule se sont réfugiés dans la zone fortifiée entourant le temple et ont résisté pendant trois mois. On raconte, cependant, que leur piété a permis à Pompée de les vaincre. En effet, Pompée a pris conscience qu'ils ne combattraient pas un jour de sabbat. Ainsi, les jours de sabbat, il ordonnait à ses hommes de préparer sans qu'on n'y fasse obstacle les abris et les béliers pour l'assaut du lendemain. Pendant ce temps, les sacrificateurs offraient leurs prières et leurs sacrifices dans le temple, comme à l'habitude. Lorsque les remparts sont tombés, 12 000 Juifs ont été massacrés, aucun ne s'est rendu, très peu ont résisté, plusieurs sont morts en sautant du haut de la muraille. Pompée a ordonné à ses hommes de

ne pas toucher aux trésors du temple, mais il a exigé que la nation lui verse une indemnité de 10 000 talents (3 600 000 $). Les villes conquises par les Hasmonéens et, par conséquent, sous le contrôle des Judéens, ont été cédées à l'Empire romain. Hyrcan II a été nommé souverain sacrificateur et gouverneur symbolique de la Judée, sous la tutelle d'Antipater l'Iduméen qui avait soutenu Rome. La monarchie indépendante a pris fin et la Judée a été annexée à la province romaine de Syrie[170].

13. Les psaumes de Salomon – 50 av. J.-C.[168]

Écrits en Palestine, 13 ans après la conquête de la Judée par Rome

P 40. Vois, Seigneur, et donne-leur leur roi, le fils de David, au moment que tu connais, toi, notre Dieu afin que ton serviteur... règne sur Israël. Ceins-le de force afin qu'il brise les princes injustes...

Alors, il rassemblera le peuple saint qu'il conduira avec justice, il gouvernera les tribus du peuple sanctifié par le Seigneur son Dieu; il ne laissera pas l'iniquité demeurer parmi eux et aucun homme impie n'habitera avec eux.

P 41. Car il les reconnaîtra comme étant les enfants de Dieu. Il les répartira dans leurs tribus à travers le pays. L'immigré et l'étranger ne demeureront plus avec eux. Il jugera les peuples et les nations selon la sagesse de sa justice. Les peuples des Gentils lui seront assujettis et le serviront; il glorifiera le Seigneur en lui soumettant toute la terre; il purifiera Jérusalem en la sanctifiant, comme au commencement, de sorte que les nations viendront des extrémités de la terre pour contempler sa gloire, apportant comme offrandes ses enfants fatigués du voyage, afin de contempler la gloire du Seigneur que Dieu lui-même lui a donnée.

Le roi juste règne sur eux et reçoit de Dieu ses instructions. Il n'y a pas d'iniquité au milieu d'eux pendant son règne, car tous sont saints et leur roi est le christ [sic], le Seigneur.

Il ne mettra pas sa confiance dans le cheval, le cavalier et l'arc. Il n'accumulera pas d'or et d'argent pour la guerre et il ne mettra pas son espoir dans ses armes, au jour de la bataille. Le Seigneur lui-même est son roi, l'espérance du puissant est en Dieu. Il disposera toutes

11 - LES ANNÉES DE SILENCE

les nations remplies de crainte devant lui, car il frappera la terre par la parole de sa bouche pour toujours et bénira le peuple du Seigneur avec joie, en toute sagesse. Il est lui-même pur de tout péché afin de gouverner un peuple nombreux, reprendre les chefs et détruire les pécheurs par la force de sa parole. S'appuyant sur son Dieu, il ne faiblira pas pendant son règne, car Dieu l'a rendu puissant par son saint esprit, sage en connaissance et en conseil, plein de force et de justice. La bénédiction du Seigneur est puissamment avec lui et son espérance dans le Seigneur ne faiblira pas.

P 42. Qui l'emportera contre lui ? Il est puissant par ses œuvres et sa crainte de Dieu ne chancelle pas. Il pait le troupeau du Seigneur dans la foi et la justice et il ne laissera aucune brebis du troupeau dépérir dans le pâturage...

Heureux ceux qui vivront en ces jours-là, pour contempler les bénédictions que le Seigneur procurera à la génération à venir, sous le bâton de la correction du christ [sic] le Seigneur, dans la crainte de son Dieu, dans la sagesse de l'esprit, en toute justice et puissance[171].

Selon F.F. Bruce, « les chefs hasmonéens ont été condamnés pour avoir 'détruit le trône de David', mais ils ont subi un juste jugement de la part des Romains qui, à leur tour, ont été renversés par le véritable Messie[172] ». Malheureusement, le pseudo-auteur en question n'anticipait que la venue d'un messie humain, le fils de David, qui « ne laissera pas l'iniquité demeurer parmi eux » (P 40). Il soutient que chaque tribu sera répartie à travers le pays (P 41) et le monde entier sera soumis aux Juifs. Les peuples païens « lui seront assujettis et le serviront » (P 41). Le Messie « frappera la terre par la parole de sa bouche pour toujours » (P 41). Étant sans péché, il aura la puissance « pour reprendre les chefs et détruire les pécheurs » (P 41). S'appuyant sur son Dieu, « il ne faiblira pas pendant son règne » (P 41). Leslie E. Fuller a fait la remarque suivante concernant la durée du royaume messianique : « Le Jour du jugement survient à la fin du royaume temporaire et précède l'inauguration du royaume céleste. Nul ne connaît la durée du royaume terrestre. Il subsisterait peut-être uniquement pendant la vie du Messie[173]. »

Mon étude des textes et des événements survenus pendant les 400 ans séparant l'Ancien Testament et le Nouveau Testament m'a bouleversée.

Personne ne m'avait jamais enseigné que l'espérance des Juifs d'être délivrés des Romains prenait sa source dans les écrits d'un auteur mensonger. Dieu avait pourtant annoncé aux Juifs la date de la naissance de son Fils par l'intermédiaire de Daniel. Bien plus, Malachie avait prophétisé qu'un messager préparerait le chemin de la descendance promise. Dieu désirait que son peuple attende la naissance de son Sauveur. Il a été silencieux pendant 400 ans, mais le peuple a été loquace. L'arrivée du Fils de Dieu approchait, mais la majorité de son peuple attendait un sauveur politique – et non la descendance promise qui les délivrerait de l'esclavage du péché. Pour quelle raison ? Parce qu'ils avaient cru les enseignements d'un auteur de mensonges.

> Dieu désirait que son peuple attende la naissance de son Sauveur. Il a été silencieux pendant 400 ans, mais le peuple a été loquace.

Pistes de réflexion

1. Tous les écrits ne sont pas nécessairement vrais. Seules les Écritures sont fiables quand il est question de la vérité.

2. Il est mal de s'intéresser davantage à la loi de Dieu et aux prophéties qu'au Seigneur lui-même.

3. Dans l'Ancien Testament, Dieu avait envisagé récompenser le peuple juif pour son attachement à lui en lui donnant un royaume puissant. Ce royaume ne devait cependant pas être le principal sujet de leurs pensées.

4. Au départ, les pseudo-auteurs attendaient un royaume juif éternel. Avec le temps, ces auteurs n'anticipaient plus qu'un royaume temporaire.

5. Les pseudo-auteurs n'ont plus reconnu à Satan aucun pouvoir dans ce monde à partir du début du royaume messianique.

Deuxième partie

EN RÉPONSE À LA DESCENDANCE PROMISE

[1]
La naissance de la descendance promise

1. Marie et Joseph

6-5 av. J.-C. [174] *Marie était fiancée à Joseph de Nazareth*

Un soir d'été, Barry dévalait l'escalier à toute vitesse s'apprêtant à aller tondre la pelouse. Il ne s'attendait pas à me rencontrer, avec mon cousin, dans le vestibule. En réalité, j'aurais préféré me trouver ailleurs, car la sœur de Barry et mon cousin planifiaient leur mariage et je me sentais de trop. À cette époque, Barry était un athée convaincu et cherchait avec ardeur une vérité objective. Lorsqu'il m'a invitée à sortir quelques semaines plus tard, il m'a bombardée de questions sur mes croyances. Nous ne savions pas, à ce moment-là, ce que la vie nous réservait. Nous serions un jour unis par les liens du mariage. De même, Marie a été complètement déconcertée par la visite inattendue de l'ange Gabriel qui lui a déclaré :

> Sois sans crainte, Marie; car tu as trouvé grâce auprès de Dieu. Voici : tu deviendras enceinte, tu enfanteras un fils, et tu l'appelleras du nom de Jésus. Il sera grand et sera appelé Fils du Très-Haut, et le Seigneur Dieu lui donnera le trône de David, son père. Il régnera sur la maison de Jacob éternellement et son règne n'aura pas de fin.

Marie dit à l'ange : Comment cela se produira-t-il, puisque je ne connais pas d'homme ?

Un conte de deux royaumes

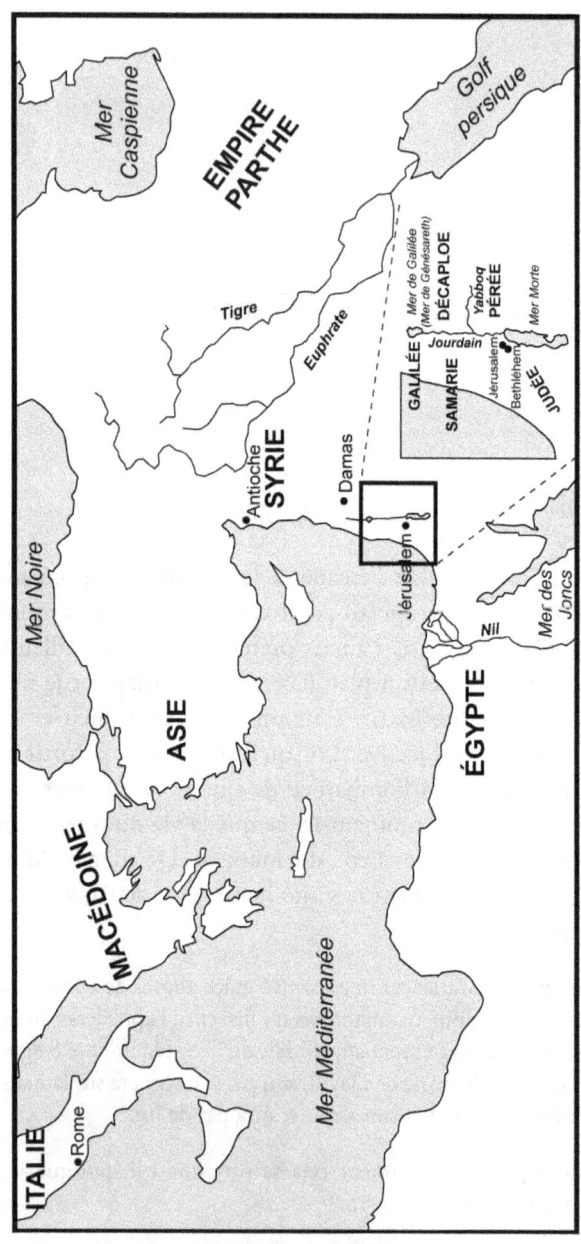

Figure 5 : Le monde à l'époque de Jésus, la descendance promise

1 - LA NAISSANCE DE LA DESCENDANCE PROMISE

L'ange lui répondit : Le Saint-Esprit viendra sur toi, et la puissance du Très-Haut te couvrira de son ombre. C'est pourquoi, le saint enfant qui naîtra sera appelé Fils de Dieu...

Marie dit : Voici la servante du Seigneur; qu'il me soit fait selon ta parole. (Luc 1.30-38)

Marie et Joseph ont cru que Dieu leur disait la vérité[175], mais il n'a pas été facile de lui obéir. Marie a-t-elle mis ses parents au courant de la situation? Ont-ils cru qu'elle avait perdu la raison? Joseph a tenté de cacher la grossesse de Marie, mais ont-ils été victimes de calomnies? Savaient-ils que la descendance promise devait naître à Bethléem (Michée 5.2)? Ont-ils été étonnés que César Auguste ordonne un recensement de l'Empire romain au complet? Ce faisant, Dieu poursuivait son dessein de salut. Puisque Joseph était un descendant de David, ils ont dû aller se faire inscrire à Bethléem (Luc 2.1-4). Peu de temps après leur arrivée, Marie a donné naissance à son fils premier-né, Jésus (Luc 2.6-7). Marie et Joseph ont-ils loué Dieu parce qu'il avait accompli sa promesse de manière quelque peu inusitée?

Dieu le Père n'a pas invité les membres de la noblesse, les sacrificateurs ou les pharisiens à célébrer la naissance de son Fils. Il a préféré inviter des bergers qui ont reçu avec joie les réalités spirituelles. Cette nuit-là, un ange du Seigneur leur est apparu pendant qu'ils gardaient leurs troupeaux. L'ange a déclaré : « Soyez sans crainte, car je vous annonce la bonne nouvelle d'une grande joie qui sera pour tout le peuple : aujourd'hui, dans la ville de David, il vous est né un Sauveur, qui est le Christ, le Seigneur. Et ceci sera pour vous un signe : vous trouverez un nouveau-né emmailloté et couché dans une crèche » (Luc 2.10-12).

Une multitude d'anges se sont alors mis à louer Dieu en disant : « Gloire à Dieu dans les lieux très hauts, et paix sur la terre parmi les hommes qu'il agrée! » (Luc 2.14).

Les bergers se sont rendus en toute hâte à Bethléem où ils ont trouvé l'enfant – la descendance promise tant attendue. Après avoir vu l'enfant, ils ont annoncé partout la nouvelle de la naissance du Sauveur.

2. Hérode cherche à éliminer la descendance promise

Règne d'Hérode le Grand, roi de Judée : 37-4 av. J.-C.[174] *5-4 av. J.-C.*[174]

Une nuit, quelques savants sans doute originaires de l'Empire parthe, s'affairaient à dessiner une carte du ciel lorsqu'ils ont remarqué une nouvelle étoile brillante rayonnant sur la Judée. Contrairement aux Israélites, ces hommes ne connaissaient pas les Écritures. Ils étaient peut-être des prêtres de Zoroastre, une religion de la Perse ancienne. En dépit de leurs idées erronées, ces hommes sages croyaient deux faits importants. D'abord, la vérité existe et elle peut être connue. Ensuite, un roi exceptionnel devait naître parmi les Juifs et une étoile paraissant dans le ciel annoncerait sa venue. Convaincus en toute logique qu'ils trouveraient ce roi à Jérusalem, ils ont entrepris un long périple jusqu'à la capitale. À leur arrivée, ils ont demandé : « Où est le roi des Juifs qui vient de naître ? Car nous avons vu son étoile en Orient, et nous sommes venus l'adorer » (Matthieu 2.2). Ils ne mettaient pas en doute sa naissance, ils désiraient simplement savoir où il se trouvait.

Le roi Hérode a été informé que des mages venus d'Orient cherchaient le roi des Juifs. Hérode a tout de suite compris qu'il ne s'agissait pas de lui, mais du Messie. Il a demandé aux principaux sacrificateurs et aux scribes où devait naître le Messie. Ils lui ont lu ce texte dans le rouleau du prophète Michée : « Et toi, Bethléem Éphrata, toi qui es petite parmi les milliers de Juda, de toi sortira pour moi celui qui dominera sur Israël et dont l'origine remonte au lointain passé, aux jours d'éternité » (Michée 5.1).

Hérode a fait appeler les mages en secret et leur a demandé à quel moment exact ils avaient vu l'étoile pour la première fois. Puis, il les a envoyés à Bethléem en leur disant : « Allez, et prenez des informations précises sur le petit enfant ; quand vous l'aurez trouvé, faites-le-moi savoir, afin que j'aille moi aussi l'adorer » (Matthieu 2.8).

Bethléem n'était située qu'à deux heures de route au sud-ouest de Jérusalem[176], mais Hérode et le reste du peuple n'ont pas cru bon d'aller eux-mêmes à la recherche du Messie. Ils ont préféré laisser des étrangers faire le travail. Comme les mages se sont réjouis de voir l'étoile se déplacer de Jérusalem vers Bethléem! Ils ont suivi l'étoile jusqu'à la maison où résidait Jésus. En le voyant, ils se sont prosternés et l'ont adoré. Ils ont offert à Jésus le respect et l'adoration que Dieu seul mérite. Ils lui ont également donné les présents que recevaient généralement les rois puissants – de l'or, de l'encens et de la myrrhe. Après avoir rendu visite à Jésus et à sa famille, les mages ont regagné leur pays par un autre chemin, car le Seigneur les a avertis dans un songe de ne pas retourner vers Hérode (Matthieu 2.9-12).

Après leur départ, Dieu est apparu en songe à Joseph en lui disant : « Lève-toi, prends le petit enfant et sa mère, fuis en Égypte et restes-y jusqu'à ce que je te parle; car Hérode va rechercher le petit enfant pour le faire périr » (Matthieu 2.13).

> Il n'est pas étonnant que les Juifs aient détesté Rome à ce point pour les avoir privés de leur liberté, ou que certains se soient ouvertement rebellés à la mort d'Hérode.

Marie et Joseph se sont immédiatement mis en route vers l'Égypte avec Jésus. Le temps a passé, puis Hérode a compris que les mages ne reviendraient pas à Jérusalem. Furieux, il a ordonné à ses soldats de mettre à mort tous les enfants de deux ans et moins à Bethléem et dans les environs, selon la date d'apparition de l'étoile que lui avaient donnée les mages (Matthieu 2.16). À travers les siècles, Satan a tenté de faire obstacle à la naissance de la descendance promise. Il profitait maintenant du fait que Jésus n'était qu'un enfant sans défense pour s'attaquer à lui, mais Dieu l'a protégé. Marie et Joseph sont demeurés en Égypte jusqu'à la mort d'Hérode, puis ils sont retournés dans leur ville natale, Nazareth. La descendance promise allait bel et bien écraser la tête du serpent! Satan ne pouvait déjouer les plans de Dieu.

3. Un signe des temps : la tentative d'abolition de la royauté

Règne d'Archélaüs, fils d'Hérode le Grand : 4 av. J.-C. – 6 apr. J.-C.[177]

Quelques croyants se sont réjouis de la naissance de la descendance promise, mais la majorité des Juifs n'ont pas compris que le Messie venait d'entrer dans le monde. Le seul roi reconnu par les Juifs était Hérode. En 40 av. J.-C., le sénat romain avait nommé le fils d'Antipater, Hérode le Grand, roi de la Judée. En même temps, les Parthes ont placé Antigone, fils d'Aristobule, sur le trône. Cependant Hérode, appuyé par Rome, l'a emporté sur les Parthes. En 37 av. J.-C., il est officiellement devenu le roi incontesté de la Judée. Les pharisiens ont reçu la domination d'Hérode comme un jugement de Dieu sur son peuple[178]. Hérode était un descendant d'Ésaü et à ce titre, il donnait l'impression d'adorer Dieu. Il a, par exemple, restauré le temple des Juifs. Mais à sa mort, les nationalistes ont refusé que son fils, Archélaüs, règne sur eux. Will Durant a expliqué que pour en finir, « une délégation juive s'est rendue à Rome afin de supplier Auguste d'abolir la royauté en Judée. Auguste a destitué Archélaüs et a fait de la Judée une province romaine de deuxième ordre dirigée par un procurateur qui relevait du gouverneur de la Syrie (en 6 apr. J.-C.)[179] ».

Il n'est pas étonnant que les Juifs aient détesté Rome à ce point pour les avoir privés de leur liberté, ou que certains se soient ouvertement rebellés à la mort d'Hérode. Il est cependant remarquable que quelques Juifs aient supplié Auguste de les priver de leur roi. Ils souhaitaient probablement rétablir la paix dans leur territoire par la diplomatie. Ils n'étaient certes pas conscients que le Messie était vivant ou que leurs décisions annonçaient sa naissance. Aux yeux de Dieu, les Juifs possédaient déjà un Roi vivant – Jésus. À partir de cette époque, tout roi humain occupant le trône de la Judée constituait un affront à sa majesté.

1 - LA NAISSANCE DE LA DESCENDANCE PROMISE

Pistes de réflexion

1. Dieu a démontré qu'il est souverain en poursuivant son plan de salut par l'intermédiaire d'un empereur romain.

2. Lors de la naissance de Jésus, les anges ont annoncé un salut spirituel offert à tous, sans exception.

3. Contrairement aux résidents de Jérusalem, les mages venus d'un pays étranger désiraient véritablement rencontrer le Sauveur.

4. Dieu a protégé son Fils de la fureur de Satan pour notre bien et pour sa gloire.

5. Le massacre d'enfants innocents constitue un sombre portrait du péché poussé à l'extrême.

[2]

Le ministère de Jésus

De 26-27 à 30 apr. J.-C.[180] Le dessein de salut conçu par Dieu s'accomplit à travers la vie, la mort et la résurrection de Jésus

1. Jean-Baptiste : le messager de Malachie

26 apr. J.-C.[181]

En janvier 1971, Barry était occupé à classer les livres de la bibliothèque de l'église. Nous avions déménagé à London, en Ontario, en juillet de l'année précédente afin qu'il puisse étudier en bibliothéconomie à l'Université Western. J'ignorais, à cette époque, qu'il avait conclu un marché avec le Seigneur. Il avait promis de croire en Jésus si Dieu me donnait un emploi. À la fin du mois d'août, j'avais trouvé du travail, mais

> Si Satan parvenait à faire tomber Jésus, le Père ne prendrait plus plaisir en son Fils.

Barry n'a pas honoré sa promesse. Puis, en octobre, on m'a offert un meilleur poste sans que je sois à la recherche d'un autre emploi. Barry n'a pas non plus donné sa vie au Seigneur à cette occasion. Cependant, seul dans la bibliothèque de l'église, il a enfin confessé son péché, renoncé à l'athéisme et reçu Jésus comme Seigneur et Sauveur. Comme nous nous sommes réjouis le soir venu, lorsqu'il m'a tout raconté ! Le mur spirituel qui nous séparait était tombé. Quelques semaines plus tard, le pasteur

Douglas Dakin l'a baptisé. Au cours de la cérémonie, il a souligné la grâce souveraine de Dieu qui avait attiré à lui un athée convaincu. De même, Jean-Baptiste a prêché sur les rives du Jourdain, baptisant quiconque avouait son état de pécheur. Rempli du Saint-Esprit, il s'est écrié : « Repentez-vous, car le royaume des cieux est proche » (Matthieu 3.2).

Peu à peu, la nouvelle s'est répandue et les foules se sont massées pour entendre la prédication de Jean. **Les années de silence étaient enfin révolues!** Dieu parlait à nouveau, comme à l'époque des prophètes, et il implorait le peuple par l'intermédiaire de Jean : « Produisez donc des fruits dignes de la repentance, et ne vous mettez pas à dire en vous-mêmes : Nous avons Abraham pour père. Car je vous déclare que de ces pierres Dieu peut susciter des enfants à Abraham » (Luc 3.8).

Jean-Baptiste se distinguait des prophètes antérieurs de deux manières. D'abord, les prophètes de l'Ancien Testament n'ont jamais baptisé personne. En revanche, Jean a baptisé ceux qui se repentaient de leurs péchés et aspiraient à recevoir le pardon de Dieu. Il refusait cependant de baptiser ceux qui ne voulaient pas avouer leurs fautes et se détourner de leurs mauvaises voies. De plus, les prophètes de l'Ancien Testament attendaient le jour lointain où la descendance promise obtiendrait leur salut, tandis que Jean-Baptiste croyait que le jour du salut était imminent.

> Il s'avérait crucial que Nicodème apprenne que pour appartenir au royaume de Dieu, l'attitude de son cœur devait changer.

2. Satan tente Jésus

Un jour, Jésus a demandé à son cousin Jean de le baptiser. Jean s'y est d'abord opposé, mais Jésus a insisté en expliquant : « Laisse faire maintenant, car il est convenable que nous accomplissions ainsi toute justice » (Matthieu 3.15).

Au moment où il baptisait Jésus, Jean a vu le Saint-Esprit venant du ciel sous la forme d'une colombe et descendre sur lui. Dieu a ainsi oint Jésus

2 - LE MINISTÈRE DE JÉSUS

et l'a consacré pour son ministère public. Puis, Dieu le Père a parlé : « Celui-ci est mon Fils bien-aimé, en qui j'ai mis toute mon affection » (Matthieu 3.17). Le Saint-Esprit a immédiatement conduit Jésus dans le désert où il a été tenté par le diable.

Jésus avait faim! (Matthieu 4.1-2). Après s'être privé de nourriture pendant quarante jours et quarante nuits, il était particulièrement vulnérable. Satan aurait tellement voulu persuader la descendance promise de pécher! Si Satan parvenait à faire tomber Jésus, le Père ne prendrait plus plaisir en son Fils. Bien plus, le Seigneur ne pourrait plus tenir sa promesse faite à Adam et Ève. Le Sauveur ne parviendrait pas alors à écraser la tête du serpent. Personne n'aurait la possibilité d'être réconcilié avec Dieu et cette terre appartiendrait à Satan pour toujours. Ainsi, le plan de Dieu échouerait. C'est pourquoi Satan s'est rendu auprès de Jésus dans le désert avant le début de son ministère public et au moment où il était physiquement affaibli. Satan s'est approché et a déclaré : « Si tu es Fils de Dieu, ordonne que ces pierres deviennent des pains » (Matthieu 4.3).

Jésus a refusé de se plier à la volonté de Satan et d'apaiser sa faim naturelle. Il a plutôt répondu : « L'homme ne vivra pas de pain seulement, mais de toute parole qui sort de la bouche de Dieu » (Matthieu 4.4).

Ensuite, le diable s'est attaqué aux émotions de Jésus en lui déclarant : « Si tu es Fils de Dieu, jette-toi en bas, car il est écrit : Il donnera des ordres à ses anges à ton sujet; et ils te porteront sur les mains, de peur que ton pied ne heurte contre une pierre » (Matthieu 4.6).

Satan espérait que Jésus décide de prouver sa divinité en comptant sur les soins providentiels de Dieu. Cependant, Jésus savait qu'il est mal de mettre Dieu à l'épreuve en se plaçant volontairement dans une situation dangereuse. Il a donc répondu : « D'autre part, il est écrit : Tu ne tenteras pas le Seigneur, ton Dieu » (Matthieu 4.7).

Enfin, le diable a tenté Jésus sur le plan spirituel. Comme Satan aspirait à recevoir l'adoration que Dieu seul mérite! Il s'était rebellé pour cette raison, souhaitant occuper le trône de Dieu[182]. Après avoir montré à Jésus tous les royaumes du monde, il a déclaré : « Je te donnerai tout cela, si tu te prosternes et m'adores » (Matthieu 4.8).

Jésus a répliqué : « Retire-toi Satan ! Car il est écrit : Tu adoreras le Seigneur, ton Dieu, et à lui seul, tu rendras un culte » (Matthieu 4.10).

Vaincu, Satan s'est éloigné et des anges se sont approchés de Jésus pour le servir. En voyant Jésus le lendemain, Jean s'est écrié : « Voici l'Agneau de Dieu, qui ôte le péché du monde » (Jean 1.29). Puis, il a témoigné à tous ceux qui voulaient l'entendre que Jésus est le Fils de Dieu.

3. Jésus explique la nécessité de la naissance spirituelle

Peu après le début de son ministère public en Galilée, Jésus s'est rendu à Jérusalem pour la Pâque. Il a opéré des miracles et prêché dans le temple. Sa renommée s'est répandue dans toute la ville et plusieurs ont cru en lui. Cependant, Jésus ne leur faisait pas confiance, car il connaissait leur cœur. En effet, la foi de plusieurs était vacillante et émanait d'un cœur partagé, d'autres faisaient preuve d'hypocrisie, tandis que certains nourrissaient des ambitions politiques dangereuses. La population en général attendait évidemment avec impatience la venue du Messie qui renverserait les Romains et ferait d'Israël la puissance mondiale dominante.

> La colère de ces Juifs était à son comble et ils voulaient faire mourir Jésus

Nicodème, un chef des Juifs, voulait une rencontre privée avec Jésus. Il est allé le trouver de nuit et lui a déclaré : « Rabbi, nous savons que tu es un docteur venu de la part de Dieu ; car personne ne peut faire ces miracles que tu fais, si Dieu n'est avec lui » (Jean 3.2).

Jésus savait que Nicodème attendait le royaume de Dieu sur terre et que les miracles avaient éveillé sa curiosité. Jésus a choisi de ne pas satisfaire sa curiosité, mais de dire à Nicodème ce qu'il avait besoin d'entendre au lieu de lui dire ce qu'il voulait entendre. Il a attiré l'attention du pharisien sur la nature spirituelle du royaume en lui affirmant qu'il devait naître de nouveau. Par conséquent, Jésus lui a déclaré : « En vérité, en vérité je te le dis, si un homme ne naît de nouveau, il ne peut voir le royaume de Dieu » (Jean 3.3).

Ne songeant qu'aux réalités physiques, Nicodème lui a alors demandé : « Comment un homme peut-il naître quand il est vieux? Peut-il une seconde fois entrer dans le sein de sa mère et naître? » (Jean 3.4).

Il s'avérait crucial que Nicodème apprenne que pour appartenir au royaume de Dieu, l'attitude de son cœur devait changer et sa haine à l'égard de Dieu devait être transformée en amour. Sa naissance dans le monde physique venait d'abord, suivie de sa naissance dans le royaume spirituel de Dieu. C'est pourquoi Jésus lui a répondu avec douceur :

> En vérité, en vérité, je te le dis, si un homme ne naît d'eau et d'Esprit, il ne peut entrer dans le royaume de Dieu. Ce qui est né de la chair est chair, et ce qui est né de l'Esprit est esprit. Ne t'étonne pas que je t'aie dit : il faut que vous naissiez de nouveau. Le vent souffle où il veut, et tu en entends le bruit; mais tu ne sais pas d'où il vient ni où il va. Il en est ainsi de quiconque est né de l'Esprit. (Jean 3.5-8)

Soufflant à la manière du vent, le Saint-Esprit pénètre en celui qui croit. Cette personne devient alors un enfant du royaume de Dieu. Nicodème s'en est étonné : « Comment cela peut-il se faire? » (Jean 3.9).

Jésus lui a expliqué avec patience que le Fils de l'homme devait être élevé afin que tous ceux qui croiraient en lui aient la vie éternelle (Jean 3.14-15). Il a ajouté : « Car Dieu a tant aimé le monde qu'il a donné son Fils unique, afin que quiconque croit en lui ne périsse pas, mais qu'il ait la vie éternelle » (Jean 3.16). Jésus voulait que Nicodème cesse de considérer uniquement les réalités physiques et se concentre sur les réalités spirituelles. En d'autres termes, Jésus lui a affirmé : « Dieu le Père t'aime, Nicodème. Je t'aime également. Je serai bientôt élevé afin que tu puisses avoir la vie éternelle avec Dieu. Fais-moi simplement confiance. »

Tout comme nous, Nicodème se trouvait devant un choix – celui de croire ou de ne pas croire. Jésus lui a adressé une mise en garde affectueuse : « Celui qui croit en lui n'est pas jugé; mais celui qui ne croit pas est déjà jugé, parce qu'il n'a pas cru au nom du Fils unique de Dieu » (Jean 3.18).

Lorsque Jésus est mort, Nicodème et Joseph d'Arimathée, un autre disciple secret, ont descendu son corps de la croix. Nicodème s'est probablement souvenu que Jésus lui avait enseigné qu'il devait être élevé. Nicodème a alors compris qu'il avait parlé de sa mort sur la croix.

4. Jésus affirme sa divinité

En passant près de la piscine de Béthesda, Jésus a vu un homme couché, invalide depuis trente-huit ans. Rempli de compassion, il lui a demandé s'il voulait être guéri.

« Le malade lui répondit : Seigneur, je n'ai personne pour me jeter dans la piscine quand l'eau est agitée, et pendant que j'y vais, un autre descend avant moi.

Lève-toi, lui dit Jésus, prends ton lit et marche » (Jean 5.2-8).

> Ce sermon est une invitation à placer votre confiance en Dieu. Ceux qui écoutent et croient sont assurés d'entrer dans le royaume des cieux.

L'homme a été guéri à l'instant et il a obéi à Jésus. Tandis qu'il marchait dans la rue, des Juifs l'ont interpellé, car il ne lui était pas permis de transporter son lit un jour de sabbat. L'homme a répliqué : « Celui qui m'a rendu la santé m'a dit : Prends ton lit et marche » (Jean 5.11).

Les Juifs ont demandé au malade qui l'avait guéri, mais il l'ignorait. Plus tard, Jésus a rencontré l'homme dans le temple et lui a donné cet avertissement : « Voici : tu as retrouvé la santé, ne pèche plus, de peur qu'il ne t'arrive quelque chose de pire » (Jean 5.14).

L'homme a aussitôt informé les Juifs que Jésus l'avait guéri. Les Juifs, irrités, se sont mis à harceler Jésus parce qu'il avait guéri un homme le jour du sabbat, mais il leur a déclaré : « Mon Père travaille jusqu'à présent. Moi aussi, je travaille » (Jean 5.17).

2 - LE MINISTÈRE DE JÉSUS

La colère de ces Juifs était à son comble et ils voulaient faire mourir Jésus (Jean 5.18). En effet, il s'était proclamé lui-même l'égal de Dieu, ce qui constituait un blasphème. Comment auriez-vous réagi à cette déclaration venant de la descendance promise?

5. Le Sermon sur la Montagne – Matthieu 5-7

En parcourant la Galilée, Jésus enseignait dans les synagogues. Il proclamait : « Le temps est accompli et le royaume de Dieu est proche. Repentez-vous, et croyez à la bonne nouvelle » (Marc 1.15). Partout où il passait, il guérissait les malades et chassait les démons. Il n'est pas étonnant que de grandes foules l'aient suivi « de la Galilée, de la Décapole, de Jérusalem, de la Judée et d'au-delà du Jourdain » (Matthieu 4.25). Par la suite, Jésus a passé toute une nuit à prier sur la montagne avant de choisir les douze hommes qui allaient devenir ses disciples les plus proches. Après les avoir appelés, il s'est installé sur un plateau de la montagne pour les instruire, pendant que les foules l'écoutaient. Qu'a-t-il enseigné à ceux qui annonceraient avec lui l'arrivée du royaume? Leur a-t-il expliqué leur rôle dans un royaume politique? Pas du tout! Jésus les a incités à réfléchir aux réalités spirituelles plutôt qu'au royaume terrestre. Il a d'abord énoncé les caractéristiques de ceux que Dieu bénit :

> Heureux les pauvres en esprit, car le royaume des cieux est à eux! Heureux ceux qui pleurent, car ils seront consolés! Heureux ceux qui sont doux, car ils hériteront la terre! Heureux ceux qui ont faim et soif de justice, car ils seront rassasiés! Heureux les miséricordieux, car ils obtiendront miséricorde! Heureux ceux qui ont le cœur pur, car ils verront Dieu! Heureux ceux qui procurent la paix, car ils seront appelés fils de Dieu! Heureux ceux qui sont persécutés à cause de la justice, car le royaume des cieux est à eux! (Matthieu 5.3-10)

Les pauvres en esprit comprennent qu'ils ont besoin de Dieu (Matthieu 5.3). Ils pleurent, car ils ont été des pécheurs rebelles. Sachant qu'ils méritent d'être punis par un Dieu saint et juste, ils n'expriment aucune revendication (Matthieu 5.5). Les croyants ont faim et soif de Dieu et de sa vérité. Puisque Dieu leur a pardonné, ils pardonnent à leur tour avec joie et de tout cœur à ceux qui les ont offensés. De telles personnes sont pures devant Dieu. Elles procurent la paix en conduisant d'autres personnes à reconnaître leur besoin du pardon de Dieu. Cependant, tous ne croiront pas. C'est pourquoi il surviendra des persécutions de la part des non-croyants.

> Personne ne cherche à étendre son royaume en tuant ses propres soldats!

Ceux qui appartiennent au royaume des cieux brillent comme des lumières dans ce monde de ténèbres (Matthieu 5.14-16), ce qui signifie qu'un croyant pense et agit autrement. Par exemple, les scribes et les pharisiens se préoccupaient de l'obéissance apparente et rituelle à la loi. En revanche, Jésus a enseigné qu'une véritable obéissance à la loi s'enracine dans une attitude de cœur juste. Il a déclaré : « Vous avez entendu qu'il a été dit : Tu ne commettras pas d'adultère. Mais moi, je vous dis : Quiconque regarde une femme pour la convoiter a déjà commis adultère avec elle dans son cœur » (Matthieu 5.27-28).

Les croyants placent leur confiance en un Dieu souverain qui pourvoit à la nourriture, aux vêtements et au logement nécessaires. Un Père céleste rempli d'amour donne « de bonnes [choses] à ceux qui les lui demandent » (Matthieu 7.11). Jésus a fait cette promesse : « Cherchez premièrement son royaume et sa justice, et tout cela vous sera donné par-dessus » (Matthieu 6.33). Jésus a également enseigné à ses disciples la manière dont ils devaient traiter les autres : « Tout ce que vous voulez que les hommes fassent pour vous, vous aussi, faites-le de même pour eux, car c'est la loi et les prophètes » (Matthieu 7.12).

Les actions servent à mesurer les croyances d'une personne. Êtes-vous véritablement préoccupé par les sentiments de ceux qui vous entourent? Pouvez-vous pardonner à quelqu'un qui vous a offensé? Parvenez-vous à souligner avec amour les idées erronées ou les comportements malsains? Acceptez-vous les réprimandes de bonne grâce? Aimez-vous Dieu et les autres? Il existe deux types d'individus, ceux qui écoutent Jésus et lui obéissent et ceux qui ne le font pas. Le croyant est « semblable à un homme prudent [ou sensé] qui a bâti sa maison sur le roc » (Matthieu 7.24). Lorsque vient la pluie, les fondations de cette maison demeurent. En revanche, un non-croyant est « semblable à un homme insensé qui a bâti sa maison sur le sable » (Matthieu 7.26). Lorsque vient la pluie, cette maison s'écroule et sa ruine est grande. C'est pourquoi Jésus a donné cet avertissement aux disciples : « Quiconque me dit : Seigneur, Seigneur! n'entrera pas forcément dans le royaume des cieux, mais celui-là seul qui fait la volonté de mon Père qui est dans les cieux » (Matthieu 7.21). Ce sermon est une invitation à placer votre confiance en Dieu. Ceux qui écoutent et croient sont assurés d'entrer dans le royaume des cieux. Faites-vous partie des personnes sensées ou des insensées? Quelle est votre réponse à l'égard de la descendance promise?

6. Jésus chasse les démons

Un jour, des amis ont amené vers Jésus un démoniaque aveugle et muet. Jésus l'a guéri et la foule a été stupéfaite de constater que l'homme pouvait maintenant voir et parler. Tous se demandaient : « N'est-ce pas là le Fils de David? » (Matthieu 12.23).

En entendant ces remarques, les pharisiens ont rétorqué : « Cet homme ne chasse les démons que par Béelzébul, prince des démons » (Matthieu 12.24).

Jésus, connaissant leurs pensées, leur a adressé ce reproche :

> Tout royaume divisé contre lui-même est dévasté et toute ville ou maison divisée contre elle-même ne peut subsister. Si Satan chasse Satan, il est divisé contre lui-même, comment donc son royaume subsistera-t-il? Et si moi, je chasse les démons par Béelzébul, vos fils par qui les chassent-ils? C'est pourquoi ils seront eux-mêmes vos juges. Mais, si c'est par l'Esprit de Dieu, que moi, je chasse les démons, le royaume de Dieu est donc parvenu jusqu'à vous. Ou, comment quelqu'un peut-il entrer dans la maison d'un homme fort et piller ses biens sans avoir auparavant lié cet homme fort? Alors seulement il pillera sa maison. Celui qui n'est pas avec moi est contre moi, et celui qui n'assemble pas avec moi, disperse. (Matthieu 12.25-30)

Les pharisiens souhaitaient discréditer Jésus complètement, ils l'ont donc accusé de chasser les démons par la puissance de Satan. Quelle accusation ridicule! Personne ne cherche à étendre son royaume en tuant ses propres soldats! Pour quelle raison Satan atténuerait-il l'influence de ses démons dans la vie des gens, sachant qu'il réduirait ainsi le nombre de ses conquêtes? Jésus a nié être un émissaire de Satan en soulignant que ses attaques contre les démons prouvaient au contraire que le royaume de Dieu était présent. Deux forces s'affrontent dans la bataille pour exercer un contrôle sur les individus – le royaume de Satan et celui de Dieu. Tout comme un voleur ne vient pas en aide au propriétaire de la maison, mais cherche à le maîtriser, les armées de Satan et celles de Dieu s'excluent mutuellement.

7. Jésus explique la croissance du royaume

Un jour, alors que Jésus enseignait dans une synagogue, il a demandé à l'assemblée qui s'y trouvait : « À quoi le royaume de Dieu est-il semblable, et à quoi le comparerai-je? Il est semblable à un grain de moutarde qu'un homme a pris et jeté dans son jardin; il pousse, devient un arbre, et les oiseaux du ciel habitent dans ses branches » (Luc 13.18-19). Le grain de moutarde est une semence minuscule qui, une fois plantée, devient

> Les Juifs ont manifesté de l'irritation parce que Jésus leur offrait la vie éternelle au lieu d'une miche de pain.

un arbre robuste. De même, le royaume de Dieu connaît des débuts modestes, mais son importance s'accroît avec le temps. Jésus a poursuivi ses explications en ajoutant : « À quoi comparerai-je le royaume de Dieu? Il est semblable à du levain qu'une femme a pris et introduit dans trois mesures de farine, jusqu'à ce que la pâte soit toute levée » (Luc 13.20-21). Lorsque le levain est mélangé à la farine, on ne peut les distinguer l'un de l'autre. Cependant, le levain fait rapidement lever la farine qui devient une grosse miche de pain. De même, les débuts du royaume de Dieu ont été timides et en apparence sans importance. Cependant, il progressera avec le temps, car plus de gens recevront le don du salut offert par Dieu.

8. Une divergence d'opinions concernant le royaume

Intriguées et remplies d'enthousiasme à la vue des guérisons miraculeuses que Jésus accomplissait, les foules l'ont suivi jusqu'à un endroit désert près de la mer de Galilée. Après avoir enseigné à la foule une grande partie de la journée, Jésus savait que ses auditeurs avaient faim. Il a demandé à Philippe, un de ses disciples : « Où achèterons-nous des pains pour que ces gens aient à manger ? » (Jean 6.5).

Étonné, Philippe s'est exclamé : « Les pains qu'on aurait pour deux cents deniers [environ huit mois de salaire] ne suffiraient pas pour que chacun en reçoive un peu » (Jean 6.7).

Entretemps, André a trouvé un jeune garçon qui avait cinq petits pains d'orge et deux poissons : « … mais qu'est-ce que cela pour tant de personnes ? » a-t-il demandé (Jean 6.9).

Jésus a répondu avec compassion : « Faites asseoir ces gens » (Jean 6.10).

Cinq mille hommes, sans compter les femmes et les enfants, se sont assis en groupes de cinquante. Jésus a remercié son Père pour la nourriture, puis l'a distribuée à la foule. Tous ont mangé à leur faim et les disciples ont rempli douze paniers des morceaux qui restaient.

À la vue de ce miracle, les gens ont pensé : « Vraiment c'est lui le prophète qui vient dans le monde » (Jean 6.14).

Les Juifs ont vu en Jésus le Messie politique qu'ils attendaient. Sachant que la foule chercherait à le couronner roi de force, Jésus s'est esquivé afin d'être seul. Au lieu de saisir cette occasion, il a fermement rejeté leur offre. Puisqu'il est la descendance promise, il aurait pu devenir le roi de l'Israël terrestre, s'il avait voulu, mais il a préféré se retirer dans la montagne pour prier.

Le lendemain, la foule l'a retrouvé à Capernaüm. Jésus savait que sa popularité tenait au fait qu'il leur avait donné du pain et des poissons. Imaginez la vie dans un pays où le dirigeant guérirait toutes vos maladies et vous fournirait de la nourriture à volonté ! Plus de travaux aux champs !

Un conte de deux royaumes

Quelle utopie! Jésus a encouragé les Juifs à se concentrer sur les réalités spirituelles plutôt que sur leurs besoins physiques. Sachant que les foules l'avaient cherché, Jésus a déclaré avec tristesse :

> En vérité, en vérité, je vous le dis, vous me cherchez, non parce que vous avez vu des miracles, mais parce que vous avez mangé des pains et que vous avez été rassasiés. Travaillez, non en vue de la nourriture qui périt, mais en vue de la nourriture qui subsiste pour la vie éternelle, celle que le Fils de l'homme vous donnera; car c'est lui que le Père – Dieu – a marqué de son sceau... En vérité, en vérité, je vous le dis, ce n'est pas Moïse qui vous a donné le pain venu du ciel, mais mon Père vous donne le vrai pain venu du ciel; car le pain de Dieu, c'est celui qui descend du ciel et qui donne la vie au monde. (Jean 6.26-33)

> [Sachant qu'ils attendaient un Messie politique, Jésus a entrepris de changer leur perception des choses.]

Sur quoi le peuple a répondu : « Seigneur, donne-nous toujours ce pain-là » (Jean 6.34). Ils ne désiraient qu'une provision inépuisable de pain quotidien.

Jésus leur a répondu avec amour : « Moi, je suis le pain de vie. Celui qui vient à moi n'aura jamais faim, et celui qui croit en moi n'aura jamais soif... Voici, en effet, la volonté de mon Père : que quiconque voit le Fils et croit en lui ait la vie éternelle; et je le ressusciterai au dernier jour » (Jean 6.35-40).

Les Juifs ont manifesté de l'irritation parce que Jésus leur offrait la vie éternelle au lieu d'une miche de pain. Certains de ses disciples se sont posé des questions : « Cette parole est dure, qui peut l'écouter? » (Jean 6.60).

Jésus a poursuivi : « Cela vous scandalise? Et si vous voyiez le Fils de l'homme monter où il était auparavant? C'est l'Esprit qui vivifie. La chair ne sert de rien. Les paroles que je vous ai dites sont Esprit et vie. Mais il en est parmi vous quelques-uns qui ne croient pas » (Jean 6.61-64).

Malheureusement, un grand nombre de personnes ne s'intéressaient pas au pain spirituel offert par Jésus. Elles ne se préoccupaient que du monde physique. Elles ont donc rejeté Jésus et ont cessé de le suivre.

9. La confession de Pierre

À maintes reprises dans les Évangiles, Jésus s'est désigné lui-même par l'expression Fils de l'homme, une allusion directe au septième chapitre du livre de Daniel où un fils d'homme s'est approché de l'Ancien des jours. D. H. Wallace l'a expliqué ainsi :

> On s'est longtemps demandé pour quelle raison Jésus ne s'est pas attribué le titre de Messie pour parler de lui-même, préférant un titre plus obscur soit, Fils de l'homme. Il a probablement évité le terme Messie pour des raisons politiques. En effet, si Jésus s'était qualifié de « Messie », il aurait fait vibrer la fibre politique de ses auditeurs qui auraient cherché à le couronner roi, l'utilisant principalement comme symbole nationaliste dans le but de chasser les occupants romains. Voilà précisément la signification de la réaction des Juifs lors de l'entrée triomphale de Jésus à Jérusalem. Jésus s'est approprié le titre de Fils de l'homme afin de cacher à ses auditeurs sa mission messianique, tout en la révélant à ses disciples[183].

En visite à Césarée de Philippe, Jésus a demandé à ses disciples :

> Au dire des gens, qui suis-je, moi, le Fils de l'homme ?
>
> Ils répondirent : Les uns disent Jean-Baptiste; d'autres, Élie; d'autres, Jérémie, ou l'un des prophètes.
>
> Mais vous, leur dit-il, qui dites-vous que je suis ?
>
> Simon Pierre répondit : Tu es le Christ, le Fils de Dieu vivant.
>
> Jésus reprit la parole et lui dit : Tu es heureux, Simon, fils de Jonas; car ce ne sont pas la chair et le sang qui t'ont révélé cela, mais mon Père qui est dans les cieux. Et moi, je te dis que tu es Pierre, et que sur cette pierre je bâtirai mon Église, et que les portes du séjour des morts ne prévaudront pas contre elle. Je te donnerai les clefs du royaume des cieux : Ce que tu lieras sur la terre sera lié dans les cieux, et ce que tu délieras sur la terre sera délié dans les cieux. (Matthieu 16.13-19)

Jésus a d'abord béni Pierre, car il avait compris que Jésus était le Messie, le Sauveur tant attendu et le Fils de Dieu. L'Église du Nouveau Testament a été établie sur ces deux vérités. Les pasteurs et les anciens de chaque église ont la responsabilité de prêcher toute la vérité de Dieu, de discerner et d'affermir la vraie foi et d'exercer la discipline envers les croyants qui déshonorent le nom de Jésus par leur péché. Jésus a décrit ces responsabilités par les termes *lier* et *délier*. Dans les trois premiers chapitres du livre de l'Apocalypse, Jean a été témoin du jugement rendu par le Seigneur sur les pasteurs de sept églises concernant cet appel.

Jésus s'est réjoui du fait que ses disciples ont cru qu'il était le Messie, mais il leur a interdit de le proclamer ouvertement tant qu'il vivait sur la terre. Sachant qu'ils attendaient un Messie politique, Jésus a entrepris de changer leur perception des choses : « Jésus commença dès lors à montrer à ses disciples qu'il lui fallait aller à Jérusalem, souffrir beaucoup de la part des anciens, des principaux sacrificateurs et des scribes, être mis à mort et ressusciter le troisième jour » (Matthieu 16.21).

Cet enseignement a déplu à Pierre qui a repris Jésus : « À Dieu ne plaise, Seigneur! Cela ne t'arrivera pas » (Matthieu 16.22). Auriez-vous eu la même réaction que Pierre?

Jésus, affligé, a répondu sans tarder : « Arrière de moi, Satan! Tu es pour moi un scandale, car tes pensées ne sont pas celles de Dieu, mais celles des hommes » (Matthieu 16.23).

F. C. Jennings a fait la remarque suivante : « À la lumière de ces paroles, ne sommes-nous pas contraints d'admettre et de confirmer ce que nous avons vu, à savoir que toute chose ou toute personne qui tend à exclure l'œuvre rédemptrice de la croix est absolument satanique[184]? »

> Et que servira-t-il à un homme de gagner le monde entier, s'il perd son âme? Ou que donnera un homme en échange de son âme? Car le Fils de l'homme va venir dans la gloire de son Père avec ses anges, et alors il rendra à chacun selon sa manière d'agir. En vérité je vous le dis, quelques-uns de ceux qui se tiennent ici ne goûteront point la mort, qu'ils n'aient vu le Fils de l'homme venir dans son règne. (Matthieu 16.26-28)

2 - LE MINISTÈRE DE JÉSUS

En d'autres termes, Jésus a lancé un vibrant appel : « Ne comprenez-vous pas que les réalités spirituelles sont plus importantes que les préoccupations terrestres? Rien n'importe davantage que la réconciliation avec Dieu. Je reviendrai bientôt pour juger chaque personne qui a vécu sur la terre. Certains parmi vous verront mon royaume avant de mourir. »

Jésus a-t-il dit la vérité? Son royaume est-il venu pendant la vie des disciples? Si tel n'est pas le cas, Jésus est un menteur et un imposteur. Comme les disciples étaient perplexes! Jésus avait d'abord affirmé être le Messie, puis il avait annoncé sa mort. Six jours plus tard, Jésus est monté sur une haute montagne avec Pierre, Jacques et Jean. Dans sa grâce, il a encouragé ses trois disciples les plus intimes en leur permettant de le voir dans sa gloire : « Il fut transfiguré devant eux : Son visage resplendit comme le soleil, et ses vêtements devinrent blancs comme la lumière » (Matthieu 17.2).

10. Les enfants d'Abraham

À la suite des enseignements de Jésus dans le temple, plusieurs Juifs ont semblé croire en lui, mais il savait qu'ils ne l'aimaient pas ou ne comprenaient pas véritablement son message. Dans le but d'éloigner les non-croyants, il a déclaré : « Si vous demeurez dans ma parole, vous êtes vraiment mes disciples; vous connaîtrez la vérité et la vérité vous rendra libres » (Jean 8.31-32).

Ces paroles ont offensé ses auditeurs qui ont répliqué : « Nous sommes la descendance d'Abraham et nous n'avons jamais été esclaves de personne; comment dis-tu : Vous deviendrez libres? » (Jean 8.33).

Comme Jésus a dû être affligé! Le système sacrificiel avait entre autres objectifs de rappeler jour après jour aux Israélites leur état de péché et leur besoin d'un Sauveur. Pourtant, ces individus n'étaient pas conscients de leur péché. Jésus leur a expliqué avec patience :

> En vérité, en vérité, je vous le dis, quiconque commet le péché est esclave du péché. Or, l'esclave ne demeure pas pour toujours dans la maison; le fils y demeure pour toujours. Si donc le Fils vous rend libres, vous serez réellement libres. Je sais que vous êtes la descendance d'Abraham; mais vous cherchez à me faire mourir, parce que ma

parole ne trouve pas de place en vous. Moi, je dis ce que j'ai vu chez mon Père; et vous, vous faites ce que vous avez entendu de votre père. (Jean 8.34-38)

Jésus leur a gracieusement offert l'assurance du salut, mais ils l'ont rejetée. « Nous, esclaves du péché! Ridicule! Puisque nous sommes les descendants d'Abraham, il ne fait aucun doute qu'il est notre père », pensaient-ils. Ils ont donc répondu à Jésus : « Notre père, c'est Abraham » (Jean 8.39).

Jésus a poursuivi son enseignement : « Si vous êtes enfants d'Abraham, faites les œuvres d'Abraham. Mais maintenant, vous cherchez à me faire mourir, moi un homme qui vous ai dit la vérité que j'ai entendue de Dieu. Cela, Abraham ne l'a pas fait. Vous faites les œuvres de votre père » (Jean 8.39-41).

Ils ne comprenaient pas que l'attitude du cœur détermine qui sont les véritables enfants d'Abraham. La lignée humaine n'a aucune importance. Comme Jésus souhaitait qu'ils éprouvent pour Dieu le même amour qu'avait démontré Abraham! Furieux, ils ont protesté : « Nous ne sommes pas des enfants illégitimes; nous avons un seul Père, Dieu » (Jean 8.41).

Si vous aviez été présent parmi les auditeurs de Jésus, comment auriez-vous réagi à son enseignement? Depuis votre enfance, vous avez appris que vous appartenez au peuple de Dieu pour toujours parce que vous faites partie de la descendance d'Abraham. Auriez-vous admis être esclave du péché? Auriez-vous reçu le don du salut offert librement et avec amour par le Sauveur? Dans quelle mesure acceptez-vous de renoncer aux traditions de vos pères spirituels et d'être repris?

Depuis la chute d'Adam et Ève, il existe deux royaumes opposés dans ce monde. Chaque personne appartient à l'un ou à l'autre. Certains appartiennent au royaume de Dieu, ils sont appelés enfants de Dieu. Les autres appartiennent au royaume de Satan, ils sont appelés enfants de Satan. Puisque les auditeurs de Jésus ont rejeté son enseignement, il a soutenu qu'ils étaient enfants de Satan. S'ils avaient accepté ses paroles, ils auraient été transportés du royaume des ténèbres à son royaume de lumière. Malheureusement, Jésus a dû les reprendre :

> Si Dieu était votre Père, vous m'aimeriez, car c'est de Dieu que je suis sorti et que je viens; je ne suis pas venu de moi-même, mais c'est lui qui m'a envoyé. Pourquoi ne comprenez-vous pas mon langage? Parce que vous ne pouvez écouter ma parole. Vous avez pour père le diable, et vous voulez accomplir les désirs de votre père. Il a été meurtrier dès le commencement, et il ne s'est pas tenu dans la vérité, parce que la vérité n'est pas en lui. Lorsqu'il profère le mensonge, ses paroles viennent de lui-même car il est menteur et le père du mensonge. (Jean 8.42-44)

11. Lazare

Lazare était déjà mort depuis quatre jours lorsque Jésus est arrivé à Béthanie, un village situé sur le mont des Oliviers à environ trois kilomètres à l'est de Jérusalem (Jean 11.18). Bon nombre de Juifs avaient fait le trajet à pied afin d'offrir leurs condoléances à la famille. En apprenant que Jésus approchait du village, Marthe est allée à sa rencontre.

> Marthe dit à Jésus : Seigneur, si tu avais été ici, mon frère ne serait pas mort. Mais maintenant même, je sais que tout ce que tu demanderas à Dieu, Dieu te le donnera.
>
> Jésus lui dit : Ton frère ressuscitera.
>
> Je sais, lui répondit Marthe, qu'il ressuscitera à la résurrection, au dernier jour.
>
> Jésus lui dit : Moi, je suis la résurrection et la vie. Celui qui croit en moi vivra, quand même il serait mort; et quiconque vit et croit en moi ne mourra jamais. Crois-tu cela? (Jean 11.21-26)

Jésus est la source de toute vie spirituelle et physique. Quiconque croit en Jésus et le reçoit comme son Sauveur personnel continuera à vivre spirituellement même s'il est physiquement mort. Jésus détient également le pouvoir sur la mort physique. Il a promis à Marthe que les corps physiques des croyants reviendraient à la vie. Matthew Henry l'a expliqué ainsi : « L'homme est constitué d'un corps et d'une âme et Dieu pourvoit à la félicité de l'un comme de l'autre[185]. »

Un conte de deux royaumes

Marthe a cru Jésus et elle a répondu : « Oui, Seigneur, je crois que tu es le Christ, le Fils de Dieu, celui qui vient dans le monde » (Jean 11.27).

Sur ces paroles, Marthe est retournée en hâte à la maison et elle a informé Marie, sa sœur, que Jésus arrivait. Marie s'est précipitée au-devant de Jésus et tous les Juifs l'ont suivie. En voyant à quel point Jésus était bouleversé, certains ont remarqué : « Voyez comme il l'aimait! » (Jean 11.36).

Cependant, d'autres ont rétorqué : « Lui qui a ouvert les yeux de l'aveugle, ne pouvait-il pas faire aussi que cet homme ne meure pas? » (Jean 11. 37).

Jésus s'est rendu au tombeau et il a ordonné qu'on ôte la pierre. Marthe s'y est opposée : « Seigneur, il sent déjà, car c'est le quatrième jour » (Jean 11.39).

Jésus lui a demandé avec douceur : « Ne t'ai-je pas dit que si tu crois, tu verras la gloire de Dieu? » (Jean 11.40). Ils ont donc roulé la pierre et Jésus s'est écrié d'une voix forte : « Lazare, sors! » (Jean 11.43).

Lazare est immédiatement sorti du tombeau. Plusieurs personnes ont cru en Jésus à cause de ce miracle. Jésus savait que les scribes et les pharisiens s'opposaient à lui parce qu'il ne se conformait pas à leur conception de la loi. Par ce miracle, Jésus a également suscité la colère des sadducéens qui ne croyaient pas à la résurrection des morts. Cependant, personne ne pouvait nier le fait que Lazare était mort et ressuscité. Les témoins savaient qu'après quatre jours, le corps de Lazare se décomposait déjà. Comment les sadducéens pouvaient-ils nier que celui qui était mort vivait de nouveau?

Peu de temps après, les principaux sacrificateurs et les pharisiens ont assemblé le sanhédrin, le Conseil suprême juif. Leur irritation était palpable : « Qu'allons-nous faire? Car cet homme fait beaucoup de miracles. Si nous le laissons faire, tous croiront en lui, et les Romains viendront nous enlever et notre Lieu saint et notre nation » (Jean 11.47-48).

Ils ont préféré conserver leur emploi plutôt que de croire au Messie. Caïphe, le souverain sacrificateur, a pris la parole : « Vous n'y entendez rien; vous ne vous rendez pas compte qu'il est avantageux pour vous qu'un seul homme meure pour le peuple et que la nation entière ne périsse pas » (Jean 11.49-50).

> La résurrection de Lazare a été l'élément déclencheur qui a mené à la mort de Jésus.

Caïphe a fait allusion à la situation politique de l'époque. Si Jésus mourait, les Romains ne se verraient pas dans l'obligation de mater une rébellion et de détruire la nation juive au complet. Caïphe ignorait que le Saint-Esprit prophétisait à travers lui concernant des réalités spirituelles. Jésus a pris notre place à la croix et il est mort pour nous afin que nous devenions enfants de Dieu. Par l'intermédiaire de Jean, Dieu a assuré que « Jésus devait mourir pour la nation. Et non seulement pour la nation, mais aussi afin de réunir en un seul corps les enfants de Dieu dispersés » (Jean 11.51-52). Lorsque Jésus est mort sur la croix, il a subi la punition que nous méritions, dans le but de nous réconcilier avec Dieu. La résurrection de Lazare a été l'élément déclencheur qui a mené à la mort de Jésus. « Dès ce jour, ils résolurent de le faire mourir » (Jean 11.53).

12. Jésus décrit la nature du royaume

Un jour, des pharisiens ont demandé à Jésus à quel moment viendrait le royaume de Dieu. Jésus leur a répondu : « Le royaume de Dieu ne vient pas de telle sorte qu'on puisse l'observer. On ne dira pas : Voyez, il est ici, ou : Il est là. Car voyez, le royaume de Dieu est au-dedans [au milieu] de vous » (Luc 17.20-21).

Selon les pharisiens, les royaumes constituaient des entités politiques occupant un territoire donné. Par conséquent, ils s'attendaient à voir de leurs yeux le lieu et la réalité physique du royaume de Dieu. Le jour viendrait où ils découvriraient de quelle manière le royaume de Dieu avait vaincu les royaumes de ce monde. Cet événement se produirait au vu et au su de tous, à un moment précis de l'histoire. À leur grande surprise, Jésus a expliqué que son royaume n'était pas visible avec les yeux et ne se limitait pas à un territoire géographique particulier. Juste avant sa mort, Jésus a paru devant Pilate et lui a expliqué :

> Mon royaume n'est pas de ce monde. Si mon royaume était de ce monde, mes serviteurs auraient combattu pour moi, afin que je ne sois pas livré aux Juifs; mais maintenant, mon royaume n'est pas d'ici-bas.
>
> Pilate lui dit : Tu es donc roi?
>
> Jésus répondit : Tu le dis : je suis roi. Voici pourquoi je suis né et voici pourquoi je suis venu dans le monde : pour rendre témoignage à la vérité. Quiconque est de la vérité écoute ma voix. (Jean 18.36-37)

> Jésus a affirmé que son royaume n'est pas de ce monde.

Jésus a affirmé que son royaume n'est pas de ce monde. Si son royaume n'est pas physique, il est donc assurément spirituel. Jésus est né pour annoncer la vérité de Dieu à un monde pécheur et perdu. S'adressant à Zachée, il a déclaré : « Car le Fils de l'homme est venu chercher et sauver ce qui était perdu » (Luc 19.10). Comme Jésus nous aime! Il désire que vous receviez le don de son salut et que vous soyez réconcilié avec Dieu. Placerez-vous votre confiance dans la vérité de Dieu et accepterez-vous le don de son amour? Ce faisant, vous deviendrez un citoyen du royaume de Jésus.

13. L'ambition de Jacques et Jean

Un jour, Pierre a rappelé à Jésus que lui et les autres disciples avaient tout quitté pour le suivre. Curieux de connaître l'avenir, il a ajouté : « ... qu'en sera-t-il pour nous? » (Matthieu 19.27).

2 - LE MINISTÈRE DE JÉSUS

> En vérité je vous le dis, quand le Fils de l'homme, au renouvellement de toutes choses, sera assis sur son trône de gloire, vous de même qui m'avez suivi, vous serez assis sur douze trônes, et vous jugerez les douze tribus d'Israël. Et quiconque aura quitté, à cause de mon nom, maisons, frères, sœurs, père, mère, femme, enfants ou terre recevra beaucoup plus et héritera la vie éternelle. Plusieurs des premiers seront les derniers et plusieurs des derniers seront les premiers. (Matthieu 19.28-30)

Jésus a promis que ceux qui demeureraient attachés à lui allaient hériter de la vie éternelle lors du renouvellement de toutes choses. Cependant, cet événement pourrait réserver des surprises. Certains se croient supérieurs dans le domaine spirituel, mais ils se trompent. Les grands honneurs reviendront à d'autres. Certains se vantent d'avoir accepté le don du salut de Dieu tôt dans leur vie et ils se placent ainsi au-dessus des nouveaux croyants. Jésus regarde plutôt l'attitude du cœur de chacun. Dans quelle mesure aiment-ils et obéissent-ils à Dieu? Par exemple, Jésus jugera l'empressement des croyants à choisir le Seigneur de préférence à leur famille et aux possessions matérielles. Jésus a également promis à ses disciples qu'à la fin des temps, ils seraient assis sur des trônes pour juger Israël. Paul a écrit : « Ne savez-vous pas que les saints jugeront le monde? » (1 Corinthiens 6.2). Au Jour du jugement, les croyants entendront et approuveront la sentence de condamnation prononcée par Jésus sur les non-croyants.

Malheureusement, les disciples ne se sont pas attardés à l'idée d'un monde sans péché. Un monde où personne ne sera tenté de pécher du fait de ses mauvais désirs ou de l'influence des autres. Un monde où non seulement Satan, mais tous les anges déchus seront bannis. Un monde que le péché n'entachera plus jamais, car tous aimeront Dieu avec joie et sans contrainte. Les croyants y vivront pour toujours en communion avec Dieu. Au lieu de ces réflexions, les disciples imprégnés de la tradition juive aspiraient à voir surgir une puissance politique. Ils ont probablement retenu une seule phrase du discours de Jésus : « Vous serez assis sur douze trônes. » C'est pourquoi Jacques et Jean se sont présentés devant Jésus avec cette requête :

> Maître, nous désirons que tu fasses pour nous ce que nous te demanderons.

Il leur dit : Que désirez-vous que je fasse pour vous?

Donne-nous, lui dirent-ils, d'être assis l'un à ta droite et l'autre à ta gauche dans ta gloire. (Marc 10.35-37)

Ces deux frères souhaitaient occuper les positions les plus importantes lors de l'établissement du royaume politique. Sans le savoir, ils incitaient Jésus à choisir un royaume terrestre de préférence à leur salut spirituel. Max Lucado a expliqué en quoi consistait le combat auquel Jésus faisait face : « Les gens voulaient qu'il sauve Israël, mais il savait qu'il valait mieux s'en abstenir. Il préférait que son peuple soit opprimé pendant un court moment, plutôt qu'il soit perdu pour l'éternité... Il a refusé de leur accorder ce qu'ils demandaient afin de leur donner ce dont ils avaient besoin. Il a refusé de libérer Israël afin de libérer l'humanité[186]. »

> Ces deux frères souhaitaient occuper les positions les plus importantes lors de l'établissement du royaume politique.

14. Jésus enseigne la séparation de l'Église et de l'État

Le discours de Jésus dans la cour du temple, le mardi précédant sa mort[187]

Non seulement les pharisiens, mais également les saducéens cherchaient une raison pour arrêter Jésus. Ils ont déduit qu'ils parviendraient assurément à le prendre au piège par ses propres paroles. C'est pourquoi des pharisiens et des hérodiens lui ont posé cette question : « Maître, nous savons que tu es vrai et que tu ne redoutes personne; car tu ne regardes pas à l'apparence des hommes, et tu enseignes la voie de Dieu selon la vérité. Est-il permis de payer le tribut à César? Devons-nous payer ou ne pas payer? » (Marc 12.14).

Ils croyaient lui avoir tendu un piège fatal. Quel dilemme! Si Jésus répondait : « Oui, il est juste de payer le tribut à César », ils pourraient l'accuser d'être du côté des Romains. Dans ce cas, les pharisiens pourraient facilement exciter la colère de la foule, car le peuple voulait un Messie qui allait renverser Rome. S'il répondait : « Non, nous ne devons pas payer le tribut à César », ils pourraient l'accuser d'être contre les Romains. Ainsi, puisque les hérodiens soutenaient Rome, ils dénonceraient Jésus auprès du gouverneur, le taxant d'insurgé. Cependant, la réponse de Jésus a pris ses auditeurs par surprise :

> Jésus, qui connaissait leur hypocrisie, leur répondit : Pourquoi me mettez-vous à l'épreuve? Apportez-moi un denier, afin que je le voie. Ils en apportèrent un; et Jésus leur demanda : De qui sont cette effigie et cette inscription?
>
> De César, lui répondirent-ils.
>
> Alors il leur dit : Rendez à César ce qui est à César et à Dieu ce qui est à Dieu. (Marc 12.15-17)

Selon la manière de penser de ces gens, la religion et l'État étaient indissociables. L'idée de devoir payer des taxes à Rome irritait les Juifs. Ils ne voulaient pas adorer les dieux romains. En revanche, les hérodiens acceptaient de fermer les yeux sur cette question, car ils étaient à la solde de Rome. De l'avis de ses auditeurs, Jésus avait émis une idée révolutionnaire. La religion et l'État sont deux entités distinctes. Personne ne renonce à ses croyances religieuses en payant ses impôts. Le gouvernement a besoin d'argent pour mener à bien ses projets sur la terre et cette situation n'a rien à voir avec le culte rendu à Dieu. De plus, le rythme de croissance spirituelle d'un croyant dépend du Saint-Esprit et non du gouvernement. D'ailleurs, ce n'est pas le gouvernement, mais Satan et ses démons qui incitent les non-croyants à se rebeller. Le monde spirituel étant plus puissant que le monde physique, Dieu et Satan influencent tous deux les gouvernements, vers le bien ou vers le mal.

15. Le discours sur le mont des Oliviers – Matthieu 24-25

Le mardi après-midi précédant la mort de Jésus[188]

Plus tôt ce jour-là, Jésus a prononcé ses dernières paroles en public. Il a réprimandé les pharisiens en raison de leur hypocrisie. Dans leurs cœurs, ils se disaient : « Si nous avions vécu au temps de nos pères, nous ne nous serions pas associés à eux pour répandre le sang des prophètes » (Matthieu 23.30).

Pourtant, Jésus savait qu'ils étaient sur le point de mettre à mort le Fils de Dieu. Il a pleuré en entrant dans la ville : « Jérusalem, Jérusalem, qui tues les prophètes et qui lapides ceux qui te sont envoyés, combien de fois ai-je voulu rassembler tes enfants, comme une poule rassemble ses poussins sous ses ailes, et vous ne l'avez pas voulu! Voici : votre maison vous est laissée déserte » (Matthieu 23.37-38).

En sortant du temple, ses disciples lui en ont fait remarquer les constructions. Jésus a répondu par une question : « Voyez-vous tout cela? En vérité je vous le dis, il ne restera pas ici pierre sur pierre qui ne soit renversée » (Matthieu 24.2).

Plus tard sur le mont des Oliviers, ses disciples lui ont demandé en privé : « Dis-nous quand cela arrivera et quel sera le signe de ton avènement et de la fin du monde? » (Matthieu 24.3).

Ils voulaient connaître la date de la destruction du temple et du retour de Jésus établissant son royaume. La réponse de Jésus à leur première question se trouve en Matthieu 24.4-35. Il a conclu cette section en affirmant que les gens vivant en 30 apr. J.-C. seraient assurément témoins de la destruction du temple. Il a déclaré : « En vérité, je vous le dis, cette génération ne passera point, que tout cela n'arrive » (Matthieu 24.34).

Tout cela ne sera que le commencement des douleurs. (Matthieu 24.8)

Depuis le commencement du monde, il se produit des guerres, des famines et des tremblements de terre. Ces phénomènes se sont intensifiés avant la destruction de Jérusalem et ils augmenteront en force et en fréquence jusqu'à la fin du monde. De même, la persécution des croyants a débuté par le meurtre d'Abel et se poursuit jusqu'à aujourd'hui.

Dans peu de temps, les disciples allaient connaître la persécution et seraient mis à mort pour leur foi. De plus, de nombreux imposteurs se feraient passer pour le Messie et tout au long de l'histoire, de faux enseignants masqueraient la vérité par des mensonges. La tromperie, la persécution, les guerres, les famines et les tremblements de terre font partie de l'existence et se produiront de plus en plus souvent jusqu'à la fin du monde. Leurs effets seront également de plus en plus graves. La situation rappelle les douleurs d'un accouchement. Toutes les mères éprouvent un immense soulagement lorsque leur bébé voit enfin le jour. Je parle par expérience.

Et en raison des progrès de l'iniquité l'amour du plus grand nombre se refroidira. Mais celui qui persévérera jusqu'à la fin sera sauvé. Cette bonne nouvelle du royaume sera prêchée dans le monde entier, pour servir de témoignage à toutes les nations. Alors viendra la fin. (Matthieu 24.12-14)

Heureusement, nous pouvons compter sur Dieu, car il dit toujours la vérité et tient toujours ses promesses. En dépit de la croissance soutenue du royaume de Satan, Jésus nous a promis deux choses. D'abord, notre salut est assuré et ensuite, le royaume de Dieu poursuivra son expansion dans le monde jusqu'à la fin des temps.

> Dieu a permis que sa cité choisie s'effondre parce que le peuple qui y résidait avait rejeté son Fils Jésus, leur Messie.

C'est pourquoi, lorsque vous verrez l'abomination de la désolation dont a parlé le prophète Daniel, établie dans le lieu saint, que le lecteur fasse attention. Alors, que ceux qui seront en Judée fuient dans les montagnes. (Matthieu 24.15-16)

Dès que les Romains ont détruit le temple, plus de 1 500 ans de régime mosaïque ont également disparu. Dieu a permis que sa cité choisie s'effondre parce que le peuple qui y résidait avait rejeté son Fils Jésus, leur Messie. Ce Messie n'avait pas satisfait leurs attentes. Paul a donné les explications suivantes concernant la loi et les fêtes : « ... tout cela n'est que l'ombre des choses à venir, mais la réalité est celle du Christ » (Colossiens 2.17). Les Juifs pieux ne parvenaient pas à saisir cet enseignement difficile. L'auriez-vous accepté ?

Dieu ne pouvait tolérer le maintien des sacrifices d'animaux après que la descendance promise ait complété sa mission. Jésus, l'Agneau de Dieu sans péché, a payé la dette pour les péchés. Prolonger les sacrifices d'animaux constitue une insulte à l'œuvre de Christ qui a tout accompli au Calvaire.

Par la grâce de Dieu, quelques Juifs ont reçu Jésus comme leur Sauveur personnel. Le salut de ces premiers chrétiens bien-aimés a marqué le début de l'Église néotestamentaire. Le Seigneur les a avertis de sortir de Jérusalem avant que les Romains ne la détruisent. Il leur a donné un signe – l'abomination de la désolation établie dans le lieu saint. Luc a écrit dans le même ordre d'idée : « Lorsque vous verrez Jérusalem investie par des armées, sachez alors que sa désolation est proche » (Luc 21.20). E. F. Kevan l'a expliqué ainsi :

> Le terme *bdelygma* évoque quelque chose qui provoque la nausée et un profond dégoût… Tout ce qui offense le sentiment religieux juif peut entrer dans cette catégorie… Puisqu'il s'adressait à des païens, il semble que Luc ait remplacé ce terme obscur et mystérieux par un autre plus compréhensible pour ses lecteurs. Il ne s'agissait pas, comme certains l'ont affirmé, de modifier les propos du Seigneur, mais de les expliquer. En s'appuyant sur le principe d'interprétation des Écritures par les Écritures, il s'ensuit que « l'abomination de la désolation » fait assurément référence aux troupes romaines… Le terme *bdelygma* décrivait sans exagération cette invasion, car il était insupportable de voir des pieds profanes souiller la terre sainte et des impies envahir l'héritage du Seigneur[189].

Comme la fuite allait être pénible pour les femmes enceintes ou avec de jeunes enfants! Lorsque les croyants reconnaîtraient que le Seigneur s'apprêtait à détruire Jérusalem, ils sauraient que le moment était venu de quitter la ville. « Car alors, il y aura une grande tribulation telle qu'il n'y en a pas eu depuis le commencement du monde jusqu'à maintenant, et qu'il n'y en aura jamais plus » (Matthieu 24.21). Jamais dans l'histoire du monde une nation a-t-elle été jugée parce qu'elle a rejeté la présence physique du Messie, la descendance promise. Et cela ne se reproduira plus.

Quelques croyants allaient peut-être demeurer dans la ville. « Et si ces jours n'étaient abrégés, personne ne serait sauvé, mais à cause des élus ces jours seront abrégés » (Matthieu 24.22). Espérant contre toute attente que Dieu les sauverait de la tribulation, certains confondraient les faux christs et le Fils de Dieu. « Si quelqu'un vous dit alors : Le Christ est

2 - LE MINISTÈRE DE JÉSUS

ici, ou : Il est là, ne le croyez pas. Car il s'élèvera de faux Christs et de faux prophètes, ils opéreront de grands signes et des prodiges au point de séduire si possible même les élus » (Matthieu 24.23-24). Dès le début, le christianisme a été hanté par de faux prophètes et cette lutte contre les enseignants de mensonges se poursuivra jusqu'à la fin du monde.

> Aussitôt après ces jours de tribulation, le soleil s'obscurcira, la lune ne donnera plus sa clarté, les étoiles tomberont du ciel et les puissances des cieux seront ébranlées. Alors le signe du Fils de l'homme paraîtra dans le ciel, toutes les tribus de la terre se lamenteront, et elles verront le Fils de l'homme venir sur les nuées du ciel avec beaucoup de puissance et de gloire. Il enverra ses anges avec la trompette retentissante, et ils rassembleront ses élus des quatre vents, depuis une extrémité des cieux jusqu'à l'autre. (Matthieu 24.29-31)

Dieu a employé à maintes reprises l'image du soleil et de la lune pour illustrer le jugement des nations[190]. Bien que le premier accomplissement de ce passage concerne la destruction de Jérusalem, il est faux de reléguer la seconde venue de Jésus à un événement symbolique du passé. Après la destruction de Jérusalem, Jean a écrit dans le même ordre d'idée un autre texte significatif : « Voici qu'il vient avec les nuées. Tout homme le verra, même ceux qui l'ont percé; et toutes les tribus de la terre se lamenteront à son sujet » (Apocalypse 1.7). Le deuxième accomplissement de ces paroles, encore plus grand que le premier, concerne le retour de Jésus. « Tout homme le verra » lorsqu'il reviendra chercher les croyants et punir les méchants.

> Pour ce qui est du jour et de l'heure, personne ne les connaît, ni les anges des cieux, ni le Fils, mais le Père seul. (Matthieu 24.36)

Jésus a répondu sans équivoque à la seconde question des disciples, à partir de Matthieu 24.36 jusqu'à la fin du chapitre 25. Contrairement à la destruction de Jérusalem, personne ne peut savoir avec certitude le moment exact du retour de Jésus, car seul le Père le sait. Méfiez-vous de quiconque affirme avec force être parvenu à découvrir le jour de son retour. Une telle affirmation ne s'appuie pas sur les Écritures. Les gens continuent pourtant à chercher à résoudre ce mystère. Selon Jésus, la vie suivra son cours normal, comme à l'époque de Noé. Si vous connaissiez l'heure à laquelle le voleur entrera par effraction dans votre maison, vous

vous prépareriez en conséquence afin de l'empêcher de voler. « ...le Fils de l'homme viendra à l'heure où vous n'y penserez pas », à l'instar du voleur (Matthieu 24.44).

> Méfiez-vous de quiconque affirme avec force être parvenu à découvrir le jour de son retour.

Jésus a enseigné à ses disciples la bonne manière d'attendre son retour : « Veillez donc, puisque vous ne savez pas quel jour votre Seigneur viendra » (Matthieu 24.42). Le serviteur sage et fidèle sera prêt, travaillant activement à l'œuvre du Maître. « Heureux ce serviteur, que son maître, à son arrivée, trouvera occupé de la sorte ! » (Matthieu 24.46). Jésus a poursuivi en racontant deux paraboles à ses disciples afin de les aider à comprendre la bonne manière de veiller et de se préparer.

Un jour, dix vierges attendaient l'arrivée d'un marié. Cinq d'entre elles étaient folles et n'avaient pas mis d'huile en réserve dans des vases pour garder leurs lampes allumées, mais les cinq autres étaient sages et l'avaient fait. Comme l'époux tardait à arriver, « toutes s'assoupirent et s'endormirent » (Matthieu 25.5). Vers minuit, quelqu'un s'est mis à crier : « Voici l'époux, sortez à sa rencontre ! » (Matthieu 25.6).

Dès que les cinq vierges folles ont constaté qu'elles manquaient d'huile, elles ont supplié les sages : « Donnez-nous de votre huile, car nos lampes s'éteignent » (Matthieu 25.8).

Les vierges sages ont répondu : « Non, il n'y en aurait pas assez pour nous et pour vous ; allez plutôt chez ceux qui en vendent et achetez-en pour vous » (Matthieu 25.9).

Pendant que les vierges folles allaient acheter de l'huile, « l'époux arriva ; celles qui étaient prêtes entrèrent avec lui au festin de noces, et la porte fut fermée » (Matthieu 25.10). Lorsque les vierges folles sont revenues, elles ont crié : « Seigneur, Seigneur, ouvre-nous » (Matthieu 25.11). L'époux n'a pas ouvert la porte, mais il leur a déclaré : « En vérité, je vous le dis, je ne vous connais pas » (Matthieu 25.12).

Ensuite, Jésus a répété cet avertissement : « Veillez donc, puisque vous ne savez ni le jour, ni l'heure » (Matthieu 25.13).

Si Jésus revenait aujourd'hui, seriez-vous prêt? Avez-vous reçu le don de son salut? Lorsqu'il reviendra, il sera trop tard. Si vous acceptez son salut gratuit, vous serez alors rempli du Saint-Esprit tout comme les lampes étaient remplies d'huile. Pourtant, devenir croyant ne constitue qu'une première étape. Jésus a raconté une seconde parabole à ses disciples. Au moment de partir en voyage, un maître avait confié de l'argent en dépôt à ses serviteurs. « Il donna cinq talents à l'un, deux à l'autre, et un au troisième, à chacun sa capacité » (Matthieu 25.15). Longtemps après, le maître est revenu et a demandé à ses serviteurs de rendre des comptes sur leur gestion de l'argent.

Le maître a constaté que le serviteur aux cinq talents en avait gagné cinq de plus. Il lui a donc déclaré : « Bien, bon et fidèle serviteur, tu as été fidèle en peu de choses, je t'établirai sur beaucoup; entre dans la joie de ton maître » (Matthieu 25.21).

De même, le serviteur aux deux talents en avait gagné deux de plus. Le maître l'a félicité en des termes similaires. Enfin, le serviteur qui avait reçu un talent s'est présenté devant le maître : « Seigneur, je savais que tu es un homme dur, qui moissonnes où tu n'as pas semé, et qui récoltes où tu n'as pas répandu; j'ai eu peur, et je suis allé cacher ton talent dans la terre; voici : prends ce qui est à toi » (Matthieu 25.24-25).

Le maître lui a répliqué :

> Serviteur mauvais et paresseux... Ôtez-lui donc le talent, et donnez-le à celui qui a les dix talents. Car on donnera à celui qui a, et il sera dans l'abondance, mais à celui qui n'a pas on ôtera même ce qu'il a. Et le serviteur inutile, jetez-le dans les ténèbres du dehors, où il y aura des pleurs et des grincements de dents. (Matthieu 25.26-30)

Attendre le retour du Seigneur ne signifie pas que nous passons nos journées à regarder fixement le ciel sans rien faire. Dieu s'attend à ce que les croyants mettent activement à son service les talents qu'il leur a donnés. Jésus reviendra un jour, il s'assiéra sur son trône de gloire et tous les individus de tous les temps nés dans ce monde se tiendront devant lui (Matthieu 25.31-32). Jésus séparera alors les brebis d'avec les boucs. En d'autres termes, il divisera les croyants et les non-croyants. Jésus dira aux croyants : « Venez, vous qui êtes bénis de mon Père; recevez en héritage le royaume qui vous a été préparé dès la fondation du monde » (Matthieu 25.34). Mais il dira aux non-croyants : « Retirez-vous de moi, maudits, allez dans le feu éternel préparé pour le diable et pour ses anges » (Matthieu 25.41).

> Dieu s'attend à ce que les croyants mettent activement à son service les talents qu'il leur a donnés.

Il existe deux types de personne, les croyants et les non-croyants. Il n'existe que deux destinées, le ciel et l'enfer. À son retour, Jésus assignera à chacun sa destinée. Les croyants iront à la vie éternelle, tandis que les non-croyants iront au châtiment éternel (Matthieu 25.46). Êtes-vous prêt? Aimez-vous les autres croyants? Jésus le Roi a déclaré : « En vérité, je vous le dis, dans la mesure où vous avez fait cela à l'un de ces plus petits de mes frères, c'est à moi que vous l'avez fait » (Matthieu 25.40).

16. Judas Iscariot

Le mardi soir précédant la mort de Jésus[191]

Chaque fois que Jésus allait à Jérusalem, il aimait rendre visite à ses amis Marie, Marthe et Lazare qui habitaient Béthanie, un village voisin. Un soir, un voisin a invité Jésus, ses disciples et ses trois amis à partager un repas avec lui. Au cours du repas, Marie a répandu sur la tête et les pieds de Jésus un flacon d'albâtre contenant un parfum de nard de grand prix. Elle a ensuite essuyé les pieds de Jésus avec ses cheveux (Jean 12.1-3).

Judas Iscariot s'est indigné : « Pourquoi n'a-t-on pas vendu ce parfum trois cents deniers [le salaire d'une année de travail] pour les donner aux pauvres? » (Jean 12.5). Judas ne se souciait pas véritablement des pauvres, mais à titre de trésorier, il volait l'argent qui lui était confié.

Jésus lui a répondu : « Laisse-la garder ce parfum pour le jour de ma sépulture. Vous avez toujours les pauvres avec vous, mais moi, vous ne m'avez pas toujours » (Jean 12.7-8).

L'amour pieux témoigné à Jésus par Marie a servi de catalyseur à Satan, car Judas a été dégoûté au plus haut point. « Or, Satan entra dans Judas, appelé Iscariot, qui était du nombre des douze. Et Judas alla s'entendre avec les principaux sacrificateurs et les chefs des gardes, sur la manière de le leur livrer. Ils furent dans la joie, et convinrent de lui donner de l'argent » (Luc 22.3-5).

17. La chambre haute

Le jeudi soir précédant la crucifixion de Jésus[192]

Pendant qu'il mangeait le repas de la Pâque avec ses disciples, Jésus a fait la remarque suivante : « En vérité, je vous le dis, l'un de vous qui mange avec moi me livrera » (Marc 14.18).

Les disciples attristés lui ont demandé l'un après l'autre : « Est-ce moi? » (Marc 14.19).

> Et ce disciple [Jean] se pencha sur la poitrine de Jésus et lui dit : Seigneur, qui est-ce?
>
> Jésus lui répondit : C'est celui pour qui je tremperai le morceau et à qui je le donnerai. Il trempa le morceau et le donna à Judas, fils de Simon l'Iscariot. Dès que Judas eut reçu le morceau, Satan entra en lui.
>
> Jésus lui dit : Ce que tu fais, fais-le vite. Mais aucun de ceux qui étaient à table ne comprit pourquoi il lui disait cela. (Jean 13.25-28)

Judas a immédiatement quitté les lieux. Ensuite, « Jésus prit du pain, et après avoir dit la bénédiction, il le rompit et le donna aux disciples en disant : Prenez, mangez, ceci est mon corps. Il prit ensuite une coupe; et après avoir rendu grâces, il la leur donna en disant : Buvez-en tous, car ceci est mon sang, le sang de l'alliance, qui est répandu pour beaucoup, pour le pardon des péchés » (Matthieu 26.26-28).

Ces paroles annonçaient le commencement d'une ère nouvelle. Le Sauveur de l'alliance éternelle tant attendue s'apprêtait à accomplir la part qui lui était réservée dans le dessein de salut conçu par Dieu. L'Ancienne Alliance basée sur le sang des animaux deviendrait alors obsolète. Le sang versé par Jésus formerait le sacrifice de la Nouvelle Alliance. Son sang serait « répandu pour beaucoup, pour le pardon des péchés ». La descendance promise allait enfin rétablir une communion éternelle entre Dieu et les croyants.

> Au cours de ce repas, Jésus a effectué la transition entre l'ancien et le nouveau.

Au cours de ce repas, Jésus a effectué la transition entre l'ancien et le nouveau. Il a d'abord célébré le repas de la Pâque avec ses disciples. Puis, il a institué un nouveau type de culte commémoratif centré sur son sang et non sur le sang des animaux sacrifiés.

Ce soir-là, Jésus a dû s'acquitter d'une tâche difficile. Les espoirs et les rêves de ses disciples étaient sur le point de voler en éclats. Il souhaitait les réconforter et les encourager à garder la foi. Jésus leur enseigne donc deux vérités inestimables dans le but de les fortifier. Il allait revenir et en son absence, le Saint-Esprit serait leur Consolateur.

Près de 2 000 ans se sont écoulés depuis ces événements, mais les croyants d'aujourd'hui peuvent encore s'appuyer sur ces deux promesses. Jésus revient. Le Saint-Esprit est notre Consolateur.

Jésus les a encouragés par ces paroles : « Que votre cœur ne se trouble pas. Croyez en Dieu, croyez aussi en moi… Donc, si je m'en vais et vous prépare une place, je reviendrai et je vous prendrai avec moi, afin que là où je suis, vous y soyez aussi. Et où je vais, vous en savez le chemin » (Jean 14.1-4).

2 - LE MINISTÈRE DE JÉSUS

Perplexe, Thomas a demandé : « Seigneur, nous ne savons où tu vas; comment en saurions-nous le chemin? » (Jean 14.5).

Jésus a répondu : « Moi, je suis le chemin, la vérité et la vie. Nul ne vient au Père que par moi » (Jean 14.6).

Il n'existe qu'un moyen d'être réconcilié avec Dieu. Jésus est « le chemin, la vérité et la vie ». Sachant qu'il retournerait bientôt auprès de Dieu le Père, Jésus a promis à ses disciples de revenir un jour et de les prendre au ciel avec lui. Il savait que son absence laisserait un grand vide. Ils se demanderaient alors s'ils n'avaient pas perdu trois années et demie de leur vie. C'est pourquoi Jésus leur a déclaré : « ... je prierai le Père, et il vous donnera un autre Consolateur qui soit éternellement avec vous, l'Esprit de vérité » (Jean 14.16-17). Il leur a adressé des paroles de réconfort remplies d'affection : « Mais le Consolateur, le Saint-Esprit que le Père enverra en mon nom, c'est lui qui vous enseignera toutes choses et vous rappellera tout ce que moi je vous ai dit. Je vous laisse la paix, je vous donne ma paix. Moi, je ne vous donne pas comme le monde donne. Que votre cœur ne se trouble pas et ne s'alarme pas » (Jean 14.26-27).

Quelle espérance inouïe! Jésus leur donnerait la paix au sein même de leur désespoir. Le Saint-Esprit leur rappellerait tout ce que Jésus avait enseigné. Jésus a expliqué ce qui suit concernant le Saint-Esprit : « ... mais vous, vous le connaissez, parce qu'il demeure près de vous et qu'il sera en vous » (Jean 14.17). Matthew Henry a apporté les précisions suivantes :

> L'expérience représente le meilleur moyen de connaître l'Esprit de vérité; *vous le connaissez parce qu'il demeure en vous*. Christ était demeuré avec eux et en apprenant à le connaître, ils ne pouvaient faire autrement que connaître *l'Esprit de vérité*. Ils avaient eux-mêmes été revêtus du Saint-Esprit dans une certaine mesure. Comment étaient-ils parvenus à tout quitter pour suivre Christ et à persévérer avec lui dans ses tentations? Comment avaient-ils pu prêcher l'Évangile et opérer des miracles, sinon par *l'Esprit demeurant en eux*[193]?

Jésus a conclu leur entretien par ces paroles :

> Vous avez entendu que je vous ai dit : Je m'en vais et je reviendrai vers vous. Si vous m'aimez, vous vous réjouiriez de ce que je vais vers le

Père, car le Père est plus grand que moi. Je vous ai dit ces choses maintenant, avant qu'elles n'arrivent, afin que, lorsqu'elles arriveront, vous croyiez. Je ne parlerai plus guère avec vous, car le prince du monde vient. Il n'a rien en moi. Mais c'est afin que le monde sache que j'aime le Père et que j'agis comme le Père me l'a commandé. Levez-vous, partons d'ici. (Jean 14.28-31)

> Satan était sur le point de lancer son attaque finale contre la descendance promise, une attaque d'une intensité inégalée.

Puisque le Saint-Esprit œuvrait déjà dans le monde, Satan s'était lui aussi mis au travail. Pourtant, Jésus avait affirmé que « le prince du monde [allait venir] ». Que signifiaient ces paroles? Satan était sur le point de lancer son attaque finale contre la descendance promise, une attaque d'une intensité inégalée. Jésus voulait que les disciples se souviennent, pendant ces heures sombres, que Dieu exerce une parfaite maîtrise sur toutes situations. Le Seigneur est plus puissant que Satan.

18. L'importance de la croix[194]

Un jour, Jésus a raconté une parabole :

> Un homme planta une vigne, la loua à des vignerons et quitta le pays pour un temps assez long. La saison venue, il envoya un serviteur vers les vignerons, pour que ceux-ci lui donnent du fruit de la vigne. Les vignerons le frappèrent et le renvoyèrent les mains vides. Il envoya encore un autre serviteur; ils le frappèrent, l'outragèrent et le renvoyèrent les mains vides. Il en envoya encore un troisième, ils le blessèrent et le chassèrent. Le maître de la vigne dit : Que ferai-je? J'enverrai mon fils bien-aimé, peut-être le respecteront-ils. (Luc 20.9-13)

Après avoir discuté ensemble de la situation, les serviteurs se sont mis d'accord : « C'est lui l'héritier, tuons-le, afin que l'héritage soit à nous » (Luc 20.14).

2 - LE MINISTÈRE DE JÉSUS

Satan songeait vraisemblablement à cette histoire en regardant Jésus mourir sur la croix. Il avait tenté à plusieurs reprises d'exterminer le peuple juif avant la naissance de la descendance promise. Puis, Hérode avait fait tuer tous les garçons âgés de deux ans et moins à Bethléem. Enfin, Satan avait la certitude que s'il parvenait à faire mourir Jésus, il remporterait la victoire sur Dieu.

Car nous avons déjà prouvé que tous, Juifs et Grecs, sont sous l'empire du péché, selon qu'il est écrit : Il n'y a pas de juste, pas même un seul. (Romains 3.9-10)

Depuis le jour où Satan s'est rebellé contre Dieu, il a toujours cru que la justice et la miséricorde étaient incompatibles. Comment Dieu pouvait-il aimer quelqu'un et ensuite le punir ? Il était donc impossible qu'une personne soit restaurée dans sa relation avec Dieu après avoir péché. Satan savait que tous s'étaient rebellés contre Dieu et ainsi, tous méritaient de subir la punition pour le péché, à savoir la mort physique et spirituelle. Satan ne comprenait pas de quelle manière la descendance promise parviendrait à réconcilier l'être humain avec Dieu, mais il ne voulait courir aucun risque. Il déjouerait le plan de Dieu en faisant mourir la descendance promise. Cette stratégie s'est retournée contre lui. Paul a écrit : « … lorsque nous étions ennemis, nous avons été réconciliés avec Dieu par la mort de son Fils » (Romains 5.10). Avant la croix, Satan travaillait sans relâche pour empêcher les croyants d'entrer au ciel. Par exemple, il s'est querellé avec l'archange Michel au sujet du corps de Moïse (Jude 1.9). Dans sa compréhension des choses, Satan jugeait que chacun devait payer la dette de son péché. Aucun croyant n'avait le droit d'aller au ciel. Imaginez sa joie lorsqu'il s'est présenté devant Dieu après la mort de Jésus! Il croyait avoir gagné la guerre. C'est pourquoi Herman Hoeksema a écrit :

Dans son cœur diabolique, Satan nourrissait assurément l'espoir de déjouer les plans du Tout-Puissant au point où le Christ ne verrait jamais le jour, ne paierait jamais la dette pour les péchés du peuple de Dieu et n'entrerait jamais dans la gloire éternelle avec eux. Par conséquent, de l'avis de Satan, tous les saints de l'Ancien Testament étaient entrés dans la gloire en tant que pécheurs sur qui il avait encore des droits légitimes et qui méritaient l'enfer, car leurs péchés n'avaient pas encore été expiés. Cependant, Dieu a agi conformément

> à sa volonté et rien ne peut empêcher sa volonté de s'accomplir. Mais Satan a considéré les choses d'un point de vue historique. Il a soutenu que toutes ces âmes entrées dans la gloire lui appartenaient de droit, car elles avaient péché contre le Tout-Puissant et, selon le jugement même de Dieu, elles étaient condamnées à mourir sans pouvoir aller au ciel. C'est ainsi que nous nous imaginons le diable allant au ciel pour accuser les frères[195].

> Et cet amour consiste non pas en ce que nous avons aimé Dieu, mais en ce qu'il nous a aimés et qu'il a envoyé son Fils comme victime expiatoire pour nos péchés. (1 Jean 4.10)

> C'est lui que Dieu a destiné comme moyen d'expiation pour ceux qui auraient la foi en son sang, afin de montrer sa justice. Parce qu'il avait laissé impunis les péchés commis auparavant au temps de sa patience, il a voulu montrer sa justice dans le temps présent, de manière à être reconnu juste, tout en justifiant celui qui a la foi en Jésus. (Romains 3.25-26)

Sur la croix, Jésus s'est substitué à nous. Il est devenu le sacrifice exigé pour payer la dette de nos péchés ainsi que ceux des croyants de l'Ancien Testament. Jésus a pris notre place à nous, pécheurs, parce qu'il nous aimait. « À ceci, nous avons connu l'amour : c'est qu'il a donné sa vie pour nous » (1 Jean 3.16). Selon E. J. Young : « On peut dire qu'à la base même de l'Évangile, Dieu doit être apaisé. Nos péchés nous ont éloignés de Dieu et s'il veut demeurer juste tout en nous pardonnant nos péchés, il doit être apaisé. Il doit y avoir un sacrifice qui satisfera la justice de Dieu tout en nous le rendant favorable[196]. » La justice et la miséricorde se sont unies à la croix. En niant la sainteté ou l'amour de Dieu, nous rejetons l'essence même de Dieu. Il a prouvé son amour en satisfaisant sa justice. Quelle assurance ! Le prix exigé pour notre salut a été entièrement payé.

> Ainsi donc, puisque les enfants participent au sang et à la chair, lui aussi, d'une manière semblable y a participé, afin d'écraser par sa mort celui qui détenait le pouvoir de la mort, c'est-à-dire le diable, et de délivrer tous ceux qui, par crainte de la mort, étaient toute leur vie retenus dans l'esclavage. (Hébreux 2.14-15)

Lorsqu'une personne se repent de ses péchés et accepte le don de salut offert par Dieu, Satan perd l'un des sujets de son royaume. « Il nous a délivrés du pouvoir des ténèbres et nous a transportés dans le royaume de son Fils bien-aimé » (Colossiens 1.13). Le Seigneur a tenu sa promesse et il a accompli son dessein de salut. Dieu dit toujours la vérité.

Pistes de réflexion

1. Les réalités spirituelles sont plus importantes aux yeux de Jésus que le sont les réalités du monde physique.

2. Jésus a opéré des miracles dans le monde physique afin d'illustrer des vérités spirituelles.

3. Jésus a toujours refusé d'être le Messie politique qui libérerait les Juifs du joug des Romains.

4. Jésus a accompli la part qui lui était réservée dans le dessein de salut conçu par Dieu en mourant, lui le sacrifice parfait, et en revenant à la vie.

5. Satan est entré en Judas et l'a utilisé comme un simple pion dans son complot pour mettre à mort la descendance promise. Dans sa volonté souveraine, Dieu a accordé à Satan cette réussite afin que les croyants soient sauvés.

[3]
L'Église primitive

Au fil du temps, Dieu a été à l'œuvre pour accomplir son dessein de salut. Désormais, certains individus admettront que Jésus est la descendance promise et d'autres le rejetteront.

1. Le dimanche de la résurrection – 30 apr. J.-C.[197]

À Sudbury, nous avions l'habitude d'attacher notre chienne à un pieu à l'avant de la maison. Cependant, cette journée n'avait rien d'habituel, car c'était jour de déménagement. Les déménageurs laissaient la porte avant ouverte afin de charger nos effets personnels dans le camion. Il y avait apparence de pluie et je trouvais cruel d'attacher notre chienne dans la cour arrière. J'ai donc décidé de la surveiller. Quelle erreur! La dernière fois que l'ai aperçue elle était allongée paisiblement sur la pelouse, puis elle a disparu. Notre chienne, qui vivait avec nous depuis treize ans, s'était enfuie. Vous pouvez vous imaginer à quel point le voyage jusqu'à North Bay s'est déroulé dans la tristesse. Nous avions perdu un membre de la famille.

Un de nos voisins a gentiment accepté de rester en contact avec la fourrière, mais personne n'avait de ses nouvelles. Nous craignions le pire. Si elle s'était égarée dans les bois, elle ne survivrait pas. Puis, environ cinq semaines plus tard, j'ai reçu un appel de la fourrière m'informant que notre chienne avait été retrouvée. Philip et moi avons sauté dans la voiture et refait le trajet d'une heure et demie nous séparant de Sudbury. Notre tristesse s'était transformée en joie et en reconnaissance!

Il est évident que notre tristesse ne peut se comparer à la douleur et à la consternation des croyants lorsque Jésus a été crucifié. Ils ont pleuré pendant trois jours. Les disciples et quelques-uns de leurs compagnons se sont cachés et ont verrouillé les portes du lieu où ils se trouvaient par crainte des Juifs. Puis, très tôt le dimanche matin, Marie-Madeleine, une des croyantes, s'est rendue au tombeau et Jésus lui a parlé. Elle a raconté aux autres que Jésus était vivant, mais ils ne l'ont pas crue. Ce même après-midi, Jésus a fait route vers Emmaüs avec deux croyants. Ils ne se sont pas rendu compte que l'homme qui leur expliquait les Écritures était en réalité Jésus. Plus tard, les trois hommes se sont assis pour manger. Dès

> Les disciples et quelques-uns de leurs compagnons se sont cachés et ont verrouillé les portes du lieu où ils se trouvaient par crainte des Juifs.

que Jésus a rendu grâce pour la nourriture, leurs yeux se sont ouverts, mais Jésus est immédiatement disparu. Ces deux croyants sont retournés à la hâte vers ceux qui étaient toujours enfermés dans la maison. Soudain, Jésus s'est trouvé au milieu d'eux et leur a déclaré : « Que la paix soit avec vous » (Jean 20.19). Leur tristesse s'est changée en joie! Au cours des quarante jours qui ont suivi, Jésus leur est apparu à plusieurs reprises pour leur parler du royaume de Dieu.

2. L'importance de la résurrection

> ... après s'être trouvé dans la situation d'un homme, il s'est humilié lui-même en devenant obéissant jusqu'à la mort, la mort sur la croix. C'est pourquoi aussi Dieu l'a souverainement élevé et lui a donné le nom qui est au-dessus de tout nom, afin qu'au nom de Jésus tout genou fléchisse dans les cieux, sur la terre et sous la terre, et que toute langue confesse que Jésus-Christ est Seigneur, à la gloire de Dieu le Père. (Philippiens 2.7-11)

3 - L'ÉGLISE PRIMITIVE

Lorsque Jésus est mort, Satan a cru avoir gagné la guerre. Mais un miracle s'est produit. « Dieu l'a souverainement élevé. » Jésus est ressuscité des morts et il règne désormais à titre de Roi sur toute la création. Au Calvaire, Pilate a fait placer cet écriteau sur la croix de Jésus : JÉSUS DE NAZARETH, LE ROI DES JUIFS (Jean 19.19). Sans le savoir, il a proclamé la vérité. F. F. Bruce a fait la remarque suivante à ce sujet : « Pilate n'y portait pas un réel intérêt, mais cette inscription lue par plusieurs à cette époque et par un plus grand nombre depuis ce jour, a évoqué et évoque encore aujourd'hui un Roi et un royaume d'une importance et d'une autorité sans fin... le Christ qui règne sur le bois de la croix constitue le thème central de la foi chrétienne[198]. » La résurrection fournit la preuve irréfutable que Jésus règne aujourd'hui. Il est le Messie tant attendu. L'auteur de l'épître aux Hébreux a écrit : « ... après avoir accompli la purification des péchés, il s'est assis à la droite de la majesté divine dans les lieux très-hauts » (Hébreux 1.3). C'est pourquoi Jésus a pu dire à ses disciples : « Tout pouvoir m'a été donné dans le ciel et sur la terre » (Matthieu 28.18). Jésus, le Roi, règne véritablement aujourd'hui sur toute la création.

> Jésus, le Roi, règne véritablement aujourd'hui sur toute la création.

Un jour, Jésus leur a recommandé « de ne pas s'éloigner de Jérusalem, mais d'attendre la promesse du Père dont, leur dit-il, vous m'avez entendu parler; car Jean a baptisé d'eau, mais vous, dans peu de jours, vous serez baptisés d'Esprit Saint » (Actes 1.4-5).

Peu à peu, les disciples se sont mis à croire que leur rêve deviendrait réalité. Ils se sont dits : « Jésus est le Messie! Il est vivant! L'oppression romaine prendra peut-être fin bientôt et le peuple de Dieu recevra sa rétribution aux yeux d'un monde étonné. » Les disciples fébriles lui ont demandé : « Seigneur, est-ce en ce temps que tu rétabliras le royaume pour Israël? » (Actes 1.6).

Il leur a expliqué avec patience : « Ce n'est pas à vous de connaître les temps ou les moments que le Père a fixés de sa propre autorité. Mais vous recevrez une puissance, celle du Saint-Esprit survenant sur vous, et vous serez mes témoins à Jérusalem, dans toute la Judée, dans la Samarie et jusqu'aux extrémités de la terre » (Actes 1.7-8). Il a répété le même message qu'au jour de la résurrection : « Comme le Père m'a envoyé, moi aussi, je vous envoie » (Jean 20.21). Jésus avait alors soufflé sur eux en ajoutant : « Recevez l'Esprit Saint » (Jean 20.22). En d'autres termes : « Je vous envoie dans le monde entier pour que vous soyez mes témoins. Le Saint-Esprit vous donnera la puissance pour accomplir votre tâche. »

> À l'époque, les disciples ne comprenaient pas que leur mission consistait simplement à prêcher la Bonne Nouvelle du salut.

À l'époque, les disciples ne comprenaient pas que leur mission consistait simplement à prêcher la Bonne Nouvelle du salut. Ils ne saisissaient pas non plus que, selon le dessein de salut conçu par Dieu, les païens seraient sauvés directement par le sang de Jésus. Paton G. Gloag a réfléchi à leur dilemme :

> Les apôtres associaient la venue de l'Esprit à l'établissement du royaume messianique. Par conséquent, lorsque notre Seigneur a promis qu'ils allaient être baptisés du Saint-Esprit quelques jours plus tard, ils ont estimé qu'il s'agissait d'une allusion indirecte au rétablissement du royaume d'Israël. Cependant, l'idée exacte qu'ils s'en faisaient demeure obscure. Ils croyaient sans doute à la notion erronée, mais populaire parmi les Juifs de l'époque, du Messie temporel. Ils se raccrochaient encore à l'idée du Messie qui ferait revivre à Israël l'époque dorée de David et Salomon, les libérerait du joug romain et établirait son trône à Jérusalem... Ils s'imaginaient probablement que le monde se convertirait peu à peu au judaïsme et que Jérusalem, la ville sainte, serait le refuge des nations. De toute évidence, ils ne pouvaient envisager aucun autre moyen par lequel les païens seraient admis dans le royaume de Dieu, sinon en adoptant la religion juive[199].

Bref, Jésus se trouvait un jour avec ses disciples sur le mont des Oliviers. Il leur a dit d'attendre à Jérusalem la venue du Saint-Esprit. Ensuite, il a été élevé vers le ciel et il est disparu dans une nuée. Deux anges se sont présentés et ont demandé aux disciples : « Vous Galiléens, pourquoi vous arrêtez-vous à regarder au ciel ? Ce Jésus, qui a été enlevé au ciel du milieu de vous, reviendra de la même manière dont vous l'avez vu aller au ciel » (Actes 1.11).

Les prophètes de l'Ancien Testament avaient prédit la mort, la résurrection et le règne glorieux de Christ. Avant l'accomplissement de ces événements, personne ne possédait la faculté spirituelle pour les comprendre. Comment la mort pouvait-elle être glorieuse? Comment un roi pouvait-il amorcer son règne en supportant une telle honte? D'ailleurs, un mort ne peut pas régner. Les monarques sont des personnes de chair et d'os. Néanmoins, la descendance promise est venue au moment fixé. Il est mort, il est ressuscité et il a établi son royaume. Nous pouvons avoir une pleine assurance que Jésus reviendra! Dieu ne ment pas.

> C'est ainsi que l'Église, telle que nous la connaissons aujourd'hui, est née.

3. L'importance de la Pentecôte

Cinquante jours séparent la résurrection de la Pentecôte[200]

Les croyants ont attendu le don du Saint-Esprit pendant dix longues journées. Puis, sans avertissement, il est descendu sur eux sous la forme de langues de feu. Comment des Galiléens sans instruction ont-ils pu se mettre à prêcher aux foules dans des langues qui leur étaient inconnues auparavant? Pourtant, c'est exactement ce qui s'est produit. Le Saint-Esprit est descendu sur eux avec puissance afin qu'ils évangélisent leur monde. Il s'est servi du langage pour communiquer la Bonne Nouvelle de la mort et de la résurrection de Jésus. C'est ainsi que l'Église, telle que nous la connaissons aujourd'hui, est née. Jusqu'à la Pentecôte, les véritables croyants adoraient le Seigneur en esprit et en vérité. Ils attendaient la descendance promise qui rétablirait leur communion avec Dieu. L'Église pouvait être comparée à un bébé dans le ventre de sa mère. Ce n'est qu'après la Pentecôte que les croyants ont pu enfin comprendre le sens exact et profond de la mort et de la résurrection de Jésus. Lorsque

Pierre a prêché ce jour-là, environ 3 000 personnes se sont repenties de leurs péchés et ont été baptisées au nom du Père, du Fils et du Saint-Esprit. L'Église était née. À partir de ce moment, les disciples ont été appelés apôtres.

> Et quand il sera venu, il convaincra le monde de péché, de justice et de jugement. (Jean 16.8)

Puisque le Dieu saint a déclaré tous les êtres humains coupables de péché, le Saint-Esprit désire ardemment les convaincre qu'ils sont pécheurs. Paul a écrit : « En effet, la tristesse selon Dieu produit une repentance qui mène au salut et que l'on ne regrette pas, tandis que la tristesse du monde produit la mort » (2 Corinthiens 7.10). Avant la Pentecôte, peu de gens ont écouté les prophètes et se sont repentis. Après la Pentecôte, le Saint-Esprit a fait l'éloge des saints d'autrefois qui avaient la foi en les qualifiant de « grande nuée de témoins » (Hébreux 12.1). Pour ceux qui ont cru depuis ce jour jusqu'à maintenant, la venue incontestable du Saint-Esprit représente « … le jour du Seigneur, ce jour grand et magnifique » (Actes 2.20). Cependant, pour les non-croyants, le jour de la Pentecôte est le « … jour de l'Éternel, ce jour grand et redoutable » (Joël 3.4)[201]. Depuis ce jour, le Saint-Esprit attaque sans relâche et avec succès le royaume de Satan.

4. Les sadducéens déjoués

En entrant dans le temple, Pierre et Jean ont vu un homme boiteux de naissance qui mendiait à la porte. Pierre lui a ordonné : « Regarde-nous » (Actes 3.4). Après avoir attiré l'attention de l'homme, Pierre a ajouté : « Je ne possède ni argent, ni or; mais ce que j'ai, je te le donne : au nom de Jésus-Christ de Nazareth : lève-toi et marche! » (Actes 3.6).

L'homme s'est levé d'un bond et s'est mis à louer Dieu. Lorsque les témoins ont vu le boiteux « marchant, sautant et louant Dieu » (Actes 3.8), ils ont été étonnés et se sont mis à suivre Pierre. Ce dernier a donné toute la gloire à Dieu pour ce miracle, puis il s'est adressé au peuple en ces termes :

> Mais vous, vous avez renié le Saint et le Juste, et vous avez demandé comme une faveur qu'on vous remette un meurtrier. Vous avez fait

3 - L'ÉGLISE PRIMITIVE

mourir le prince de la vie, que Dieu a ressuscité d'entre les morts; nous en sommes témoins. C'est par la foi en son nom, que son nom même a rendu fort cet homme que vous voyez et connaissez; c'est la foi en Jésus qui lui a donné ce complet rétablissement, en présence de vous tous. Et maintenant, frères, je sais que vous avez agi par ignorance, ainsi que vos chefs. Mais Dieu a de la sorte accompli ce qu'il avait annoncé d'avance par la bouche de tous les prophètes, c'est-à-dire les souffrances de son Christ. (Actes 3.14-18)

Après les avoir exhortés à se repentir de leurs péchés, Pierre a expliqué : « C'est lui [Jésus] que le ciel doit recevoir jusqu'aux temps du rétablissement de tout ce dont Dieu a parlé par la bouche de ses saints prophètes d'autrefois » (Actes 3.21).

Depuis l'ascension de Jésus au ciel, il existe une tension entre la réalité présente du croyant et sa gloire à venir. Paul a écrit : « Or, nous savons que, jusqu'à ce jour, la création tout entière soupire et souffre les douleurs de l'enfantement. Bien plus : nous aussi, qui avons les prémices de l'Esprit, nous aussi nous soupirons en nous-mêmes, en attendant l'adoption, la rédemption de notre corps » (Romains 8.22-23). Quiconque a accepté le don du salut offert par Dieu appartient maintenant à son royaume. Puisque le Saint-Esprit habite en chacun des membres de ce royaume, chaque croyant connaît par expérience la puissance de Dieu pour combattre le péché et vivre une vie juste à ses yeux. Pourtant, nous aspirons au jour où nous verrons Jésus face à face. Nous vivrons alors pour toujours dans un royaume libéré du péché.

> Le problème avait pris une ampleur considérable. Ils n'en pouvaient plus.

En attendant, l'irritation des sadducéens à l'égard de Pierre était palpable. En trouvant le moyen de faire mourir Jésus, ils avaient cru se débarrasser d'un problème, mais tel n'était pas le cas. Les apôtres ne cessaient de prêcher la résurrection miraculeuse de Jésus et des milliers de personnes adhéraient à cette nouvelle secte. Au lieu de faire face à un seul problème, Jésus, ils se retrouvaient avec plusieurs individus témoignant de la résurrection de cet homme. Le problème avait pris une ampleur considérable. Ils n'en pouvaient plus. Satan devait se sentir très contrarié. Aucune créature ne peut déjouer les desseins de Dieu. Aussi longtemps que durera le monde actuel, de nombreuses personnes continueront à accepter le salut merveilleux offert par le Seigneur. Comment réagissez-vous en présence de la descendance promise?

5. Gamaliel

La popularité des apôtres a excité la jalousie des sadducéens au point où ils les ont arrêtés et jetés en prison. Mais, pendant la nuit, un ange a ouvert les portes de la prison et les a libérés (Actes 5.17-19). Le lendemain le Conseil suprême des chefs religieux juifs, le sanhédrin, a été convoqué afin de procéder à l'interrogatoire des prisonniers. Lorsque les gardes sont allés les chercher, ils ont découvert que les apôtres n'étaient plus dans la prison, mais qu'ils enseignaient dans le temple. Craignant le peuple, les gardes ont amené les apôtres devant le sanhédrin sans recourir à la force. Le souverain sacrificateur leur a déclaré : « Nous vous avions formellement défendu d'enseigner en ce nom-là. Et voici que vous avez rempli Jérusalem de votre enseignement, et que vous voudriez faire retomber sur nous le sang de cet homme! » (Actes 5.28).

Pierre et les autres apôtres ont répondu : « Il faut obéir à Dieu plutôt qu'aux hommes. Le Dieu de nos pères a ressuscité Jésus, que vous avez tué en le pendant au bois. Dieu l'a élevé par sa droite comme Prince et Sauveur, pour donner à Israël la repentance et le pardon des péchés » (Actes 5.29-31).

Furieux, les membres du sanhédrin voulaient tous les mettre à mort, mais Gamaliel leur a sagement conseillé de libérer les apôtres :

> Vous, Israélites, prenez garde à ce que vous avez l'intention de faire à l'égard de ces hommes. Car il n'y a pas longtemps que se leva Theudas, qui se disait quelqu'un, et auquel se rallièrent environ quatre cents hommes; il fut tué, et tous ceux qui lui obéissaient furent mis en déroute, et il n'en resta rien. Après lui, se leva Judas le Galiléen, à l'époque du recensement, et il entraîna du monde à sa suite; il périt aussi, et tous ceux qui lui obéissaient furent dispersés. Et maintenant, je vous le dis, ne vous occupez plus de ces hommes, et laissez-les aller. Si cette entreprise ou cette œuvre vient des hommes, elle se détruira;

mais si elle vient de Dieu, vous ne pourrez pas les détruire. Prenez garde de peur de vous trouver en guerre contre Dieu. (Actes 5.35-39)

Aux yeux des Juifs, il s'agissait d'une secte hérétique du judaïsme. Pourtant, Gamaliel a compris que si Dieu ne la soutenait pas, cette secte disparaîtrait. En revanche, si Dieu l'approuvait, malheur à ceux qui combattraient contre lui.

> Pourtant, Gamaliel a compris que si Dieu ne la soutenait pas, cette secte disparaîtrait.

6. La première persécution – 35 apr. J.-C.[202]

À l'époque de la crucifixion, des Juifs pieux provenant de Cyrène, d'Alexandrie, de Cilicie et d'Asie ont effectué le long voyage les séparant de Jérusalem afin de venir adorer Dieu dans le temple. Ils étaient heureux de se retrouver dans la ville sainte, car ils habitaient loin du temple. Nombre d'entre eux sont demeurés à Jérusalem après la Pentecôte. Avec le temps, plusieurs de ces Juifs d'origine grecque sont devenus croyants. En outre, plusieurs sacrificateurs et Juifs de la Judée et de la Galilée ont également accepté le don de salut offert par Dieu. À la longue, des tensions sont apparues entre les deux groupes au sujet de la distribution de la nourriture aux veuves. Les Grecs affirmaient que les veuves juives bénéficiaient d'un traitement de faveur. Les apôtres savaient que leur principale responsabilité consistait à prier et à prêcher la Parole de Dieu à cette Église en pleine croissance. Par conséquent, l'ensemble des disciples s'est réuni et a choisi sept hommes, des diacres, qui veilleraient à ce que toutes les veuves soient traitées également. Un de ces hommes s'appelait Étienne (Actes 6.1-6).

Quelques non-croyants juifs hellénistes n'aimaient pas Étienne en raison de ses paroles de sagesse. À force d'acharnement, ils sont parvenus à faire comparaître Étienne devant le sanhédrin sous de faux chefs d'accusation (Actes 6.9-12). Ils ont affirmé qu'Étienne ne cessait de parler contre la loi et contre le lieu saint, c'est-à-dire Jérusalem ou vraisemblablement le temple. Étienne s'est défendu en soulignant des vérités importantes de

Un conte de deux royaumes

l'histoire d'Israël. Dieu est devenu l'ami d'Abraham lorsque ce dernier résidait encore en Mésopotamie. Ainsi, le premier Juif était à l'origine un païen. Abraham a vécu en étranger dans la Terre promise et ses descendants n'en ont pris possession que quelque 400 ans plus tard. Au départ, les Israélites n'ont pas reconnu en Moïse celui qui les libérerait de leur esclavage en Égypte. Puis, pendant que Moïse recevait la loi de Dieu, le peuple s'est impatienté et a adoré un veau d'or. En outre, le temple n'ayant pas été bâti avant l'époque de Salomon, les Israélites ont offert à Dieu leur culte pendant des années loin de la Terre promise, sans la loi ou le temple. Étienne a ensuite expliqué au sanhédrin que Dieu n'habite pas dans une maison faite par la main de l'homme. Dieu a plutôt déclaré : « Le ciel est mon trône, et la terre mon marchepied » (Actes 7.49). En conclusion, Étienne a accusé les Israélites de s'opposer continuellement au Saint-Esprit. Leurs ancêtres avaient persécuté les prophètes et leur génération avait fait mourir le Juste, c'est-à-dire Jésus, le Messie. Les Israélites, le peuple appartenant à Dieu, avaient reçu la loi, mais ne l'avaient pas gardée (Actes 7.51-53).

> Le devoir du sanhédrin consistait à faire respecter la loi. Se faisant accuser de ne pas y obéir, ils sont entrés dans une violente colère.

À ces paroles, un grand tumulte s'est élevé. De l'avis de ces hommes, Étienne avait violé la dignité de leur responsabilité. Le devoir du sanhédrin consistait à faire respecter la loi. Se faisant accuser de ne pas y obéir, ils sont entrés dans une violente colère. Ils ont refusé d'écouter un seul mot de plus, ils se sont bouché les oreilles et ont poussé de grands cris. Si on vous avait enseigné la piété juive depuis votre enfance, attestant que vous apparteniez au peuple de Dieu, auriez-vous accepté facilement ces vérités? Sans l'œuvre du Saint-Esprit dans votre cœur, vous auriez probablement été aussi horrifié et bouleversé que ces hommes.

> … ils se précipitèrent tous ensemble sur lui, le chassèrent hors de la ville et le lapidèrent. Les témoins avaient déposé leurs vêtements aux pieds d'un jeune homme appelé Saul. Ils lapidèrent Étienne, qui priait et disait : Seigneur Jésus, reçois mon esprit! Puis, il se mit à

genoux et s'écria d'une voix forte : Seigneur, ne les charge pas de ce péché! Et, après avoir dit cela, il s'endormit. (Actes 7.57-60)

Saul, dont le nom en grec se dit Paul, était présent et a approuvé le meurtre d'Étienne. Il a rejeté les vérités énoncées par Étienne dans son discours à savoir que la race, le temple, le pays et la loi ne forment pas des conditions préalables essentielles à une adoration juste de Dieu. Par conséquent, Saul a mené avec beaucoup de zèle la première persécution contre les croyants. Luc l'a raconté ainsi : « Il y eut, ce jour-là, une grande persécution contre l'Église qui était à Jérusalem; et tous, excepté les apôtres, se dispersèrent dans les contrées de la Judée et de la Samarie... Or Saul ravageait l'Église; il pénétrait dans les maisons, en arrachait hommes et femmes et les faisait jeter en prison » (Actes 8.1-3).

7. La conversion de Saul - 35 apr. J.-C.[202]

Saul a continué à manifester son hostilité envers les croyants en les recherchant et en les jetant en prison. Un jour, animé du désir de voir cette nouvelle secte détruite, il a demandé au souverain sacrificateur la permission d'arrêter les croyants de Damas et de les ramener à Jérusalem.

> Comme il était en chemin et qu'il approchait de Damas, tout à coup une lumière venant du ciel resplendit autour de lui. Il tomba par terre et entendit une voix qui lui disait : Saul, Saul, pourquoi me persécutes-tu?
>
> Il répondit : Qui es-tu, Seigneur?
>
> Et le Seigneur dit : Moi, je suis Jésus que tu persécutes... Lève-toi, entre dans la ville, et l'on te dira ce que tu dois faire. (Actes 9.3-6)

Ses compagnons de voyage étaient stupéfaits. Ils entendaient la voix de Jésus, mais ne voyaient personne. La lumière resplendissante ayant rendu Saul aveugle, ses amis ont dû le conduire par la main jusqu'à la ville. « Il fut trois jours sans voir, et ne mangea ni ne but » (Actes 9.9).

Peu de temps après, Dieu a appelé Ananias dans une vision et l'homme a répondu : « Me voici » (Actes 9.10).

Le Seigneur lui a indiqué le lieu où il trouverait Saul qui l'attendait. Dieu a ajouté qu'il fallait qu'Ananias pose ses mains sur Saul afin qu'il recouvre la vue. Cependant, Ananias craignait Saul.

> Seigneur, j'ai entendu dire par beaucoup combien de mal cet homme a fait à tes saints dans Jérusalem; et il a ici, de la part des principaux sacrificateurs, le pouvoir de lier tous ceux qui invoquent ton nom.
>
> Mais le Seigneur lui dit : Va, car cet homme est pour moi un instrument de choix, afin de porter mon nom devant les nations et les rois, et devant les fils d'Israël. (Actes 9.13-15)

Dès qu'Ananias a eu trouvé Saul, il a posé les mains sur lui en déclarant : « Saul, mon frère, le Seigneur Jésus, qui t'es apparu sur le chemin par lequel tu venais, m'a envoyé pour que tu recouvres la vue et que tu sois rempli d'Esprit-Saint » (Actes 9.17).

> Les croyants n'osaient pas faire confiance à un homme qui avait tenté par tous les moyens de les détruire, mais Barnabas s'est lié d'amitié avec Saul et l'a amené vers les apôtres.

Au même instant, les yeux de Saul se sont ouverts. Après avoir été baptisé, il a mangé et retrouvé ses forces. Et « … aussitôt, il se mit à prêcher Jésus dans les synagogues en disant que c'était le Fils de Dieu » (Actes 9.20). Tous étaient dans l'étonnement, car ils savaient que Saul était venu à Damas pour arrêter les croyants. Mais au lieu de les jeter en prison, il prêchait le même message qu'eux. Peu après, Saul s'est retiré en Arabie où il a passé trois ans seul avec Dieu. À son retour à Damas, les non-croyants juifs ont comploté de le faire mourir à cause de la puissance de sa prédication. Une nuit, des croyants ont déjoué leurs plans en le faisant descendre le long de la muraille, dans une corbeille (Actes 9.23-25). Saul a fait face aux mêmes difficultés à Jérusalem. Les croyants n'osaient pas faire confiance à un homme qui avait tenté par tous les moyens de les détruire, mais Barnabas s'est lié d'amitié avec Saul et l'a amené vers les apôtres. Il est demeuré chez Pierre pendant quinze jours. Son message irritait de plus en plus les non-croyants et ils ont cherché à le tuer. C'est pourquoi les croyants l'ont exhorté à partir et il est retourné chez lui, à Tarse (Actes 9.26.30).

8. Pierre et Corneille

Après la conversion de Saul, l'Église a été « en paix » pendant quelque temps (Actes 9.31). Un jour, Pierre a rendu visite aux croyants de Lydda et de Jaffa. Alors qu'il priait sur la terrasse en attendant son repas, il est tombé en extase. Il a vu une grande nappe qui descendait vers lui. Elle était remplie de quadrupèdes, de reptiles et d'oiseaux.

À trois reprises, il a entendu une voix lui disant : « Lève-toi, Pierre, tue et mange. »

Mais Pierre a répondu : « Non, Seigneur, car je n'ai jamais rien mangé de souillé ni d'impur. »

La voix lui a répliqué : « Ce que Dieu a déclaré pur, ne le regarde pas comme souillé » (Actes 10.13-15).

L'objet est disparu dans le ciel et Pierre est demeuré perplexe, se demandant pour quelle raison le Seigneur lui avait donné cette vision. Au même instant, des hommes envoyés par un centurion romain craignant Dieu et appelé Corneille, ont frappé à la porte de la maison où se trouvait Pierre. Le Saint-Esprit a dit à Pierre : « Voici trois hommes qui te cherchent; lève-toi, descends, et pars avec eux sans hésiter, car c'est moi qui les ai envoyés » (Actes 10.19-20).

En voyant Pierre arriver à la porte de sa maison à Césarée, Corneille était si heureux qu'il est tombé à ses pieds pour se prosterner. Pierre s'est exclamé : « Lève-toi; moi aussi, je suis un homme » (Actes 10.26). Puis, s'avisant que plusieurs personnes l'attendaient, Pierre a ajouté : « Vous savez qu'il est interdit à un Juif de se lier avec un étranger ou d'entrer chez lui; mais Dieu m'a montré qu'il ne fallait dire d'aucun homme qu'il est souillé ou impur. C'est pourquoi quand vous m'avez envoyé chercher, je suis venu sans faire d'objections; je vous demande donc pour quelle raison vous m'avez fait venir » (Actes 10.28-29).

Corneille a raconté qu'un ange lui était apparu. L'ange lui avait ordonné d'aller chercher Pierre, lui expliquant même l'endroit exact où il le trouverait. Pierre a répondu en ces termes :

> En vérité, je le comprends, pour Dieu il n'y a pas de considération de personnes, mais en toute nation celui qui le craint et qui pratique la justice lui est agréable. Il a envoyé la parole aux fils d'Israël, en leur annonçant la bonne nouvelle de la paix par Jésus-Christ; c'est lui, le Seigneur de tous. Vous savez ce qui est arrivé dans toute la Judée, après avoir commencé en Galilée, à la suite du baptême que Jean a prêché : comment Dieu a oint d'Esprit Saint et de puissance Jésus de Nazareth, qui allait de lieu en lieu en faisant le bien et en guérissant tous ceux qui étaient sous l'oppression du diable; car Dieu était avec lui. (Actes 10.34-38)

> [Le fait que la porte du ciel soit ouverte à tous constitue le cœur même de l'invitation de l'Évangile.]

Pendant que Pierre prêchait, « le Saint-Esprit descendit sur tous ceux qui écoutaient la parole » (Actes 10.44). Pierre et les croyants juifs qui l'avaient accompagné ont été « étonnés de ce que le don du Saint-Esprit soit aussi répandu sur les païens » (Actes 10.45). Ils croyaient que Corneille et sa famille ne pouvaient s'approcher de Dieu que par la religion juive, mais Paul a réfuté cette idée : « Ce mystère... a été révélé... les païens ont un même héritage, forment un même corps et participent à la même promesse en Christ-Jésus par l'Évangile » (Éphésiens 3.5-6). Le fait que la porte du ciel soit ouverte à tous constitue le cœur même de l'invitation de l'Évangile. Chacun jouit d'un libre accès auprès de Dieu, par Jésus. « Car il y a un seul Dieu, et aussi un seul médiateur entre Dieu, et les hommes, le Christ-Jésus homme » (1 Timothée 2.5). Le Saint-Esprit a accueilli ces païens dans le royaume des cieux. Ils se sont mis à parler en langues (ou en d'autres langues) et à louer Dieu, manifestant ainsi qu'ils avaient bien reçu le salut (Actes 10.46).

Cet événement a enseigné une précieuse leçon à Pierre et à ses compagnons, une leçon qu'ils ignoraient ou n'avaient pas encore comprise. Dieu aime et sauve les païens de la même manière qu'il aime et sauve les Juifs – par le sang de Jésus. S'appuyant sur la réalité de leur foi, Pierre a ordonné que les nouveaux croyants soient baptisés. Au cours des jours qui ont suivi, ils se sont probablement unis pour louer Dieu ensemble. C'était la première fois dans les Écritures que « le mur de séparation, l'inimitié » (Éphésiens 2.14), la barrière qui avait divisé les Juifs et les païens pendant si longtemps, était véritablement abolie par le Seigneur Jésus. Seule la foi en Christ a de l'importance dans l'Église – non la race, la religion ou le gouvernement. Paul a écrit : « … car par lui, nous avons les uns et les autres accès auprès du Père dans un même Esprit » (Éphésiens 2.18).

En 43 apr. J.-C.[203], certains croyants avaient voyagé aussi loin qu'en « Phénicie, à Chypre et à Antioche; ils n'annonçaient la parole à personne d'autre qu'aux Juifs » (Actes 11.19). Enfin, des hommes de Chypre et de Cyrène se sont rendus à Antioche où ils ont témoigné aux Grecs. Un grand nombre de personnes ont reçu le don du salut offert par Dieu. Lorsque les croyants de l'église de Jérusalem ont entendu parler de la conversion des Grecs au Seigneur Jésus, ils ont envoyé Barnabas, l'ami de Saul, afin qu'il constate de visu ce qui s'y passait. « Il s'en réjouit et les exhortait tous à rester d'un cœur résolu attachés au Seigneur » (Actes 11.23). Barnabas est ensuite allé chercher Saul à Tarse afin qu'il vienne l'aider à consolider le travail entrepris à Antioche. « Ce fut à Antioche que, pour la première fois, les disciples furent appelés chrétiens » (Actes 11.26).

9. Le premier voyage missionnaire de Paul – 46-48 apr. J.-C.[202]

Un jour, pendant que l'église d'Antioche priait et jeûnait, le Saint-Esprit a ordonné : « Mettez-moi à part Barnabas et Saul pour l'œuvre à laquelle je les ai appelés » (Actes 13.2).

Dieu avait accompli son dessein de salut par la mort et la résurrection de Jésus. Il s'apprêtait maintenant à étendre son royaume aux païens qui vivaient aux quatre coins de l'Empire romain. C'est ainsi que Barnabas et Saul sont devenus les premiers missionnaires envoyés par Dieu pour établir des églises locales à divers endroits. Après avoir été officiellement mandatés par l'église pour effectuer ce travail, ils se sont embarqués pour Chypre, accompagnés de Jean-Marc. Ils ont prêché l'Évangile d'un bout à l'autre de l'île, puis ils ont fait voile vers Perge en Pamphylie où Jean-Marc s'est malheureusement séparé d'eux pour retourner à Jérusalem. Dans chaque ville, ils prêchaient d'abord dans la synagogue locale. À Antioche de Pisidie, des Juifs et des païens convertis au judaïsme se sont montrés très intéressés à leur message et leur ont demandé d'en parler de nouveau. Les non-croyants juifs ont éprouvé de la jalousie en constatant que presque toute la ville s'était assemblée le sabbat suivant pour entendre la Bonne Nouvelle du salut.

Paul et Barnabas ont répondu avec courage : « C'est à vous d'abord que la parole de Dieu devait être annoncée, mais, puisque vous la repoussez, et que vous ne vous jugez pas dignes de la vie éternelle, voici : nous nous tournons vers les païens » (Actes 13.46).

> Un grand nombre de Juifs et de païens ont accepté le don du salut offert par Dieu, mais d'autres s'y sont violemment opposés.

« Les païens se réjouissaient en entendant cela, ils glorifiaient la parole du Seigneur, et tous ceux qui étaient destinés à la vie éternelle crurent » (Actes 13.48). Dieu a béni leur prédication en établissant des églises dans plusieurs villes de la Turquie actuelle. Un grand nombre de Juifs et de païens ont accepté le don du salut offert par Dieu, mais d'autres s'y sont violemment opposés. À Lystre, la foule a lapidé Paul, puis l'a traîné hors de la ville pensant qu'il était mort. Mais Paul s'est levé et il est retourné dans la ville (Actes 14.19-20). Ce premier voyage de Paul et de Barnabas a duré deux ans, pendant lesquels ils ont parcouru plus de 2 400 kilomètres[204]. Après ce temps, ils sont retournés à Antioche où ils ont rapporté à l'église « tout ce que Dieu avait fait avec eux, et comment il avait ouvert aux païens la porte de la foi » (Actes 14.27).

10. Le premier concile chrétien de Jérusalem – 50 apr. J.-C.[202]

Il n'est pas étonnant que certains Juifs aient insisté pour dire que le judaïsme demeurait le seul moyen par lequel les païens pouvaient recevoir Christ. Ces individus étaient connus sous le nom de judaïsant. Un jour, un groupe de judaïsants venus de Jérusalem ont visité Antioche afin d'enseigner leur doctrine aux croyants païens. Imbus d'eux-mêmes, ils affirmaient : « Si vous ne vous faites pas circoncire selon la coutume de Moïse, vous ne pouvez être sauvés » (Actes 15.1).

Profondément contrariés par la situation, Paul et Barnabas se sont rendus à Jérusalem pour discuter de la question avec les apôtres et les anciens. Au cours de la réunion, quelques croyants d'entre les pharisiens ont assuré « qu'il fallait circoncire les païens et leur commander d'observer la loi de Moïse » (Actes 15.5).

Pierre s'est adressé le premier aux membres du concile :

> Frères, vous le savez : dès les tout premiers jours, Dieu a fait un choix parmi vous, afin que, par ma bouche, les païens entendent la parole de l'Évangile et qu'ils croient. Et Dieu, qui connaît les cœurs, leur a rendu témoignage, en leur donnant le Saint-Esprit comme à nous; il n'a fait aucune différence entre nous et eux, puisqu'il a purifié leurs cœurs par la foi. Maintenant donc, pourquoi tentez-vous Dieu, et mettez-vous sur le cou des disciples un joug que nos pères et nous-mêmes nous n'avons pas été capables de porter? Mais c'est par la grâce du Seigneur Jésus que nous croyons être sauvés, de la même manière qu'eux. (Actes 15.7-11)

Ils ont ensuite écouté en silence les témoignages de Paul et de Barnabas décrivant « tous les signes et les prodiges que Dieu avait faits par eux au milieu des païens » (Actes 15.12). Enfin, sur la base des écrits du prophète Amos (9.11-12), Jacques a expliqué ce qui suit :

> Frères, écoutez-moi! Simon a raconté comment pour la première fois Dieu est intervenu pour prendre parmi les nations un peuple consacré à son nom... C'est pourquoi, je juge bon de ne pas créer de difficultés à ceux des païens qui se convertissent à Dieu, mais de leur écrire qu'ils

> s'abstiennent des souillures des idoles, de l'inconduite, des animaux étouffés et du sang. (Actes 15.13-20)

Ensuite, les apôtres et les anciens ont écrit cette lettre aux croyants païens d'Antioche :

> Nous avons appris que quelques-uns de chez nous, auxquels nous n'avions donné aucun ordre, vous ont troublés par leurs discours, et ont inquiété vos âmes... Car il a paru bon au Saint-Esprit et à nous de ne vous imposer d'autre charge que ce qui est indispensable : savoir, de vous abstenir des viandes sacrifiées aux idoles, du sang, des animaux étouffés et de l'inconduite; vous ferez bien de vous en garder. Adieu. (Actes 15.24-29)

Ces sages conseils ont encouragé les croyants païens à éviter tout contact avec le paganisme. Ils ne visaient pas à leur imposer l'obéissance à certaines lois pour l'obtention du salut. Aux yeux de Paul, il importait avant tout que les membres du concile soient convaincus que les païens avaient reçu le salut sans la loi. Autrement, l'efficacité de l'œuvre accomplie par Christ au Calvaire serait mise en péril. Heureusement, le concile a statué que la circoncision ne constituait pas un prérequis au salut et les judaïsants n'ont convaincu personne du bien-fondé de leur position.

> Aux yeux de Paul, il importait avant tout que les membres du concile soient convaincus que les païens avaient reçu le salut sans la loi.

11. Le deuxième voyage missionnaire de Paul – 50-52 apr. J.-C.[202]

Paul souhaitait retourner dans les villes où lui et Barnabas avaient établi des églises locales. Barnabas voulait que Jean-Marc prenne de nouveau part au voyage, mais Paul a refusé. Il ne lui faisait plus confiance, car Jean les avait abandonnés auparavant en Pamphylie. Puisqu'ils ne parvenaient pas à s'entendre, Barnabas s'est embarqué pour Chypre avec Jean-Marc.

3 - L'ÉGLISE PRIMITIVE

Quant à Paul, il a choisi Silas pour l'accompagner en Syrie et en Cilicie. « En passant par les villes, ils transmettaient les décisions prises par les apôtres et les anciens de Jérusalem, afin qu'on les observe. Les Églises se fortifiaient dans la foi et augmentaient en nombre de jour en jour » (Actes 16.4-5). Après avoir parcouru la Phrygie et la Galatie, Paul a voulu se rendre en Asie, mais le Saint-Esprit l'en a empêché. « Pendant la nuit Paul eut une vision : un Macédonien debout le suppliait en disant : Passe en Macédoine, viens à notre secours! » (Actes 16.9). En obéissant au Seigneur, Paul a contribué à répandre l'Évangile parmi les païens de la Macédoine, de la Grèce et enfin, de tout l'Empire romain. Au cours de ce voyage particulier, les églises locales ont progressé dans plusieurs villes de la Macédoine et de la Grèce. Ces croyants ont accepté le don du salut offert par Dieu et sont devenus membres du royaume de Dieu. Paul a couvert plus de 5 500 kilomètres en trois ans[204]. Il a passé environ la moitié de ce temps à Corinthe.

> Après avoir parcouru la Phrygie et la Galatie, Paul a voulu se rendre en Asie, mais le Saint-Esprit l'en a empêché.

12. Le troisième voyage missionnaire de Paul – 53-57 apr. J.-C.[205]

Paul est reparti après un court séjour à Jérusalem et à Antioche. Cette fois, il a passé deux ans à Éphèse, en Asie. Il a subi de nombreuses persécutions au cours de ses voyages, mais il n'a jamais cessé de prêcher la Bonne Nouvelle de Jésus mort et ressuscité pour nos péchés. Lors de sa dernière visite à Jérusalem, Paul a été faussement mis en accusation et arrêté. Les non-croyants juifs détestaient son message de pardon par le sang de Jésus. Ils refusaient de croire que Jésus était le Fils de Dieu et leur Messie. Paul est donc resté emprisonné à Césarée pendant deux ans. Cependant, Dieu n'a pas mis fin à ses intentions d'atteindre les païens par l'intermédiaire de Paul. Paul allait un jour prêcher l'Évangile à Rome.

13. Paul explique l'espérance d'Israël
– 57-59 apr. J.-C.

Paul est emprisonné à Césarée[205]

Festus, le procurateur de la Judée, faisait face à un problème. Les Juifs avaient porté plainte contre Paul, mais lui avait déclaré : « Je n'ai péché en rien ni contre la loi des Juifs, ni contre le temple, ni contre César » (Actes 25.8).

En outre, Paul avait refusé d'être jugé à Jérusalem et il en avait appelé à César. C'est pourquoi Festus avait demandé l'aide du roi Agrippa :

> Roi Agrippa, et vous tous présents avec nous, vous voyez cet homme au sujet de qui toute la multitude des Juifs est intervenue auprès de moi, soit à Jérusalem, soit ici, en clamant qu'il ne devait plus vivre. Pour moi, j'ai compris qu'il n'avait rien commis qui soit digne de mort; mais lui-même en ayant appelé à l'empereur, j'ai jugé bon de le lui envoyer. Je n'ai rien de précis à écrire au souverain sur son compte; c'est pourquoi je l'ai fait comparaître devant vous, et surtout devant toi, roi Agrippa, afin d'avoir, après l'interrogatoire, quelque chose à écrire. Car il me semble absurde d'envoyer un prisonnier sans indiquer les motifs qu'il y a contre lui. (Actes 25.24-27)

Lorsque Paul a été invité à parler devant le roi Agrippa, il s'est défendu en ces termes :

> Ma vie, dès ma jeunesse et depuis le commencement, s'est passée à Jérusalem, au milieu de ma nation; tous les Juifs le savent. Ils me connaissent depuis longtemps, s'ils veulent en témoigner; j'ai vécu en Pharisien, selon le parti le plus rigide de notre religion. Et maintenant, je suis mis en jugement à cause de l'espérance en la promesse faite par Dieu à nos pères, et dont nos douze tribus, qui rendent un culte à Dieu sans relâche nuit et jour, espèrent atteindre l'accomplissement. C'est pour cette espérance, ô roi, que je suis accusé par des Juifs! Quoi! Jugez-vous incroyable que Dieu ressuscite les morts? (Actes 26.4-8)

Après avoir entendu le plaidoyer de Paul, Festus et Agrippa ont quitté la pièce pour s'entretenir de son cas en privé. Ils se sont entendus sur le fait

3 - L'ÉGLISE PRIMITIVE

que Paul n'avait rien fait méritant la mort ou la prison. Agrippa a même ajouté : « Cet homme aurait pu être relâché, s'il n'en avait appelé à César » (Actes 26.32).

Paul est enfin arrivé à Rome où il a prêché à un groupe de Juifs. Il leur a expliqué : « … c'est à cause de l'espérance d'Israël que je porte cette chaîne » (Actes 28.20). Les uns ont cru, les autres ont refusé de croire. Paul a déclaré à ces derniers : « Sachez donc que ce salut de Dieu a été envoyé aux païens : eux, ils l'écouteront » (Actes 28.28).

> Les Juifs ont emprisonné Paul, leur compatriote, parce qu'il enseignait le pardon des péchés par le sang de Jésus.

Il existe deux espérances d'Israël – l'une tire son origine de Dieu et l'autre vient de ceux qui croient que Dieu a promis à Israël la domination mondiale sans égard aux circonstances. Les tenants de cette dernière position refusent de croire que Dieu appliquera à Israël les lois destinées aux nations (Jérémie 18.7-10)[206]. Les Juifs ont emprisonné Paul, leur compatriote, parce qu'il enseignait le pardon des péchés par le sang de Jésus. Cet enseignement constituait l'espérance des prophètes qui aspiraient de tout cœur à la venue de la descendance promise, le Sauveur, car il rétablirait la communion entre Dieu et les croyants. En revanche, les non-croyants juifs enseignaient la nécessité du respect rigoureux envers la loi et la domination politique mondiale. Philip Mauro a réfléchi au conflit engendré par ces deux positions :

> En quoi *consiste* donc la véritable « espérance d'Israël » dans la Bible ? Nous n'obtiendrons une réponse satisfaisante à cette question qu'en fouillant les Écritures du début à la fin…
>
> Puisque Paul a prêché l'Évangile de Jésus-Christ et uniquement cet Évangile aux Juifs et aux païens, il s'ensuit que la véritable « espérance d'Israël » en constitue un élément essentiel. Par conséquent, cette question est importante et nous ne pouvons nous permettre de nous méprendre à son sujet.

Un conte de deux royaumes

La déclaration de Paul aux dirigeants juifs dans la cité impériale s'avère très éclairante (Actes 22). Elle montre, tout d'abord, que « l'espérance d'Israël » prêchée par Paul était *opposée à la notion qu'en avaient les Juifs de l'époque*, au point où ils ont réclamé sa mort (22.22). À cause d'elle, Paul a été formellement accusé devant le gouverneur romain d'être « ... une peste qui provoque des disputes parmi tous les Juifs du monde » (Actes 24.5). S'il avait prêché ce que les Juifs eux-mêmes croyaient et ce que leurs rabbins avaient enseigné être la véritable interprétation des prophéties (à savoir, que Dieu avait promis à Israël un royaume terrestre dominant le monde entier), tous l'auraient écouté avec une vive satisfaction. Mais Paul et les apôtres ont affirmé que Dieu avait promis autrefois par ses prophètes dans les Saintes Écritures un royaume où Jésus-Christ, de la descendance de David, règnerait dans un corps *ressuscité*. Un royaume dont la chair et le sang *ne peuvent hériter*, un royaume qui ne s'oppose *pas* aux gouvernements mondiaux dûment constitués et un royaume où les conditions d'admission sont *parfaitement identiques et égales* pour les païens et pour les Juifs...

Ainsi, l'enseignement de Christ et de ses apôtres concernant le royaume de Dieu, l'espérance d'Israël – sujet d'une importance capitale – entrait en brutale contradiction avec celui des dirigeants d'Israël. Pour cette raison, *Il* a été crucifié et *ils* ont été persécutés[207].

14. Le christianisme se dissocie du judaïsme – 66 apr. J.-C.[208]

L'Empire romain gouvernait la Judée depuis près de 130 ans. Selon les promesses de Dieu, le Messie aurait dû être né à cette époque (Daniel 9.25-26). Pourquoi n'avait-il pas encore établi son royaume ? Le pseudo-auteur des Psaumes de Salomon avait promis que les païens seraient soumis à la domination du Messie[209], mais cette promesse était loin d'être accomplie. Animés d'une haine profonde à l'égard de Rome, plusieurs zélotes se sont ouvertement rebellés. Il n'est pas étonnant que Rome ait riposté. Werner Keller a expliqué ainsi l'escalade du conflit entre la Judée et Rome :

> Le sentiment de colère a éclaté au grand jour et s'est soldé par une révolte en mai 66 lorsque le procurateur Florus a exigé de recevoir 17 talents tirés du trésor du temple. La garnison romaine a été vaincue. Jérusalem est tombée entre les mains des rebelles. L'interdiction d'offrir

3 - L'ÉGLISE PRIMITIVE

à l'empereur des sacrifices quotidiens représentait tout simplement une déclaration de guerre ouverte contre l'Empire romain en entier. La minuscule Jérusalem a jeté le gant à Rome la grande et a lancé un défi à l'Imperium Romanum.

Ces événements ont envoyé un signal à tout le pays. Des foyers de rébellion ont éclaté partout. Florus a complètement perdu le contrôle de la situation. Le gouverneur de la province de Syrie, C. Cestius Gallus, lui est venu en aide en envoyant une légion et un nombre impressionnant de troupes auxiliaires, mais les pertes de vie ont été telles qu'il a été forcé de se retirer. Les rebelles contrôlaient le pays.

Convaincus que Rome reviendrait à la charge avec une grande puissance, ils se sont empressés de fortifier les villes[210].

À Jérusalem, les croyants savaient que les légions romaines viendraient rapidement mater la rébellion. Ils n'avaient pas oublié les instructions de Jésus. Ils devaient fuir dès que les armées entoureraient la ville (Luc 21.20). Ils ont donc quitté Jérusalem et se sont établis à Pella, une ville à l'est du Jourdain dans la Décapole. Dieu a ainsi protégé l'église de Jérusalem de la destruction. Cette décision des croyants a mis les non-croyants juifs en colère. Will Durant a souligné le fait suivant : « À partir de ce moment, le judaïsme et le christianisme se sont dissociés. Les Juifs ont accusé les chrétiens de trahison et de lâcheté, tandis que les chrétiens ont affirmé que la destruction du temple par Titus constituait l'accomplissement de la prophétie de Christ[211]. »

La persécution qui a éclaté à la suite du martyre d'Étienne a obligé plusieurs croyants juifs à s'établir progressivement ailleurs, jusqu'à Antioche au nord et à Chypre à l'ouest. En outre, la plupart des Juifs d'origine grecque présents lors de la crucifixion étaient probablement retournés chez eux. Plusieurs parmi eux avaient entendu le discours de Pierre à la Pentecôte et reçu Jésus comme leur Sauveur. À cause de ces départs massifs de la Judée, des Juifs et des païens ont cru à l'étonnant dessein de salut conçu par Dieu et ont fondé des églises locales. L'église de Rome en fournit un bel exemple. Par la suite, envoyés par le Saint-Esprit, Paul et Barnabas sont devenus les premiers missionnaires à répandre la Bonne Nouvelle du salut et à fonder des églises de croyants partout où ils se rendaient. Conformément au plan de Dieu, Paul s'est retrouvé à

Rome, la capitale de l'Empire romain. De là, d'autres croyants ont voyagé à travers l'Empire afin de partager l'Évangile.

La descendance promise a payé la dette du péché. Le plan de Dieu consiste maintenant à étendre son royaume au moyen des églises locales. Il travaillera à cette tâche jusqu'à la fin des temps. Personne ne peut faire obstacle au dessein de Dieu.

Quelle bénédiction pour nous de savoir que l'offre du salut de Dieu s'adresse à des individus provenant de toutes les nations! Nous pouvons certes être reconnaissants du fait que Paul ait été un serviteur du Seigneur obéissant!

Pistes de réflexion

1. Avant sa mort, Jésus a prévenu ses disciples qu'il allait mourir et revenir à la vie. Leur aveuglement spirituel ne leur a pas permis de comprendre ces paroles jusqu'à ce qu'ils voient de leurs yeux Christ ressuscité.

2. Au début, les disciples ne parvenaient pas à saisir de quelle manière les païens pouvaient recevoir le salut.

3. À la Pentecôte, le Saint-Esprit a entrepris de convaincre plusieurs individus qu'ils étaient pécheurs et avaient besoin d'un Sauveur, ce qui a entraîné une croissance phénoménale de l'Église.

4. Gamaliel possédait suffisamment de discernement spirituel pour savoir que si les plans des hommes échouent, ceux de Dieu réussissent toujours.

5. Paul a maintenu fermement sa position, à savoir que seule la foi en l'œuvre accomplie par Jésus au Calvaire peut sauver.

[4]

Les lettres aux églises

La croissance spirituelle de l'Église primitive dépendait de son enracinement dans la vérité de Dieu. L'enseignement qui a été donné à cette époque s'avère essentiel encore aujourd'hui. C'est pourquoi le Saint-Esprit a parlé par l'intermédiaire de lettres envoyées aux églises. Chacune d'elles contenait un message destiné à cette génération du passé, mais à nous également. Qu'ont écrit les auteurs concernant le dessein de salut conçu par Dieu ? Qu'ont-ils enseigné au sujet du royaume ou du retour de Jésus ?

1. Jacques

Date de rédaction : probablement en 49 apr. J.-C., avant le premier concile chrétien[212]. Cette lettre a été écrite par Jacques, le demi-frère de Jésus et premier évêque de l'église de Jérusalem.

Lorsque Debra est entrée à l'Université de Calgary, elle était chargée de cours au département de géologie. En dépit de son statut d'étudiante de deuxième cycle, elle voulait que le Seigneur ait droit de regard sur ses finances. Elle a donc décidé de parrainer un enfant défavorisé vivant à l'étranger. Elle a continué son parrainage au fil des ans même lorsque sa situation financière est devenue plus précaire. Elle a agi ainsi non pour gagner son salut, mais parce qu'elle aimait le Seigneur. C'est exactement ce que Jacques veut enseigner dans son livre. Il souligne les conséquences pratiques de la foi dans le don du salut offert par Dieu.

> Pratiquez la parole et ne l'écoutez pas seulement, en vous abusant par de faux raisonnements. (Jacques 1.22)

Un conte de deux royaumes

Il est insensé d'écouter la Parole de Dieu sans agir sur la base de ses promesses. Si une personne croit réellement ce que Dieu dit, elle obéira à ses instructions. Ses actions reflèteront l'attitude d'un cœur qui aime le Seigneur. Cependant, en méditant ce verset, il est important de comprendre que la révélation de Dieu est progressive. Moïse a reçu une révélation de Dieu plus substantielle que celle d'Adam, David a connu Dieu plus profondément que Moïse et enfin, les apôtres ont eu une révélation de Dieu plus intime que quiconque dans l'Ancien Testament. Il est mal de s'entêter à obéir aux lois du système sacrificiel maintenant que Jésus est ressuscité. Les judaïsants faisaient preuve d'étroitesse d'esprit en refusant d'admettre que le sacrifice de Jésus avait payé la dette du péché une fois pour toutes. Les sacrifices exigés par Dieu dans l'Ancien Testament servaient à rappeler au peuple leur état de péché et à illustrer ce que son Fils accomplirait sur la croix.

> Jacques a écrit cette lettre aux croyants juifs afin qu'ils comprennent mieux la relation entre la loi et le salut.

Car quiconque observe toute la loi, mais pèche contre un seul commandement, devient coupable envers tous. (Jacques 2.10)

À cette époque, les judaïsants affirmaient que l'obéissance à la loi s'avérait tout aussi nécessaire au salut que l'œuvre de Jésus à la croix. C'est la raison pour laquelle ils insistaient auprès des païens pour qu'ils soient circoncis. Jacques a écrit cette lettre aux croyants juifs afin qu'ils comprennent mieux la relation entre la loi et le salut. Puisque personne ne parvient à obéir parfaitement à la loi, tous sont coupables de transgression. Par conséquent, personne ne peut être sauvé au moyen de la loi ou de la circoncision. Le salut s'obtient par la grâce de Dieu seule. Cet enseignement s'avérait très difficile à accepter pour quiconque avait grandi dans un milieu de vie régi par la loi et rempli de milliers de commandements ajoutés par l'homme.

Comme le corps sans esprit est mort, de même la foi sans les œuvres est morte. (Jacques 2.26)

La foi produit nécessairement des œuvres bonnes. Elles prouvent que la foi est fondée sur les promesses de Dieu et non sur des rêves utopiques. Tout comme le corps meurt lorsque l'esprit le quitte, de même les œuvres d'une personne témoignent du salut opéré par Dieu en elle. Par exemple, Abraham a été justifié par Dieu pour avoir offert son fils Isaac en sacrifice. « Tu vois que la foi agissait avec ses œuvres, et que par les œuvres sa foi fut rendue parfaite » (Jacques 2.22).

2. Paul

2A. LA LETTRE AUX GALATES

Date de rédaction : 49 apr. J.-C., d'Antioche[213]

> Mais si nous-mêmes, ou si un ange du ciel vous annonçait un évangile différent de celui que nous vous avons annoncé, qu'il soit anathème! (Galates 1.8)

Il n'existe qu'un seul moyen de rétablir la communion entre Dieu et l'humanité – l'Évangile du Seigneur Jésus-Christ. Il n'existe aucun autre moyen. Si quelqu'un ajoute quoi que ce soit à l'Évangile, « qu'il soit anathème! » Il n'existe pas plusieurs chemins pour aller au ciel. Les judaïsants disaient à peu près ceci : « Le chemin vers le ciel est constitué de l'Évangile de Jésus ajouté à nos coutumes. Nous acceptons certes le don de ton salut, Seigneur, mais nous voulons également obéir aux prescriptions de l'Ancienne Alliance. On n'est jamais trop prudent. » La foi et les œuvres. Selon vous, la foi suffit-elle?

> Quant à moi… je ne me glorifierai de rien d'autre que de la croix de notre Seigneur Jésus-Christ, par qui le monde est crucifié pour moi, comme je le suis pour le monde! (Galates 6.14)

Est-ce là votre prière? Croyez-vous que la croix de Jésus constitue le seul moyen d'être réconcilié avec Dieu? Suffit-elle à payer la dette de vos péchés? Accordez-vous la première place à la croix de Christ dans votre vie? Considérez-vous tout le reste comme secondaire? C'est ce que Paul croyait et il a été mis à mort parce qu'il a défendu la vérité.

> Chasse l'esclave et son fils, car le fils de l'esclave n'héritera pas avec le fils de la femme libre. (Galates 4.30)

Paul se souvenait de l'histoire d'Abraham et de ses deux fils, Ismaël et Isaac. Ismaël est né d'Agar selon une « volonté humaine », tandis qu'Isaac est né de Sara selon le « fruit de la promesse » (Galates 4.23, [version Segond 21]). Paul a poursuivi ainsi ses explications :

> Il y a là une allégorie; car ces femmes sont les deux alliances. L'une, celle du Mont Sinaï, enfante pour l'esclavage : c'est Agar – Agar, c'est le Mont Sinaï en Arabie – et elle correspond à la Jérusalem actuelle, car elle est dans l'esclavage avec ses enfants. Mais la Jérusalem d'en haut est libre, c'est elle qui est notre mère. (Galates 4.24-26)

Remarquez que cette allégorie vient de Dieu et non de Paul. Le Seigneur enseigne que l'Ancienne Alliance a été remplacée par la Nouvelle. Celui qui demeure attaché à l'Ancienne Alliance « n'héritera pas ». Sous l'Ancienne Alliance, la plupart des Israélites s'attendaient à recevoir un royaume physique en héritage, mais les chances d'obtenir cette Utopie terrestre ne se représenteront plus. En revanche, la Nouvelle Alliance est constituée d'une convention spirituelle entre Dieu et des individus de diverses nationalités. C'est pour cette raison que le Nouveau Testament n'évoque jamais le sujet d'un royaume terrestre.

2B. LES DEUX LETTRES AUX THESSALONICIENS

La première lettre aux Thessaloniciens

Date de rédaction : environ 51 apr. J.-C., de Corinthe[214]

Certains croyants de Thessalonique avaient mal compris l'enseignement de Paul concernant le retour de Jésus. Convaincus que Jésus reviendrait sous peu, ils ne travaillaient pas pour gagner leur vie. Dans sa lettre, Paul a corrigé cette erreur : « [Mettez] votre honneur à vivre en paix, à vous occuper de vos propres affaires et à travailler de vos mains, comme nous vous l'avons recommandé; cela pour que vous vous conduisiez honnêtement envers ceux du dehors, et que vous n'ayez besoin de personne » (1 Thessaloniciens 4.11-12). D'autres pleuraient parce que leurs proches étaient décédés avant le retour de Jésus. Dieu leur a promis qu'un jour, ils seraient à nouveau réunis avec ceux qui étaient morts. Ils ne devaient pas s'attrister comme les non-croyants qui n'ont pas d'espérance. De plus, Paul a expliqué :

> Car le Seigneur lui-même, à un signal donné, à la voix d'un archange, au son de la trompette de Dieu, descendra du ciel, et les morts en Christ ressusciteront en premier lieu. Ensuite, nous les vivants, qui seront restés, nous serons enlevés ensemble avec eux dans les nuées, à la rencontre du Seigneur dans les airs, et ainsi nous serons toujours avec le Seigneur. (1 Thessaloniciens 4.16-17)

Car vous savez vous-mêmes parfaitement que le jour du Seigneur viendra comme un voleur dans la nuit. (1 Thessaloniciens 5.2)

> Ils ne devaient pas s'attrister comme les non-croyants qui n'ont pas d'espérance.

Dieu s'est servi de l'expression *le jour du Seigneur* tirée de l'Ancien Testament pour décrire le retour de Jésus. Lors de son discours sur le mont des Oliviers, Jésus avait prévenu ses disciples qu'il reviendrait comme un voleur dans la nuit – à l'improviste. Paul a expliqué aux croyants de quelle manière se préparer pour ce jour : « … soyons sobres : revêtons la cuirasse de la foi et de l'amour, ainsi que le casque de l'espérance du salut. Car Dieu ne nous a pas destinés à la colère, mais à la possession du salut par notre Seigneur Jésus-Christ, qui est mort pour nous, afin que, soit que nous veillions, soit que nous dormions, nous vivions ensemble avec lui » (1 Thessaloniciens 5.8-10). Les croyants possèdent cette assurance : qu'ils soient morts ou vivants dans leurs corps, leur vie spirituelle ne prendra jamais fin. Lorsque viendra le jour du Seigneur, les non-croyants feront face à la colère de Dieu, tandis que les croyants seront rassemblés auprès de Jésus et de leurs frères et sœurs dans le Seigneur.

Un conte de deux royaumes

La deuxième lettre aux Thessaloniciens

Date de rédaction : entre 51 et 52 apr. J.-C., de Corinthe[215]

Certaines personnes étaient troublées, car elles croyaient avoir manqué le jour du Seigneur (2 Thessaloniciens 2.1-2). Paul leur a adressé une réprimande :

> Que personne ne vous séduise d'aucune manière; car il faut qu'auparavant l'apostasie soit arrivée, et que se révèle l'homme impie, le fils de perdition, l'adversaire qui s'élève au-dessus de tout ce qu'on appelle Dieu ou qu'on adore, et qui va jusqu'à s'asseoir dans le temple de Dieu et se faire passer lui-même pour Dieu. Ne vous souvenez-vous pas que je vous disais cela, lorsque j'étais encore auprès de vous? (2 Thessaloniciens 2.3-5)

À cette époque, le temple faisait encore partie des lieux importants de Jérusalem, mais Jésus avait déclaré qu'un jour, il serait complètement détruit. Il ne pouvait donc pas revenir avant l'accomplissement de cette prophétie. Dans peu de temps, les zélotes allaient se rebeller ouvertement contre Rome. Titus et son armée entoureraient alors Jérusalem. À titre d'empereur, Titus exigerait l'adoration que Dieu seul mérite. Il incarnait ainsi l'abomination de la désolation annoncée par Jésus.

Paul leur a fait ce rappel : « Et maintenant vous savez bien ce qui le retient, pour qu'il ne se révèle qu'en son temps » (2 Thessaloniciens 2.6). L'histoire a démontré que l'État juif a empêché Rome de persécuter l'Église de Dieu à ses débuts. À cette époque, les Juifs aussi bien que les Romains considéraient le christianisme comme une secte du judaïsme. À ce titre, il se trouvait protégé par les lois romaines puisque les sujets des États romains pouvaient continuer à pratiquer leur propre religion[216]. Après la destruction de Jérusalem, plusieurs empereurs romains ont déchaîné leur fureur contre l'Église. En réalité, l'État juif n'a constitué qu'un moyen pour restreindre le mal. La véritable puissance qui a retenu Rome est le Saint-Esprit. Lui seul détient le pouvoir d'empêcher le mal de se répandre ou d'atteindre sa pleine mesure. Si Dieu ne déployait pas sur ce monde une souveraineté pleine de miséricorde, tous les êtres humains appartiendraient au royaume de Satan.

4 - LES LETTRES AUX ÉGLISES

> Alors se révélera l'impie, que le Seigneur Jésus détruira par le souffle de sa bouche et qu'il écrasera par l'éclat de son avènement. (2 Thessaloniciens 2.8)

Paul s'attendait à ce que Jésus revienne et détruise l'homme impie. À l'instar des prophètes d'autrefois, il saisissait uniquement l'accomplissement premier de cette prophétie, alors que Dieu regardait également vers l'avenir. Plusieurs années auparavant, Antiochus Épiphane avait persécuté les Juifs demeurés fidèles à la loi. À l'époque de Paul, les croyants étaient à la veille de souffrir aux mains de Rome. De même, à la fin des temps, la bête politique du livre de l'Apocalypse persécutera les croyants.

> Satan poursuivra son combat contre Dieu chaque fois qu'il en aura l'occasion, mais il ne remportera pas la victoire.

Satan poursuivra son combat contre Dieu chaque fois qu'il en aura l'occasion, mais il ne remportera pas la victoire. Dieu est victorieux à cause de la mort et de la résurrection de Jésus.

2C. LES DEUX LETTRES AUX CORINTHIENS

La première lettre aux Corinthiens

Date de rédaction : environ 55 apr. J.-C., d'Éphèse[217]

> Et comme tous meurent en Adam, de même aussi tous revivront en Christ, mais chacun en son rang : Christ comme prémices, puis ceux qui appartiennent au Christ, lors de son avènement. Ensuite viendra la fin, quand il remettra le royaume à celui qui est Dieu et Père, après avoir aboli toute principauté, tout pouvoir et toute puissance. Car il faut qu'il règne jusqu'à ce qu'il ait mis tous ses ennemis sous ses pieds. Le dernier ennemi qui sera détruit, c'est la mort. (1 Corinthiens 15.22-26)

Par l'intermédiaire de Paul, Dieu a promis aux croyants qu'ils reviendraient à la vie lors du retour de Jésus. « Ensuite viendra la fin. » Jésus remettra alors son royaume à Dieu le Père. Pendant son règne, Jésus s'affaire à mettre « tous ses ennemis sous ses pieds. Le dernier ennemi qui sera détruit, c'est la mort ». En d'autres termes, la vie continuera jusqu'à la fin des temps. Dès que la mort sera détruite, la terre telle que nous la connaissons n'existera plus. Tant et aussi longtemps que dure le temps, Jésus le Roi est à l'œuvre pour assujettir ses ennemis. Lorsque la mort sera conquise, aucun autre ennemi ne se lèvera plus pour défier Dieu ou les croyants. Satan ne possèdera plus le pouvoir de nous faire souffrir.

> Ce que je dis, frères, c'est que la chair et le sang ne peuvent hériter le royaume de Dieu, et que la corruption n'hérite pas l'incorruptibilité. Voici, je vous dis un mystère : nous ne mourrons pas tous, mais tous nous serons changés, en un instant, en un clin d'œil, à la dernière trompette. Car elle sonnera, et les morts ressusciteront incorruptibles et nous, nous serons changés. Il faut en effet que ce corps corruptible revête l'incorruptibilité, et que ce corps mortel revête l'immortalité. Lorsque ce corps corruptible aura revêtu l'incorruptibilité, et que ce corps mortel aura revêtu l'immortalité, alors s'accomplira la parole qui est écrite : La mort a été engloutie dans la victoire. (1 Corinthiens 15.50-54)

> Lorsque Jésus reviendra et établira le royaume de Dieu visible par tous, il ne s'y trouvera aucun être mortel.

Lorsque Jésus reviendra et établira le royaume de Dieu visible par tous, il ne s'y trouvera aucun être mortel. À la dernière trompette, les morts ressusciteront avec un corps immortel, tandis que le corps de ceux qui seront vivants sera transformé. La mort disparaîtra et les croyants vivront pour toujours avec Dieu. Quelle promesse inestimable! Comme il nous aime!

La deuxième lettre aux Corinthiens

Date de rédaction : entre 55 et 57 apr. J.-C., de la Macédoine[218]

> Car il nous faut tous comparaître devant le tribunal du Christ, afin qu'il soit rendu à chacun d'après ce qu'il aura fait dans son corps, soit en bien, soit en mal. (2 Corinthiens 5.10)

Paul a écrit aux croyants de Corinthe afin de les prévenir qu'ils devront un jour répondre de leurs actes devant Jésus. Leurs œuvres serviront à établir leur récompense, non leur salut.

> Car il dit : Au temps favorable je t'ai exaucé, au jour du salut je t'ai secouru. (2 Corinthiens 6.2)

Le don du salut offert par Dieu peut uniquement être reçu pendant notre vie sur la terre. Lors du retour de Jésus, il sera trop tard. Personne ne pourra être sauvé après le retour de Jésus. Avez-vous reçu le don de son salut?

2D. LA LETTRE AUX ROMAINS

Date de rédaction : environ 57 apr. J.-C., de Corinthe[219]
Paul n'était jamais allé à Rome, mais il désirait vivement y prêcher l'Évangile en personne.

> Car... tous ont péché et sont privés de la gloire de Dieu. (Romains 3.23)

Un pécheur est une personne qui préfère agir à sa guise plutôt que d'agir selon les principes de Dieu. Il en résulte de la haine à l'égard de Dieu et de sa loi. Le péché ne tient aucun compte des différences raciales. Tous les individus naissent avec une nature pécheresse et c'est la raison pour laquelle nous sommes continuellement enclins à pécher. Chaque personne doit assumer ses responsabilités et reconnaître qu'elle a désobéi à Dieu. En qualité de pécheurs, il nous est impossible d'atteindre la pureté ou la sainteté de Dieu.

> Car le salaire du péché, c'est la mort; mais le don gratuit de Dieu, c'est la vie éternelle en Christ-Jésus notre Seigneur. (Romains 6.23)

Puisque nous sommes pécheurs, nous méritons la mort physique et spirituelle. Avant la création du monde, Dieu a élaboré un plan de salut merveilleux. Il allait offrir aux pécheurs un don inestimable – la vie éternelle, grâce à l'œuvre de son Fils Jésus. Tout comme une personne gagne un salaire pour son travail, nous méritons d'être punis pour nos mauvaises pensées et nos mauvaises actions. En revanche, le don du salut que Dieu nous offre, la vie éternelle, ne peut jamais être gagné par nos œuvres.

> ... la justice de Dieu par la foi en Jésus-Christ pour tous ceux qui croient. (Romains 3.22)

Dieu promet de revêtir les croyants de la justice de Christ. En nous regardant, il voit la pureté et la sainteté de Jésus et non plus notre nature pécheresse. Nous pouvons recevoir cette justice en croyant que Jésus a subi le châtiment que méritaient nos péchés en mourant à la croix du Calvaire.

> Étant donc justifiés par la foi, nous avons la paix avec Dieu par notre Seigneur Jésus-Christ. (Romains 5.1)

Déclarés justes et pardonnés de leurs péchés, les croyants sont en paix avec Dieu. Nous ne sommes plus ses ennemis, mais ses enfants. Cela doit rendre Satan vraiment mécontent!

> Car, lorsque nous étions encore sans force, Christ, au temps marqué, est mort pour des impies. À peine mourrait-on pour un juste; quelqu'un peut-être aurait le courage de mourir pour un homme qui est bon. Mais en ceci, Dieu prouve son amour envers nous : lorsque nous étions encore pécheurs, Christ est mort pour nous. (Romains 5.6-8)

L'admirable dessein de salut conçu par Dieu repose sur le fait qu'il nous a aimés alors que, dans notre rébellion, nous le détestions. À cause de son amour pour nous, Jésus a subi le châtiment que nous méritions. La justice et la miséricorde se sont unies à la croix.

Il n'y a donc maintenant aucune condamnation pour ceux qui sont en Christ-Jésus. En effet, la loi de l'Esprit de vie en Christ-Jésus m'a libéré de la loi du péché et de la mort. (Romains 8.1-2)

Les croyants ne sont plus des pécheurs condamnés, car Jésus a subi le châtiment qu'ils méritaient. Ils ne sont plus esclaves du péché, puisque le Saint-Esprit habite en chacun d'eux. Cela ne signifie pas, cependant, que les croyants ne pèchent jamais. Paul lui-même luttait contre le péché dans sa vie. Le péché ne disparaîtra complètement que dans les nouveaux cieux et sur la nouvelle terre.

Ainsi donc, cela [le salut] ne dépend ni de celui qui veut, ni de celui qui court, mais de Dieu qui fait miséricorde. (Romains 9.16)

> Chacun de nous choisit de son plein gré de mener sa vie à sa guise. Une fois engagés dans cette voie, seul l'amour de Dieu peut nous attirer dans son royaume.

Le Seigneur est le potier et nous sommes l'argile (Ésaïe 64.7). En raison de notre nature pécheresse, nous nous irritons parce que nous ne sommes que de faibles vases d'argile. Aucun pécheur rebelle ne possède la volonté ou la faculté de se tourner vers Dieu d'un cœur repentant, c'est pourquoi nous méritons tous de vivre éternellement séparés du Créateur. Notre salut dépend entièrement du Dieu souverain. Dans sa grâce et sa miséricorde, il démontre son amour en sauvant ceux qu'il veut sauver. Chacun de nous choisit de son plein gré de mener sa vie à sa guise. Une fois engagés dans cette voie, seul l'amour de Dieu peut nous attirer dans son royaume.

Je vous exhorte donc, frères, par les compassions de Dieu, à offrir vos corps comme un sacrifice vivant, saint, agréable à Dieu, ce qui sera de votre part un culte raisonnable. (Romains 12.1)

Que pouvons-nous faire de plus, sinon nous donner entièrement à Dieu pour œuvrer à son service ? Il nous a aimés avant notre naissance. Il est mort pour nous alors que, dans notre rébellion, nous le détestons. Son

Saint-Esprit habite en nous. Existe-t-il un meilleur moyen de démontrer notre amour et notre gratitude envers le Dieu tout-puissant, sinon en nous confiant sans réserve à son Esprit?

2E. LA LETTRE AUX ÉPHÉSIENS

Date de rédaction : environ 60 apr. J.-C., de Rome[220]

> En lui, nous avons la rédemption par son sang, le pardon des péchés selon la richesse de sa grâce que Dieu a répandue abondamment sur nous en toute sagesse et intelligence. (Éphésiens 1.7-8)

En raison de son amour et de sa miséricorde, Dieu a répandu sur les croyants une multitude de bénédictions. Il nous a rachetés par le sang de Jésus afin que nous lui appartenions et il a pardonné nos péchés. Désormais, nous n'appartenons plus au royaume de Satan, mais nous sommes devenus enfants de Dieu.

> Pour vous, vous étiez morts par vos fautes et par vos péchés dans lesquels vous marchiez autrefois selon le cours de ce monde, selon le prince de la puissance de l'air, cet esprit qui agit maintenant dans les fils de la rébellion. (Éphésiens 2.1-2)

Paul a rappelé aux croyants qu'ils appartenaient autrefois au royaume de Satan. À ce titre, ils étaient des morts vivants – physiquement vivants, mais spirituellement morts. Une personne morte ne peut parler ou réagir à un stimulus extérieur. De même, il est impossible pour les individus morts spirituellement de se donner eux-mêmes la vie. Certains livrent des témoignages impressionnants. Par exemple, Barry a délaissé l'athéisme pour se tourner vers Dieu. Mon cœur avait autant besoin d'être transformé que le sien, même si j'ai reçu Jésus comme mon Sauveur lorsque j'étais encore une enfant. Nous étions tous les deux spirituellement morts et incapables de nous tourner vers Dieu.

> C'est par la grâce en effet que vous êtes sauvés, par le moyen de la foi. Et cela ne vient pas de vous, c'est le don de Dieu. Ce n'est point par les œuvres, afin que personne ne se glorifie. Car nous sommes son ouvrage, nous avons été créés en Christ-Jésus pour des œuvres

bonnes que Dieu a préparées d'avance, afin que nous les pratiquions. (Éphésiens 2.8-10)

Le salut est « le don de Dieu ». Avant la création du monde, Dieu a planifié « des œuvres bonnes » que les croyants feraient au nom de Jésus. C'est uniquement par la grâce de Dieu que nous sommes sauvés, au moyen du sang de Jésus, et que nous sommes capables d'accomplir ce que Dieu a décrété. **Il n'y a rien que nous puissions faire pour nous sauver. Même la foi est un don de Dieu.** Seul le Saint-Esprit peut ouvrir nos yeux spirituels et nous rendre capables d'accepter l'incomparable salut que Dieu nous offre.

2F. LA LETTRE AUX PHILIPPIENS

Date de rédaction : environ 61 apr. J.-C., de Rome[221]

> Ayez en vous la pensée qui était en Christ-Jésus, lui dont la condition était celle de Dieu, il n'a pas estimé comme une proie à arracher d'être égal avec Dieu, mais il s'est dépouillé lui-même, en prenant la condition d'esclave, en devenant semblable aux hommes; après s'être trouvé dans la situation d'un homme, il s'est humilié lui-même en devenant obéissant jusqu'à la mort, la mort sur la croix. (Philippiens 2.5-8)

Jésus n'avait pas à prouver aux autres ou à lui-même qu'il était Dieu, car il savait qui il était. Par conséquent, il a accepté de devenir un homme et de renoncer à tous les droits qu'il possédait à titre de Créateur. Non seulement s'est-il humilié lui-même en devenant un homme, mais il est également devenu malédiction pour nous en mourant sur la croix. Si Jésus a pu renoncer à ses droits pour nous, ne pouvons-nous pas renoncer à nos prétendus droits pour lui?

> … travaillez à votre salut avec crainte et tremblement… Car c'est Dieu qui opère en vous le vouloir et le faire selon son dessein bienveillant. (Philippiens 2.12-13)

Paul a encouragé les Philippiens à travailler sans relâche à leur salut. Cependant, ils ne pouvaient y parvenir que si Dieu œuvrait dans leurs cœurs pour accomplir ses desseins. Tout comme Paul courait « vers le but pour obtenir le prix » (Philippiens 3.14), le chemin vers le ciel s'apparente à une course pour les croyants. Voulant plaire au Seigneur, ils craignent de transgresser les normes établies par Dieu, mais lui donnent avec joie toute la gloire pour leur réussite spirituelle.

3. Les deux lettres de Pierre

La première lettre de Pierre

Date de rédaction : entre 62 et 64 apr. J.-C., peut-être de Rome[222]

> Béni soit le Dieu et Père de notre Seigneur Jésus-Christ qui, selon sa grande miséricorde, nous a régénérés, par la résurrection de Jésus-Christ d'entre les morts, pour une espérance vivante, pour un héritage qui ne peut ni se corrompre, ni se souiller, ni se flétrir et qui vous est réservé dans les cieux, à vous qui êtes gardés en la puissance de Dieu, par la foi, pour le salut prêt à être révélé dans les derniers temps. (1 Pierre 1.3-5)

Sachant que ses lecteurs enduraient la persécution, Pierre les a consolés en leur rappelant le salut de Dieu. Une certaine tension apparaît pourtant dans ces versets. Puisque les croyants entretiennent une nouvelle relation avec le Seigneur, ils possèdent déjà une espérance vivante. Nous sommes maintenant enfants du Roi. Néanmoins, nous attendons toujours notre héritage. Le royaume auquel nous appartenons est à la fois présent et à venir.

[
    Le royaume auquel nous appartenons est à la fois présent et à venir.
]

> Vous, par contre, vous êtes une race élue, un sacerdoce royal, une nation sainte, un peuple racheté, afin d'annoncer les vertus de celui qui vous a appelés des ténèbres à son admirable lumière. (1 Pierre 2.9)

Plusieurs années auparavant au mont Sinaï, Dieu avait promis aux Israélites qu'ils lui appartiendraient en propre et formeraient un royaume de sacrificateurs et une nation sainte (Exode 19.5-6). Ces paroles établissaient le fondement de la nation d'Israël physique. L'Éternel en a pris soin et l'a protégée de sorte que la descendance promise a pu naître au sein d'une nation qui connaissait Dieu et sa loi. Dès que Jésus a achevé son œuvre sur la terre et est retourné au ciel, Dieu a entrepris de bâtir son Église, la nouvelle Israël. Depuis lors, les croyants forment « une race élue, un sacerdoce royal, une nation sainte, un peuple racheté » (1 Pierre 2.9). La nationalité n'a plus d'importance. Ce qui compte, c'est la repentance et la foi en l'œuvre accomplie par Jésus au Calvaire, une fois pour toutes.

> ... lui qui a porté nos péchés en son corps sur le bois, afin que, morts à nos péchés, nous vivions pour la justice. (1 Pierre 2.24)

> En effet, Christ aussi est mort une seule fois pour les péchés, lui juste pour des injustes, afin de vous amener à Dieu. (1 Pierre 3.18)

Pierre, l'apôtre des Juifs, a prêché le même Évangile que Paul, l'apôtre des païens. Jésus a versé son sang afin de nous réconcilier avec Dieu. Il a payé la dette de nos péchés. À l'instar de Paul, Pierre a enseigné aux croyants la maîtrise de soi. Comme Jésus, il les a exhortés à veiller et à demeurer vigilants, car leur « adversaire, le diable, rôde comme un lion rugissant, cherchant qui dévorer » (1 Pierre 5.8).

> ... et vous-mêmes, comme des pierres vivantes, édifiez-vous pour former une maison spirituelle, un saint sacerdoce, en vue d'offrir des victimes spirituelles, agréables à Dieu par Jésus-Christ. (1 Pierre 2.5)

Les croyants forment les pierres vivantes de la maison spirituelle bâtie par Dieu. Dans la Jérusalem terrestre, les sacrificateurs offraient des sacrifices d'animaux qui préparaient au sacrifice parfait de Jésus à la croix. Dans la Jérusalem céleste, chaque croyant est un sacrificateur qui présente « des victimes spirituelles, agréables à Dieu par Jésus-Christ ».

La deuxième lettre de Pierre

Date de rédaction : vers 67 apr. J.-C., peut-être de Rome, trois ans après la première lettre[223]

Un conte de deux royaumes

Dieu a fait deux promesses aux croyants. « Sa divine puissance nous a donné tout ce qui contribue à la vie et à la piété » (2 Pierre 1.3). Dans ce monde, le Saint-Esprit donne aux croyants ce qui leur est nécessaire pour persévérer et croître dans leur vie chrétienne. De même : « C'est ainsi que vous sera largement accordée l'entrée dans le royaume éternel de notre Seigneur et Sauveur Jésus-Christ » (2 Pierre 1.11). Les croyants attendent un royaume éternel lors du retour de Jésus, non un royaume temporaire. Cette déclaration était remarquable de la part de Pierre, car la plupart des Juifs espéraient l'établissement d'un royaume juif terrestre. Après la résurrection de Jésus, les disciples avaient voulu connaître le moment où Dieu redonnerait aux Juifs leur royaume. Plus de trente ans plus tard, Pierre ne mentionne toujours pas la venue d'un tel royaume.

> … car ce n'est nullement par une volonté humaine qu'une prophétie a jamais été présentée, mais c'est poussés par le Saint-Esprit que des hommes ont parlé de la part de Dieu. Il y a eu de faux prophètes parmi le peuple; de même il y a parmi vous de faux docteurs. (2 Pierre 1.21-2.1)

> Malheureusement, il y a toujours eu et il y aura toujours de faux enseignants.

Le Saint-Esprit nous a donné les Écritures par l'intermédiaire d'auteurs humains. Malheureusement, il y a toujours eu et il y aura toujours de faux enseignants. Ces individus prétendent parler avec l'autorité de Dieu, mais ils introduisent « insidieusement des hérésies de perdition » (2 Pierre 2.1). Méfiez-vous de ceux qui craignent de confronter leurs croyances aux Écritures.

> Mais il est un point que vous ne devez pas oublier, bien-aimés : c'est que, devant le Seigneur, un jour est comme mille ans et mille ans sont comme un jour; le Seigneur ne retarde pas l'accomplissement de sa promesse, comme quelques-uns le pensent. Il use de patience envers vous, il ne veut pas qu'aucun périsse, mais il veut que tous arrivent à la repentance. Le jour du Seigneur viendra comme un voleur. En ce jour-là, les cieux passeront avec fracas, les éléments

embrasés se dissoudront, et la terre, avec les œuvres qu'elle renferme, sera consumée. (2 Pierre 3.8-10)

Avant le retour de Jésus, les moqueurs s'en donneront à cœur joie : « Où est la promesse de son avènement ? Car, depuis que les pères sont morts, tout demeure comme depuis le commencement de la création » (2 Pierre 3.4). Pierre a enseigné que Dieu n'est pas soumis au temps. Il a créé le monde et l'a ensuite détruit par le déluge. Si Dieu affirme qu'il détruira la terre par le feu, il le fera. Mais pourquoi tarde-t-il ? Il faut en éprouver de la reconnaissance, car autrement vous ne seriez pas né ou n'auriez pas accepté le don de son salut. De plus, vos proches ont encore la possibilité de croire. Jésus reviendra à l'improviste, comme un voleur.

Pierre attendait « de nouveaux cieux et une nouvelle terre où la justice [habiterait] » (2 Pierre 3.13). Ces paroles sont importantes. En raison de son éducation, il aurait dû attendre un Messie qui renverserait Rome et rétablirait la paix et la prospérité dans ce monde déchiré par la guerre. Au contraire, Pierre aspirait à un nouveau monde sans péché – les nouveaux cieux et la nouvelle terre.

4. La lettre aux Hébreux

Date de rédaction : probablement avant la destruction du temple à Jérusalem en 70 apr. J.-C.[224] L'auteur est inconnu.

> Or voici le point capital de ce que nous disons : nous avons un souverain sacrificateur qui s'est assis à la droite du trône de la majesté divine dans les cieux ; il est ministre du sanctuaire et du véritable tabernacle, dressé par le Seigneur et non par un homme. (Hébreux 8.1-2)

À la croix, Jésus était l'Agneau de Dieu offert en sacrifice, mais son rôle a changé lors de l'ascension. Il est entré dans le Lieu très saint, c'est-à-dire le ciel, en qualité de souverain sacrificateur et a présenté à Dieu son propre sang, le sang de la Nouvelle Alliance. Le tabernacle de Moïse n'était qu'une « image et une ombre des réalités célestes » (Hébreux 8.5). Dans ce tabernacle « seul le souverain sacrificateur pénètre, une fois par an, non sans y présenter du sang pour lui-même et pour les fautes du peuple » (Hébreux 9.7). En revanche :

> Mais Christ est venu comme souverain sacrificateur... il a traversé le tabernacle plus grand et plus parfait qui n'est pas construit par la main de l'homme, c'est-à-dire qui n'est pas de cette création; et il est entré une fois pour toutes dans le sanctuaire, non avec le sang des boucs et des veaux, mais avec son propre sang. C'est ainsi qu'il nous a obtenu une rédemption éternelle... Car Christ n'est pas entré dans un sanctuaire fait par la main de l'homme, imitation du véritable, mais dans le ciel même, afin de se présenter maintenant pour nous devant la face de Dieu. (Hébreux 9.11-24)

> La Nouvelle Alliance a été officiellement scellée au moment où Jésus a offert son sang à Dieu.

La Nouvelle Alliance a été officiellement scellée au moment où Jésus a offert son sang à Dieu. Il a accepté de donner sa vie en sacrifice afin de nous procurer le salut. Son ministère s'est achevé à l'instant où le Père a accepté son sacrifice. Quel sujet de joie!

> Tout sacrificateur se tient à son poste chaque jour pour faire son service et offrir souvent les mêmes sacrifices qui ne peuvent jamais ôter les péchés. Mais lui, après avoir présenté un seul sacrifice pour les péchés, s'est assis à perpétuité à la droite de Dieu. (Hébreux 10.11-12)

Contrairement aux sacrificateurs qui ne cessaient d'offrir des sacrifices sur la terre, l'offrande présentée par Jésus à Dieu le Père a été acceptée une fois pour toutes. Ainsi, par sa mort et sa résurrection, Jésus a obtenu le salut de tous ceux qui croiraient. Par la suite, Jésus s'est assis sur son trône à la droite de Dieu le Père. Puisque Jésus le Roi a acquis le droit de régner avec une autorité absolue, il a été trouvé digne d'ouvrir les sept sceaux mentionnés dans le cinquième chapitre du livre de l'Apocalypse. Il mérite également de recevoir l'adoration et l'amour de tous, morts et vivants (Apocalypse 5.13). Le plan de Dieu a été achevé, ce qui a rendu Satan furieux (Apocalypse 12.12). Ses espoirs d'obtenir un royaume éternel ont été anéantis et il ne peut chasser un seul croyant du ciel. Il en est réduit à tenter d'empêcher d'autres individus de devenir croyants.

5. Le livre de l'Apocalypse

Date de rédaction : probablement vers 95 apr. J.-C., par Jean, de l'île de Patmos[225]

La persécution sous Domitien, empereur de l'Empire romain : 90-95 apr. J.-C.[225]

Lors de son exil sur l'île de Patmos, l'apôtre Jean a reçu une révélation de la part de Dieu – un avant-goût des réalités spirituelles. En raison des persécutions, il était impératif de rappeler aux premiers chrétiens que Dieu avait bel et bien remporté la guerre contre Satan par la mort de Jésus à la croix. Nous avons tous besoin des mêmes paroles de réconfort aujourd'hui, car nous attendons le retour de Jésus depuis longtemps. Jean a d'abord décrit Jésus dans sa gloire, puis la bataille toujours en cours entre Dieu et Satan et enfin la victoire finale de Dieu. Tout en souhaitant que les croyants de chaque génération mettent leur confiance en sa souveraineté, le Seigneur désire rassurer tout particulièrement ceux qui sont persécutés pour le nom de Christ. Satan veut affaiblir la foi des chrétiens en Dieu, c'est pourquoi il envoie régulièrement de grandes épreuves à certains d'entre eux. Ces chrétiens persécutés ont besoin de savoir que Dieu ne les a pas abandonnés et que ses promesses sont dignes de confiance.

5A. JÉSUS LE ROI ET SON ROYAUME

Apocalypse 1 à 3

> Que la grâce et la paix vous soient données… de la part de Jésus-Christ, le témoin fidèle, le premier-né d'entre les morts et le souverain des rois de la terre. À celui qui nous aime, qui nous a délivrés de nos péchés par son sang, et qui a fait de nous un royaume, des sacrificateurs pour Dieu son Père, à lui la gloire et le pouvoir aux siècles des siècles! Amen. (Apocalypse 1.4-6)

Que son autorité soit reconnue ou non, Jésus le Roi règne en ce moment même sur tous les rois de la terre. De plus, les croyants sont sacrificateurs et serviteurs de Dieu dans le royaume de Jésus. Ces paroles étaient vraies à l'époque de Jean et elles le sont encore aujourd'hui.

> Je me retournai pour découvrir la voix qui me parlait. Après m'être retourné, je vis sept chandeliers d'or, et au milieu des chandeliers quelqu'un qui ressemblait à un fils d'homme. Il était vêtu d'une longue robe et portait une ceinture d'or sur la poitrine. Sa tête et ses cheveux étaient blancs comme laine blanche, comme neige. Ses yeux étaient comme une flamme de feu, ses pieds étaient comme du bronze qui semblait rougi au four, et sa voix était comme la voix des grandes eaux. Il avait dans sa main droite sept étoiles, de sa bouche sortait une épée aiguë à deux tranchants, et son visage était comme le soleil, lorsqu'il brille dans sa force. (Apocalypse 1.12-16)

En voyant le Fils de l'homme, Jean est tombé à ses pieds, comme mort. Mais Jésus l'a encouragé avec tendresse : « Sois sans crainte! Moi je suis le premier et le dernier, le vivant. J'étais mort, et me voici vivant aux siècles des siècles » (Apocalypse 1.17-18). Puis Jésus a ajouté : « Les sept étoiles sont les anges des sept Églises, et les sept chandeliers sont les sept Églises » (Apocalypse 1.20).

Investi de toute autorité, Jésus tient les pasteurs dans sa main, il les protège et les aime. Jean a écrit à l'église de Philadelphie : « Voici ce que dit le Saint, le Véritable, celui qui a la clé de David, celui qui ouvre et personne ne fermera, celui qui ferme et personne n'ouvrira » (Apocalypse 3.7). Jadis, Éliaqim s'était vu confier la clé de la maison de David pendant le règne d'Ézéchias. À titre de commandant en second, il détenait l'autorité pour gouverner Jérusalem. La clé de David sur son épaule représentait le contrôle qu'il exerçait sur le gouvernement (Ésaïe 22.22). Éliaqim a régné exclusivement dans le monde physique tandis que le règne de Jésus le Roi s'étend au monde physique et spirituel. Ainsi, Éliaqim est une image du présent règne de Christ. **Les croyants sont les loyaux sujets de Jésus.** Les membres de son royaume se trouvent dans les églises locales. Ce royaume dépasse les frontières physiques, il est mondial.

5B. LE COURONNEMENT DE L'AGNEAU DE DIEU

Apocalypse 4 et 5

> L'Agneau qui a été immolé est digne de recevoir puissance, richesse, sagesse, force, honneur, gloire et louange. (Apocalypse 5.12)

4 - LES LETTRES AUX ÉGLISES

Nous découvrons, dans ces versets, le fondement de l'autorité de Jésus. Il est décrit comme « un Agneau debout qui semblait immolé » (Apocalypse 5.6). Jean a vu un ange puissant qui proclamait d'une voix forte : « Qui est digne d'ouvrir le livre et d'en rompre les sceaux? » (Apocalypse 5.2).

Puis Jean a beaucoup pleuré parce que personne n'a été « trouvé digne d'ouvrir le livre, ni de le regarder » (Apocalypse 5.4). Un des anciens l'a exhorté en ces termes : « Ne pleure pas; voici que le lion de la tribu de Juda, le rejeton de David, a vaincu pour ouvrir le livre et ses sept sceaux » (Apocalypse 5.5).

À cause de sa mort et de sa résurrection, Jésus seul est digne de prendre le livre des mains de Dieu le Père. En recevant le livre, Jésus a affermi sa domination sur le monde entier. Comme ces paroles ont dû réconforter les lecteurs de Jean! Comme elles nous encouragent encore aujourd'hui!

[En recevant le livre, Jésus a affermi sa domination sur le monde entier.]

Un jour, Jésus a raconté l'histoire d'une femme qui avait perdu une de ses dix pièces d'argent. Elle l'a cherchée avec soin dans toute la maison jusqu'à ce qu'elle l'ait trouvée. (Je sympathise avec cette femme. J'ai déjà perdu ma lentille de contact dans la cour arrière de la maison et à quelques reprises sur le plancher de la cuisine. J'ai cherché jusqu'à ce que je la trouve.) Elle a immédiatement appelé ses amies afin de leur faire part de sa joie : « Réjouissez-vous avec moi, car j'ai retrouvé la pièce que j'avais perdue » (Luc 15.9, [version Segond 21]).

De même, le jour où le Seigneur Jésus s'est approché du trône de Dieu en qualité d'Agneau sacrifié a dû être marqué par de grandes réjouissances! Quelle joie lorsque son sacrifice a été accepté! Quelle allégresse lorsque toute autorité a été confiée à Jésus, le Roi! On ne se lasse jamais d'entendre cette histoire et les rachetés proclameront pour l'éternité : « Digne est l'Agneau qui a été immolé. »

5C. LES SIX PREMIERS SCEAUX : LES CONSÉQUENCES DU PÉCHÉ

Apocalypse 6

Un bref aperçu de l'effet du péché sur ce monde et de la guerre incessante entre Dieu et Satan, depuis le commencement jusqu'à la fin des temps.

Après avoir reçu le livre, Jésus en a ouvert les sceaux. L'ouverture du premier sceau a dévoilé un cheval blanc monté par un vainqueur faisant route vers la bataille (Apocalypse 6.1-2). Ce même cheval blanc et son cavalier réapparaissent dans le dix-neuvième chapitre de l'Apocalypse : « Son nom est la Parole de Dieu » (19.13). Matthew Henry a fait la remarque suivante : « Le Seigneur Jésus apparaît chevauchant un *cheval blanc*. Les *chevaux blancs* étaient généralement exclus des guerres, car ils permettaient à l'ennemi de repérer facilement le cavalier. Cependant, notre Seigneur Rédempteur, assuré de la victoire et d'un triomphe glorieux, monte le *cheval blanc* de l'Évangile pur, mais méprisé, et parcourt le monde entier avec une grande rapidité[226]. » L'ouverture du second sceau a dévoilé un cavalier monté sur un cheval rouge. Il lui a été donné « le pouvoir d'ôter la paix de la terre, afin que les hommes s'égorgent les uns les autres; et une grande épée lui fut donnée » (Apocalypse 6.4). Les guerres font rage depuis l'entrée du péché dans le monde et le meurtre d'Abel par Caïn. L'ouverture du troisième sceau a dévoilé un cavalier sur un cheval noir qui « tenait une balance à la main » (Apocalypse 6.5). Une voix a crié : « Une mesure de blé pour un denier, et trois mesures d'orge pour un denier; quant à l'huile et au vin, n'y touche pas » (Apocalypse 6.6). La famine a sévi sur la terre depuis les débuts du monde. La première a été enregistrée à l'époque d'Abraham. L'ouverture du quatrième sceau a dévoilé un cavalier monté sur un cheval de couleur verdâtre et nommé « la mort » (Apocalypse 6.8). La mort et le séjour des morts ont reçu le pouvoir « sur le quart de la terre, pour faire périr les hommes par l'épée, par la famine, par la peste et par les bêtes sauvages de la terre » (Apocalypse 6.8). Depuis que le péché est entré dans le monde, la mort a atteint tous les individus. Personne ne peut y échapper. Le cinquième sceau a dévoilé les âmes de ceux qui avaient été tués à cause de leur témoignage. Ils criaient d'une voix forte : « Jusques à quand, Maître saint et véritable, tardes-tu à faire justice et à venger notre sang sur les habitants de la terre? » (Apocalypse 6.10). Plus le temps passe, plus le nombre de croyants martyrs entrant au ciel augmente et ils attendent que leur mort soit vengée par le Juste Juge.

4 - LES LETTRES AUX ÉGLISES

Quel que soit le lieu où se rend le premier cavalier, il est certain que les trois autres le poursuivront. Ainsi, bien que l'Évangile soit annoncé, la guerre, la famine et la mort le suivent de près. Entretemps, en menant sa guerre contre le royaume de Dieu, Satan fait fréquemment mourir des croyants. Dès l'instant où Adam et Ève ont péché, ils ont attendu la venue de la descendance promise qui écraserait la tête du serpent. Les guerres, les famines, les maladies, la mort et le martyre des saints font partie des réalités quotidiennes. Satan espère que ces choses empêcheront la propagation de l'Évangile. Vous remarquerez que la mort détient le pouvoir de tuer un quart de la terre, ce qui représente « le taux de mortalité général dans le monde[227] ».

> Quel que soit le lieu où se rend le premier cavalier, il est certain que les trois autres le poursuivront.
> Ainsi, bien que l'Évangile soit annoncé, la guerre, la famine et la mort le suivent de près.

À l'ouverture du sixième sceau :

> Il y eut un grand tremblement de terre : le soleil devint noir comme un sac de crin; la lune entière devint comme du sang, et les étoiles du ciel tombèrent sur la terre, comme lorsqu'un figuier secoué par un grand vent laisse tomber ses figues. Le ciel se retira tel un livre qu'on roule, et toutes les montagnes et les îles furent écartées de leurs places. (Apocalypse 6.12-14)

Les désastres naturels, tels les tremblements de terre, font également partie de la vie, mais un jour, Jésus reviendra. La colère de Dieu viendra alors sur ceux qui n'ont pas cru, autant les morts que les vivants : « Car le grand jour de leur colère est venu, et qui pourrait subsister? » (Apocalypse 6.17). Ainsi, le tremblement de terre évoqué à l'ouverture du sixième sceau décrit le Jour du jugement de Dieu. En ce jour, les gens chercheront à se cacher de Dieu en trouvant refuge dans les cavernes et les rochers des montagnes (Apocalypse 6.15). Redoutez-vous ce jour? Vous n'avez rien à craindre si vous croyez que Dieu est votre Protecteur et Sauveur.

5D. LES MISSIONNAIRES DE JÉSUS

Apocalypse 7

> En lui, vous aussi, après avoir entendu la parole de la vérité, l'Évangile de votre salut, en lui, vous avez cru et vous avez été scellés du Saint-Esprit qui avait été promis et qui constitue le gage de notre héritage. (Éphésiens 1.13-14)
>
> N'attristez pas le Saint-Esprit de Dieu, par lequel vous avez été scellés pour le jour de la rédemption. (Éphésiens 4.30)

Les Juifs ont été les premiers à recevoir l'Évangile – la Bonne Nouvelle de la mort de Jésus pour payer la dette de leurs péchés. En acceptant le don du salut offert par Dieu, ces premiers croyants ont été scellés du Saint-Esprit (Apocalypse 7.3-4). Des milliers d'entre eux se sont dispersés à travers le monde afin d'annoncer cette Bonne Nouvelle. À cause de leur travail missionnaire, « une grande foule que nul ne pouvait compter, de toute nation, de toutes tribus, de tous peuples et de toutes langues... se [tenait] devant le trône et devant l'Agneau » (Apocalypse 7.9). Le ciel accueille chaque jour un nouveau croyant. « Elle a du prix aux yeux de l'Éternel, la mort de ses fidèles » (Psaumes 116.15). Nous devons de la reconnaissance à ces premiers missionnaires juifs en raison de leur zèle et de leur courage devant la persécution. Sans eux, aucun de nous ne saurait à quel point Dieu nous aime!

> Nous devons de la reconnaissance à ces premiers missionnaires juifs en raison de leur zèle et de leur courage devant la persécution.

Les lecteurs de Jean vivaient de grandes tribulations (Apocalypse 7.14), c'est pourquoi Dieu a pris le temps de les consoler. Ils pouvaient avoir l'assurance que les croyants mis à mort à cause de leur foi vivaient au ciel et louaient le Seigneur. « Dieu essuiera toute larme de leurs yeux » (Apocalypse 7.17).

5E. LES QUATRE PREMIÈRES TROMPETTES : DES DÉSASTRES D'UNE AMPLEUR SANS PRÉCÉDENT

Apocalypse 8

Le septième sceau ajoute des détails sur la fin des temps. Il est divisé en sept trompettes.

À la première trompette, « un tiers de la terre fut consumé » par la grêle et le feu (Apocalypse 8.7). À la seconde trompette, « le tiers de la mer devint du sang, le tiers des créatures qui étaient dans la mer et qui avaient souffle de vie périt, et le tiers des navires fut détruit » par une sorte de grande montagne embrasée jetée dans la mer (Apocalypse 8.8-9). À la troisième trompette, « le tiers des eaux fut changé en absinthe et beaucoup d'hommes moururent de ces eaux devenues amères (Apocalypse 8.11). À la quatrième trompette, « le jour [perdit] un tiers de sa clarté; et la nuit de même (Apocalypse 8.12). Jusque-là, la mort et le séjour des morts détenaient le pouvoir sur le quart de la terre. À partir de ce jour, un tiers de la terre mourra en raison des désastres naturels. Puisque l'ampleur de ces désastres s'accentuera, le taux de mortalité général augmentera « un peu plus » qu'auparavant[228]. La terre sera ravagée par la foudre, les tempêtes de grêle, les tremblements de terre, les cours d'eau empoisonnés et le manque d'ensoleillement. Autrefois en Égypte, les Israélites ont subi les effets des trois premières plaies au même titre que les Égyptiens. De même, les croyants et les non-croyants souffriront des conséquences des quatre premières trompettes. Jésus exerce son contrôle sur la destinée des royaumes terrestres par les conditions climatiques et les autres désastres naturels[228].

> De même, les croyants et les non-croyants souffriront des conséquences des quatre premières trompettes.

Un conte de deux royaumes

5F. LES TROIS MALÉDICTIONS

Apocalypse 9 à 11

Les trois dernières trompettes sont également appelées les trois malédictions, car les non-croyants seront durement éprouvés en raison du jugement de Dieu.

À la première malédiction, la clé du puits de l'abîme a été donnée à une étoile tombée du ciel sur la terre (Apocalypse 9.1). Satan, cet ange tombé du ciel (Ésaïe 14.12), s'est empressé d'ouvrir le puits de l'abîme. Il est monté du puits une fumée comme la fumée d'une grande fournaise et le roi de l'abîme est descendu sur la terre accompagné de ses sauterelles (Apocalypse 9.2-3). Son nom est Abaddon en hébreu et Apollyon en grec, ce qui signifie « destructeur » (Apocalypse 9.11). A. R. Fausset a expliqué ainsi la mention de ces deux noms : « Le fait de citer *à la fois* son nom en hébreu et en grec signifie qu'il est autant le destructeur des Hébreux que celui des païens... Jésus a uni les Hébreux et les païens sous un même salut; Satan les réunit pour une 'destruction' commune[229]. »

À la Pentecôte, le Saint-Esprit est descendu sur les croyants sous la forme de langues de feu. Vers la fin des temps, Satan et ses démons descendront sur les non-croyants comme une fumée. Les sauterelles n'auront aucun pouvoir contre les croyants parce que le sceau de Dieu les protégera (Apocalypse 9.4). En revanche, les démons recevront la permission de torturer pendant cinq mois les non-croyants, mais sans les faire mourir. Et « ... le tourment qu'elles causaient était comme le tourment causé par un scorpion lorsqu'il pique un homme. En ces jours-là, les hommes chercheront la mort et ne la trouveront point. Ils désireront mourir, et la mort fuira loin d'eux » (Apocalypse 9.5-6). En étant préservés des plaies d'Égypte, les Israélites avaient pu profiter d'une occasion unique de témoigner à leurs voisins égyptiens de la puissance et de la bonté du Seigneur. Les croyants peuvent faire de même une fois de plus.

La seconde malédiction décrit un autre aspect du point culminant des événements de la fin des temps. Dieu tient quatre anges enchaînés sur le grand fleuve, l'Euphrate, jusqu'à une heure, un jour, un mois et une année précise (Apocalypse 9.15). Historiquement, l'Euphrate forme la frontière entre l'Est et l'Ouest (Apocalypse 16.12). Au moment fixé par le Seigneur, 200 millions de cavaliers déclencheront une guerre qui provoquera la

4 - LES LETTRES AUX ÉGLISES

mort du tiers de la population mondiale. Dieu connaît la date exacte du début de cette guerre. Il permettra que l'Est et l'Ouest entrent en guerre afin de porter un jugement contre certains individus et en inciter d'autres à se repentir de leurs péchés. Comme Dieu aspire à voir les non-croyants accepter le don de son salut! Tout comme le taux de mortalité associé aux désastres naturels augmentera du quart au tiers, la guerre fera « juste un peu plus » de victimes qu'auparavant[230]. Dieu maîtrise la destinée du monde autant par la guerre que par les catastrophes naturelles.

« Le tiers des hommes fut tué par ces trois fléaux, par le feu, par la fumée et par le soufre qui sortaient de leurs bouches » (Apocalypse 9.18). Le feu rouge évoque le cheval rouge et son cavalier qui déclenche la guerre (le deuxième sceau). La fumée noire évoque le cheval noir et son cavalier qui provoque la famine (le troisième sceau). Le soufre jaune pâle évoque l'image du cheval de couleur verdâtre et son cavalier qui cause la mort par l'épée, la famine, la peste et les bêtes sauvages (le quatrième sceau)[230].

> Les autres hommes, qui ne furent pas tués par ces fléaux, ne se repentirent pas des œuvres de leurs mains; ils ne cessèrent pas d'adorer les démons et les idoles d'or, d'argent, de bronze, de pierre et de bois, qui ne peuvent ni voir ni entendre ni marcher; ils ne se repentirent pas de leurs meurtres, ni de leurs sortilèges, ni de leur inconduite, ni de leurs vols. (Apocalypse 9.20-21)

Malheureusement, le cœur des non-croyants demeurera inflexible en dépit de l'ampleur inégalée des fléaux. Comme celui du Pharaon autrefois, leur cœur s'endurcira davantage. Satan s'en réjouira grandement!

> Malheureusement, le cœur des non-croyants demeurera inflexible en dépit de l'ampleur inégalée des fléaux. Comme celui du Pharaon autrefois, leur cœur s'endurcira davantage.

Les croyants se laissent facilement distraire et troubler par les difficultés de la vie. Satan en éprouve alors une grande joie. Cependant, Dieu désire que nous soyons « plus que vainqueurs par celui qui nous a aimés »

(Romains 8.37). Il ne veut pas que nous nous découragions, imaginant qu'il nous a oubliés ou ne nous aime plus. Par conséquent, les chapitres dix et onze du livre de l'Apocalypse révèlent de quelle manière Dieu prend continuellement soin de son peuple – même dans les périodes de détresse. En réalité, Jésus continue à bâtir son Église pendant la durée de la seconde malédiction, comme il l'a promis (Matthieu 16.18). Vous remarquerez que la description de Jésus dans le premier chapitre et celle de l'ange puissant dans le dixième chapitre de l'Apocalypse se ressemblent beaucoup. Cet ange puissant a rappelé deux vérités importantes aux croyants : Dieu est parfaitement maître de la situation et il tient ses promesses. Comme ces vérités sont encourageantes pour les victimes de désastres naturels ou de persécution religieuse! Croyez-vous que le Seigneur tient ses promesses? Debout sur la mer et sur la terre, l'ange puissant a juré par Dieu, le Créateur, « … qu'il n'y aurait plus de délai, mais qu'aux jours de la voix du septième ange, quand il s'apprêterait à sonner de la trompette, alors le mystère de Dieu s'accomplirait, comme il en avait annoncé la bonne nouvelle à ses serviteurs les prophètes » (Apocalypse 10.6-7).

Dans son discours sur le mont des Oliviers, Jésus a prévenu ses disciples qu'après la destruction de Jérusalem en 70 apr. J.-C. la ville serait « foulée aux pieds par les nations, jusqu'à ce que les temps des nations soient accomplis » (Luc 21.24). Pendant la période correspondant à la seconde malédiction, Jérusalem sera encore foulée aux pieds par les nations (Apocalypse 11.2, 14). Puisque la troisième malédiction représente la fin du monde actuel, ces versets démontrent que les Juifs ont complètement perdu le contrôle de Jérusalem, pour toujours. À l'époque où Jean a écrit l'Apocalypse, le temple et Jérusalem n'étaient plus qu'un monceau de ruines. Pourtant, dans ce chapitre, le temple de Dieu et deux témoins sont physiquement présents dans la Jérusalem existante, dans cette ville où Jésus a été crucifié (Apocalypse 11.8). Quel fait étonnant! Contrairement à d'autres villes qui sont tombées dans l'oubli, Jérusalem redeviendra un jour une métropole florissante.

Avant la construction d'une maison de culte pour Dieu, le Seigneur a toujours donné au bâtisseur des instructions précises. Pensons à Moïse, à David et à Ézéchiel. Dans le Nouveau Testament, Dieu a remplacé le temple par l'Église. Paul a enseigné que « nous sommes le temple du Dieu vivant » (2 Corinthiens 6.16). Cependant, Dieu n'allait pas abandonner complètement sa ville de prédilection. Il y établirait une église. C'est la raison pour laquelle Jean a été mandaté pour mesurer le temple de Dieu et ceux qui y adorent. Dieu les tient en réserve pour sa gloire et son honneur. Les deux témoins sont probablement les deux pasteurs de cette église. Ils ont reçu du Seigneur la grâce particulière de témoigner à un peuple apostat, à l'instar d'Hénoc et d'Élie. Le pouvoir d'empêcher la pluie de tomber évoque le ministère d'Élie, tandis que le pouvoir de frapper la terre de diverses plaies nous rappelle Moïse.

Les deux témoins prêcheront aux gens de Jérusalem pendant 1 260 jours, ce qui correspond à la période de temps allouée par Dieu à Satan pour établir le royaume de son Antéchrist (Apocalypse 13.5). En d'autres termes, Dieu et Satan travailleront activement à recruter des membres pour leurs royaumes respectifs jusqu'à la fin des temps. Personne ne pourra nuire à ces témoins. Au contraire, ils auront « le pouvoir de changer les eaux en sang et de frapper la terre de toute espèce de plaie, chaque fois qu'ils le veulent » (Apocalypse 11.6). Comme il est rassurant de savoir que Dieu aura toujours des témoins et une Église, peu importe les agissements de Satan à l'intérieur de son royaume!

> En d'autres termes, Dieu et Satan travailleront activement à recruter des membres pour leurs royaumes respectifs jusqu'à la fin des temps.

Quand ils auront achevé leur témoignage, la bête qui monte de l'abîme leur fera la guerre, les vaincra et les tuera. Et leurs cadavres resteront sur la place de la grande ville, qui est appelée dans un sens spirituel Sodome et Égypte, là même où leur Seigneur a été crucifié. Des hommes d'entre les peuples, les tribus, les langues et les nations verront leurs cadavres pendant trois jours et demi, et ils ne permettront pas qu'on mette leurs cadavres dans une tombe. (Apocalypse 11.7-9)

L'accomplissement de ces versets se fera sans difficulté grâce à la télévision satellitaire. Ensuite, trois jours et demi plus tard, les deux témoins reviendront à la vie et une grande crainte s'emparera de tous ceux qui les verront. « Ils montèrent au ciel dans la nuée, et leurs ennemis les virent. À cette heure-là, il y eut un grand tremblement de terre, et la dixième partie de la ville s'écroula. Sept mille hommes furent tués dans ce tremblement de terre, les autres furent effrayés et donnèrent gloire au Dieu du ciel » (Apocalypse 11.12-13). Cet événement marque la fin de la seconde malédiction. En donnant gloire à Dieu, plusieurs accepteront le don du salut et croiront que Jésus est leur Seigneur et Sauveur.

Enfin, ce sera la troisième malédiction. L'ange sonnera la septième et dernière trompette. Il se produira alors trois événements importants : l'inauguration du royaume éternel, le jugement des morts et l'attribution des récompenses aux croyants (Apocalypse 11.15-18).

5G. LA FEMME ET LE DRAGON

Apocalypse 12

Depuis que Satan convoite le trône de Dieu, il est en guerre contre le Dieu tout-puissant. Il a d'abord convaincu un tiers des anges de le suivre (Apocalypse 12.4), puis sitôt après la création des êtres humains, il est passé à l'attaque, cherchant à prouver que Dieu n'était pas digne de régner[231]. Lorsqu'Adam et Ève ont péché, le Seigneur a promis d'envoyer un Sauveur, la descendance promise. Ainsi, tout au long de l'Ancien Testament, Satan a tenté par tous les moyens d'éliminer les ancêtres de la descendance promise, mais en vain. Enfin, au moment fixé, Dieu a envoyé son Fils Jésus dans le monde.

Dans le douzième chapitre de l'Apocalypse, le Seigneur a décrit la bataille spirituelle suscitée par la naissance de Jésus. Jean a vu dans le ciel deux signes opposés, une femme enceinte qui criait « dans le travail et les douleurs de l'enfantement » et un « grand dragon rouge feu qui avait sept têtes et dix cornes, et sur ses têtes sept diadèmes » (Apocalypse 12.2-3). « Le dragon se tint debout devant la femme qui allait enfanter, afin de dévorer son enfant, dès qu'elle l'aurait enfanté » (Apocalypse 12.4). La femme a donné naissance à un fils, un chef qui a été « enlevé vers Dieu et vers son trône. Et la femme s'enfuit au désert, où elle avait un lieu préparé par Dieu, afin d'y être nourrie pendant 1 260 jours » (Apocalypse 12.5-6).

4 - LES LETTRES AUX ÉGLISES

La femme symbolise les croyants en Israël. Ces derniers appartenaient à l'Église et se trouvaient à l'abri dans le sein d'Israël jusqu'à la naissance de l'Église au jour de la Pentecôte. Marie de Nazareth faisait partie de ces croyants et elle a littéralement crié de douleur à la naissance de Jésus. Le dragon, Satan, a cherché à faire mourir Jésus dès l'instant où il est né. C'est ainsi qu'Hérode a fait tuer tous les enfants mâles de deux ans et moins à Bethléem, mais il n'est pas parvenu à supprimer Jésus. Plus tard, lors de son ascension, Jésus s'est assis à la droite de Dieu. De même, avant la destruction de Jérusalem, l'église s'est réfugiée à Pella à l'abri de Satan[232]. Pendant ce temps, Michel et ses anges ont chassé du ciel Satan et ses démons. Ils ont vaincu Satan grâce au sang de l'Agneau. Depuis le Calvaire, tous les croyants ont surmonté les attaques de Satan par le sang de l'Agneau.

> Le sang de l'Agneau empêchera pour toujours Satan de réaliser son désir de détruire le royaume de la lumière.

Satan est furieux, car il sait qu'il dispose de peu de temps (Apocalypse 12.12). Vous vous dites peut-être que 2 000 ans représentent plutôt une longue période de temps. Cependant, Satan sait que la vie de chaque personne est courte. Il ne peut déjouer les desseins de Dieu pour votre vie qu'au cours de votre existence ici-bas. Satan a trouvé la femme dans le désert et a lancé « de l'eau comme un fleuve derrière la femme, afin de la faire entraîner par le fleuve » (Apocalypse 12.15). Dans sa grâce, le Seigneur a protégé l'église de Jérusalem de toutes les tentatives de destruction menées par Satan. Furieux, il a déversé sa colère sur d'autres croyants, en allant faire la guerre « à ceux qui gardent les commandements de Dieu et qui retiennent le témoignage de Jésus » (Apocalypse 12.17). La guerre fait certes rage en ce moment même entre Dieu et Satan, mais l'issue en a été déterminée à la croix. Le sang de l'Agneau empêchera pour toujours Satan de réaliser son désir de détruire le royaume de la lumière. De plus, chaque chrétien est aujourd'hui même un enfant spirituel de la femme, c'est-à-dire de l'Église primitive. Par conséquent, quelles que soient les tactiques employées par Satan contre les croyants, Dieu a promis de les protéger de tout mal spirituel. Enfin, contrairement à Dieu, Satan ne peut être partout à la fois. Il concentre ses énergies d'abord sur un groupe, puis sur un autre. Ces vérités encouragent l'Église persécutée.

5H. LA TRINITÉ IMPIE

Apocalypse 13

Debout au bord de la mer, Satan a élaboré un plan d'attaque. Étant par nature voleur d'idées, il a décidé de former sa propre trinité. Dieu est Père, Fils et Saint-Esprit et tous trois œuvrent à la progression du royaume de la lumière. De même, Satan établit son royaume de ténèbres par ses propres agissements, par l'influence de la bête sur les gouvernements et celle du faux agneau sur la religion. Depuis la fondation des cités États, Satan a favorisé l'union de la religion et du gouvernement. Chaque individu adorait inévitablement le dieu de la région où il naissait. En se soustrayant à cette pratique, il s'exposait à des sanctions économiques. Les lecteurs de Jean considéraient que les empereurs romains représentaient la bête qui imposait la religion à laquelle ils devaient adhérer. Aujourd'hui encore, certains gouvernements contraignent leurs citoyens à pratiquer la religion qu'ils choisissent. Il a toujours été difficile d'être croyant dans les pays où l'État et la religion ne sont pas dissociés.

> Depuis la fondation des cités États, Satan a favorisé l'union de la religion et du gouvernement.

Cette vision comporte pourtant un accomplissement à venir. Près de la fin des temps, la bête politique dirigera une rébellion sans précédent contre Dieu. Satan donnera à cette personne « sa puissance, son trône et un grand pouvoir » (Apocalypse 13.2). L'Antéchrist sera semblable à Antiochus Épiphane, car il proférera « des paroles arrogantes et des blasphèmes » (Apocalypse 13.5.) L'Antéchrist persécutera les saints pendant quarante-deux mois, de sorte que certains deviendront esclaves et d'autres seront tués. « C'est ici la persévérance et la foi des saints » (Apocalypse 13.10). Cette génération de croyants demeurera-t-elle fidèle à l'instar des Maccabées pendant les persécutions d'Antiochus Épiphane

4 - LES LETTRES AUX ÉGLISES

et des croyants de l'Église primitive à l'époque de l'Empire romain ? « Et tous les habitants de la terre se prosterneront devant elle [la bête], ceux dont le nom n'a pas été inscrit sur le livre de vie de l'Agneau immolé dès la fondation du monde » (Apocalypse 13.8). De plus, le faux agneau obligera « tous, les petits et les grands, les riches et les pauvres, les hommes libres et les esclaves [à recevoir] une marque sur la main droite ou sur le front » (Apocalypse 13.16). Satan appose une marque sur les membres de son royaume, comme le Saint-Esprit met son sceau sur ceux qui appartiennent au royaume de Dieu.

51. LE GRAND PRESSOIR DE LA COLÈRE DE DIEU

Apocalypse 14 à 16

> Je vis un autre ange qui volait au milieu du ciel ; il avait un Évangile éternel, pour l'annoncer aux habitants de la terre, à toute nation, tribu, langue et peuple... Un autre, un second ange suivit, disant : Elle est tombée, Babylone la grande, qui a fait boire à toutes les nations du vin de la fureur de son inconduite. Un autre, un troisième ange les suivit, en disant d'une voix forte : Si quelqu'un se prosterne devant la bête et son image, et reçoit une marque sur le front ou sur la main, il boira, lui aussi, du vin de la fureur de Dieu, versé sans mélange dans la coupe de sa colère, et il sera tourmenté dans le feu et le soufre, devant les saints anges et devant l'Agneau. La fumée de leur tourment monte aux siècles des siècles. (Apocalypse 14.6-11)

Le Seigneur encourage l'Église persécutée à se rappeler trois vérités importantes. L'Évangile de Dieu est éternel. Il n'aura pas de fin. En revanche Babylone, la capitale du royaume de Satan, sera détruite. Alors, les disciples de Satan subiront la colère de Dieu pour toujours.

> Car Dieu ne nous a pas destinés à la colère, mais à la possession du salut par notre Seigneur Jésus-Christ. (1 Thessaloniciens 5.9)

« Sur la nuée était assis quelqu'un qui ressemblait à un fils d'homme. Il avait une couronne d'or sur la tête et une faucille tranchante à la main » (Apocalypse 14.14). Un ange s'est adressé d'une voix forte au Fils de l'homme : « Lance ta faucille et moissonne, l'heure est venue de moissonner, car la moisson de la terre est mûre » (Apocalypse 14.15).

Un conte de deux royaumes

À la septième trompette ou la troisième malédiction, Jésus se tiendra assis sur les nuées prêt à déverser la colère de Dieu sur les non-croyants vivant sur la terre, mais où seront les croyants? « Et je vis comme une mer de cristal, mêlée de feu, et les vainqueurs de la bête, de son image et du chiffre de son nom, debout sur la mer de cristal. Ils tiennent les harpes de Dieu. Ils chantent le cantique de Moïse, le serviteur de Dieu, et le cantique de l'Agneau (Apocalypse 15.2-3). Les croyants n'ont pas à redouter les sept coupes d'or remplies de la fureur de Dieu, car Jésus a promis de revenir nous chercher. Nous vivrons alors pour toujours avec lui.

> Les croyants n'ont pas à redouter les sept coupes d'or remplies de la fureur de Dieu, car Jésus a promis de revenir nous chercher.

Jean a vu sept anges qui versaient « sur la terre les sept coupes de la fureur de Dieu » (Apocalypse 16.1). La première coupe a causé « un ulcère malin et douloureux » (16.2). La seconde coupe a changé la mer en sang et « tous les êtres vivants moururent, ceux qui étaient dans la mer » (16.3). La troisième coupe a changé les fleuves et les sources d'eaux en sang (16.4). La quatrième coupe a été versée sur le soleil et « les hommes furent brûlés par le feu » (16.8). Mais en dépit de leurs souffrances, les gens « ne se repentirent pas pour lui rendre gloire » (16.9). La cinquième coupe a plongé le royaume de la bête dans les ténèbres (16.10), mais personne « ne [s'est repenti] de [ses] œuvres » (16.11). Les hommes ont plutôt maudit Dieu. La sixième coupe a tari l'Euphrate « pour préparer la voie aux rois qui viennent de l'Orient » (16.12). Ensuite, la trinité impie constituée de Satan, de l'Antéchrist et du faux prophète, a envoyé trois esprits mauvais vers les rois de toute la terre pour les convaincre de combattre le Dieu tout-puissant à Harmaguédon (16.14, 16). De toute évidence, ces rois diffèrent des mages venus d'Orient pour adorer le Messie lors de sa première venue. Lorsque le septième ange a versé la septième coupe, une voix forte s'est fait entendre du trône : « C'en est fait! » (16.17). Babylone la grande a bu la coupe de la colère de Dieu (16.19). La guerre opposant

4 - LES LETTRES AUX ÉGLISES

Satan à Dieu était enfin terminée. Les montagnes ont été aplanies. Des tremblements de terre ont secoué la terre. Des grêlons pesant environ 40 kilogrammes chacun sont tombés sur les gens qui n'ont pourtant pas cessé de maudire Dieu (16.18-21).

5J. BABYLONE LA GRANDE

Apocalypse 17-18

Dans ce passage, Jean donne des détails supplémentaires sur la chute de la célèbre ville, la grande et mystérieuse Babylone, dont la première mention apparaît dans Apocalypse 14.8. Si vous croyez que Dieu envisage de faire revivre la cité ancienne qui a été vouée à la destruction éternelle, sachez que le Seigneur parle de Babylone comme portant « un nom mystérieux ». Elle constitue un mystère pour deux raisons. Le Seigneur s'adresse aux lecteurs de Jean, de même qu'à la dernière génération qui vivra sur la terre. Par conséquent, il évoque deux villes différentes. Dans sa vision, Jean a vu une femme vêtue de pourpre et d'écarlate assise sur une bête possédant sept têtes et dix cornes. Un ange lui a expliqué : « La femme que tu as vue, c'est la grande ville qui a la royauté sur les rois de la terre » (Apocalypse 17.18). « ... les sept têtes sont sept montagnes, sur lesquelles la femme est assise » (Apocalypse 17.9). Les lecteurs de Jean ont immédiatement compris qu'il leur parlait de Rome, même si la ville n'est pas nommée clairement. Néanmoins, Dieu prévient la dernière génération vivant sur la terre qu'une autre ville sera complètement détruite. Jean a poursuivi en écrivant : « ... on a trouvé chez toi le sang des prophètes et des saints et de tous ceux qui ont été égorgés sur la terre » (Apocalypse 18.24). Une seule ville est coupable d'avoir tué les prophètes de Dieu – il s'agit de Jérusalem. Bien que cette ville ait toujours occupé une place spéciale dans le cœur de Dieu, il l'a punie en 70 apr. J.-C. parce qu'elle a rejeté son Fils, le Messie. Pourtant, en raison de la grâce et de la miséricorde de Dieu, elle existe encore aujourd'hui.

Non seulement la femme est-elle une ville, mais elle est également une prostituée. « C'est avec elle que les rois de la terre se sont livrés à l'inconduite » (Apocalypse 17.2). En d'autres termes, cette femme représente la religion fausse qui s'oppose à la véritable adoration de Dieu. Tout comme Dieu décrit son Église sous les traits d'une femme dans le douzième chapitre de l'Apocalypse, la fausse religion de Satan est également symbolisée par une femme. Cette prostituée est assise sur une bête écarlate possédant sept têtes et dix cornes (Apocalypse 17.3). Les mêmes termes sont employés pour décrire Satan, l'Antéchrist et la bête (Apocalypse 12.3; 13.1). Ainsi, le Seigneur peint un portrait repoussant de l'union entre la fausse religion et l'État. Pourtant, même au sein d'une religion de mensonge, Dieu se réserve un reste qu'il aime.

> Non seulement la femme est-elle une ville, mais elle est également une prostituée.

C'est pourquoi il donne cette exhortation : « Sortez du milieu d'elle, mon peuple, afin de ne point participer à ses péchés et de ne pas recevoir votre part de ses plaies » (Apocalypse 18.4).

5K. LE FESTIN DE NOCES DE L'AGNEAU

Apocalypse 19

> Heureux ceux qui sont appelés au festin de noces de l'Agneau! (Apocalypse 19.9)

Quel jour de réjouissance ce sera! Tous les croyants, depuis le commencement du monde jusqu'à la fin, seront rassemblés au ciel avec Jésus pour toujours! Les Juifs et les païens uniront leurs voix pour louer le Seigneur. Une grande multitude lancera des acclamations de joie : « Alléluia! Le salut, la gloire et la puissance sont à notre Dieu, parce que ses jugements sont véritables et justes... Alléluia! Car le Seigneur Dieu, le Tout-Puissant, a établi son règne. Réjouissons-nous, soyons dans l'allégresse et donnons-lui gloire » (Apocalypse 19.1-7). Attendez-vous ce jour avec impatience?

> Il est vêtu d'un manteau trempé de sang. Son nom est la Parole de Dieu. Les armées qui sont dans le ciel le suivaient sur des chevaux

4 - LES LETTRES AUX ÉGLISES

blancs, revêtues de fin lin, blanc et pur. De sa bouche sort une épée tranchante pour frapper les nations. (Apocalypse 19.13-15)

Depuis que Satan convoite le trône de Dieu, il cherche à entacher la réputation du Seigneur. Aussitôt que Dieu a créé les êtres humains, Satan a tenté de les rallier à son royaume de ténèbres. Puis, Ève a succombé à la tentation, elle a mangé le fruit défendu et Adam a suivi son exemple. Le Seigneur a répondu en promettant d'envoyer le Sauveur, la descendance promise. Par la suite, Satan a passé des siècles à s'efforcer d'empêcher Dieu de réaliser son dessein de salut. En tuant Jésus, Satan a simplement accompli le plan de Dieu. Depuis la mort et la résurrection de Jésus, Satan travaille sans relâche à freiner la progression du royaume de lumière – mais sans succès. Au moment fixé par Dieu, le monde présent prendra fin et Dieu créera de nouveaux cieux et une nouvelle terre qui dureront éternellement. Le chapitre dix-neuf de l'Apocalypse décrit la bataille ultime entre Satan et Dieu et donne une image de la fin du monde tel que nous la connaissons. Le royaume des ténèbres disparaîtra pour toujours.

5L. LA VIE APRÈS LA MORT

> Je vis des trônes. À ceux qui s'y assirent fut donné le pouvoir de juger. Et je vis les âmes de ceux qui étaient morts sous la hache à cause du témoignage de Jésus et de la parole de Dieu, et de ceux qui ne s'étaient pas prosternés devant la bête, ni devant son image et qui n'avaient pas reçu la marque sur le front ni sur la main. Ils revinrent à la vie, et ils régnèrent avec Christ, pendant mille ans. Les autres morts ne revinrent pas à la vie jusqu'à ce que les mille ans soient accomplis. C'est la première résurrection. (Apocalypse 20.4.5)

Plusieurs lecteurs de Jean étaient attristés de la perte de leurs proches mis à mort à cause de leur foi en Christ. Dans sa bonté, Dieu a donc dévoilé la réalité spirituelle de la vie après la mort afin de consoler ceux qui restaient. Pendant que sur la terre, les gens se concentrent sur les joies et les préoccupations de la vie quotidienne, les morts se trouvent dans l'état intermédiaire entre la mort physique et l'éternité. Ce sont des esprits désincarnés qui attendent le jour où ils recevront leurs corps spirituels. À l'époque de Jean, plusieurs croyants ont été décapités pour leur foi, mais « ils [sont revenus] à la vie [pour régner] avec Christ pendant mille ans ». En d'autres termes, les martyrs du temps de Jean sont vivants et ils règnent en ce moment pour la durée de l'ère évangélique.

Les chrétiens physiquement morts sont littéralement vivants dans le monde spirituel. Mais comment peut-on vivre sans un corps ? Un jour, Jésus a raconté l'histoire d'un homme riche et méchant et d'un pauvre mendiant appelé Lazare. Lorsque Lazare est mort, il est allé au ciel. Plus tard, à sa mort, l'homme riche est allé en enfer (Luc 16.19-31). Il est évident, cependant, que le seul fait d'avoir communiqué entre eux ne prouve pas qu'ils aient été tous deux vivants dans le monde spirituel[233].

Les non-croyants morts physiquement « *ne sont pas revenus à la vie* ». En revanche, les croyants « sont revenus à la vie et règnent avec Christ ». Au ciel, ils jouent un rôle actif en supervisant la destruction du royaume de Satan et la victoire du royaume de Dieu. Ce rôle constitue la différence entre les croyants et les non-croyants dans la vie après la mort. Les premiers exercent une influence sur les autres et possèdent une certaine autorité, tandis que les derniers sont impuissants. Comme il est rassurant de savoir que tous les croyants morts physiquement sont vivants et règnent aujourd'hui dans le ciel ! Les non-croyants, au contraire, sont réduits à l'impuissance lorsqu'ils meurent. Ces vérités me remplissent de joie et de consolation lorsque je pense à mes parents chrétiens décédés.

> Comme il est rassurant de savoir que tous les croyants morts physiquement sont vivants et règnent aujourd'hui dans le ciel ! Les non-croyants, au contraire, sont réduits à l'impuissance lorsqu'ils meurent.

Par conséquent, pendant l'ère évangélique, l'armée de Dieu devient de plus en plus puissante tandis que celle de Satan perd de son efficacité. Dieu n'a-t-il pas le sens de l'humour ?

La guerre entre Satan et Dieu ne sera pas terminée à l'issue des mille ans, période qui correspond à l'époque évangélique actuelle. Au contraire, le Seigneur libérera Satan de sa prison spirituelle et lui laissera le champ

4 - LES LETTRES AUX ÉGLISES

libre pour mener une attaque avec toutes les forces dont il dispose – humaines et démoniaques. On en déduit que les non-croyants qui étaient réduits à l'impuissance, prisonniers de leur désincarnation, auront alors la possibilité de faire la guerre aux côtés de Satan. Tous les êtres qui vivent dans le monde spirituel et sur la terre participeront à cette guerre. Satan réalisera même son rêve de grandeur pour un temps. De quel côté vous rangez-vous?

Dieu promet aux croyants qu'ils ne connaîtront pas la seconde mort. Elle « n'a pas de pouvoir sur eux » (Apocalypse 20.6). À cause de la malédiction du péché, chacun doit mourir physiquement. C'est la première mort. Seuls ceux qui rejettent le dessein de salut conçu de Dieu seront condamnés à une séparation éternelle d'avec Dieu dans l'étang de feu. C'est la seconde mort (Apocalypse 20.14). Croyez-vous que Dieu a déjà gagné la guerre à cause de la mort et de la résurrection de Jésus? Dieu est vainqueur! Ne redoutez pas l'avenir!

5M. LE JOUR DU JUGEMENT

> Puis je vis un grand trône blanc, et celui qui y était assis. Devant sa face s'enfuirent la terre et le ciel, et il ne fut plus trouvé de place pour eux. Et je vis les morts, les grands et les petits, debout devant le trône. Des livres furent ouverts, et un autre livre fut ouvert, qui est le livre de vie. Les morts furent jugés d'après ce qui était écrit dans les livres, selon leurs œuvres. La mer donna les morts qui s'y trouvaient, la mort et le séjour des morts donnèrent les morts qui s'y trouvaient, et ils furent jugés chacun selon ses œuvres… Quiconque ne fut pas trouvé inscrit dans le livre de vie fut jeté dans l'étang de feu. (Apocalypse 20.11-15)

Un jour, tous les morts, grands et petits, se tiendront physiquement debout devant le grand trône blanc. Chacun sera jugé selon ses œuvres. Les croyants n'ont pas à craindre le jour du jugement, car le sang de l'Agneau les couvre. Lorsque Dieu regarde les croyants, il voit la justice de Christ. Nous ne serons pas sauvés par nos œuvres, mais cela ne signifie pas qu'elles n'ont aucune importance aux yeux de Dieu. Il jugera nos actions afin de nous attribuer nos récompenses en conséquence (voir Romains 14.10-12). Cependant, quiconque n'a pas placé en Jésus sa confiance pour le pardon de ses péchés doit redouter ce jour par-dessus tout. Ceux dont le nom ne se trouve pas écrit dans le livre de vie seront jetés dans l'étang de feu. Voulez-vous vous repentir de vos péchés et accepter le don du salut offert par Dieu dans sa bonté?

5N. LES NOUVEAUX CIEUX ET LA NOUVELLE TERRE

> Heureux ceux qui lavent leurs robes, afin d'avoir droit à l'arbre de vie, et d'entrer par les portes dans la ville! – Dehors les chiens, les magiciens, les débauchés, les meurtriers, les idolâtres et quiconque aime et pratique le mensonge! (Apocalypse 22.14-15)

Depuis l'époque de Caïn et Abel, il existe deux types de personnes. D'une part, certains placent leur confiance dans le Seigneur pour le pardon de leurs péchés et bénéficient déjà d'une réconciliation éternelle avec leur Créateur. D'autre part, certains refusent le don de son salut et seront jetés pour toujours dans l'étang de feu, la seconde mort. Jean a vu de nouveaux cieux et une nouvelle terre. « Le premier ciel et la première terre avaient disparu » (Apocalypse 21.1). Dieu a déclaré : « Voici, je fais toutes choses nouvelles » (Apocalypse 21.5).

> Nous sommes plutôt exhortés à attendre les nouveaux cieux et la nouvelle terre où le Seigneur vivra en communion avec son peuple constitué des croyants provenant de plusieurs nations.

Quelle grâce! Dans les nouveaux cieux et sur la nouvelle terre, nous retrouverons le paradis perdu qui sera encore meilleur que le premier. Satan est entré dans le premier paradis et y a semé la destruction. Cependant, le péché ne détruira jamais les nouveaux cieux et la nouvelle terre. Nul besoin d'un temple, car le Dieu trinitaire sera son temple. La plupart des prophètes de l'Ancien Testament attendaient le jour où Israël deviendrait la puissance politique dominante. À quelques reprises, le Seigneur a permis à son peuple d'étendre ses frontières. Mais le Nouveau

4 - LES LETTRES AUX ÉGLISES

Testament n'aborde jamais cette question. Nous sommes plutôt exhortés à attendre les nouveaux cieux et la nouvelle terre où le Seigneur vivra en communion avec son peuple constitué des croyants provenant de plusieurs nations.

Jésus a affirmé : « Voici : je viens bientôt » (Apocalypse 22.7). Les sceptiques pourraient répondre à juste titre : « Bientôt ! Il a fait cette promesse il y a plus de 2 000 ans ! »

Ces paroles de Jésus décrivent plutôt la bonne attitude du cœur des croyants : « Il vient bientôt ! »

Seul Dieu le Père connaît le moment exact du retour de Christ. Jusqu'alors, l'invitation tient toujours et il est possible de recevoir le don du salut offert par Dieu. « Que celui qui a soif, vienne; que celui qui veut, prenne de l'eau de la vie gratuitement » (Apocalypse 22.17). Les vierges folles de la parabole ont dû aller acheter de l'huile pour leurs lampes (Matthieu 25). Elles vivaient comme s'il restait beaucoup de temps avant le festin de noces. Les vierges sages ignoraient à quel moment l'époux arriverait, mais sachant qu'il ne tarderait pas, elles l'attendaient avec espérance. De même, les non-croyants vivent pour l'instant présent et ne pensent pas ou n'attendent pas le retour de Jésus. En revanche, les croyants aspirent de tout cœur au retour prochain de leur Seigneur. Il ne fait aucun doute qu'il reviendra !

Pistes de réflexion

1. L'essence même de la révélation de Dieu est progressive. Nous devons donc interpréter l'Ancien Testament à la lumière du Nouveau – et non le contraire.

2. L'Alliance perpétuelle conclue avec Abraham a été accomplie en Jésus, puisqu'il est le sacrifice parfait de la Nouvelle Alliance. L'Ancienne Alliance n'a jamais revêtu de caractère permanent, elle représentait une étape temporaire et préparatoire à la Nouvelle Alliance.

3. À titre d'ennemis de Dieu, personne ne souhaite vivre au ciel en communion avec le Dieu trinitaire, et personne n'en est digne.

4. À l'instar des prophètes, les auteurs du Nouveau Testament ne comprenaient pas parfaitement les desseins éternels du Saint-Esprit – il en va de même pour nous.

5. La plupart d'entre nous ont une pensée linéaire. Lorsque nous lisons, nous commençons au début et progressons de façon méthodique jusqu'à la fin de l'intrigue. Le livre de l'Apocalypse n'est pas écrit de cette manière. Il ressemble davantage à un tableau sur lequel Dieu a tracé les grandes lignes de l'histoire, ajoutant progressivement de plus en plus de détails. Dieu ne cherche pas à satisfaire notre curiosité concernant les événements à venir, mais à nous encourager à croire qu'il est le Dieu souverain qui connaît la fin de toutes choses depuis le commencement.

[5]

Les Pères apostoliques

Philip est mon fils prodigue, et ce, deux fois plutôt qu'une. En terminant ses études universitaires, il avait des prêts et une dette de carte de crédit à rembourser. Barry et moi espérions qu'il avait appris sa leçon, mais Philip nous a récemment avoué s'être lourdement endetté en cherchant à réussir sa carrière dans le domaine de l'immobilier. Heureusement, Debra et Stephen ne ressemblent pas au fils aîné de l'histoire du fils prodigue. Ils soutiennent et encouragent Philip, contrairement au frère aîné de l'histoire biblique qui a éprouvé de la colère et de la jalousie lorsque son père a préparé une fête pour souligner le retour de son fils prodigue.

Les premiers croyants juifs éprouvaient des sentiments semblables à ceux du frère aîné. Ils estimaient être dignes de privilèges particuliers de la part de Dieu parce qu'ils avaient été fidèles depuis plus longtemps que les croyants païens. Un jour, Jésus a raconté une parabole à ses disciples. Non seulement enseignait-elle à quoi ressemble le royaume des cieux, mais elle mettait également en évidence les pensées de ces premiers croyants.

Un matin, un maître de maison est sorti très tôt afin d'embaucher des ouvriers pour travailler dans sa vigne. Ils se sont entendus sur le salaire, soit une pièce d'argent. Ce même jour vers neuf heures, le maître de maison a engagé d'autres hommes en leur faisant cette promesse : « Allez, vous aussi à ma vigne, et je vous donnerai ce qui sera juste » (Matthieu 20.4).

Il a recruté d'autres hommes vers midi, puis vers trois heures. Enfin, il en a trouvé quelques-uns qui n'avaient pas travaillé de la journée et les a embauchés pour une heure. Le moment venu, le maître de maison a payé ses ouvriers. Il a d'abord donné une pièce d'argent à ceux qui n'avaient travaillé qu'une heure. Puis, il a donné une pièce d'argent à ceux qui avaient travaillé trois heures. Lorsque tous les ouvriers ont reçu leur pièce d'argent, les hommes embauchés à la première heure ont protesté :

> Ces derniers venus n'ont fait qu'une heure, et tu les traites à l'égal de nous, qui avons supporté le poids du jour et la chaleur.
>
> Il répondit à l'un d'eux : Mon ami! Je ne te fais pas tort, n'as-tu pas été d'accord avec moi pour un denier? Prends ce qui est à toi et va-t-en. Je veux donner à celui qui est le dernier autant qu'à toi. Ne m'est-il pas permis de faire de mes biens ce que je veux? Ou vois-tu de mauvais œil que je sois bon? (Matthieu 20.12-15)

À l'époque de Moïse, les Israélites avaient été mis à part des autres nations par Dieu. Il avait été leur Dieu pendant des siècles, tandis que les païens adoraient de faux dieux. Les Juifs méritaient assurément un meilleur traitement que celui accordé aux païens. Ces croyants juifs se réjouissaient parce que Dieu le Père avait envoyé la descendance promise, le Sauveur. Ils étaient reconnaissants, car Jésus avait accompli la part qui lui était réservée dans le plan du salut. Ils savaient que Jésus avait vécu une vie sans péché et qu'il était le sacrifice parfait offert pour leurs péchés. Ils avaient reçu avec joie le don du salut offert par Dieu et attendaient avec impatience le retour imminent de leur Sauveur. Mais qu'espéraient-ils exactement de ce retour?

> [Les premiers chrétiens étaient semblables à nous. Alors qu'ils recevaient Jésus comme leur Seigneur et Sauveur, ils n'étaient que des nouveau-nés spirituels et leur esprit était rempli d'idées fausses.]

Au cours du premier siècle après Jésus-Christ, le Saint-Esprit a dicté la volonté de Dieu pour l'Église par l'entremise des apôtres. De quelle manière l'Église apostolique a-t-elle répondu? Les premiers chrétiens étaient semblables à nous. Alors qu'ils recevaient Jésus comme leur Seigneur et Sauveur, ils n'étaient que des nouveau-nés spirituels et leur esprit était rempli d'idées fausses. Par exemple, les Juifs supposaient que

5 - LES PÈRES APOSTOLIQUES

les païens devaient d'abord se convertir au judaïsme et ensuite à Christ. Le Saint-Esprit habitait en chacun d'eux, mais le canon des Écritures n'a été complété que vers l'an 100 apr. J.-C. Et encore, plusieurs années se sont écoulées avant que le Saint-Esprit n'amène l'Église à garder les écrits inspirés et à rejeter les autres.

Lorsque Jésus vivait sur la terre, il a contredit à maintes reprises la notion juive du royaume politique terrestre. Puisque les premiers chrétiens étaient juifs, plusieurs attendaient encore cette Utopie politique. Au cours des 400 ans séparant l'Ancien Testament et le Nouveau Testament, Dieu est demeuré silencieux, mais de faux auteurs non autorisés par le Saint-Esprit ont imaginé à quoi ressemblerait ce royaume. Au fil du temps, son image a changé, passant d'une durée éternelle à une durée indéterminée. De faux auteurs juifs ont continué à écrire de la littérature apocalyptique au cours du premier siècle après Jésus-Christ, car ils attendaient toujours leur Messie. Le livre d'Hénoch slave ou 2 Hénoch écrit en 50 apr. J.-C.[234] est particulièrement digne de mention. Selon Michael E. Fuller : « Dans toute la littérature juive, il contient la seule référence à un royaume temporaire de mille ans, c'est-à-dire un millénium[235]. » Le Roy Edwin Froom a commenté ainsi la théorie des 7 000 ans qui se retrouve dans le livre d'Hénoch slave :

> Dans ce livre, l'élément le plus remarquable qui s'applique à notre recherche est l'équation apparaissant pour la première fois dans la littérature juive, à savoir qu'un jour de la création correspond à mille ans de l'histoire du monde – une théorie qui a joué un rôle important autant dans le chiliasme ancien que moderne, et qui a été acceptée d'une manière consciente ou non par plusieurs exégètes dans leur tentative de déterminer le moment de la fin du monde[236].

Il est intéressant de noter que Paul a ordonné à Tite de ne pas s'attacher à des fables judaïques (Tite 1.14). De même, Pierre a écrit expressément que Dieu n'est pas soumis au temps. « Mais il est un point que vous ne devez pas oublier, bien-aimés : c'est que, devant le Seigneur, un jour est comme mille ans et mille ans sont comme un jour » (2 Pierre 3.8). Lorsque Jésus vivait sur la terre, Jean aspirait à occuper une position importante dans le royaume politique. Il a ensuite écrit son Évangile autour de l'an 100 apr. J.-C. Il n'attendait plus alors une Utopie politique, mais a plutôt insisté sur la nature spirituelle du royaume de Jésus[237].

395

Un conte de deux royaumes

Lorsque le christianisme s'est propagé parmi les païens, l'espérance de l'Utopie juive sur la terre a maintes fois été remplacée par le désir d'une société chrétienne parfaite. Certains croyants de l'Église apostolique continuaient à s'intéresser à la suprématie mondiale juive, mais d'autres imaginaient une pure Utopie chrétienne.

> Lorsque le christianisme s'est propagé parmi les païens, l'espérance de l'Utopie juive sur la terre a maintes fois été remplacée par le désir d'une société chrétienne parfaite.

Ceux qu'on appelle les Pères apostoliques ont vécu à l'époque des apôtres ou dans la génération qui a suivi. Barnabas d'Alexandrie et Clément de Rome en sont des exemples. Clément, le troisième évêque de Rome, a écrit vers l'an 96 apr. J.-C[238]. Il semble appartenir à une minorité, car il ne mentionne pas de royaume politique sur la terre lors du retour de Christ.

La première épître de Clément aux Corinthiens

Chapitre 24

> Considérez, bien-aimés, que le Seigneur ne cesse de nous attester qu'il y aura une résurrection à venir. Par sa résurrection d'entre les morts, le Seigneur Jésus-Christ en est la preuve et les prémices[239].

La deuxième épître de Clément aux Corinthiens

Ce texte a été écrit par un auteur inconnu entre 130 et 147 apr. J.-C.[240]

Chapitre 9

> Que personne ne dise que nous ne serons pas jugés ou que nous ne ressusciterons pas dans notre corps. Considérez quelle était votre condition lorsque vous avez été sauvés et avez recouvré la vue, n'étiez-vous pas dans la chair? Nous devons donc préserver notre corps, puisqu'il est le temple de Dieu. Car aussi vrai que vous avez été appelés alors que vous étiez dans votre corps, vous serez également jugés dans votre corps[241].

Chapitre 19

Heureux ceux qui obéissent à ces commandements. Même s'ils souffrent pour un peu de temps dans ce monde, ils récolteront le fruit impérissable de la résurrection. Que l'homme pieux ne s'afflige donc pas, s'il endure l'affliction aujourd'hui, de nombreuses bénédictions l'attendent plus tard. En revenant à la vie avec les pères, il se réjouira pour toujours et ne connaîtra plus les pleurs[242].

Barnabas d'Alexandrie a écrit entre 70 et 100 apr. J.-C.[240] Chrétien d'origine païenne, il était déterminé à empêcher le christianisme de tomber dans un modèle judaïque, selon Adolf Hilgenfeld[243]. Contrairement à l'auteur juif du livre d'Hénoch slave, Barnabas attendait une Utopie purement chrétienne. Malgré leurs différences, ces deux auteurs ont transformé le récit de la création en allégorie. Chaque jour représentait 1 000 ans. Le septième jour, Dieu ferait disparaître les méchants de ce monde et inaugurerait mille années de paix. Le temps a prouvé qu'ils avaient tort, puisque Jésus devrait déjà être de retour et avoir établi son royaume millénaire. Nous serions censés y vivre en ce moment même. Vous remarquerez que Barnabas attendait une seule résurrection. De plus, Dieu allait juger les méchants avant le règne de mille ans et non après.

L'épître de Barnabas

Chapitre 15 : *Le faux et le vrai sabbat*

Le sabbat est mentionné au début de la Création en ces termes : « Le septième jour toute l'œuvre que Dieu avait faite était achevée et il se reposa au septième jour de toute l'œuvre qu'il avait faite » (Genèse 2.2). Prenez garde, mes enfants, à la signification de cette expression : « Le septième jour toute l'œuvre que Dieu avait faite était achevée. » Elle signifie que le Seigneur terminera toutes choses en six mille ans, car un jour pour lui est comme mille ans. Il témoigne lui-même de cette vérité en disant : « Voici, un jour est comme mille ans » (Psaumes 90.4; 2 Pierre 3.8). Par conséquent, mes enfants, dans six jours, c'est-à-dire dans six mille ans, toutes choses seront achevées. « Et il se reposa au septième jour. » Cela signifie que lorsque son Fils reviendra, il détruira les jours du méchant, jugera l'impie et transformera le soleil, la lune et les étoiles. C'est alors qu'il se reposera véritablement le septième jour... De plus, il ajoute : « J'ai horreur... des débuts de mois [nouvelles lunes], des sabbats... » (Ésaïe 1.13). Comprenez ce qu'il veut dire : Vos sabbats actuels ne me plaisent pas, contrairement à celui que j'ai créé, à savoir qu'un jour, je donnerai du repos à toutes choses, je ferai un nouveau commencement, un nouveau monde le huitième jour. Voilà également la raison pour laquelle nous célébrons avec joie le huitième jour, le jour où Jésus est ressuscité d'entre les morts. Par la suite, après s'être manifesté, il est monté au ciel[244].

Chapitre 21 : *Conclusion*

Il est juste, donc, que celui qui connaît les jugements du Seigneur consignés par écrit soit dirigé par eux. Car celui qui les garde sera glorifié dans le royaume de Dieu, mais celui qui choisit une autre voie sera détruit avec ses œuvres. Pour cette raison, il y aura une résurrection, pour cette raison il y aura une rétribution. Je m'adresse à vous qui êtes supérieurs, recevez ce conseil en gage de ma bonne volonté : n'abandonnez pas ceux qui se trouvent parmi vous et à qui vous pouvez témoigner de la bienveillance. Car le jour vient où toutes choses périront avec le méchant. Le Seigneur est proche, il vient avec sa rétribution[245].

> Au cours des trois premiers siècles après Jésus-Christ, les croyants se sont employés à défendre et à définir leur foi.

Au cours des trois premiers siècles après Jésus-Christ, les croyants se sont employés à défendre et à définir leur foi. Par conséquent, il importe de tenir compte des textes écrits avant le concile de Nicée en 325 apr. J.-C. Aucune réunion officielle de croyants n'avait été convoquée pour régler une question doctrinale depuis l'an 50 apr. J.-C[246]. En principe, ces auteurs ne font pas partie des Pères apostoliques. Néanmoins, ils ont grandement contribué à formuler la doctrine chrétienne. Pendant soixante-trois ans (117-180 apr. J.-C.[247]), les auteurs chrétiens se sont consacrés avant tout à la défense de la foi et non à son interprétation.

5 - LES PÈRES APOSTOLIQUES

Irénée, évêque de Lyon, est né en Asie Mineure et a vécu entre 120 et 202 apr. J.-C.[248]. Dans les années 180 à 190, il a écrit *Contre les hérésies*. À titre de premier théologien biblique de l'Église[249], Irénée a déclaré :

Contre les hérésies – 5ᵉ livre, chapitre 33

> 3. C'est le sens même de cette bénédiction accordée par Isaac à son fils cadet Jacob lorsqu'il dit : « Oui, l'odeur de mon fils est comme l'odeur d'un champ que l'Éternel a béni » (Genèse 27.27, etc.). Mais « le champ, c'est le monde » (Matthieu 13.38). C'est pourquoi il ajoute : « Que Dieu te donne de la rosée du ciel et des ressources de la terre, du blé et du vin nouveau en abondance! Que des peuples te soient asservis, et que des nations se prosternent devant toi! Sois le maître de tes frères, et que les fils de ta mère se prosternent devant toi! Maudit soit celui qui te maudit, béni soit celui que [sic] te bénit » (Genèse 27.28-29). Ainsi, quiconque n'accepte pas que ces choses se rapportent au royaume annoncé s'expose à des contradictions et à des difficultés, comme c'est le cas des Juifs qui se heurtent à l'incompréhension la plus totale[250].

Dans ce passage, Irénée a inventé sa propre allégorie. Il a substitué le mot *champ* mentionné dans Genèse 27.27 au terme *monde* employé dans Matthieu 13.38. En réalité, l'odeur du champ perçue par Isaac et dégagée par Jacob provenait des vêtements d'extérieurs que portait ce dernier et qui appartenaient à Ésaü. Irénée a donc supposé que puisque l'odeur de Jacob était celle d'un champ, ses descendants constituant la future nation d'Israël étaient dignes de régner sur le monde pendant la période couvrant le royaume annoncé. Il est vrai que dans le 27ᵉ chapitre du livre de la Genèse Dieu a promis à Jacob que ses descendants régneraient sur d'autres nations à un certain moment de l'histoire, mais il n'a pas expressément promis qu'ils exerceraient leur autorité sur le monde entier à la fin des temps. En outre, Dieu n'a pas repris ce verset dans le Nouveau Testament pour indiquer l'existence d'un royaume juif à venir.

À l'inverse, Tertullien a écrit le texte qui suit peu après 202 apr. J.-C.[251], à la suite de son adhésion à la secte hérétique montaniste :

Un conte de deux royaumes

Contre Marcion : chapitre 25

> En outre, votre Christ promet aux Juifs qu'ils retrouveront leur condition première, reviendront dans leur pays puis, quand leur vie aura cessé dans ce monde, ils reposeront en Hadès dans le sein d'Abraham. Ô, Dieu immensément remarquable, lui qui redonne par grâce ce qu'il avait retiré dans sa colère ! Ô, quel Dieu vous possédez, lui qui inflige les blessures et les guérit, crée le mal et fait la paix ! Ô, quel Dieu, lui qui étend sa compassion jusqu'en Hadès ! Je vous adresserai quelques mots au sujet de ce lieu, le sein d'Abraham, au moment opportun. Cependant, concernant le rétablissement de la Judée, les Juifs mêmes, incités par le nom des lieux et des pays, l'espèrent tel qu'il est décrit. Il serait ennuyeux de démontrer en détail de quelle manière l'interprétation au sens figuré s'applique spirituellement à Christ et à son Église, ainsi qu'à leur nature et à leurs fruits[252].

Irénée et Tertullien ne s'entendaient pas sur la place qu'occuperaient les Juifs dans le royaume à venir, mais ils étaient tous deux d'avis que les croyants méritaient le bonheur dans ce monde afin de compenser leurs souffrances. Irénée a écrit ce qui suit :

Contre les hérésies – 5ᵉ livre, chapitre 32

> Ainsi, dans la mesure où certains individus orthodoxes se laissent induire en erreur par des discours hérétiques, ils méconnaissent d'une part les dispensations de Dieu et d'autre part, le mystère de la résurrection des justes et du royaume terrestre qui est le commencement de l'incorruptibilité. Dans ce royaume, ceux qui en auront été jugés dignes s'habitueront peu à peu à être participants de la nature divine… il est également nécessaire de leur dire à propos de ces choses qu'il appartient aux justes de recevoir d'abord la promesse de l'héritage donnée par Dieu aux pères, puis d'y régner lorsqu'ils ressusciteront pour contempler Dieu dans sa nouvelle création. Ensuite viendra le jugement. Car il est juste qu'ils soient récompensés pour leurs souffrances dans cette création où ils ont travaillé dur et ont été affligés et éprouvés de toutes les manières par l'adversité. Dans cette création, ils ont été mis à mort en raison de leur amour pour Dieu, il est donc juste qu'ils y reviennent à la vie. Ils ont été soumis à l'esclavage dans cette création, il est donc juste qu'ils y règnent. Car les richesses de Dieu sont infinies et tout lui appartient. Ainsi, il convient que la création elle-même, une fois revenue à son état original, soit

soumise à la domination des justes sans aucune restriction. L'apôtre l'a clairement expliqué dans son Épître aux Romains lorsqu'il a écrit : « Aussi la création attend-elle avec un ardent désir la révélation des fils de Dieu. Car la création a été soumise à la vanité – non de son gré, mais cause de celui qui l'y a soumise – avec une espérance : cette même création sera libérée de la servitude de la corruption, pour avoir part à la liberté glorieuse des enfants de Dieu » (Romains 8.19-21)[253].

Tertullien a exprimé une espérance similaire :

Contre Marcion – chapitre 25

Nous confessons en vérité qu'un royaume nous est promis sur la terre, avant le ciel, mais dans des conditions d'existence différentes. Il viendra après la résurrection et durera mille ans, dans la cité de Jérusalem, dont Dieu est le constructeur. Cette cité « descendra du ciel » (Apocalypse 21.2) et l'apôtre la nomme « notre mère d'en haut » (Galates 4.26)... Nous affirmons que cette cité a été donnée par Dieu pour accueillir les saints à leur résurrection et pour les restaurer grâce à l'abondance de toutes bénédictions vraiment spirituelles, en compensation de celles que nous avons méprisées ou perdues dans ce monde. Car il est juste et il plaît à Dieu que ses serviteurs trouvent leur joie au lieu même où ils avaient été affligés pour son nom. Il s'agit de la marche ordinaire vers le royaume céleste. À la fin de la période de mille ans au cours de laquelle le processus de résurrection des saints sera achevé, certains ressusciteront en premier, d'autres par la suite selon leurs mérites. Il s'ensuivra la destruction du monde et de toutes choses par le feu, lors du jugement. Alors, nous serons changés en un instant, nous deviendrons semblables aux anges en revêtant une nature incorruptible et nous serons enlevés vers le royaume au ciel[254].

Comme plusieurs croyants, Irénée était obsédé par la prospérité matérielle lors du millénium :

Contre les hérésies – 5e livre, chapitre 33

La bénédiction annoncée, par conséquent, appartient assurément à la période du royaume, lorsque les justes règneront après leur résurrection d'entre les morts. La création aura alors été renouvelée et libérée, elle produira en abondance toute espèce de nourriture grâce à la rosée du ciel et à la fertilité du sol. Les anciens qui ont connu Jean, le disciple du Seigneur, ont raconté avoir entendu de la bouche même de l'apôtre l'enseignement du Seigneur concernant cette époque : les jours viendront où les vignes pousseront, chaque cep portera dix mille branches, chaque branche portera dix mille sarments, chaque véritable sarment portera dix mille bourgeons, chaque bourgeon portera dix mille grappes, chaque grappe, dix mille raisins et chaque raisin une fois pressé donnera vingt-cinq mesures de vin. Et lorsque l'un des saints cueillera une grappe, une autre grappe lui criera : « Je suis un meilleur choix, cueille-moi et bénis le Seigneur à cause de moi. » De même, le Seigneur a déclaré qu'un grain de blé produira dix mille épis, chaque épi donnera dix mille grains et chaque grain donnera plus de 4 kilogrammes... de farine pure et fine. Tous les autres arbres fruitiers, les graines et les herbages offriront une production similaire... tous les animaux qui se nourrissent de l'herbe des champs vivront en paix et en harmonie les uns avec les autres et ils seront, en ce temps-là, parfaitement soumis à l'homme.

4. Papias, auditeur de Jean et ami de Polycarpe, rend témoignage de ces choses par écrit dans le quatrième de ses livres, car il existe cinq livres écrits... par lui[255].

> À titre de théologien systématique et d'auteur prolifique, Origène a remis en question et changé les croyances millénaristes de plusieurs.

Né à Alexandrie en 185 apr. J.-C., Origène est le plus grand enseignant de l'Église primitive[256]. À titre de théologien systématique et d'auteur prolifique, Origène a remis en question et changé les croyances millénaristes de plusieurs. Dans ses écrits, il a considéré la réalité présente et la réalité à venir du royaume. Origène a prêché ce qui suit au sujet de la réalité présente du royaume :

Que ton règne vienne

« Que ton règne vienne » (Matthieu 6.10 ; Luc 11.2). Si le « royaume de Dieu », conformément aux paroles de notre Seigneur et Sauveur, « ne vient pas de telle sorte qu'on puisse l'observer. On ne dira pas : Voyez, il est ici, ou : Il est là. Car voyez, le royaume de Dieu est au-dedans de vous » (Luc 17.20-21)... il est évident que celui qui prie « que ton règne vienne » prie avec sagesse que le royaume de Dieu puisse croître, porter du fruit et être rendu parfait en lui. Car chaque saint qui accepte Dieu comme son Roi et obéit aux lois spirituelles de Dieu habite, pour ainsi dire, en lui-même comme en une cité bien ordonnée. Le Père est présent avec lui, ainsi que le Christ qui règne avec le Père dans l'âme rendue parfaite, selon les paroles que j'ai mentionnées plus tôt : « ... nous viendrons vers lui et nous ferons notre demeure chez lui » (Jean 14.23)[257].

Origène a expliqué ce qui suit concernant le royaume à venir :

Commentaire sur Saint Matthieu

Ceux qui ont suivi le Sauveur seront assis sur douze trônes et jugeront les douze tribus d'Israël (Matthieu 19.28). Ils recevront cette puissance lorsque les morts ressusciteront. Ce sera une renaissance, une nouvelle naissance. Ils seront transformés en de nouvelles créatures. Une nouvelle terre et de nouveaux cieux (Ésaïe 65.17) seront créés pour eux ; il y aura une nouvelle alliance et une nouvelle coupe. Paul a appelé le prélude de cette renaissance « le bain de la régénération » (Tite 3.5), car le renouveau qu'il apporte renouvelle l'esprit[258].

Enfin, l'Église apostolique a cherché à comprendre la relation appropriée entre l'Ancien Testament et le Nouveau Testament. Origène a compris ainsi le lien entre les deux :

Commentaire sur Matthieu 12.10

Ainsi, la mise à mort de Christ dans la Jérusalem terrestre par les chefs de ladite cité est vue comme une condition essentielle à l'édification de la Jérusalem céleste et la glorification de Christ par ses dirigeants et ses scribes. La transition... d'Israël à l'Église, de la lettre à l'esprit, semble dépendre du drame de la Passion... L'attitude d'affrontement des Juifs à l'égard de Christ n'est pas survenue brusquement dans l'histoire. Les Juifs se sont toujours opposés à l'abolition de la loi et il en sera toujours ainsi, tout comme cette disposition caractérisera perpétuellement ceux qui s'attachent au sens littéral de l'Ancien Testament. Eux aussi s'accrochent à une représentation des choses qui ne sert plus le but pour lequel elle existait. Par conséquent, le refus d'accepter le sens spirituel équivaut à rejeter l'histoire et constitue un anachronisme. Car Christ est à la fois « l'homme nouveau » qui a succédé au « vieil homme » et « l'Adam spirituel » qui a succédé à « l'Adam naturel » (réf. 1 Corinthiens 15.44 et s.)[259].

Tous les Pères apostoliques que j'ai cités croyaient que l'œuvre de Jésus au Calvaire avait payé la dette de leur péché une fois pour toutes. Ils attendaient tous avec impatience le retour de Christ. Cependant, ils ne parvenaient pas à s'entendre sur la nature du royaume ou ce qui arriverait lors du retour de Jésus. Ils divergeaient également d'opinion au sujet des promesses de Dieu dans l'Ancien Testament. Irénée et Tertullien étaient d'avis que la justice de Dieu exigeait l'établissement d'un royaume politique sur la terre avant la manifestation de l'éternité. Est-il légitime pour les croyants d'espérer connaître le bonheur sur la terre même où ils ont souffert? De même, Irénée supposait que la promesse de Dieu faite à Abraham de bénir les aspirations politiques d'Israël s'accomplirait non seulement à l'époque de l'Ancien Testament, mais également pendant le royaume millénaire à venir. Ces promesses peuvent-elles être dissociées de leur contexte historique? Pouvons-nous, en toute liberté, supposer que la promesse de bénédiction faite à Abraham concernant Israël annule la promesse de malédiction faite à Moïse dans l'éventualité d'une désobéissance de la nation?

> Est-il légitime pour les croyants d'espérer connaître le bonheur sur la terre même où ils ont souffert?

Après ce voyage dans le temps, les croyants savent avec certitude que Dieu dit toujours la vérité et garde toujours ses promesses. Il a achevé son plan et a rétabli la communion entre lui et son peuple. Il a envoyé la descendance promise, Jésus, qui a payé la dette du péché. Par sa mort et sa résurrection, Jésus le Roi règne aujourd'hui sur toutes choses, physiques et spirituelles. Il veille en particulier sur ceux qui appartiennent à son royaume. Ces derniers souffriront peut-être et mourront dans ce monde, mais ils ont reçu la promesse d'un avenir incomparable dans les nouveaux cieux et sur la nouvelle terre. Nous savons également que Dieu est souverain et que son royaume poursuivra son expansion. Puisque Satan a été vaincu, son royaume est voué à la destruction. Dieu a honoré ses promesses jusqu'à maintenant, c'est pourquoi les croyants ont reçu l'assurance que Jésus reviendra. Il jugera alors les pécheurs et rassemblera les rachetés pour les faire entrer dans son royaume. Joignons donc nos voix à celles des anges et chantons : « Gloire à Dieu dans les lieux très hauts, et paix sur la terre parmi les hommes qu'il agrée! » (Luc 2.14).

Avec le temps, un nombre grandissant de personnes accepteront le don du salut offert par Dieu, qui constitue cette perle de grand prix (Matthieu 13.46). Vous vous demandez peut-être qui vous écoutera parler de Jésus. Les sphères d'influence varient d'un individu à l'autre. Pour ma part, il m'a semblé tout indiqué de commencer par ma famille, car nous avons passé beaucoup de temps ensemble. Lorsque Stephen a participé aux salons des sciences à l'école secondaire, nous avons passé des heures lui et moi à jouer avec des voitures de bois et des souffleries. Debra, elle, a catapulté des billes dans une nappe couverte de farine. Bien entendu, je me retrouvais toujours dans sa ligne de tir. Quant à Philip, je l'ai aidé à effectuer du compostage de déchets dans diverses conditions. Lorsqu'elle était enfant, Debra aimait me regarder préparer ma leçon d'école du dimanche, notamment parce qu'elle assistait à ma classe. Il m'était très facile de parler de Dieu avec ma famille et je suis profondément reconnaissante du fait que nos trois enfants ont reçu Jésus comme leur Seigneur et Sauveur. Je prie qu'ils continuent à croître dans la grâce. Je prie également que tous les croyants établissent des relations avec ceux qui les entourent, les amènent au Sauveur et leur apprennent à prier : « Viens, Seigneur Jésus. Viens bientôt! »

Pistes de réflexion

1. Certains chrétiens croient qu'ils méritent plus d'estime de la part de Dieu que les nouveaux croyants.

2. Personne ne parvient à rejeter les enseignements religieux qu'il a reçus depuis l'enfance, sinon par la grâce de Dieu.

3. Le livre d'Hénoch slave contient la plus ancienne référence à un règne de mille ans de Christ sur la terre.

4. Pour quelle raison les gens prétendent-ils si souvent avoir découvert la date du retour de Jésus ? Si leur estimation est fausse, ils choisissent avec insouciance une autre date. Jésus a dit que seul Dieu le Père connaît ce jour.

5. Si les croyants attendent de nouveaux cieux et une nouvelle terre, pourquoi sommes-nous si préoccupés par le ciel et la terre actuels ?

Appendice

1. L'époque des Pères fondateurs

Plusieurs érudits s'entendent pour dire que David est devenu roi d'Israël en 1010 av. J.-C. Cependant, les opinions divergent considérablement quant à la date de l'Exode. Selon John Walton, il existe quatre classements chronologiques possibles – un Exode hâtif et un long séjour, un Exode hâtif et un court séjour, un Exode tardif, et le reconstructionisme[260]. Après avoir étudié les versets bibliques qui suivent, j'adhère à la position d'un « Exode précoce et d'un court séjour ».

Ce fut la 480ᵉ année après la sortie des Israélites du pays d'Égypte, la quatrième année du règne de Salomon sur Israël, au mois de Ziv – qui est le second mois – qu'il bâtit la maison pour l'Éternel. (1 Rois 6.1)

1446 av. J.-C.	Sortie d'Égypte
1010 av. J.-C.	Début du règne de David
970 av. J.-C.	Début du règne de Salomon
967 av. J.-C.	La quatrième année du règne de Salomon

L'Éternel dit à Abram : Sache que tes descendants seront des immigrants dans un pays qui ne sera pas le leur; ils y seront esclaves, et on les maltraitera pendant quatre cents ans (Genèse 15.13).

L'auteur de l'Épître aux Hébreux a écrit : « C'est par la foi qu'il [Abraham] vint s'établir dans la terre promise comme en un pays étranger, habitant sous des tentes, ainsi qu'Isaac et Jacob, héritiers avec lui de la même promesse » (Hébreux 11.9). Pendant 400 ans, Abraham et ses descendants n'ont pas possédé de patrie qui leur appartenait en propre. Ils ont d'abord vécu à Canaan, puis en Égypte. Les Israélites sont devenus esclaves en

Égypte après y avoir séjourné pendant un certain temps, c'est-à-dire après que le souvenir de Joseph et de son intervention puissante en vue de sauver le peuple de la famine se soit dissipé (Exode 1.8-14).

À la quatrième génération, ils [les descendants] reviendront ici; car c'est alors seulement que la déchéance morale des Amoréens aura atteint son comble. (Genèse 15.16)

Dieu a promis aux Israélites qu'ils retourneraient en Canaan à la quatrième génération. Ainsi, seulement quatre générations d'Hébreux allaient naître à l'extérieur de Canaan. Les généalogies incluses dans les Évangiles de Matthieu (au premier chapitre) et de Luc (au troisième chapitre) démontrent que quatre hommes seulement sont nés en Égypte ou dans le désert : Aram, Aminadab, Nahchôn et Salma. Hetsrôn, le père d'Aram, a accompagné son arrière-grand-père Jacob en Égypte (Genèse 46.8-12). Après être entré dans la Terre promise, Salma a épousé Rahab la prostituée de Jéricho (Matthieu 1.5).

Le séjour que les Israélites firent en Égypte fut de 430 ans. (Exode 12.40)

Ce verset est très clair. Toutefois, le Pentateuque samaritain et la Septante incluent dans ces 430 ans les années passées à Canaan[261]. « Le séjour que les enfants d'Israël ont fait dans le pays d'Égypte et dans le pays de Canaan *a été* de 430 ans[262]. »

1951 av. J.-C.   Naissance d'Abraham

1876 av. J.-C.   Abraham arrive à Canaan à l'âge de 75 ans (Genèse 12.4)

1791 av. J.-C.   Naissance de Jacob (Genèse 21.5; 25.26)

1661 av. J.-C.   Jacob arrive en Égypte à l'âge de 130 ans (Genèse 47.28)

1446 av. J.-C.   Sortie d'Égypte

Voici ce que je veux dire : un testament déjà établi en bonne forme par Dieu ne peut pas être annulé par la loi survenue quatre cent trente ans plus tard, ce qui anéantirait la promesse – Car si l'héritage venait de la loi, il ne viendrait plus de la promesse, or, c'est par la promesse que Dieu a accordé sa grâce à Abraham. (Galates 3.17-18)

1876 av. J.-C.	Alliance de Dieu avec Abraham
1446 av. J.-C.	Exode et don de la loi

La généalogie du premier chapitre de Matthieu confirme la déclaration de Genèse 15.16 indiquant que quatre générations seulement naîtraient à l'extérieur de Canaan. De plus, la Septante corrobore les versets du troisième chapitre de l'Épître aux Galates. Par conséquent, le séjour des Israélites en Égypte s'élève assurément à 215 ans.

2. L'enlèvement des chrétiens avant la tribulation

Aucun Père apostolique n'a élaboré de théories aussi compliquées que les nôtres pour expliquer les événements de la fin des temps. Bien entendu, aucun d'entre eux n'a enseigné que le retour de Jésus allait s'effectuer en deux étapes. Ce livre ne vise pas à retracer le développement de telles croyances. Cependant, selon certains spécialistes, les Pères apostoliques ont démontré que l'enlèvement aurait lieu avant la tribulation. Par exemple, Thomas Ice a acquis cette conviction en se basant sur le sermon du pseudo-Ephraïm (374-627 av. J.-C.). « Car tous les saints et élus de Dieu sont rassemblés avant la tribulation à venir et sont enlevés vers le Seigneur, de peur qu'ils ne soient témoins de la confusion qui envahira le monde en raison de nos péchés[263]. »

Ces écrits sont beaucoup trop tardifs pour être considérés comme apostoliques. De plus, il est très risqué d'adopter une position aussi complexe sur la fin des temps en s'appuyant sur une seule phrase. Heureusement, par la grâce de Dieu, les croyants ne seront pas présents lorsque les sept coupes de la colère de Dieu seront versées sur la dernière génération. Ces jugements seront rapides, sévères et sans précédent dans l'histoire du monde[264].

Un conte de deux royaumes

Chronologie des événements et des personnages principaux

DE LA CRÉATION À LA DIVISION D'ISRAËL

Adam et Ève
Caïn et Abel
Hénoc
Noé et le déluge
La tour de Babel

1951–1776 av. J.-C.	Abraham
1851–1671 av. J.-C.	Isaac
1791–1644 av. J.-C.	Jacob
1526–1406 av. J.-C.	Moïse
1446 av. J.-C.	Sortie d'Égypte
1010–970 av. J.-C.	Règne de David
970–930 av. J.-C.	Règne de Salomon
930 av. J.-C.	Division du royaume

ISRAËL – LE ROYAUME DU NORD

874–853 av. J.-C.	Achab
865 av. J.-C.?	Élie met les prophètes de Baal au défi
841 av. J.-C.	Élisée oint Jéhu
793–753 av. J.-C.	Jéroboam II
785–760 av. J.-C.	Jonas (d'Israël) prêche à Ninive
760–750 av. J.-C.	Amos (de Juda) prêche à Israë
753–715 av. J.-C.	Osée (d'Israël) prêche à Israël

APPENDICE

742–687 av. J.-C.	Michée (de Juda) prêche à Israël et à Juda
722 av. J.-C.	Chute de Samarie
663–612 av. J.-C.	Nahoum (de Juda) prêche à l'Assyrie
612 av. J.-C.	Chute de Ninive

Tilgath-Pilnéser III, roi d'Assyrie : 745-727 av. J.-C.
Sargon II, roi d'Assyrie : 722-705 av. J.-C.

JUDA – LE ROYAUME DU SUD

872–848 av. J.-C.	Josaphat
841–835 av. J.-C.	Athalie
835–796 av. J.-C.	Le prophète Joël
792–740 av. J.-C.	Azaria (ou Ozias)
740–724 av. J.-C.	Ahaz
740–681 av. J.-C.	Le prophète Ésaïe
725–697 av. J.-C.	Ézéchias
640–621 av. J.-C.	Le prophète Sophonie
640–609 av. J.-C.	Josias
627–586 av. J.-C.	Le prophète Jérémie
612–589 av. J.-C.	Le prophète Habaquq
586 av. J.-C.	Chute de Jérusalem

Sennachérib, roi d'Assyrie : 705-681 av. J.-C.
Neboukadnetsar, roi de Babylone : 604-561 av. J.-C.

DE LA CAPTIVITÉ AUX ANNÉES DE SILENCE

605–536 av. J.-C.	Le prophète Daniel
593–571 av. J.-C.	Le prophète Ézéchiel

Un conte de deux royaumes

586 av. J.-C.	Le prophète Abdias
538 av. J.-C.	Édit de Cyrus
520 av. J.-C.	Le prophète Aggée
520–480 av. J.-C.	Le prophète Zacharie
516 av. J.-C.	Reconstruction du temple
479–474 av. J.-C.	Esther
445 av. J.-C.	Reconstruction des murs de Jérusalem
430 av. J.-C.	Le prophète Malachie

Les rois de Perse :
Cyrus : 558–529 av. J.-C.
Darius : 521–485 av. J.-C.
Assuérus : 485–465 av. J.-C.

LES ANNÉES DE SILENCE

170 av. J.-C.	Hénoch 1-36, 106, 107
168 av. J.-C.	Profanation du temple
167 av. J.-C.	Révolte des Maccabées
167–166 av. J.-C.	Mattathias Maccabée
166–161 av. J.-C.	Judas Maccabée
165 av. J.-C.	Hénoch 83-90, reconstruction de l'autel
143–135 av. J.-C.	Simon Maccabée
143 av. J.-C.	L'indépendance recouvrée
135–105 av. J.-C.	Jean Hyrcan
125 av. J.-C.	Les testaments des douze patriarches
110 av. J.-C.	Le livre des Jubilées
78–68 av. J.-C.	Alexandra
75 av. J.-C. et s.	Hénoch 37-71, 91-105, 108

63 av. J.-C.   Conquête par les Romains
50 av. J.-C.   Les psaumes de Salomon
Antiochus Épiphane, roi de l'Empire séleucide : 175–164 av. J.-C.

DE LA NAISSANCE DE JÉSUS AU LIVRE DE L'APOCALYPSE

6/5 av. J.-C.	Naissance de Jésus
26 apr. J.-C.	Ministère de Jean-Baptiste
26/27-30 apr. J.-C.	Ministère de Jésus
35 apr. J.-C.	Martyre d'Étienne et première persécution
35 apr. J.-C.	Conversion de Saul (Paul)
46–48 apr. J.-C.	Premier voyage missionnaire de Paul
49 apr. J.-C.	Épître de Jacques et épître aux Galates
50 apr. J.-C.	Premier concile chrétien à Jérusalem
50–52 apr. J.-C.	Deuxième voyage missionnaire de Paul
51 apr. J.-C.	Première épître aux Thessaloniciens
51 ou 52 apr. J.-C.	Deuxième épître aux Thessaloniciens
53–57 apr. J.-C.	Troisième voyage missionnaire de Paul
55 apr. J.-C.	Première épître aux Corinthiens
55–57 apr. J.-C.	Deuxième épître aux Corinthiens
57 apr. J.-C.	Épître aux Romains
60 apr. J.-C.	Épître aux Éphésiens
61 apr. J.-C.	Épître aux Philippiens
62–64 apr. J.-C.	Première épître de Pierre
67 apr. J.-C.	Deuxième épître de Pierre
Avant 70 apr. J.-C.	Épître aux Hébreux

Un conte de deux royaumes

70 apr. J.-C.   Destruction de Jérusalem
95 apr. J.-C.   Le livre de l'Apocalypse

Hérode le Grand, roi de Judée : 37 av. J.-C. – 4 apr. J.-C.
Domitien, empereur romain : 81–96 apr. J.-C.

LES AUTEURS CHRÉTIENS JUSQU'AU CONCILE DE NICÉE

70–100 apr. J.-C.	Barnabas d'Alexandrie : épître de Barnabas
96 apr. J.-C.	Première épître de Clément aux Corinthiens
125–126 apr. J.-C.	Aristide : Apologie d'Aristide
130–140 apr. J.-C.	Deuxième épître de Clément aux Corinthiens
180–190 apr. J.-C.	Irénée : Contre les hérésies
202 apr. J.-C.	Tertullien : Contre Marcion
Vers 185 apr. J.-C.	Origène : Que ton règne vienne, Commentaire sur Saint-Matthieu
Vers 260 apr. J.-C.	Eusèbe : Histoire ecclésiastique
325 apr. J.-C.	Concile de Nicée

Bibliographie

ALEXANDER, Charles D. « The Woman in the Wilderness », *The Researcher*, 23, 4, hiver 1994, p. 22-34.

The Bethel Series New Testament, Madison, Adult Christian Education Foundation, 1981.

BETTENSON, Henry. *The Early Church Fathers*, Toronto, Oxford University, 1956.

BOETTNER, Loraine. *The Millennium*, édition révisée, Phillipsburg, Presbyterian and Reformed, 1984.

BRUCE, F. F. *The New Testament Development of Old Testament Themes*, Grand Rapids, Eerdmans, 1969.

CHARLES, R. H., éditeur. *The Book of Enoch or 1 Enoch*, traduction [en anglais] du texte éthiopien, Oxford, Clarendon, 1912.

—, éditeur. *The Book of Jubilees or The Little Genesis*, traduction [en anglais] du texte éthiopien, introduction de G. H. Box, New York, Macmillan, 1917.

—, éditeur. *The Testaments of the Twelve Patriarchs*, traduction [en anglais] de l'édition du texte grec, Londres, Adam and Charles Black, 1908.

DANIÉLOU, Jean. *Origen*, traduction [en anglais] Walter Mitchell, New York, Sheed and Ward, 1955.

DEANE, William J. *Pseudepigrapha: An Account of Certain Apocryphal Sacred Writings of the Jews and Early Christians*, Édimbourg, T. & T. Clark, 1891.

[DeCARO, Louis A.] « Israel and Biblical Prophecy », *The Researcher*, édition finale, printemps 1994, p. 25-44.

DURANT, Will. *The Story of Civilization:* Part I, *Our Oriental Heritage*, 1935, New York, Simon and Schuster, 1954.

—. *The Story of Civilization: Part III. Caesar and Christ*, New York, Simon and Schuster, 1944.

Eastons Bible Dictionary. [En ligne], 6 mai 2000. [http://www.htmlbible.com/kjv30/easton/east3203.htm] (consulté le 21 janvier 2006).

EISELEN, Frederick Carl, Edwin LEWIS et David G. DOWNEY, éditeurs, *The Abingdon Bible Commentary*, New York, Abingdon-Cokesbury, 1929.

ELWELL, Walter A., éditeur. *Evangelical Dictionary of Theology*, Grand Rapids, Baker Book House, 1984.

Encyclopedia Britannica: A New Survey of Universal Knowledge, 24 volumes, Toronto, Benton, 1956.

FAUSSET, A. R. *Fausset's Bible Dictionary*, Grand Rapids, Zondervan, 1949.

FLETCHER, George B. *The Millennium What it is Not and What it is*, Sterling, Gam, s.d.

FROOM, Le Roy Edwin. *The Prophetic Faith of Our Fathers: The Historical Development of Prophetic Interpretation*, 4 volumes, Washington, Review and Herald, 1950.

GUMERLOCK, Francis X. *The Day and the Hour*, Atlanta, American Vision, 2000.

HENRY, Matthew. *Matthew Henry's Commentary on the whole Bible*, 3 volumes, Marshallton, Sovereign Grace, d.p.

HOEKSEMA, Herman. *Behold, He Cometh! An Exposition of the Book of Revelation*, édité et révisé en partie par Homer C. Hoeksema, Grand Rapids, Reformed Free, 1969.

The Holy Bible containing the Old and New Testaments and the Apocrypha, Londres, Université de Cambridge, s.d.

JENNINGS, F. C. *Satan: His Person, Work, Place and Destiny*, Toronto, Haynes, s.d.

KELLER, Werner. *The Bible as History*, traduction [en anglais] William Neil 1956, New York, Morrow, 1981.

KLEIN, William W., Craig L. BLOOMBERG et Robert L. HUBBARD Jr., éditeurs conseils. *Introduction to Biblical Interpretation*, Kermit A. Ecklebarger, Dallas, Word, 1993.

LINDSEY, Hal et C. C. CARLSON. *The Late Great Planet Earth*, Grand Rapids, Zondervan, 1970.

LUCADO, Max. *He Still Moves Stones*, Dallas, Word, 1993.

MAAS, David. « A Chronology of Bible Events and World Events », *Life Application Study Bible*, Wheaton, Tyndale House, 1991.

MAURO, Philip. *The Hope of Israel: What is it?* Swengel, Reiner, s.d.

MENZIES, Allan, éditeur. *The Ante-Nicene Fathers. Translations of the Writings of the Fathers down to A.D. 325*, vol. 9, New York, Scribner's, 1926.

MILLIGAN, R. *An Exposition and Defense of the Scheme of Redemption*, édition révisée, Saint Louis, Christian Publishing, 1885.

O'MEARA, John J. traduction [en anglais] et annotation, *Ancient Christian Writers: The Works of the Fathers in Translation*, vol. 19, Westminster, Newman, 1954.

ORR, James. *The History and Literature of the Early Church*, Londres, Hodder & Stoughton, 1913.

OULTON, John Ernest Leonard et Henry CHADWICK, éditeurs. *The Library of Christian Classics*, vol. 2, *Alexandrian Christianity*, traductions choisies : Clément et Origène, Philadelphie, Westminster, 1954.

PRICE, Ira M., Leslie E. FULLER et Chester J. ATTIG. « Synchronous History of the Nations », *The New Standard Alphabetical Indexed Bible*, Chicago, John A. Hertel, 1963.

ROBERTS, Alexander et James DONALDSON, éditeurs. *Ante-Nicene Christian Library: Translations of the Writings of the Fathers Down to A.D. 325*, vol. 1, *The Apostolic Fathers*, Édimbourg, T. & T. Clark, 1883.

ROBERTSON, A. T. *A Harmony of the Gospels for Students of the Life of Christ*, New York, Harper & Row, 1950.

SCHAFF, Philip et Henry WACE, éditeurs. 2ᵉ série, traduction [en anglais] avec prolégomènes et notes d'Arthur Cushman McGiffert, *A Select Library of Nicene and Post-Nicene Fathers of the Christian Church*, vol. 1, New York, Christian Literature Co., 1892.

Septante, version de l'Ancien Testament, traduction en anglais, New York, James Pott, s.d.

SHIELDS, T. T. « Jesus of Bethlehem – and of the Days of Eternity », *The Gospel Witness*, 73, 12, 1ᵉʳ décembre 1994, p. 13.

STILL, J. Ironside. *St. Paul On Trial*, New York, Doran, 1923.

THOMPSON, Frank Charles. « An outline history of the evangelistic and missionary work in the early church », *The New Chain-Reference Bible*, Indianapolis, Kirkbride Bible Co., 1964.

URQUHART, John. *The Wonders of Prophecy*, Harrisburg, Christian Publications, s.d.

WALTON, John H. *Chronological and Background Charts of the Old Testament*, Grand Rapids, Zondervan, 1978.

YOUNG, E. J. *Old Testament Prophecy*, Toronto, Gospel Witness, s.d.

YOUNG, Robert. *Analytical Concordance to the Bible*, 22ᵉ édition américaine, Rév.Wm. B. Stevenson, New York, Funk & Wagnall, 1936.

Notes

Première partie :
En attendant la descendance promise

CHAPITRE UN : LE COMMENCEMENT DE LA GUERRE

1. F.C. Jennings, *Satan: His Person, Work, Place and Destiny*, Toronto, Haynes, s.d., p. 129, traduction libre.

2. *Ibid.* p. 92, 104, traduction libre.

3. R. Milligan, *An Exposition and Defense of the Scheme of Redemption*, édition révisée, Saint Louis, Christian Publishing, 1885, p. 228-229, traduction libre.

CHAPITRE DEUX : LE DÉVELOPPEMENT DU ROYAUME DE SATAN

4. Matthew Henry, *Matthew Henry's Commentary on the whole Bible*, vol. 1, Marshallton, Sovereign Grace, d.p., p. 31, traduction libre.

5. Milligan, p. 207, traduction libre.

6. A. R. Fausset, *Fausset's Bible Dictionary*, Grand Rapids, Zondervan, 1949, p. 647, traduction libre.

7. Ira M. Price, Leslie E. Fuller et Chester J. Attig, « Synchronous History of the Nations », *The New Standard Alphabetical Indexed Bible*, Chicago, John A. Hertel, 1963, p. 250, traduction libre.

8. Robert W. Rogers, « Isaiah », Frederick Carl Eiselen, Edwin Lewis et David G. Downey éditeurs, *The Abingdon Bible Commentary*, New York, Abingdon-Cokesbury, 1929, p. 631, traduction libre. Voir également la carte incluse dans le présent chapitre.

9. E. J. Young, *Old Testament Prophecy*, Toronto, Gospel Witness, s.d., p. 77, traduction libre.

10. Voir chapitre 1, section 6, « Le paradis perdu » et section 7, « Caïn et Abel ».

11. Aristide, cité dans « The Apology of Aristides », traduction syriaque, Allan Menzies éditeur, *The Ante-Nicene Fathers. Translations of the Writings of the Fathers down to A.D. 325*, vol. 9, New York, Scribner's, 1926, p. 274, traduction libre (en français).

12. Origène, cité dans « Exhortation to Martyrdom », traduit [en anglais] et annoté par John J. O'Meara, *Ancient Christian Writers: The Works of the Fathers in Translation*, vol. 19, Westminster, Newman, 1954, p. 188, traduction libre (en français).

CHAPITRE TROIS : LES PÈRES FONDATEURS DE LA FOI

13. Theodore H. Robinson, « History of the Hebrew and Jewish People », *Abingdon Bible Commentary*, p. 61.

14. Eusèbe, cité dans « The Church History of Eusebius », Philip Schaff et Henry Wace éditeurs, 2ᵉ série, traduit [en anglais] avec prolégomènes et notes par Arthur Cushman McGiffert, *A Select Library of Nicene and Post-Nicene Fathers of the Christian Church*, vol. 1, New York, Christian Literature Co., 1892, p. 87, traduction libre (en français).

15. *Ibid.* p. 87-88, traduction libre.

16. Le terme descendance est au singulier dans Genèse 12.7; 13.15 et 24.7.

17. Philip Mauro, *The Hope of Israel: What is it?* Swengel, Reiner, s.d., p. 35, traduction libre.

18. Price, p. 270.

19. George H. Box, « The Historical and Religious Backgrounds of the Early Christian Movement », *Abingdon Bible Commentary*, p. 840, traduction libre.

20. Fausset, p. 321.

21. Voir chapitre 11.

CHAPITRE QUATRE : LA FORMATION DE LA NATION D'ISRAËL

22. Voir chapitre 3, section 4, « L'alliance perpétuelle ».

CHAPITRE CINQ : LE ROI DAVID

23. David Maas, « A Chronology of Bible Events and World Events », *Life Application Study Bible*, Wheaton, Tyndale House, 1991, p. 431.

24. Voir chapitre 3, section 9, « Les bénédictions prononcées par Jacob avant sa mort ».

25. Fausset, p. 738.

26. George Smith, cité dans Mauro, p. 224, traduction libre.

27. D. H. Wallace, « Messiah », Walter A. Elwell éditeur, *Evangelical Dictionary of Theology*, Grand Rapids, Baker Book House, 1984, p. 710.

28. F. F. Bruce, *The New Testament Development of Old Testament Themes*, Grand Rapids, Eerdmans, 1969, p. 79, traduction libre.

29. Henry, vol. 2, p. 390, traduction libre.

30. Robert Young, 22ᵉ édition américaine révisée par Wm. B. Stevenson, *Analytical Concordance to the Bible*, New York, Funk & Wagnall, 1936, p. 165 et 657. À l'époque de Jésus, le grec était la langue universelle. Les termes *Christ* en grec et *Messie* en araméen sont interchangeables et signifient « le roi oint ».

31. *Ibid.* p. 619.

Un conte de deux royaumes

CHAPITRE SIX : ISRAËL – LE ROYAUME DU NORD

32. Maas, p. 431.
33. Voir chapitre 3, section 9, « Les bénédictions prononcées par Jacob avant sa mort » et chapitre 5, section 5, « L'alliance avec David ».
34. Maas, p. 598.
35. *Ibid.* p. 599.
36. Voir chapitre 7, section 2, « Athalie ».
37. Price, p. 254.
38. Maas, p. 1559.
39. Price, p. 256. Ce roi était soit Adad-Nerari III ou Salmanasar IV.
40. Maas, p. 1536.
41. Voir section 1, « La division d'Israël ».
42. Voir chapitre 7, section 3, « Joël : les deux facettes du jugement de Dieu ».
43. Voir chapitre 3, section 4, « L'alliance perpétuelle ».
44. Voir chapitre 5, section 4, « Le culte de l'Éternel à Sion ».
45. Maas, p. 1502.
46. *Ibid.* p. 1566.
47. Henry, vol. 2, p. 1423, traduction libre.
48. T. T. Shields, « Jesus of Bethlehem – and of the Days of Eternity », *The Gospel Witness*, 73, 12, 1er décembre 1994, p. 13, traduction libre.
49. Voir chapitre 9, section 4d, « L'annonce de la naissance de la descendance ».
50. Le D Kac cité dans *The Late Great Planet Earth*, Hal Lindsay et C. C. Carlson, Grand Rapids, Zondervan, 1970, p. 51, traduction libre.
51. *The Bethel Series New Testament*, Madison, Adult Christian Foundation, 1981, p 5, traduction libre.
52. J. Ironside Still, *St. Paul On Trial*, New York, Doran, 1923, p. 37, traduction libre.

53. Price, p. 256.

54. Will Durant, *The Story of Civilization:* Part I, *Our Oriental Heritage,* 1935, New York, Simon and Schuster, 1954, p. 267, traduction libre.

55. *Ibid.* p. 270, traduction libre.

56. Price, p. 256. Voir également chapitre 7, section 4c, « Emmanuel – Ésaïe 7-12 ». Ahaz, le roi de Juda, a demandé à Tilgath-Pilnéser de s'allier avec lui contre Israël.

57. Maas, p. 1580.

58. Price, p. 258.

59. Durant, *Our Oriental Heritage,* p. 283-284, traduction libre.

CHAPITRE SEPT : JUDA – LE ROYAUME DU SUD

60. Maas, p. 598.

61. Voir chapitre 6, section 1, « La division d'Israël ».

62. Maas, p. 599.

63. Voir chapitre 6, section 3, « La menace assyrienne ».

64. Maas, p. 1526.

65. Voir chapitre 2, section 4, « Les difficultés du nouveau monde ».

66. Voir section 1, « La vallée de Josaphat ».

67. Henry, vol. 2, p. 1354, traduction libre.

68. Maas, p. 600.

69. Fausset, p. 312.

70. Henry, vol. 2, p. 659, traduction libre.

71. Price, p. 256.

72. Fausset, p. 24.

73. Young, *Old Testament Prophecy,* p. 101, traduction libre.

74. *Ibid.* p. 102.

75. John Urquhart, *The Wonders of Prophecy,* Harrisburg, Christian Publications, s.d., p. 198, traduction libre.

76. *The Bethel Series*, p. 5, traduction libre.
77. Voir deuxième partie, chapitre 4, section 5*l*, « La vie après la mort ».
78. Price, p. 258.
79. Fausset, p. 290.
80. Par exemple, Ésaïe 41.14; 48.17.
81. Par exemple, Ésaïe 44.21; 48.20.
82. Voir chapitre 1, section 6, « Le paradis perdu ».
83. Henry, vol. 2, p. 864, traduction libre.

CHAPITRE HUIT : LA CHUTE DE JUDA

84. Maas, p. 1594.
85. Henry, vol. 2, p. 1445.
86. Maas, p. 1283.
87. *Ibid.* p. 601.
88. Voir chapitre 11, section 8, « La période du second temple ».
89. George B. Fletcher, *The Millennium What it is Not and What it is*, Sterling, Gam, s.d., p. 25, traduction libre.
90. Price, p. 258.
91. Urquhart, p. 146.
92. Werner Keller, traduction [en anglais] William Neil, *The Bible as History*, 1956, New York, Morrow, 1981, p. 290, traduction libre (en français).
93. Maas, p. 1587.
94. *Ibid.* p. 601. Le court règne de Yehoyakîn se situe probablement vers la fin de l'an 598 av. J.-C.

CHAPITRE NEUF : LA CAPTIVITÉ

95. Price, p. 258.
96. Voir chapitre 3, section 8, « La lutte de Jacob avec Dieu ».

NOTES

97. Voir chapitre 11, section 8, « La période du second temple ».

98. Voir chapitre 5, section 4, « Le culte de l'Éternel à Sion ».

99. Maas, p. 1399.

100. Keller, p. 287, traduction libre.

101. *Ibid.* p. 288-289, traduction libre.

102. D. A. Rausch, « Synagogue », *Evangelical Dictionary of Theology*, p. 1061, traduction libre.

103. Loraine Boettner, édition révisée, *The Millennium*, Phillipsburg, Presbyterian and Reformed, 1984, p. 243, traduction libre.

104. Maas, p. 1399.

105. [Louis A. DeCaro], « Israel and Biblical Prophecy », édition finale, *The Researcher*, printemps 1994, p. 26, traduction libre.

106. Henry, vol. 2, p. 1117, traduction libre.

107. Fletcher, p. 27, traduction libre.

108. Voir deuxième partie, chapitre 4, section 5l, « La vie après la mort ».

109. Voir section 3*b*, « Un esprit nouveau en chaque croyant ».

110. Mauro, p. 134, traduction libre.

111. *Ibid.* p. 125, traduction libre.

112. *Ibid.* p. 127-128, traduction libre.

113. Maas, p. 1473.

114. Voir chapitre 8, section 4, « La menace babylonienne ».

115. Voir deuxième partie, chapitre 2, section 9, « La confession de Pierre ».

116. Price, p. 262-263.

117. « Palestine », Encyclopedia Britannica: A New Survey of Universal Knowledge, vol. 17, Toronto, Benton, 1956, p. 127.

118. Price, p. 264.

119. Charles D. Alexander, « The Woman in the Wilderness », *The Researcher* 23, 4, Hiver 1994, p. 31. Un exposé d'Apocalypse 12.14, traduction libre.

120. Price, p. 266.
121. Voir deuxième partie, chapitre 3, section 14, « Le christianisme se dissocie du judaïsme ».
122. Maas, p. 771.
123. Henry, vol. 2, p. 1281, traduction libre.
124. Young, *Analytical Concordance*, p. 349.
125. *Ibid.* p. 997.
126. *Ibid.* p. 39.
127. Fausset, p. 153.

CHAPITRE DIX : UNE DEUXIÈME CHANCE POUR ISRAËL

128. Price, p. 258.
129. *Ibid.* p. 260.
130. Maas, p. 1603.
131. *Ibid.* p. 1608.
132. *Ibid.* p. 771.
133. Henry, vol. 2, p. 1488, traduction libre.
134. Voir deuxième partie, chapitre 2, section 17, « La chambre haute ».
135. Price, p. 266.
136. Voir chapitre 11, section 5, « La révolte des Maccabées » et section 8, « La période du second temple ».
137. Fletcher, p. 33, traduction libre.
138. Voir chapitre 2, section 4, « Les difficultés du nouveau monde ».
139. Voir chapitre 7, section 4c, « Emmanuel, Ésaïe 7-12 », section 4h, « La récompense éternelle du Rédempteur » et chapitre 8, section 3, « Habaquq : vivre par la foi ».
140. Maas, p. 821.
141. *Ibid.* p. 1627.

CHAPITRE ONZE : LES ANNÉES DE SILENCE

142. G. E. Ladd, « Apocalyptic », *Evangelical Dictionary of Theology*, p. 64, traduction libre.

143. William J. Deane, *Pseudepigrapha: An Account of Certain Apocryphal Sacred Writings of the Jews and Early Christians*, Édimbourg, T. & T. Clark, 1891, p. 1, traduction libre.

144. Price, p. 266.

145. Voir chapitre 9, section 4*b*, « Le royaume de la lumière et le royaume des ténèbres ».

146. Adaptation de la traduction, [en ligne] [http://www.areopage.net/atxtheb/Henoch.pdf] (site consulté le 25 février 2014).

147. *Ibid.*

148. *Ibid.*

149. R. H. Charles, éditeur. Traduction [en anglais] de l'édition du texte éthiopien, *The Book of Enoch or 1 Enoch*, Oxford, Clarendon, 1912, p. 4-5, 7-8.

150. Charles, *The Book of Enoch*, 2ᵉ section, introduction, p. 66, traduction libre.

151. Ladd, « Apocalyptic », *Evangelical Dictionary of Theology*, p. 63.

152. E. F. Kevan, « Abomination of Desolation », *Evangelical Dictionary of Theology*, p. 3, traduction libre.

153. Cet autel païen est l'abomination qui a causé la désolation (Daniel 9.27 ; 1 Maccabée 1.54).

154. M. R. Wilson, « Judaism », *Evangelical Dictionary of Theology*, p. 589, traduction libre.

155. Fausset, p. 566.

156. Ladd, « Apocalyptic », *Evangelical Dictionary of Theology*, p. 63, traduction libre.

157. Wilson, « Judaism », *Evangelical Dictionary of Theology*, p. 589, traduction libre.

158. Adaptation de la traduction, [en ligne] [http://www.areopage.net/atxtheb/Henoch.pdf] (site consulté le 25 février 2014).

159. Charles, *The Book of Enoch*, p. 215n, 216n, traduction libre.

160. William W. Klein, Craig L. Bloomberg et Robert L. Hubbard Jr, éditeurs-conseils. Kermit A. Ecklebarger, *Introduction to Biblical Interpretation*, Dallas, Word, 1993, p. 27, traduction libre.

161. *Ibid.* p. 27-28.

162. Will Durant, *The Story of Civilization: Part III, Caesar and Christ*, New York, Simon and Schuster, 1944, p. 530.

163. Charles, éditeur. Traduction [en anglais] de l'édition du texte grec, *Testaments of the Twelve Patriarchs*, Londres, Adam and Charles Black, 1908, p. 62-67, traduction libre.

164. *Ibid.* p. 95-97, traduction libre.

165. *Ibid.* p. 97-98, traduction libre.

166. *Ibid.* Introduction, p. 15, traduction libre.

167. Charles, traduction [en anglais] du texte éthiopien, introduction par G. H. Box, *The Book of Jubilees or The Little Genesis*, New York, Macmillan, 1917, p. 130-132, traduction libre.

168. Price, p. 268.

169. Adaptation de la traduction, [en ligne] [http://www.areopage.net/atxtheb/Henoch.pdf] (site consulté le 25 février 2014).

170. Durant, *Caesar and Christ*, p. 530-531, traduction libre.

171. Deane, p. 40-42, traduction libre.

172. Bruce, p. 76-77.

173. Leslie E. Fuller, « Religious Development of the Intertestamental Period », *Abingdon Bible Commentary*, p. 207, traduction libre.

Deuxième partie :
En réponse à la descendance promise

CHAPITRE UN : LA NAISSANCE DE LA DESCENDANCE PROMISE

174. Maas, p. 1636.
175. Voir chapitre 7, section 4c, « Emmanuel, Ésaïe 7-12 ».
176. Fausset, p. 90.
177. Price, p. 270.
178. « Herod », *Encyclopedia Britannica*, vol. 11, p. 511.
179. Durant, *Caesar and Christ*, p. 543, traduction libre.

CHAPITRE DEUX : LE MINISTÈRE DE JÉSUS

180. Maas, p. 1637.
181. *Ibid.* p. 1723.
182. Voir chapitre 1, section 3, « Une rébellion au ciel ».
183. Wallace, « Messiah », *Evangelical Dictionary of Theology*, p. 711, traduction libre.
184. Jennings, p. 111-112, traduction libre.
185. Henry, vol. 3, p. 608, traduction libre.
186. Max Lucado, *He Still Moves Stones*, Dallas, Word, 1993, p. 89, traduction libre.
187. A. T. Robertson, *A Harmony of the Gospels for Students of the Life of Christ*, New York, Harper and Row, 1950, p. 165.
188. *Ibid.* p. 173.
189. Kevan, « Abomination of Desolation », *Evangelical Dictionary of Theology*, p. 4, traduction libre.
190. Voir chapitre 7, section 3, « Joël : les deux facettes du jugement de Dieu ».
191. Robertson, p. 187. Trois passages rapportent le récit de Marie de Béthanie (Marc 14.3-9; Matthieu 26.6-13; Jean 12.2-8).
192. *Ibid.* p. 190.
193. Henry, vol. 3, p. 645, traduction libre.

194. Pour obtenir des détails sur l'histoire de la crucifixion, voir chapitre 5, section 7d, « Le Psaume 22 » et chapitre 10, section 3c, « Le jugement et le salut de Dieu ».

195. Herman Hoeksema, édité et révisé en partie par Homer C. Hoeksema. *Behold, He Cometh! An Exposition of the Book of Revelation*, Grand Rapids, Reformed Free, 1969, p. 432-433, traduction libre.

196. Young, *Old Testament Prophecy*, p. 166, traduction libre.

CHAPITRE TROIS : L'ÉGLISE PRIMITIVE

197. Maas, p. 1867.

198. Bruce, p. 31, traduction libre.

199. Paton G. Gloag, cité dans Fletcher, p. 43, traduction libre.

200. Fausset, p. 557.

201. Voir chapitre 7, section 3, « Joël : les deux facettes du jugement de Dieu ».

202. Maas, p. 1940.

203. Frank Charles Thompson, « An outline history of the evangelistic and missionary work in the early church », *The New Chain-Reference Bible*, Indianapolis, Kirkbride Bible Co., 1964, p. 294.

204. *Ibid.* p. 295.

205. Maas, p. 1941.

206. Voir chapitre 6, section 5, « Jonas : le premier missionnaire ».

207. Mauro, p. 10-12, traduction libre.

208. Peritz, « The Chronology of the New Testament », *Abingdon Bible Commentary*, p. 879. Voir chapitre 9, section 4c, « Antiochus Épiphane ».

209. Deane, p. 41.

210. Keller, p. 365, traduction libre.

211. Durant, *Caesar and Christ*, p. 577, traduction libre.

CHAPITRE QUATRE : LES LETTRES AUX ÉGLISES

212. Maas, p. 2243.
213. *Ibid.* p. 2112.
214. *Ibid.* p. 2169.
215. *Ibid.* p. 2178.
216. Voir chapitre 6, section 8*d*, « Le royaume du Messie ».
217. Maas, p. 2059.
218. *Ibid.* p. 2091.
219. *Ibid.* p. 2023.
220. *Ibid.* p. 2128.
221. *Ibid.* p. 2143
222. *Ibid.* p. 2254.
223. *Ibid.* p. 2266.
224. *Ibid.* p. 2217.
225. *Ibid.* p. 2295.
226. Henry, vol. 3, p. 1391, traduction libre.
227. Hoeksema, p. 307, traduction libre.
228. *Ibid.* p. 308.
229. Fausset, p. 3, traduction libre.
230. Hoeksema, p. 308, 326-330.
231. Voir chapitre 1, section 3, « Une rébellion au ciel ».
232. Voir 2e partie, chapitre 3, section 8, « Pierre et Corneille ».
233. Voir chapitre 7, section 4*d*, « Une vue d'ensemble de l'histoire – Ésaïe 13-35 ».

CHAPITRE CINQ : LES PÈRES APOSTOLIQUES

234. Price, p. 270.

235. Fuller, « The literature of the Intertestamental Period », *Abingdon Bible Commentary*, p. 199, traduction libre.

236. Le Roy Edwin Froom, *The Prophetic Faith of Our Fathers: The Historical Development of Prophetic Interpretation*, vol. 1, Washington, Review and Herald, 1950, p. 195, traduction libre.

237. Voir 2e partie, chapitre 2, section 7, « Jésus explique la croissance du royaume » et section 12, « Jésus décrit la nature du royaume ».

238. James Orr, *The History and Literature of the Early Church*, Londres, Hodder & Stoughton, 1913, p. 55.

239. Clément, 3e évêque de Rome, cité dans Allan Menzies éditeur, *The Ante-Nicene Fathers*, vol. 9, p. 236, traduction libre.

240. Orr, p. 56.

241. Clément, cité dans Allan Menzies éditeur, *The Ante-Nicene Fathers*, vol. 9, p. 253, traduction libre.

242. *Ibid.* p. 256, traduction libre.

243. Hilgenfeld dans Alexander Roberts et James Donaldson éditeurs, *Ante-Nicene Christian Library: Translations of the Writings of the Fathers Down to A.D. 325*, vol. 1. *The Apostolic Fathers*, Édimbourg, T. & T. Clark, 1883, Introduction, p. 100.

244. Barnabas d'Alexandrie, cité dans *Ante-Nicene Christian Library*, p. 127-128, traduction libre.

245. *Ibid.* p. 134, traduction libre.

246. Voir 2e partie, chapitre 3, section 10, « Le premier concile chrétien de Jérusalem ».

247. Orr, p. 66.

248. *Ibid.* p. 110-111.

249. Henry Bettenson, *The Early Church Fathers*, Toronto, Université d'Oxford, 1956, p. 17.

250. Irénée, cité dans Alexander Roberts et James Donaldson éditeurs, *The Ante-Nicene Fathers. Translations of the Writings of the Fathers down to A.D. 325*, vol. 1, New York, Scribner's, 1908, p. 562, traduction libre.

251. Orr, p. 113.

252. Tertullien, cité dans Alexander Roberts et James Donaldson éditeurs, *The Ante-Nicene Fathers*, vol. 3, p. 342, traduction libre.

253. Irénée, cité dans Alexander Roberts et James Donaldson éditeurs, *The Ante-Nicene Fathers*, vol. 1, p. 561, traduction libre.

254. Tertullien, cité dans Alexander Roberts et James Donaldson éditeurs, *The Ante-Nicene Fathers*, vol. 3, p. 342-343, traduction libre.

255. Irénée, cité dans Alexander Roberts et James Donaldson éditeurs, *The Ante-Nicene Fathers*, vol. 1, p. 562-563, traduction libre.

256. Orr, p. 119.

257. Origène, cité dans John Ernest Leonard Oulton, et Henry Chadwick, traductions choisies de Clément et d'Origène, *Library of Christian Classics*, vol. 2, *Alexandrian Christianity*, Philadelphie, Westminster, 1954, p. 289, traduction libre.

258. Origène, cité dans Jean Daniélou. Traduction [en anglais] de Walter Mitchell, *Origen*, New York, Sheed and Ward, 1955, p. 60, traduction libre (en français).

259. *Ibid.* Origène, cité dans Jean Daniélou, p. 152, traduction libre.

APPENDICE

260. Walton, John H. *Chronological and Background Charts of the Old Testament*, Grand Rapids, Zondervan, 1978, p. 25.

261. « Samaritan Pentateuch » [En ligne] 6 mai 2000, *Eastons Bible Dictionary*, [http://www.htmlbible.com/kjv30/easton/east3203.htm] (consulté le 21 janvier 2006).

262. *Septuagint Version of the Old Testament*, traduction anglaise, New York, James Pott, s.d., p. 86, traduction libre (en français).

263. Francis X. Gumerlock, *The Day and the Hour*, Atlanta, American Vision, 2000, p. 92, traduction libre.

264. Voir deuxième partie, chapitre 4, section 5i : « Le grand pressoir de la colère de Dieu ».

Publications Chrétiennes est une maison d'édition évangélique qui publie et diffuse des livres pour aider l'Église dans sa mission parmi les francophones. Ses livres encouragent la croissance spirituelle en Jésus-Christ, en présentant la Parole de Dieu dans toute sa richesse, ainsi qu'en démontrant la pertinence du message de l'Évangile pour notre culture contemporaine.

Nos livres sont publiés sous six différentes marques éditoriales qui nous permettent d'accomplir notre mission :

Nous tenons également un blogue qui offre des ressources gratuites dans le but d'encourager les chrétiens francophones du monde entier à approfondir leur relation avec Dieu et à rester centrés sur l'Évangile.

reveniralevangile.com

Procurez-vous nos livres en ligne ou dans la plupart des librairies chrétiennes.

pubchret.org | xl6.com | maisonbible.net | amazon

www.ingramcontent.com/pod-product-compliance
Lightning Source LLC
Chambersburg PA
CBHW050247170426
43202CB00011B/1590